Für Inge, die geliebte Zauberin

Erich Pfeiffer-Belli

Junge Jahre
im alten Frankfurt

und eines langen Lebens Reise

Limes

*Autor und Verlag danken den nachfolgend genannten Rechteinhabern
beziehungsweise dem Verlag Klett-Cotta
für die freundlich erteilten Zitatgenehmigungen*

Wolfgang Belzner, Karlsruhe (Emil Belzner)
Marie Luise Borchardt, Bergen/Obb. (Rudolf Alexander Schröder)
Deutsche Schillergesellschaft, Marbach a.N. (Rudolf Kassner)
Dr. Erika Hanfstaengl, München (Eberhard Hanfstaengl)
Anneliese Itten, Zürich (Johannes Itten)
Johanna Kortner-Hofer, München (Fritz Kortner)
Kuratorium Carl J. Burckhardt, Vinzel/Vaud (Carl J. Burckhardt)
Professor Dr. Golo Mann, Zürich (Thomas Mann)
Dr. Michael Picard, Montagnola-Lugano (Max Picard)
Theodor W. Adorno Archiv, Frankfurt a.M. (Theodor W. Adorno)
Verlag Klett-Cotta, Stuttgart (Gottfried Benn, Lyrik und Prosa.
Briefe und Dokumente. Eine Auswahl, 8. erw. Aufl., Wiesbaden 1971)

© Limes Verlag Niedermayer und Schlüter GmbH,
Wiesbaden und München, 1986
Alle Rechte vorbehalten
Satz: Uhl + Massopust GmbH, Aalen
Gesetzt aus der Garamond 10/12 Punkt
Druck und Binden: May + Co, Darmstadt
Umschlagentwurf: C.u.H. Waldvogel, Zürich,
unter Verwendung eines Fotos der
Süddeutschen Lichtdruckanstalt H. Kumpf,
Schillerplatz und Hauptwache, Frankfurt 1903,
aus dem Besitz des Historischen Museums
der Stadt Frankfurt am Main
Printed in Germany
ISBN 3-8090-2240-3

Inhalt

Kunterbunte Pfade führen endlich zum Beruf
und
Von Künstlern und Sammlern, Literaten, Regisseuren
und anderen

Vorwort

Irgendwann einmal im Leben erkennt man die Bedeutung dessen, was Erinnerung heißt. Dann scheint es, daß man lebe, auch um Erinnerungen zu haben. Erinnerung hat nichts oder nur sehr wenig mit Gedächtnis zu tun. Gedächtnis ist etwas Fertiges, stets Präsentes, Erinnerung ist niemals zu Ende Gegangenes, lebendig Dauerndes. So ist Erinnerung eine andere, gesteigerte Form des Daseins. Erinnerungen haben – mögen sie noch soviel Trauer und Trauriges bergen –, bedeutet etwas Tröstliches; sie bringen Versöhnung und Aussöhnung mit der Welt, in der das Gute selten, das Böse jedoch häufig und üppig angetroffen wird. Die Fülle von Erinnerungsbüchern mag im Walten unserer Zeit beschlossen liegen, die eine Endzeit ist und eine Zeit des Übergangs, eine Zeit großer Ängste und Sorgen, eine Zeit der Vereinzelung und der Einsamkeit des einzelnen. Erinnerung ist süß oder bitter oder herb; Gedächtnis ist genau oder unvollkommen und könnte fast durch Mechanisches ersetzt werden. Kunst – und damit Dichtung – setzt in irgendeiner Weise Erinnerung und Vergessen, Vergessenkönnen voraus, Gedächtnis niemals: es hat mit Kunst nichts zu tun, obwohl es »Gedächtnis-Künstler« gibt.

In diesem Buch wird mehr von der Vergangenheit die Rede sein als von der Gegenwart. Es umreißt, was einmal war und nun – zerstört oder nur vergangen – sein Recht fordert, das Recht auf Dasein in unserem Innern, denn er-innern heißt, aus der Tiefe unseres Wesens herausheben, was sich dort angesammelt hat.

Wie Lampedusa in seinen *Racconti* kann ich »versprechen, nichts zu berichten, was falsch ist; aber ich glaube nicht, daß ich alles sagen werde. Ich behalte mir das Recht vor, gelegentlich durch Weglassen nicht ganz bei der Wahrheit zu bleiben...« Ich will erzählen, kaum nach einem genau vorbereiteten Plan, sondern kreuz und quer, wie das Leben seine bunten Fäden in den großen Teppich webt, der dann unvermutet ein schönes Muster zeigt, ein heiteres, ein wenig schon verblaßtes Ornament, das den Betrachtenden nicht losläßt, denn es ist fast schon ein Märchen mit »es war einmal«, das aus den Figuren und Abstraktionen hervorsteigt: So mögen vom Grund eines reinen Teiches geheimnisvolle Wesen an die Oberfläche wehen und uns, die wir im Kahn über sie hingleiten, ihre leicht verundeutlichten lockenden Gesichter zeigen, ihre blassen schmalen Hände und ihre merkwürdig korallenrot leuchtenden Lippen, die da halb geöffnet scheinen.

Ich will versuchen, die Umwelt und ihre vielfältigen Formen zu beschwören und von Menschen zu reden, die eine schnelllebige Zeit längst vergessen hat. Ich lege dieses Buch, in dem von einer noch jungen Vergangenheit die Rede geht und das vorzüglich ein Denkmal der liebenswerten Dinge des Lebens sein soll, mit Vertrauen und doch mit einer gewissen Beklommenheit an die Herzen, in die Hände der Leser. Werden diese Hände mehr tun, als nur achtlos in den Seiten zu blättern? Werden die Herzen sich erwärmen und den Panzer sprengen, in den diese Gegenwart uns geschlossen hat?

Frankfurter Gesellschaft in den Jahren von 1900
bis zum Zweiten Weltkrieg

Margeritentag

Schließe ich die Augen und denke ich an Frankfurt, dann steht ein mit lockeren Wolken weiß überflaggter Sommertag des Jahres 1909 vor mir. Eine von zurückhaltender Festlichkeit wogende Menge bewegt sich über den Opernplatz. Wir wollten am Kaffeehausgarten und Kaiser-Wilhelm-Denkmal vorbei zum Beginn des Kettenhofwegs hin. Es war Margeritentag, leichte hübsche Buden waren aufgeschlagen, und dort verkauften Damen der Gesellschaft künstliche Ansteckblumen für einen guten Zweck. Alle Herren trugen Spazierstöcke, manche waren bereits in der »Taille«: ziemlich dunkle Anzüge, enge Hosen und kleine Revers waren seit langem Mode. Die Damen trugen Wickelröcke, sehr große Hüte, trugen seidene Gürtel mit teuren steinverzierten Schnallen. Die eleganten pariserischen Hüte stammten aus dem Salon Wetterhahn auf der Kaiserstraße, die unauffälligen, seriöseren von der Pflüger, angesichts deren Auslage, neben der Kunsthandlung Gießen an der rechten Ecke der Bockenheimer Chaussee, man leicht das Gähnen bekommen konnte. Aber niemand dachte bei diesem Sonnenschein, diesem lauen Wind an Gähnen. Die Front des Opernhauses war wie alle Jahre reich mit Blumen geschmückt, nicht sehr originell, man bemerkte das verschieden abgestufte Rot der Geranien, und das Flügelpferd auf dem hohen Giebel schien sich leichtfüßig tänzelnd in den Frankfurter Himmel heben zu wollen. Aus dem Kulissenhaus zur Rechten wurden von bedächtigen starken Männern in weißblau-gestreiften Arbeitskitteln die Kulissen für die festliche Abendvorstellung über eine Rampe ins Opernhaus getragen, dessen Inschrift auf der Stirn »Dem Wahren, Schönen, Guten« ein gewiß nicht antisemitischer witziger Kopf in »Dem wahren schönen Juden« umgedichtet hatte. Die elektrischen Trambahnen waren nicht sehr stark besetzt, dafür aber hatten sie ihre Sommeranhänger, reinlich geputzt, dem Verkehr übergeben: da gab es keine Türen, keine Fensterscheiben, die Sitze waren hintereinander angeordnet, man konnte jede Reihe von der Seite aus betreten; der Schaffner lief kühn, wie es uns scheinen wollte, auf einem langen Trittbrett den Wagen entlang und hatte manchmal Mühe, von außen während der Fahrt ins gedämpft beleuchtete Innere einzudringen, denn das Wageninnere war gegen das allzu grelle Licht der Sonne durch rotweiß gestreifte Vorhänge geschützt. Solch ein Sommerwagen – nicht auf allen Linien der Straßenbahn in Gebrauch – hatte etwas Festlich-Heiteres, erinnerte an Karussellfahrten auf der Messe drunten am Main beim Fahrtor. Die Kinder, in Begleitung Erwachsener, fuhren besonders gern mit den etwas budenhaften Wagen, auf deren enggeratener hinterer Plattform eine schwarzeiserne Handbremse angebracht war, deren hölzernen Handgriff wir manchmal scheu anfaßten. Scheu löste auch der berittene Schutzmann auf seinem glänzend gestriegelten Braunen aus; er hatte das nicht vorhandene Verkehrsgewirr zu entwirren – was er manchmal mit einer militärisch knappen, höchst bedeutsamen Geste seiner in weißen Zwirnhandschuhen steckenden Hände tat. Er trug einen langen blauen Waffenrock mit silbernen Knöpfen, hatte – denke ich – gewiß ein gutes Jahrzehnt bei der Kavallerie als Wachtmeister gedient. Er schien die gestrenge Gutmütigkeit, die berittene Staatsautorität selbst zu sein. Auch seine infanteristischen Kameraden, gleich ihm verhältnismäßig selten auf den Straßen der Stadt zu bemerken, waren schnurrbärtige Familienväter voll Bonhommie mit kleinem Bauchansatz; den Säbel, wohl ihre einzige Waffe, trugen sie unter dem knielangen Uniformrock, Griff und Korb – aus silbrigem Metall – habe ich mit eigenen Augen nie gesehen, und mein Vater zitierte gern: »Damit er keinen Menschen tötet, ist ihm der Säbel festgelötet.« Die Trambahnen klingelten – so wollte es mir am Margeritentag scheinen – besonders heiter. Die Linie 3 durchmaß die ganze Stadt vom Zoologischen Garten über die Zeil, die Hauptwache, den Opernplatz bis zur Bockenheimer Warte. Sie war eine der großen Linien der Stadt. Die Linie 4 war bedeutungsloser, fuhr auch selten mit einem, gar nie mit zwei Anhängerwagen. Sie hatte es nicht so leicht, vom Palmengarteneingang an der schönen Miquelstraße abfahrend, die gewundene kurvenreiche Strecke nach Sachsenhausen hinüber, den Sachsenhäuser Berg hinauf, bis zum dortigen Friedhof zu gelangen. Die Schlucht bei der Neuen Mainzer Straße – bei den Großeltern vorbei – mutete labyrinthisch an, während die Fahrt über die Untermainbrücke etwas Freies, Helles und Befreiendes hatte. Die braunen Fluten des im Herbst manchmal stygisch dahinfließenden Flusses wirkten sonnenbeglänzt freundlich, und auch das Grün der hohen Platanen in der Schweizer Straße ließ die Großstadt vergessen. Hier lag die Endstation der Waldbahn, ein ganz und gar provinzielles, ländliches Dampfzüglein, das unter starker Rauchentwicklung über die Mörfelder Landstraße das Oberforsthaus erreichte, ein rollendes Lieblingsspielzeug der Frankfurter. Über den Opernplatz fuhren Equipagen, elegante Coupés. Die Fahrräder klingelten lebensbejahend in den lichten Mittag. Es gab wenige, dafür messinggolden blitzende Automobile der Firma Adler-Kleyer, einige wurden von elektrischen Motoren lautlos getrieben. Sie waren etwas hochbeinig, aber bequem und geräumig, im Sommer mit aufgeklapptem Verdeck und gewährten die Sicherheit, kaum rascher als ein mit Pferden bespannter Wagen voranzukommen. Im Winter lagen mit heißem Wasser gefüllte Bettflaschen am Boden unter schwarzen Felldecken, ganz wie in den Kutschen, denn eine Heizung gab es in den Automobilen noch nicht, bei denen der Chauffeur und der begleitende Diener pelzvermummt im Freien hinter der Windschutzscheibe saßen. Die flinkesten, elegantesten Gefährte aber waren die der Metzger, Einspänner, äußerst flott, ja wagemutig gefahren, elegant bespannt ganz à la Constantin Guys. Auf vier hohen Rädern dahinrollend, waren sie leicht gebaute, flach gehaltene Wägelchen, die mit ein paar Handgriffen zu so etwas wie »Sandschneider« hergerichtet werden konnten, mit zwei sich gegenüberliegenden, der Wagenlänge hin angeordneten lederbespannten Sitzbänken. Sonntags mochte ein solches Gefährt die Metzgersfamilie aus der Freßgaß oder vom Opernplatz hinaus ins Grüne führen, nach Seckbach, zur Unterschweinsstiege oder zur Gerbermühle.

Es ist oft behauptet worden, Frankfurt habe in seiner Glanzzeit bis 1914 Paris geglichen. Tatsächlich hat sich seine Profanarchitektur – mit den durchgehenden Balkonen im ersten Stock – an die Pariser Boulevardbauten angelehnt. Aber auch die mondäne, modische Eleganz der Damen, die seriöse Herrenkleidung, die Fahrzeuge aller Art, die nicht häufigen, aber doch bemerkbaren Uniformen der Militärs – Infanterie und Artillerie in Bockenheim – mochten an Paris erinnern. Es war ein höchst gefälliges Bild von durch guten Geschmack gemäßigter Buntheit, wie es sich vor der steingrauen Fassade des Opernhauses, dem vielfältig abgestuften Grün der schattigen Anlagen, mit dem Reitweg und dem Goldfischteich am Margeritentag darbot. Das Andersartige aber und vielleicht Liebenswertere war die Übersichtlichkeit dieses Gemeinwesens, der geheime Wille, ein bestimmtes, nicht zu enggestecktes Maß nicht zu überschreiten, im Rahmen zu bleiben, wie das nun einmal zum Stil der Stadt, zum Stil ihrer Bewohner gehörte. Der Viererzug des Konsuls Karl Kotzenberg war etwas Ausgefallenes, Ungewöhnliches, und wenn einer aus der Frankfurter Gesellschaft gelegentlich des Guten zuviel tat, hatte er alsbald seinen Spitznamen weg, der langlebig war, wie etwa »Protzebauer« für einen Mann, der beileibe nicht Bauer hieß, aber protzig daherkam. Diese Zurückhaltung machte sich auch in den privaten Neubauten bemerkbar. Das große Haus, das sich der Bankier Beit von Speyer vor 1910 am Beginn der Forsthausstraße bauen ließ und in dem ich als junger Mensch verkehrte, war groß, geräumig, im Tudorstil errichtet, es hatte eine Chauffeur- und Gärtnerwohnung und einen großen Garten; aber niemand wäre auf den Gedanken gekommen, das Haus, das für Geselligkeit und Repräsentation eines sehr wohlhabenden Mannes erbaut war, protzig oder parvenühaft zu nennen. Die Häuser der Brüder von Weinberg, der Familien von Meister oder von Brüning hielten sich durchaus im Rahmen solider, nicht prunkender Bürgerlichkeit; einzig die Villa Mumm, in einem vom Stadtwald abgetrennten Park an der Forsthausstraße gelegen, hatte etwas Überdimensioniertes. Sie spielt denn auch in *Christian Wahnschaffe*, dem spannend geschriebenen Roman Jakob Wassermanns, ihre repräsentative Rolle, wobei zu bedenken bleibt, daß eine europäische Familie von Rang dieses Haus als ihre Heimat betrachtet hat. In den Adern vieler Frankfurter Familien, mochten sie Brentano di Tremezzo heißen, Bolongaro Crevenna, de Bary-Jeanrenaud, Manskopf, vom Rath, Belli-Gontard, Gontard, Passavant, von Rothschild mit den Zweigen in Wien, Paris und London, oder von Goldschmidt-Rothschild oder Schey von Koromla, floß europäisches Blut; Frankfurt war das Sammelbecken flüchtender Hugenotten ebenso wie gewinnsüchtiger Kaufleute aus aller Welt, die an diesem internationalen Handels- und Börsenplatz hoffen konnten, das Ihre zu mehren und in dem gesellschaftlich toleranten Klima endlich zu Ansehen zu kommen.

Ein Fest in der Villa Kotzenberg

Die erste große Gesellschaft, die ich mitmachte, fand im Winter 1919 in der wartburgartigen Villa des Konsuls Kotzenberg an der Senckenberganlage statt. Mit ihren Rustikaquadern und dem schweren Bronzetor war sie so unfrankfurterisch wie nur denkbar, unfrankfurterisch wie der Viererzug, mit dem der Konsul an Renntagen durch die Stadt über die Forsthausstrße nach Niederrad kutschierte. Solcher Aufwand mochte vielleicht nach Hamburg oder Berlin passen, die Frankfurter bestaunten ihn höchst kritisch, ihnen genügten die mit Gummirädern versehenen »Viktorias« und Coupés, die letzteren ein- oder zweispännig gefahren, mit einem Kutscher auf dem Bock und bei besonderen Gelegenheiten neben diesem einen eleganten Diener mit schwarzbraunen Stulpenstiefeln und hohem Hut. Der Konsul aber, dessen Geschäfte im Seidenhandel später unter Umständen ein Ende nahmen, die einen Balzac entzückt hätten, legte sich allzu breit ins Fenster. Auch das Kotzenbergsche Fest, abgehalten in jenem kohlenarmen ersten Nachkriegswinter – mit den allnächtlichen Überfällen auf schlechtbeleuchteten Straßen –, mochte manchem fehl am Platz erscheinen.

In der Villa, innen ebenso steinkalt wie draußen, brannten alle Lichter, standen ein Dutzend Diener und ein sehr reichhaltiges Büffet bereit. Die Kleiderfrage hatte ihre Schwierigkeiten; für einen Smoking war ich in den Augen meines Vaters mit meinen achtzehn Jahren noch viel zu jung, den nach Konfirmation schmeckenden blauen Anzug mißbilligte er zutiefst – darin ganz unbürgerlich. So kam es zu meiner ersten Begegnung mit dem mehrfachen Hofschneider Jureit, berühmt nicht nur in Frankfurt für seine Kostüme und seine Reitdresses. In seinen Lokalitäten im ersten Stock am Roßmarkt stand ein leibhaftiges ausgestopftes Pferd mit großen braunen Glasaugen, gesattelt und gezäumt. Auf ihm sitzend, ließ man die Anprobe über sich ergehen: ein gegabelter Damensattel war zur Hand, denn das Reiten der Damen im Herrensitz war noch eine Seltenheit; der schwarze, seltsam verlockend geraffte Reitrock, die enge Jacke, das weiße Plastron und der harte schwarze Hut gehörten zur Reiterin, zur Amazone.

Jureit wurde also beauftragt, einen aus väterlichen Beständen hervorgeholten Cutaway aus bestem englischem Material für mich, den halben Knaben, passend zu richten. Dem alten Zuschneider, der die Großeltern bereits und meinen Vater seit dessen Abitur so vorzüglich bedient hatte, gelang denn tatsächlich ein Wunderwerk. Noch entsinne ich mich, daß ich den alten mageren Zuschneider bemitleidete, der so bemerkenswert nach seiner Werkstätte, nach Tabak, Bügeleisen auf feuchtem dampfendem Stoff, kurz eben nach dem, was man »Schneiderbraten« nennt, roch, während er, den Mund voller Stecknadeln, auf den Knien Weite oder Enge und Länge der Hose festsetzte oder die Schöße meines schwarzen Rocks zurechtzupfte, damit ihre Enden genau in meinen Kniekehlen saßen. Eine recht seriöse schwarzweißgestreifte Krawatte, ein leicht unbequemes Manschettenhemd vervollständigten das Bild eines wahrhaft korrekt gekleideten Jünglings, der, freundlich, blond und noch ohne rechten eigenen Ausdruck, eigentlich doch zu jung für dieses Kleidungsstück war. Der Vater entließ mich nicht ohne Stolz – mich, seinen »Dicken«, wie er mich damals grundlos aber zärtlich nannte –, und ich bestieg das einspännige Mietfahrzeug, das mich pünktlich um halb ein Uhr nachts an der Villa auch wieder abholen sollte. Eine steife Heiterkeit beherrschte das Kotzenbergsche Fest. Daran konnten auch einige aus dem Krieg heimgekehrte jüngere Männer nichts ändern. Wir anderen waren Abiturienten, angehende Studenten oder bloß – wie ich – »Stifte«, will sagen kaufmännische Lehrlinge. Außer dem Hausherrn, der gern junge Männer um sich sah, und seiner Frau, der ich todesmutig einen meiner ersten öffentlichen Handküsse versetzte, kannte ich niemand. Die Mädchen waren hübsch, albern und völlig belanglos, unelegant in rosaroten, blauen oder crèmefarbenen, von der Hausschneiderei gerichteten Gewandungen. Wohl keine von ihnen hatte eine Mutter zu Haus, die, wie die meine, sich nicht scheute, einen herrlichen Kaschmirschal, bunt gestickt und gewiß seit mehr als hundert Jahren in der Familie, durch eine gute Couturière zu einem erstaunlichen Festgewand für meine Schwester verarbeiten zu lassen, die, wunderhübsch anzusehen, ihren ersten Ball darin erfolgreich absolvierte.

Tanzstunden ohne Erfolg

Ich habe in meinem Leben nie getanzt. Für mich hat der Gesellschaftstanz, in welcher Form er auch immer auftritt, etwas Esperanteskes an sich, er ist ein Kann-wohl-Verstehen ohne Worte, eine musisch-musikalische arielhafte Märchenbrücke über eine Schlucht, in der manches Ungeheuer lauert, zum Beispiel gähnend langweilige, gequält hinplätschernde Konversation. Wer gut tanzt, braucht nicht klug zu reden. Als Bruder einer verhältnismäßig hübschen Schwester sah ich mich eines Tags im Besitz einer auf Büttenpapier gedruckten Einladung, mit der der Rektor der Universität sich die Ehre gab, mich auf einem Ball im Frankfurter Hof als seinen Gast begrüßen zu wollen. Noch sproß mir Flaum auf rosiger Wange, ich besaß einen Vater, der dem Lehrkörper der Alma mater angehörte, und eine ehrgeizige Mutter, die ihre Küken gerne unter den Kronleuchtern des ersten Hotels der Stadt im Walzerschritt sich tummeln sehen wollte. Jedes Mädchen, kaum geboren, kann tanzen, nicht so jeder Knabe. Das Schicksal gab mir zwei Wochen Zeit, und mein Vater telefonierte mit Fräulein Kleeblatt. Ihr gehörten die Badeanstalt im Fluß und eine spärlich möblierte Parterrewohnung, in der sie im Winter Tanzstunden erteilte. Ein weißes Emailleschild am Staketenzaun kündete hiervon und auch, daß sie Einzelkurse gebe. Sie war längst jenseits der Vierzig, die Jüngste also nimmer, und die steppenhafte Weiträumigkeit ihres Domizils schien sogleich weniger leer und zugig, wenn ihre dragonerhafte Gestalt dort in Erscheinung trat. Eine Gestalt, deren rubensische Formen von einer mächtigen Korsage in Form gehalten wurden. Sie wirkte wie ein taillierter Kachelofen, sehr groß, altmodisch, aber auch erwärmend, wenn sie meinen knäbischen Arm um ihres Leibes Mitte legte. Ich kam mir ausgeliefert vor, haftend an einer Felswand: Was unten war, ahnte ich nicht, was droben, konnte ich nicht sehen, das Gestäbe und Gestänge ihres weitausladenden Korsetts, vasenhaft sich über mir hervorkurvend, verdunkelte jeden

Anblick. Ein Trichtergrammophon erklang. Was eine Windsbraut sei, hatte ich bis dahin nur geahnt, jetzt hielt sie mich im Arm, das heißt, jetzt hatte mich eine solche in Gestalt von Antoinette Kleeblatt wahrhaft am Wickel, am Kanthaken, am Genick. Etwas Riesiges, Unaussprechliches schien mich anzusaugen, drehte und schraubte sich mit mir durch die Stube, walzte und chassierte mit mir über ächzendes Parkett. Mir schwindelte, während ich mich beklommen fragte, was da eigentlich mit mir geschehe. Die Germania vom Niederwald, mußte ich denken, preßte mich an sich, mich, dessen Fußspitzen kaum noch den Boden berührten. Einer wogenden Macht, einem gepanzerten Schicksal war ich unentrinnbar ausgeliefert. »Recht so» und »gut so«, klang es hoch über mir, und »eins und zwei und drei« in zwingendem Takt. Ich war wie eine kleine Berlocke, ein Schmuckstück am Busen einer Riesin. Wie entbeint, aber auch seelisch aufgelöst, verließ ich auf Nimmerwiedersehen nach der ersten Stunde das tellurische Weib. Meine Schwester brachte nun eine andere Lehrerin in Vorschlag, ausschließlich dem modernen Tanz verpflichtet, eindeutig spanischer Herkunft, was schon der Name Maria Concepción Olivèn dartat. Klein, zierlich, nervig, mit einem kapriziösen Mausegesicht, in dem man anfänglich nur ein Paar riesige wimpernbeschattete Augensterne gewahrte, glühend vor Lebenshunger, so stand sie vor mir. Die blaßrote Crêpe-de-Chine-Bluse war dünn, hauchdünn, und die Büste hätte Lernet-Holenia den Vergleich mit tötenden Lanzenspitzen abgefordert. Das ganze Persönchen bewegte sich eingehüllt in den schwelenden Gluthauch eines Monsuns, eines hochsinnlichen Saharawindes. Maria Concepción war eine heiße, dürstende Lockung. Ich gestehe, daß ich damals noch unschuldig war, ein neunzehnjähriger Parzival, und daß mich dieses unter Schleiern halbentschleierte, blutsaugerisch lächelnde Zigeunerkind vom Ebro oder Manzanares in bittersüße Not und Pein brachte. Von der ein wenig hinterwäldlerischen Niederwald-Germania zu einer buhlerisch lockenden, lockenschüttelnden hispanischen

Aphrodite – welch ein Weg, wahrlich von Pol zu Pol! Ich war nicht fähig, ihn auszuschreiten. Ein tumber Tor. Darum ließ ich es bei diesen beiden Versuchen und Versuchungen, das Tanzen zu erlernen, sein Bewenden haben. Mama war ärgerlich, der nachsichtige Vater lächelte wissend. Am Abend des Rektoratsballs saß ich, ein maskulines Mauerblümchen, mit einem pausbäckigen, brillenbewehrten Dozententöchterchen abseits. Wenn ich heute zurückblicke, bin ich mir ungewiß, ob ich bedauern soll, aufgegeben zu haben. Feine Lebensart und -form verlangt ja wohl, daß einer tanzen könne, gesitteten Walzer, träumerischen Tango, ekstatischen Jitterbug und den tropisch-heißen Boogie-Woogie. Da bin ich manchmal versucht, mich täppisch und linkisch, mich einen Schlemihl zu nennen. Zum andern aber frage ich mich, was aus mir wohl geworden wäre, wenn mich die Götter zum Herrn, zum Dompteur über Antoinette Kleeblatt oder zum besiegten Sieger über die kleine Spanierin gemacht hätten. Mein ganzes Leben wäre vielleicht in eine andere Richtung geraten, und ich sehe mich als Maître de plaisir in Monte Carlo oder Bad Kohlgrub und nicht als federfuchsenden Feuilletonisten. Im Endeffekt aber und sub specie aeternitatis gesehen, ist der Unterschied zwischen beiden Berufsarten eigentlich so riesig gar nicht, denn als Spaßmacher dürften wohl beide gelten. So beschränkte ich mich also gleich zu Anfang meiner Laufbahn als Ballbesucher darauf, möglichst unauffällig, aber auch teilnehmend und unblasiert, den interessierten Beobachter abzugeben, der die Paare betrachtete, Auge und Ohr für die Kapelle hatte und herbeistürzte, wenn ein Carnet de bal oder ein perlenbesticktes Beutelchen zu Boden gefallen war. Ein einziges Mal bedauerte ich meine mangelnde Kühnheit, die mir geholfen hätte, die Knabenscheu meiner ersten Tanzstunden zu verscheuchen. Damals – im Winter 1938 – versuchte ich auf dem Ball des Frankfurter Golfclubs im Hotel Carlton einen ganz einfachen Tanz mit einer schönen Frau zu tanzen. Nach wenigen Schritten habe ich, völlig verlegen, gebeten, aufhören zu dürfen, und trotzdem folgten diesen wenigen

Schritten andere, schicksalhaft gelenkte, die ein paar Jahre lang mir Glückseligkeit und Verzweiflung heraufführten. Man kann auch ohne zu tanzen eine Frau gewinnen, festhalten, verlieren und ein ganzes Leben nicht vergessen. Heute, im hohen Alter, verbindet diese schöne Frau und mich eine herzliche Freundschaft, die Inge, meine Frau, mit einschließt und die meine Gedanken zurückführt in die längst vergangenen Frankfurter Jahre. »Leben ist Brückenschlagen über Ströme, die vergehn« (Gottfried Benn).

Diner im Hause Manskopf

So sehr ich in vielen Dingen der Sohn meines Vaters war, seine Freude als junger Mann am Tanzen, am Besuchen von Bällen und Gesellschaften hat er nicht auf mich übertragen können. Er, der flotte Tänzer, einziger, verwöhnter Sohn einer wohlhabenden Familie, war stets ein gern gesehener Gast, um so mehr, wenn es im Haus der Gastgeber Töchter im heiratsfähigen Alter gab. Belustigt erzählte er uns von einem Diner, das der Bordeaux-Importeur Manskopf in seiner beinahe schloßähnlichen Villa draußen beim Oberforsthaus einmal gegeben hat. Eine lange damastgedeckte Tafel für dreißig bis vierzig Personen, Familiensilber, Kerzenleuchter, Kristall, Blumen, kleine Körbchen mit Pralinés, ganz ähnlich sah es auf jeder Frankfurter Einladung zum Diner aus. Meist waren die gleichen Lohndiener und auch die gleiche Kochfrau engagiert, denn es gab nur wenige Häuser, die mit ihrem angestammten Personal große Einladungen bewältigen konnten. Am einen Ende des Tisches saß der Hausherr im Frack, die riesige Serviette mit einem Zipfel zwischen Hals und Kragen gesteckt, am anderen Tischende die Dame des Hauses. Bei ihrem Anblick begriff man, woher der gußeiserne Charme der beiden Manskopfschen Töchter kam: eine sehr knochige Dame mit viel Schmuck, doch keineswegs protzig herausgeputzt, in einer zwar teuren, doch keineswegs ganz erstklassigen Robe. Die Frisur hatte die am Nachmittag ins Haus gekommene Friseuse sehr behutsam und sehr einfältig aufgebaut; Friseusen gab es in ziemlicher Menge, auch Friseure, die morgens ins Haus kamen, wandelnde Klatschkolumnisten, die ihre Hausbesuche meist auf ungepflegten alten Fahrrädern abstatteten. Und da war nun, kurz vor dem Dessert, das Unglück geschehen: Jemand hatte im erregter werdenden Gespräch das volle Rotweinglas umgestoßen, und das Tischtuch färbte sich blutigrot. Jedes Gespräch verstummte. Ein Diener und eines der Mädchen vom Haus warfen sich mit ihren Servietten erfolglos über die Bordeauxlache. Das Gesicht der Gastgeberin drückte hilfloses, empörtes Entsetzen aus. Sie liebte ihre Tischwäsche mit dem eingestickten Monogramm, den seidigen Glanz der eingewebten Blumen, Greifen, Weintrauben. Der Hausherr überblickte die lange Tafel, die erstarrten, verstummten Gäste und das verzweifelte Gesicht seiner Frau. Er empfand dessen Ausdruck als Beleidigung der Eingeladenen, besonders des ungeschickt-unschuldigen Missetäters, der kreidebleich geworden war. Da nun, in Sekundenschnelle, ergriff Herr Manskopf die vor ihm stehende, gleichfalls mit Rotwein gefüllte Karaffe und leerte den Inhalt bedächtig in kurvigen Lineaturen über das Tischtuch. Dabei sprach er laut und langsam zu seiner Frau, die nun dem Weinen noch näher war als dem Lachen: »Ich will Dich Fratze mache lehre!« Die Abendgesellschaft nahm dann ihren Fortgang, als sei nichts geschehen.

Auch von den beiden Töchtern des Weinhändlers wußte mein Vater Anekdotisches zu berichten. Maria und die ihr nur allzu sehr ähnelnde Schwester Sophie, gesprochen mit einem kraftvollen Akzent auf dem o, waren das, was man damals am Main »späte Mädchen« nannte. Und die Zeit rückte vor, und aus spät wurde später und aus später immer noch später. So kam es, daß die langaufgeschossenen Töchter in der Gesellschaft, die ja keinen Pardon kennt, die Schreckhörner genannt wurden, zumal sie meist gemeinsam auftraten, arme, unschöne, aber auch hochmütige Geschöpfe. Einmal soll sich eine der beiden Schwestern Manskopf im abendlichen Dämmerlicht in dem Gewirr enger Pfade auf dem Sachsenhäuser Berg verlaufen haben. Die schmalen Wege zwischen den Gärten waren von hohen Hecken eingefaßt, so daß man schwer über sie hinweg und den emsigen Gärtnern nicht auf die Hände schauen konnte. Hinter einer Hecke hörte das Fräulein Manskopf einen Mann arbeiten, stellte sich auf die Fußspitzen, entbot dem Sachsenhäuser Gärtner die Tageszeit und fragte, wie sie wohl am raschesten und sichersten zur Warte und zur Darmstädter Landstraße komme. Darauf der Biedermann, seine Arbeit unterbrechend und mit erdbeschmutzter Hand in die Richtung deutend: »Ei«, sprach er, »da reite Sie mal da links rüwer, dann sind Sie gleich bei der Wart'.« Er hatte das lange Fräulein für beritten gehalten.

Man sah die beiden Manskopf-Töchter in den Museumskonzerten und in der Oper, oder man begegnete ihnen im Parkett des Schauspielhauses; noch des alten Hauses, in dem Goethes Mutter gesesssen, geplaudert und geklatscht und das auch meinem Vater die ersten Begegnungen mit der dramatischen Kunst vermittelt hatte. Dort also saß, gerade bei Dunkelwerden eingetreten, eines der unendlich langen Fräulein Manskopf und nahm einem zwei Reihen hinter ihr sitzenden Abonnenten die Sicht auf die Bühne. Der zischte zuerst nur, dann rief er leise ein paarmal, dann lauter: »Setzen da vorn! Hinsetzen!« Endlich hatte die große Dame begriffen, daß sie gemeint sei, sie drehte sich um und winkte dem Empörten beschwichtigend zu, er solle doch begreifen, sie sei nun einmal nicht kleiner. Der andere jedoch gab sich nicht zufrieden und insistierte weiter. Da stand das Fräulein Manskopf in seiner vollen hageren Größe auf und gestikulierte schulterzuckend nach hinten. Darauf der Entrüstete, nun gänzlich aus der Fassung gebracht, zu seinem Nachbarn: »Jetzt steigt die Person auch noch auf den Sitz!« Diese Geschichte soll dazu geführt haben, daß Papa Manskopf, als das neue Schauspielhaus an der Anlage gebaut wurde, ein abscheulicher und dennoch liebenswerter Bau in zerquetschtem Jugendstil, daß Papa Manskopf dort eine Loge abonnierte.

Juden in Frankfurt: Ludwig Rottenberg und die Museumskonzerte; Der kleine Mozart weint und Lotti Stern, meine erste Frau; Die Musikbibliothek Paul Hirsch; Der Kunstsammler Robert von Hirsch und Georg Swarzenski; Arthur Hellmer und das Neue Theater; Adorno; Die Baronin Rothschild und andere

An den Onkel – oder war es auch ein sehr viel älterer Vetter – der beiden Manskopf-Mädchen erinnere ich mich noch gut; er besaß ein wunderhübsches schneeweiß gestrichenes Haus am Schaumainkai, reine Biedermeiergotik. Unmittelbar an der Straße gelegen, verriegelte es den Blick in einen feucht düsteren Garten voll prächtiger alter Bäume. In diesem Haus, das ich leider nie betreten habe, befand sich ein Gegenstück zur Musikbibliothek Paul Hirschs. Der Besitzer der Manskopfschen Musikbibliothek war hager, ging gebeugt und erschien trotzdem groß. Man sah ihn selten rasiert. Selbst in den Freitagskonzerten der Museumsgesellschaft im großen Saalbau, dem eigentlich bedeutendsten gesellschaftlichen Ereignis jeden Winters, erschien er meist mit weißen Stoppeln auf Kinn und Wangen, irgendeinen Klavierauszug unterm Arm. Er saß ein paar Reihen vor uns. Unsere beiden Plätze, davon einer ein Eckplatz am breiten Mittelgang, waren seit undenklichen Zeiten im Besitz der Familie. Aber das war nicht nur bei uns so. Abonnementsüchtige mußten oft lange, jahrelang – auf einen Tod, einen Umzug – warten, bis sie in den Besitz ihrer ersehnten Abonnementsplätze kamen. Die Museumskonzerte waren eine Art gesellschaftliches Sieb. Ein unterschwelliger, kaum merklicher und sehr typischer Antisemitismus des Vorstands hatte es fertiggebracht, daß die christlichen Familien in der Überzahl waren, was nicht besagte, daß damit die Musikverständigen den Hauptteil des Publikums ausmachten, im Gegenteil. Gleich nach dem Ersten Weltkrieg bahnte sich da eine Umschichtung an; es wurde von den Alteingesessenen jede Veränderung genau registriert, etwa, daß ein junger jüdischer Bankier mit seiner schönen russischen Frau nach jahrelanger Karenzzeit endlich zwei Logenplätze ergattert hatte. Aber auch, daß mein Bruder oder ich, selbstverständlich nach Absprache mit den Eltern, eine jüdische Freundin zum Konzertbesuch einluden. Die meisten der gebildeten jüdischen Familien waren wirkliche Musikfreunde, Musikkenner, ganz im Gegensatz etwa zu jener Frau Scharff-Behrend, die, eine der Königinnen der Museumsgesellschaft, die Freitagskonzerte eigentlich nur als eine Art Fortsetzung ihrer Tees in dem falschen Rokokosalon an der Westendstraße empfand. Am liebsten waren ihr Musikstücke mit starken, lauten Effekten, weil sie dann die Unterhaltung mit ihren Bekannten in der Loge (oben rechts von unseren Sitzen) ungestört führen konnte. Es wird berichtet, daß, als einmal eine wenige Sekunden während Pause in einer dahindonnernden Richard-Strauss-Symphonie eintrat, die sehr frankfurterisch gefärbte Stimme der Frau durch den Saal klang: »...*ich back'se mit Butter.*« Es war da offenbar ein intensives Gespräch über Küchenrezepte im Gang gewesen.

In der breiten Schicht des Frankfurter Bürgertums gab es allenfalls ein paar Musikenthusiasten, die mit Partituren versehen die Museumskonzerte besuchten und die sich für den Komponisten und Opernhausdirigenten Ludwig Rotten-berg begeisterten, ein kleines, sehr sarkastisches grauhaariges Männchen, gebürtiger Wiener, Jude, der regelmäßig *Die Fackel* von Karl Kraus las und mit Theodora Adickes, der ältesten Tochter des großen Frankfurter Oberbürgermeisters Franz Adickes, verheiratet war. Rottenberg habe da »a dickes« Mädchen geheiratet, hieß es witzelnd, aber das war ihm gleichgültig. Er war ein hinreißender Mozartdirigent, ganz einfach und ohne jede Pose, toscaninihaft, aber von

Toscanini sprach damals noch niemand, schon gar nicht von Hindemith, der eine der beiden Rottenberg-Töchter zur Frau nahm. Auch als Gründer der Festhallenkonzerte für die Arbeiterschaft und als Dirigent des Arbeiter-Gesangvereins erntete Rottenberg viel Lob. Anfang 1926 aber, als Rottenberg unter großen Zwistigkeiten mit der Opernintendanz sein Amt als Kapellmeister niederlegen mußte, wollte man ihm als Pension nur die lächerliche Summe von monatlich zweihundert Mark zugestehen. Es war Benno Reifenberg, Feuilletonchef der *Frankfurter Zeitung*, der dem um das hohe musikalische Niveau der Frankfurter Oper durch mehr als drei Jahrzehnte verdienten Ludwig Rottenberg zu seinem Recht, zu einer angemessenen Pension verhalf.

Zurück aber zu dem unrasierten Nicolaus Manskopf, genannt Nicola. Der kam bei schlechtem Wetter mit tropfendem Regenschirm und schlappenden Galoschen zum Saalbau in die Junghofstraße getappt, während seine Standesgenossen wenigstens eine Pferdedroschke benutzten, meist jedoch einen eigenen Wagen. War das Konzert zu Ende, so hatten die beiden Museumsportiers mehr als genug mit dem Herbeirufen und Heranpfeifen der Wagen zu tun. Wer ein besonders großes Trinkgeld gegeben hatte, konnte sicher sein, seinen Wagen unmittelbar vor dem Ausgang anzutreffen. Der große und der kleine Saal – letzterer wunderbar für Kammermusik geeignet – waren durch einen Bogen, der die Straße überspannte und der auch als Foyer diente, eine Art Seufzerbrücke, untereinander verbunden. Unter diesem Bogen fuhren die meist zweispännigen eleganten Coupés von rechts und links kommend vor.

Vom Rektoratsball im Frankfurter Hof war schon die Rede. Manche der Rektoren gaben auch zu Hause für junge Leute kleine Festlichkeiten. Bei dem Mathematiker Arthur Schönflies, Dekan der philosophischen Fakultät, waren meine Schwester und ich zu einem Tanztee eingeladen. Hier lernte ich Lotti Stern kennen. Sie wurde 1926 meine Frau.

Als zwölfjähriger Knabe war ich Lotti Stern schon einmal begegnet: Der Sanitätsrat Dr. Rudolf von Wild hatte zu einem Fastnachtskaffee die Kinder jener Familien eingeladen, bei denen er als Hausarzt tätig war. Mein Bruder Wolfgang kam als schmuckes Bäuerlein mit weißen Strümpfen, weißem Hemd, roter Weste, eine hübsche Pfeife im Mund. Mir selbst hatte man ein Clownskostüm zugedacht, aus ordinärem, hartem Stoff. Es war bedruckt mit lächerlichen, grimassierenden Spaßmacher-Fratzen, meine Beine in schwarzen Strümpfen wollten nicht zu dem flittrigen Zeug passen, und die derben Schuhe schon gar nicht. Die Krause am Hals war albern und sogleich zerdrückt. Ich fühlte mich ausgestoßen unter den andern, die hübsch, reinlich und bunt, als Zuckerbäcker, Rokokokavaliere, Schornsteinfeger oder Soldaten den ausgeräumten Parterrestock des sanitätsrätlichen Hauses bevölkerten. Ich konnte keinem der kleinen Dämchen gefallen, die meist als Zerlinen, Watteaupüppchen, Gärtnerinnen oder Rotkäppchen gekommen waren. Ich trug meinen Flitterkram wie ein Aussätziger seinen verräterischen Schorf. Und trotzdem barg der Nachmittag ein kleines Glück für mich. Ich fand mich nämlich plötzlich allein in dem gänzlich ausgeräumten Wartezimmer, in dem nur noch ein Jagdgobelin hing. Das Deckenlicht brannte trübe. Sehr allein und traurig stand ich hier und wußte nichts mit mir anzufangen. Da kam ein kleines Mädchen, es mochte zehn Jahre alt sein, herein. Es war, das hatte ich zuvor eine Bedienerin sagen hören, als kleiner Mozart verkleidet, ein liebliches Kind mit großen dunklen Augen, über denen sich sehr hoch in die runde Stirn zwei wunderbar dünn gezeichnete Brauen hoben. Ob mich Mozart nicht bemerkte, im Halbdunkel nicht sah? Das Kind mit den weißgepuderten Haaren, den zärtlichen Spitzenjabots an Hals und Handgelenken trat völlig unbewußt vor den Jagdgobelin und stand dort eine Weile, mit den Tränen eines frühen kleinen Leids kämpfend: die Flöte, sein Emblem, in der Tasche des gestickten Sammetrocks, die Hände um ein winziges zerknülltes, keineswegs mehr ganz sauberes Taschentuch geballt. Und das Wunder geschah, der Gobelin an der Wand, die Jagdgesellschaft, die plötzlich aus dem Rahmen getreten war, nahm das Kind in sich auf. Gerade hatte ich hinlaufen wollen, die Tränen des kleinen Mozart zu trocknen, mein Leid zu dem seinen zu legen, aber wie ich vortrat, war der Zauber gestört, das Kind verließ langsamen Schritts das Zimmer, und die Jagd sank in den Gobelin zurück. An der Türe aber wandte sich der kleine Mozart noch einmal um und lächelte mir zu. Später sah ich Lotti Stern – ihren Namen hatte ich inzwischen herausgefunden – glücklich zwischen einem Dakotaindianer und einem Gärtner mit grüner Schürze ein kindliches Menuett tanzen, getragen von einer süßen Herbheit der Bewegung. Als meinen Bruder und mich dann um sieben Uhr der Wagen holte, stieg ich glückselig ein.

Zurück noch einmal zu meiner Begegnung mit Lotti Stern im Hause Schönflies in der Miquelstraße. Große konventionelle Gesprächsfloskeln im Zusammensein mit Gleichaltrigen waren nie meine Sache. Ich liebte in der Unterhaltung die Umwege nicht, fand, es sei ergiebiger, unmittelbar Fragen zu stellen und entsprechende Antworten zu erhalten. Die gleiche Neigung entdeckte ich bei Lotti Stern. Sie wirkte still und hatte ernste, schöne Augen unter einer hohen runden Stirn. Sie war offensichtlich nicht eben mit heller Begeisterung zu dieser Unterhaltung gegangen, vielmehr auf Wunsch der Eltern, die fanden, junge Mädchen gehörten unter junge Menschen, sie sollten tanzen und sich unterhalten. Lotti, obwohl musikalisch, tanzte ungern. Auch in diesem Punkt trafen wir uns. Sie hatte das Schmidtsche Institut absolviert, sang in einem Chor des Hochschen Konservatoriums, spielte Geige wie ihr Vater, der Sanitätsrat Richard Stern. Die Sterns wohnten in der Guiollettstraße 1 gegenüber dem Goldfischteich in den Anlagen. Es war ein sehr hübsches umgebautes spätbiedermeierliches Haus, das jeder kannte, der durch den sogenannten Durchbruch dem Westend zustrebte. Natürlich kannte ich das Arztschild und auch den prächtigen, dickpelzigen Bauernspitz, der Lottis Eigentum war und der den Hauseingang hinter einem niedrigen Gitterchen bewachte.

Die Hirschs, das war ein rühmenswertes Kapitel in der kulturellen Geschichte Frankfurts. Man hatte mich herzlich aufgenommen, nur wurden die Verlobung mit Lotti Stern und der standesamtliche Eheschluß so lange zurückgestellt, bis Lottis Großmutter, Anna Hirsch, damals schon auf den Tod krank, gestorben war. Vielleicht hätte sie Einwände gegen die Ehe mit einem Andersgläubigen gehabt. Für meinen Schwiegervater, Sanitätsrat Stern, gab es vielleicht noch eine leise Bindung an die jüdische Glaubenswelt, er behandelte fast alle jüdischen Patienten, wenn sie wenig Geld hatten, ohne eine Liquidation auszustellen. Ein vorzüglicher Diagnostiker, wurde er oft auch von christlichen Kollegen als Berater zugezogen. Wenn der Vater meiner Frau gelegentlich bei einem koscheren Metzger am Anfang der Hochstraße einkaufte, belächelte seine Frau dies Tun, und die Köchin verarbeitete das an sie Gelangte so, als käme es von einem normalen Metzger, etwa dem Metzger Marx, der mit seinem eleganten Einspänner vorfuhr, die Aufträge entgegennahm und sie in ein schwarzsilbernes Büchlein eintrug; Ende des Monats war regelmäßig Zahltag.

Die Hirschs waren ein höchst sympathischer, wenig auffällig lebender jüdischer Familienklan, über den, bis zu meiner Hochzeit, Anna Hirsch mit Energie und origineller Heiterkeit das Zepter führte. Sie war eine imponierende Erscheinung. Emil Orlik hat sie in einer Radierung lebenswahr porträtiert. Sie glich in etwa Queen Victoria, stets schlicht, stets in teures Schwarz gekleidet. Von ihr machten viele Geschichten die Runde, etwa diese: Einen Schleier wunderlich um den Hut geschlungen, fuhr sie in ihrem Elektromobil, einem der ersten der Stadt, von ihrer Westendvilla zu Einkäufen ins Zentrum, zum Beispiel zu dem Kunsthändler Rosenthal. Die alte Frau Hirsch betrachtete vom Wagen aus durchs Lorgnon die Auslage, ließ den Ladeninhaber durch ihren Chauffeur herausbitten, wies auf eine Meißener Porzellangruppe hin und sagte – ohne nach dem Preis zu fragen – in Frankfurter Dialekt: »Das könne Sie mir schicke!« Der Ausspruch wurde zum geflügelten Wort in Frankfurt.

Anna Hirsch hatte fünf Kinder, drei Knaben – Paul, Karl und Robert – und zwei Mädchen – Lili und Marie, meine spätere Schwiegermutter. Als der Großherzog von Hessen 1913 ihrem Sohn Robert, der in Offenbach die große Lederfabrik J. Mayer & Sohn seines Onkels Ludo Mayer leitete, den erblichen Adel verlieh, er sich also künftig Robert von Hirsch nennen konnte, sprach man die alte Dame daraufhin an. Ungeniert, aber nicht ohne Stolz, sagte sie: »Meine Kinder sind alle von Hirsch.« Sie bewohnte eine in antikisierendem Stil erbaute weiße Villa in der Westendstraße, deren Interieur ich als düster, portierenverhangen erinnere. Es gab Diener und Jungfern, Teppiche und eine Reprise von Böcklins abscheulich fadem *Schweigen im Walde* hinter Glas und mit eigener elektrischer Beleuchtung, eine letztlich makarthafte Behausung, in der vorzüglich, aber schwer gegessen und nicht weniger gut getrunken wurde.

Lotti arbeitete – auch noch während unserer Ehe – zweimal in der Woche von fünf bis acht Uhr in der Musikbibliothek ihres Onkels Paul Hirsch; zusammen mit der Musikwissenschaftlerin Dr. Kathi Meyer versah sie den Ausleihdienst. Die beiden Frauen erstellten den umfänglichen Katalog der Sammlung, der bis zum Jahr 1933 auf drei starke Bände angewachsen war. Er trägt, irre ich nicht, auch Lottis Namen auf dem Titelblatt. Im gesellschaftlichen und kulturellen Leben der Stadt spielte Paul eine nicht übersehbare Rolle. Er hatte Olga Ladenburg geheiratet, führte eine kinderreiche, sehr glückliche Ehe in dem ehemaligen du Fayschen Haus, Neue Mainzer Straße 57. Hier stand die Musikbibliothek in einem langen, galerieähnlichen Trakt, dessen Fenstertüren sich auf die Anlagen hinter dem »Schweizerhäuschen« öffneten, hier stand die nicht weniger bedeutsame Buntpapiersammlung der sehr eigenwilligen Ehefrau. Paul Hirsch war von liebenswerter Bonhommie, mit einer Neigung zum freundlichen Embonpoint; er betrieb einen Röhrenhandel auf internationaler Basis. Das Ehepaar repräsentierte Geist und Geld, beide waren unalltäglich gebildet, und ihre Geselligkeit war vorbildlich. So empfingen sie während eines in Frankfurt abgehaltenen internationalen Musikfests wohl an die hundert Gäste. Ich entsinne mich an Igor Strawinsky und seine statiöse Frau und an den Pianisten Edwin Fischer, der von Berlin kam, wo er die anbetungswürdig schöne Eleonora von Mendelssohn – Patenkind der Duse und Schauspielerin im Max-Reinhardt-Ensemble – geheiratet hatte. Hausgast bei Paul Hirsch war regelmäßig Wilhelm Furtwängler, dessen Sekretärin Bertha Geissmar jeweils kurz vor dem Dirigenten eintraf und alle Klingeln im Bereich des Fremdenzimmers abstellen und des Nachts störende Lichtquellen beseitigen ließ. Ebenso war Paul Hindemith hier wie zu Hause, der im Opernhausorchester unter der Leitung seines Schwiegervaters Rottenberg die Bratsche spielte. Im kleinen Cercle traf ich bei Paul Hirsch den Großherzog von Hessen mit seiner Frau und ihren Hofmarschall Graf Kuno von Hardenberg. Mit dem Darmstädter Großherzog «a. D.» teilte Paul Hirsch die Leidenschaft für das schöne Buch. Ernst Ludwig wirkte wie ein sehr soignierter Landedelmann, der nach 1918 als respektabler Bürger unter Bürgern durch Darmstadts Straßen ging. Die bildende Kunst spielte bei Paul Hirsch keine wesentliche Rolle. Ich erinnere mich nur zweier sehr schöner Landschaften aus Turners Frühzeit, die im Eßzimmer hingen.

Paul Hirschs Frau, mit einem originellen, keineswegs schönen, aber klugen Gesicht und einer drolligen Art, sich zu dieser oder jener Frage des Alltags – Kindererziehung oder Dienstboten – zu äußern, fuhr zweimal im Jahr – gelegentlich begleitet von ihrem Mann – nach Paris, um sich dort bei der Haute Couture einzukleiden, wobei sie auf jegliche Extravaganzen verzichtete. Der Frankfurter Alltag wurde durch Tailor mades bewältigt, die der klassisch gewachsenen, zierlichen Frau vorzüglich standen. Ein solcher Paris-Besuch hat

Eingang in die Kunstgeschichte gefunden: Auf dem Bild von Max Beckmann *Gesellschaft in Paris,* das dieser nach einem Besuch in der Deutschen Botschaft 1931 gemalt hat, erkennt man – neben Karl Anton Prinz Rohan, Herausgeber der *Europäischen Revue,* dem Deutschen Botschafter Leopold von Hoesch, dem Frankfurter Bankier Albert Hahn und anderen – in der linken Ecke im Vordergrund sitzend Paul Hirsch. Max Beckmann hat dieses monumentale Bild 1947 in Amsterdam – wenige Tage vor seiner Emigration nach Amerika – überarbeitet. Es ist heute im Besitz des Guggenheim-Museums in New York.

Nach Umfang und Qualität war die Musikbibliothek Paul Hirschs einzigartig; sie enthielt auch Musikerautografen, etwa Mozartsche Kammermusik. Heute steht sie geschlossen im Britischen Museum in London. Hier hat der frühe Emigrant noch ein paar Jahre lang inmitten seiner Schätze – Partituren, Biografien, Autografen, theoretische Schriften – die durch den Nationalsozialismus unterbrochene Tätigkeit pfleglich fortsetzen können. Der gesamte Bestand war, in Möbelwagen verpackt, zur Abreise nach London bereit, als ein offenbar wohlwollender Gestapo-Beamter den letzten Wagen öffnen ließ, eine ganz alltägliche *Tannhäuser*-Partitur für beschlagnahmt erklärte und die Erlaubnis zur Abreise gab. Im April 1947 berichtete mir Paul Hirsch in einem Brief, wie zufrieden und dankbar er dem Britischen Museum für die noble Unterbringung der *Hirsch Music Library* in den dem Publikum nicht zugänglichen Räumen der Musikabteilung des Museums sei. Er war damals dabei, den vierten und letzten Katalogband seiner Sammlung bei der Cambridge University Press in Druck zu geben.

Der dritte der Hirsch-Söhne, Onkel Karl, war ein sympthatischer blitzgescheiter Sonderling, der sein Amt als Amtsrichter frühzeitig quittiert hatte und zwischen einer großen Bibliothek großer englischer und französischer Autoren, Importen rauchend, dahinlebte, ein Lebenskünstler seines Zeichens. Ich habe ihn niemals mit Kragen und Krawatte gesehen, sondern stets in einem peinlich sauberen Hemd, dessen Bund durch einen goldenen Kragenknopf geschlossen wurde. Er nahm mich, den Unfertigen, nicht ganz für voll. Onkel Karl hatte das Gesicht eines jüdischen Antinous und einen schwarzen Lockenkopf; aber er hatte mit der Emigration zu lange gezögert und ist ein Opfer der Nazis geworden, an deren Grausamkeit der sonst so Kluge nicht glauben wollte.

Robert von Hirsch hingegen hatte als erster der Familie Deutschland bereits sehr früh verlassen. Er emigrierte – nach Erlegung der Reichsfluchtsteuer – mit seiner Bildersammlung, wertvollem Mobiliar und einer ebenso wertvollen Bibliothek nach Basel, wo er seinen weltweiten Lederhandel weiterführte. Für die Ausreise solchen Kulturguts war eine Sondergenehmigung Görings notwendig gewesen, die sich hatte erhandeln lassen: Der Reichsmarschall forderte für die Freigabe ein Cranach-Bild, *Das Urteil des Paris,* wohl nicht ahnend, was für Herrlichkeiten jetzt die Reise in die Freiheit antreten konnten. Nach dem Krieg gab die deutsche Regierung das Gemälde an den rechtmäßigen Besitzer zurück, der es als Stiftung an das Baseler Kunstmuseum weiterreichte.

Robert von Hirsch hatte schon zu sammeln begonnen, als er noch im Elternhaus in Frankfurt lebte. Dorthin brachte er bereits kurz nach Beginn unseres Jahrhunderts seine ersten wesentlichen Erwerbungen: ein etwas grelles Frauenbildnis von Toulouse-Lautrec und eine Straßenszene des damals am Main noch so gut wie unbekannten Picasso. Robert war sportlich, Autofahrer und Reiter – er diente einjährig freiwillig bei den Darmstädter Dragonern, im Leibregiment des Großherzogs –, ritt jeden Morgen gegen sieben Uhr im Frankfurter Stadtwald und war pünktlich mit seinem schwarzen Packard-Achtzylinder um halb neun in Offenbach, tagaus, tagein. Im Frankfurter Stadtwald – nicht nur in den geselligen Zirkeln der regen, blühenden Stadt – mögen sich Robert von Hirsch und Martha Koch begegnet sein. Diese Jugendliebe hat er spät – in Basel – geheiratet, geheiratet erst, als diese – Martha Dreyfus, geb. Koch – verwitwet war. Eine schlanke, der Geselligkeit zugetane Frau, deren ein wenig tatarische Gesichtszüge sich einem einprägten, eine unalltägliche, elegante Erscheinung und etwas hochmütige Persönlichkeit, der man auf den Straßen Basels nachblickte. Im Haus von Marthas Vater, dem Frankfurter Juwelier Koch, pflegte man die Kunst mehr im Sinn von Repräsentation: französische Stiche, gerahmt auf teuren Tapeten, Möbel der besten Ebenisten des achtzehnten Jahrhunderts.

Nach dem Tod seiner Mutter kaufte Robert von Hirsch ein großes Haus auf der Bockenheimer Landstraße. Ein tiefer Garten mit Teehäuschen, der scheinbar ohne Trennung in die hier etwas verwilderten Randbereiche des Palmengartens überging, wurde neu angelegt. Die den wechselnden Jahreszeiten angepaßte Bepflanzung des Vorgartens war derart, daß sie die Vorübergehenden zum staunenden Verweilen zwang. Im Treppenhaus entsinne ich mich eines Engels von Ignaz Günther, zart polychrom in der Höhe schwebend. Es gab, wenn man die sogenannte Torfahrt durchschritten hatte, gleich eine kleine Garderobe. In Erinnerung ist mir auch die Klingel geblieben, eine antike bronzene Groteskmaske, deren Nase der Klingelknopf bildete. Das hübsche, halb handtellergroße Ding fand ich später an Robert von Hirschs Haus in der Schweiz wieder. Der Besitz an der Bockenheimer Landstraße trug die Merkmale der reizvoll reservierten, typisch frankfurterischen Architektur des späten Biedermeier oder – von Frankreich her gesehen – des zweiten Kaiserreichs: die Fassade, weiß gestrichen, wies fünf Fensterachsen auf, der dritte Stock hatte, da er in einen fast rokokohaften Giebel ausschwang, nur noch drei Achsen. Den drei tiefen Mittelfenstern des Parterre, zu Türen ausgebildet, war eine schmale glyzinienumwachsene Terrasse vorgelagert. Dieses Haus war so vollendet – ohne jede Aufdringlichkeit – eingerichtet, daß dem aufmerksamen, kunst- und kulturhistorisch einigermaßen Gebildeten der Atem wegbleiben konnte. Der Besitzer war Junggeselle, zu meiner Zeit etwa vierzig Jahre alt, ein scheu-empfindsames, zu gelegentlichen kleinen Ironien neigendes Temperament, elegant, schlagfertig und hochgebildet, ein Sammlernaturell unmerklich leidenschaftlicher Art. Es war Brauch, daß Lotti, ihre Eltern und ich jeweils sonntags bei Robert von Hirsch zu Abend aßen. Unalltäglich war ein Küchenchef, in Frankfurt eine Rarität. Die Soupers servierte ein Dienerehepaar. Gelegentlich wurden wir durch Früchte überrascht, die der Jahreszeit vorauseilten: Kirschen oder Erdbeeren aus fernen Ländern etwa zur Weihnachtszeit. All dies hatte in keinem Augenblick den Geschmack von nouveau riche. Der Diener Rabold, ein Mann von unangenehmer Glätte und Maskenhaftigkeit, entpuppte sich später als ein Parteigänger Hitlers. In gar nicht langer Zeit wurde dieses Haus die weiträumige Herberge für Robert von Hirschs Ankäufe. Hermann Fillitz, der Wiener Kunsthistoriker und später durch Jahre hindurch in Basel Robert von Hirsch respektvoll freundschaftlich verbunden, hat mit Recht die Tatsache bewundert, daß Robert von Hirsch, der seine Sammlung nicht auf ererbten Kunstgegenständen aufbauen konnte, einem Zauberer gleich, all seine Herrlichkeiten unmittelbar in sein Haus zwang, ohne jede eitle Allüre. Er tat es mit Bedacht, mit größter Geduld, aber auch gelegentlich mit jähen klugen Entschlüssen.

Robert von Hirschs Sammlung umfaßte alle europäischen Jahrhunderte, von kirchlichem Kultgerät der Romanik bis zu den Meistern der Ecole de Paris, Limogesarbeiten und italienische Renaissancebronzen. Einige der Bilder standen unter Denkmalschutz, so eine große frühmittelalterliche Kreuzigung der Kölner Schule. Es gab einen herrlichen Tintoretto *Moses, Wasser aus dem Felsen schlagend*, rarste Porzellane in einer eingebauten, von innen erleuchteten Vitrine dargeboten, eine von Schinkel entworfene wohlproportionierte offene Mahagoni-Bibliothek und, ebenfalls hinter Glas, eine köstliche Sammlung von Widmungsexemplaren vorzüglich berühmter Autoren des neunzehnten Jahrhunderts an berühmte Zeitgenossen. Drollig war – noch in Frankfurt – ein elektrischer Flügel, in den man durchlöcherte Rollen einlegen konnte und der dann wie von Geisterhand gespielt wurde: man sah die Tasten auf und nieder gehen, Mozart oder Chopin erklang – ein Stückchen Unkultur, dem man in Basel nicht mehr begegnete.

Es war der berühmte Kunstgelehrte Bernard Berenson, der gesprächsweise einmal äußerte, er habe in seinem ganzen Leben nur zwei Sammlungen gekannt, denen er den höchsten Rang habe zugestehen können: die der Gebrüder Stoclet in Brüssel und die Robert von Hirschs. Dieser begann als Amateur, zuerst einzig und allein auf seinen Instinkt, auf das angeborene Qualitätsgefühl gestützt. Bald jedoch gewann er die Sympathie zweier am Städelschen Kunstinstitut in Frankfurt tätiger Männer: Georg Swarzenskis und Edmund Schillings. Swarenzski war eine erstaunliche weltläufige Erscheinung. Als schöpferischer Museumsmann konnte er einer Gestalt wie Wilhelm von Bode in Berlin wohl das Wasser reichen. In seinem Institut am Mainufer hat er eine der schönsten, zugleich intimsten deutschen Gemäldesammlungen zusammengebracht.

Mit einer gewissen wehmütigen Freude erinnere ich mich hier der ersten Museumsbesuche meiner Kindheit. Sonntag vormittags, es standen Regenwolken am Himmel, rüsteten wir, Eltern, Bruder und ich, regelmäßig eine Expedition aus, die dadurch nicht an Reiz verlor, daß meine Mutter in letzter Minute immer wieder absagte, da der große Haushalt sie nicht fortlasse. Ziel der Expedition waren die Gemälde- und Skulpturenmuseen am Main, seltener das Historische Museum, wo das Gontardsche Puppenhaus stand, Wunderwerk und Wunderwelt patrizischen holländischen Ursprungs. Vielleicht hatte Hölderlins Zögling, Diotima und Jakob Gontards Sohn Henry, dann und wann mit den zierlich gekleideten Püppchen, den Möbelchen und dem kleinkleinen Silberzeug spielen dürfen, unter genauer Aufsicht einer alten Magd, für die das Puppenhaus etwas Anbetungswürdiges, ein Familiensanktuarium bedeuten mochte. Wir allerdings sahen das Puppenhaus aus größerer, achtunggebietender Ferne und doch auch mit einer gewissen Gleichgültigkeit an, die man unerreichbaren Dingen gegenüber an den Tag legen mag. Die Athene des Myron im Liebighaus und die Bilder im Städel jedoch, auf die uns der Vater hinwies – später suchten wir unsere Lieblinge selber aus –, waren uns ganz und gar vertraut, gleichgültig ob es um die Lucca-Madonna van Eycks ging, um das Mädchenporträt des Bartolomeo Veneziano, um *Samson und Dalila*, die Liebermann als ein gaminhaftes lastersüchtiges Weib an der Seite des ganz und gar von der Liebe erschöpften Riesen gemalt hatte, eine etwas vordergründig psychologisierende, auf Effekt gestellte Malerei, deren Absichten, deren fragwürdige Modernität uns allerdings erst spät bewußt wurde. Von Rembrandts grausamem *Triumph der Dalila* wußte man, daß das riesige Bild – weil die Komtessen sich vor ihm fürchteten – auf dem Speicher des Stadtpalais der Grafen Schönborn in Wien verstaubte, bis es 1905 vom Städelschen Kunstinstitut erworben wurde. Mir sind die krampfig zusammengezogenen Zehen des überwältigten Riesen ebenso in der Erinnerung wie die blaustählerne Spitze der Lanze, die sich in das Auge des Gefesselten bohrt. Aber nicht dieser malerischen Furchtbarkeit wegen gingen wir ins Museum, mein Vater liebte die stillen Künstler, die Franzosen des neunzehnten Jahrhunderts, die Kronberger Malerschule, Tischbeins *Goethe in der Campagna*, und nie versäumte er, uns auf die rotbackigen Äpfelchen auf dem Fenstersims der Eyck-Madonna hinzuweisen oder auf die wunderbar gemalten Stoffe bei Leibl, der nie mit seinen Bildern hatte fertig werden wollen.

Georg Swarzenski – die Nazis nannten ihn »nichtarisch« – übte einen fast hypnotisch zu nennenden Einfluß auf all jene aus, die mit ihm zu tun hatten. Ich erinnere mich an den unbestechlichen freundlich-verschmitzten Ausdruck seiner brillenbewehrten Augen, als er, der Heidelberger Studienfreund meines Vaters, unser Haus in der Vogelweidstraße inspizierte, die ererbten Bilder – den angeblichen Rubens

(*Romulus und Remus*), den kleinen Terborch und das gute Dutzend allerdings vorzüglicher Familienbilder und Miniaturen – begutachtete und endlich meiner Mutter für ihren tatsächlich vorzüglichen Geschmack ein Kompliment machte, das er ihr, mit seiner herrlich sonoren Stimme, wie einen Rosenstrauß überreichte. Ich weiß, daß es Böswillige gegeben hat, die Swarzenski auf den Namen Prozenski umtauften, doch war dies eher ein scheelsüchtiger Scherz, in dem Respekt vor dem kundigen Mann mitschwang, der ganz natürlicherweise dann und wann eine Gabe, einen Kunstgegenstand nicht zurückwies, wenn er für sein Museum irgendeinen großen Fischzug getan hatte.

Es spricht für den Geist gerade jüdischer Frankfurter Gesellschaftskreise, daß sie mit Swarzenski so besonders gut auskamen, daß sie ihn als Mentor, als Cicerone auf Reisen nach Italien und Amerika – damals noch keine ganz alltägliche Sache – einluden und so ganz unmittelbar an seinen Kenntnissen, seiner vielfältigen Geistigkeit teilhaben konnten. War es ihm, der keineswegs ein reicher Mann war und der von seinem Beamtengehalt leben mußte, war es ihm zu verdenken, daß er solche Reisen, deren Opulenz und Bequemlichkeit sich von selbst verstanden, nicht ausschlug? Wie köstlich und mit wie großer Dankbarkeit habe ich selber in den sechziger Jahren eine Autoreise durch Frankreich empfunden und erlebt, die mir der mich begleitende Münchener Freund Ernst Färber aus der Fülle seines dankbaren Gefühls und seiner vollen Geldkatze antrug? Nicht anders muß der Generaldirektor der Frankfurter Museen diese Reisen empfunden haben, die letztlich seinen Instituten zugute kamen.

Sein Einfluß auf Kunstfreunde war also außerordentlich, seine Autorität in Fachkreisen nicht geringer. So trug manches Stück der Sammlung Robert von Hirsch unverkennbar Swarzenskis Stempel. Aber es war nicht so, daß er den Sammler zu dominieren suchte. Er lenkte behutsam, wies hin, formte und bildete; aber er tat das nur dort, wo Form- und Bildbares vorhanden war.

Seine eigene Wohnung barg Schätze, die der geschmacksichere Kenner besonders in Italien eingekauft hatte. Noch kurz vor Swarzenskis Abreise im September 1938 nach Amerika, wo in Boston ein Museum für mittelalterliche Kunst auf ihn wartete, das er dann jahrelang mit Erfolg leitete – Hanns, der Sohn, stand ihm zur Seite –, habe ich ihn zwischen Kisten, Holzwolle und herkulischen Möbelträgern sitzend, letztlich doch tief irritiert, im Hause Große Gallusstraße besucht. Es war ein endgültiger Abschied auch von seiner Frau Maialein, einer amüsant-kapriziösen Dame, die gelegentlich höchst belustigende Feuilletons für die *Frankfurter Zeitung* schrieb; Benno Reifenberg hat sie gern gedruckt. Ernst Holzinger übernahm nach Swarzenskis freiwillig-unfreiwilligem Fortgang dessen Platz – ein durch die völlig veränderten Zeitumstände erheblich erschwertes Unternehmen. Max Beckmann hat Georg Swarzenski radiert, die intellektuelle Größe des spitzbärtigen Mannes gibt das Blatt für den, der ihn kannte, nur als Andeutung wieder.

Eine großbürgerliche, immer wieder jüdische Gesellschaftsschicht also hat Swarzenski und seine Getreuen – Götz, Wolters, Schilling, Feulner und Graf Solms-Laubach – bei der Erweiterung des Städelschen Besitzes unterstützt. Als 1930 der Braunschweiger Welfenschatz und ein Teil der Sigmaringer Sammlungen zum Kauf angeboten wurden, trug Frankfurt durch die Tatkraft Georg Swarzenskis den Löwenanteil davon. Dieser außerordentliche Mann hatte einige Sammler der Stadt – Robert von Hirsch, den Bankier Albert Hahn und andere – als Garanten für Museumsankäufe gewonnen und ihnen auch die Möglichkeit gegeben, die eine oder andere Herrlichkeit für die eigene Kollektion zu erwerben. So bedachte Robert von Hirsch auch sich und seine Sammlung nicht aus Egoismus, sondern von dem Gedanken geleitet, daß seine Erwerbungen einstmals den Frankfurter Städtischen Sammlungen – dem Städel, dem Liebighaus und dem Kunstgewerbemuseum – zu weiterem Glanz und Ruhm verhelfen sollten. Aber es sollte anders kommen.

41

Nach der frühen Flucht vor den Nazis in die Schweiz hat Robert von Hirsch – wie sein Bruder Paul – deutschen Boden nicht mehr betreten, Besuch aus Deutschland empfing er jedoch. Wohl das Edelste an frühem Kunstgewerbe, an Malereien von Giovanni di Paolo, Tintoretto, Dürer, Rubens, Rembrandt, El Greco und Werken des späten neunzehnten und zwanzigsten Jahrhunderts sowie ungezählte andere Schätze haben in seinem Haus in Basel die stets lebensvolle Kulisse für eine elegante Geselligkeit abgegeben, die dem Ehepaar von Hirsch und später dem Alleingebliebenen ein gewisses Bedürfnis gewesen ist. Internationalen Kunstwissenschaftlern war das Haus in der Engelgasse 55 zu einer Wallfahrtsstätte geworden. Die geschmackvolle Intimität des Hauses, eine etwas altmodische Villa vom Ende des neunzehnten Jahrhunderts, war unvergleichlich, unvergleichlich auch der von Martha von Hirsch angelegte wissenschaftlich organisierte Garten. Man hatte, um ihn organisch ausbauen zu können, eine benachbarte Villa erworben und abgerissen und somit einen großen Stadtgarten – das Ziel von Botanikern aus aller Welt – zuwege gebracht. Ein niedriger Tunnel aus Maschendraht ermöglichte es den geliebten Möpsen der Hausfrau, sich im Garten zu tummeln, ohne seine botanischen Kostbarkeiten zu zerstören. Die leidenschaftliche Gärtnerin war es auch, die in den Jahren nach dem Zweiten Weltkrieg ihren Mann dazu anregte, die Reihe herrlicher Cézanne-Aquarelle zu erwerben. In die gleiche Zeit fällt auch der Ankauf von Paul Klees *Gestirn über bösen Häusern* von 1916 oder Modiglianis liebliche *La Belle Espagnole* aus dem Jahr 1918.

Im Spätjahr 1977 ist Robert von Hirsch mit vierundneunzig Jahren im wahrsten Wortsinn entschlafen. Die Schätze des Hauses in der Baseler Engelgasse, das, wie auch sein Garten, inzwischen der Spitzhacke zum Opfer gefallen ist, hatten in einer Ausstellung im Frankfurter Städel noch ein letztes Mal von ihrem leidenschaftlichen Besitzer und Hüter Kunde gegeben, bevor sie in alle Himmelsrichtungen zerstreut wurden. Nur zu gern hätte Robert von Hirsch, wie er noch kurz vor seinem Tod maliziös bekannte, die Kämpfe der Bieter bei der von ihm testamentarisch verfügten Versteigerung seiner Sammlung bei Sotheby in London – dem großen Ereignis auf dem internationalen Kunstmarkt 1978 – beobachtet. Er mag sich dabei an manchen Strauß mit Kunsthändlern und -versteigerern erinnert haben.

Durch meine Heirat mit Lotti Stern war ich mit einer jener jüdischen Familien verbunden, die – obwohl eine Minderheit – den Ton im wirtschaftlichen und kulturellen Leben des damaligen Frankfurt unbeabsichtigt angaben. Sie waren – aus den Kleinstädten etwa des Rheingaus, Württembergs oder der Rhön kommend – seit Generationen in Frankfurt heimisch geworden. Was den alten christlichen Familien mit ihrem Reichtum nicht allein möglich, sondern Pflicht gewesen wäre: geistige, kulturelle Mittelpunkte abzugeben, das übernahm zu einem großen Teil ganz selbstverständlich das jüdische Großbürgertum. Mit dieser Festststellung soll jedoch das gleichwertige Wirken einiger Alteingesessener, wie etwa des Kommerzienrats Passavant-Gontard, nicht geschmälert werden.

Über die Geschichte der Frankfurter Juden, über ihren Aufstieg, über ihre Bedeutung für die Stadt und über ihren leidvollen, vielfach todbringenden Exodus gibt es eine reiche Literatur. Ich will mich in diesem Buch beschränken auf die jüdischen Menschen, denen ich in Frankfurt begegnet bin und die mir wichtig geworden sind. Was mich als etwa Siebzehnjährigen eigentlich bewogen hat, einem Bund gegen den Antisemitismus beizutreten, der einmal im Monat in einem Hotel bei der Oper mit vielen unnützen Reden tagte, ich weiß es heute noch nicht genau. Es wäre falsch zu behaupten, daß mein Vater ein prononcierter unkritischer Judenfreund gewesen wäre; er war jedoch ganz gewiß kein Antisemit, auch meine Mutter und meine Frankfurter Großeltern waren es nicht. Aber sie hatten kaum gesellschaftlichen Umgang mit Juden. Ein Dr. Büding machte bei meinem Vater eine Ausnahme. Er hatte Jura studiert, lebte aber als wohlhabender Privatmann musischeren Neigungen in einer eleganten Parterrewohnung an der Schumannstraße. Die andere Ausnahme war der österreichische Schauspieler und Intendant Arthur Hellmer, der 1911 zusammen mit dem ebenfalls jüdischen Bühnenautor Max Reimann (*Die Fünf Frankfurter*, eine Gesellschaftskomödie über die Brüder Rothschild) das Neue Theater in Frankfurt gründete. Mein Vater hat an Hellmers Theater in den Jahren vor dem Ersten Weltkrieg etwa dreißig Stücke inszeniert. Die gut sich auswirkende Arbeitsgemeinschaft Hellmer machte modernes Theater, ließ Strindberg, Wildgans, Schnitzler, Kaiser und anderes damals Aktuelles auf dem Spielplan erscheinen. Als tüchtiger Theatermann gewann Arthur Hellmer rasch sein meist jüdisches Premierenpublikum. Er liebte sein Theater, das er als Gegensatz zum etablierten Frankfurter Theater verstanden wissen wollte; alle vierzehn Tage brachte er eine Premiere heraus. Obendrein war Hellmer ein Wünschelrutengänger, was Personalfragen anging. Er holte die junge Gerda Müller, die spätere Frau des Dirigenten Hermann Scherchen, und den Anfänger Heinrich George in sein Haus. Das Neue Theater diente als Sprungbrett für viele, deren späteres Ziel Berlin war. Erste entscheidende Theathereindrücke erfuhr ich in Hellmers fortschrittlichem Theater. Arthur Hellmer emigrierte 1938 zu seinem Sohn in die Vereinigten Staaten. 1946 kam er nach Deutschland zurück und wurde zwei Jahre später Intendant des Deutschen Schauspielhauses in Hamburg. Ich war gerührt, als er mich eines Tages in München aufsuchte. Meine Theaterkritiken hatten ihn auf diese Spur geführt. Es wurde ein langes freundschaftliches Gespräch, in dem die Frankfurter Vergangenheit und mein Vater, dem Hellmer stets zugetan war, leicht sentimental beschworen wurden. Hellmer starb 1961 in Hamburg.

Mein Philosemitismus entstand also kaum als Opposition den Eltern gegenüber – dazu gab es, wie gesagt, keinen Anlaß –, er war wohl mehr eine Sache des Herzens und des Instinkts.

Schulfreunde mögen den Anstoß gegeben haben, vor allem zwei Brüder, die von dem abenteuerlichen Glanz der Ferne – der Vater zog sich von seinen Geschäften in Aden am Roten Meer nach Deutschland zurück – umspielt waren. Max und Julius Klein kamen aus München an unsere Schule, und ihr Auftreten bedeutete eine gewisse Sensation: zwei hübsche, schmal und drahtig gewachsene, nach englischem Geschmack gekleidete Buben mit kurzgehaltenem schwarzem Lockenhaar betraten den Schulhof: typische Sephardim. Ich sehe noch ihre schwarzweißen Pepita-Anzüge, weiße gestärkte Umlegkragen mit blauen weißgepunkteten Lavallière-Krawatten. Dergleichen erregte Aufsehen, und Aufsehen bedeutete bei Jungen alsogleich Gehänsel, Spott und den Versuch, die beiden Neulinge auf irgendeine Weise zu demütigen. Das dafür geeignetere Objekt war für ein halbes Dutzend Knaben der kleine, hübschere Julius, für den der große Bruder mit Heldenmut, Faustschläge austeilend, einsprang. Er boxte regelrecht und hatte nach den wenigen Minuten der Großen Pause alle niedergestreckt oder verjagt. Von diesem Augenblick an wagte sich keiner mehr an Julius und schon gar nicht an Max, der durch zwei Jahrzehnte mein Freund wurde. Die Kleins bewohnten den zweiten Stock eines eleganten Etagenhauses Ecke Bockenheimer Landstraße und Feuerbachstraße. Vater Ike – eine Abkürzung für Isaak – hatte durch den Großhandel mit Fellen in Aden sein Glück gemacht, hatte, tropenkrank, den Orient mit München, dann mit Frankfurt vertauscht. Meiner Mutter gefielen die beiden adretten Buben, die ich ihr eines Tages ins Haus brachte. Sie wollte zwar keinen gesellschaftlichen Umgang mit den Eltern Klein, die Buben aber ließ sie gelten. Papa Ike, sichtlich leberkrank, mit braunen Schatten unter den traurig blickenden Augen, stets freundlich gewähren lassend, ob es um ein luxuriöses Fahrrad ging oder um ein Luftgewehr, starb bald. Meine Interessen und die der beiden Brüder waren etwa die gleichen. Wir fuhren Rad, wanderten sonntags mit Maßen im Taunus, schwammen im Main bei Mosler an der Untermainbrücke. Erinnere ich mich richtig, so badete man nach Geschlechtern. Auf der Sachsenhäuser Seite gab es eine Damenbadeanstalt, bei Mosler waren wir unter uns. Die wichtigste Rolle aber spielten die Bücher. Max Klein war im Hinblick auf das wöchentliche Taschengeld bei weitem besser gestellt als ich. Ich bekam im Sommer 1914 vier Mark in Gold. Die Beziehung zu Julius löste sich später, als er ein hübsches, etwas zweifelhaftes blondes Püppchen heiratete und auf Nimmerwiedersehen verschwand. Ich weiß heute noch nicht, wohin ihn seine Sterne geführt haben. Vielleicht hat ihn sein Instinkt vor den Gaskammern bewahrt. Max wurde nach einigen Semestern Medizin doch noch Kaufmann; ein Onkel väterlicherseits nahm sich seiner in New York an. Er heiratete dort, als er Amerikaner geworden war, eine gleichfalls emigrierte sympathische kluge Frankfurterin, die eines Tages, geschützt durch ihren amerikanischen Paß, bei mir auf der Redaktion der *Frankfurter Zeitung* erschien, um mir zu berichten, daß Max an einer Gehirnhautentzündung gestorben sei, Ende auch einer Freundschaft, die im Kindesalter begonnen und die in vielen Stunden guter Knaben- und Jungmännergespräche sich bewährt hatte.

Wenn wir in die Häuser oder Wohnungen unserer jüdischen Freunde kamen, nahm man uns außerordentlich herzlich und so höflich auf, als seien wir schon erwachsen. Bei uns daheim ging es nicht streng zu, aber es gab doch eine gewisse Distanz zwischen Eltern und Kindern, eine Distanz, die ich nie, auch später nicht, ignoriert habe. Wir lagen einander nicht ständig in den Armen, küßten uns selten – zu Weihnachten, an Geburtstagen, aus Dankbarkeit dann und wann – und im übrigen waren wir die Kinder und die Eltern die Respektspersonen, besonders die Autorität des Vaters in allem und jedem wurde niemals angezweifelt. Kam man jedoch in jüdische Häuser, da war alles ganz, ganz anders. Das Verhältnis der Kinder zu den Eltern war ungehemmt, die Kinder das Ein und Alles der Eltern und Großeltern. Das übertrug sich auch auf uns, die kleinen Gäste. Es schien, als setzten diese Eltern die gleiche gegenseitige Innigkeit, die gleiche wärmende Familienseligkeit bei uns daheim voraus. Wir waren zwar Kinder anderer Eltern, aber eben doch Kinder, Nachkommen und also gleichfalls geliebt und mit betulichem Eifer umgeben. Wir bekamen die gleichen Kuchen zum Kaffee wie die Erwachsenen. Oh, die üppigen Kaffeetafeln in der Beethoven-, der Königsteiner und Feuerbachstraße! So üppig war bei uns allenfalls die Nachmittagsmahlzeit an Sonn- und Feiertagen. Der Alltag schien dort immer ein Festtag, es herrschte so etwas wie ein latenter Jubel, wenn die Kinder mit uns – ihren Freunden – heimkamen. Wie oft habe ich das häusliche Mittagessen fast versäumt oder auch tatsächlich vergessen, weil solch eine herzensgute Mutter mich bei sich behielt, mir Süßigkeiten zusteckte, mich an den reichgedeckten Tisch nötigte. Dergleichen hätte und hat meine Mutter niemals geduldet, sie war ungesellig, ja einsiedlerisch veranlagt und obendrein äußerst sparsam, was meinem Vater im allgemeinen lieb war, gelegentlich aber auch lästig wurde. Die gewisse Lässigkeit der jüdischen Haushaltsführung gefiel uns Knaben, sie kam dem vorübergehenden juvenilen Drang, sich à la Bohème zu geben, entgegen.

Die Zahl der Juden machte in unserer Westendschule ein schwaches Dritteil einer jeden Klasse aus, doch fiel es, das ganze Bild der Schule verändernd, ins Auge, wenn an jüdischen hohen Feiertagen eben dieses Drittel der Klassen dem Treiben im Schulhof fernblieb; nicht ihre Zahl, eher ihre sich vom Durchschnitt abhebenden Erscheinungen veranlaßten solche Veränderungen des alltäglichen Bildes, zu dem die Knaben in unser aller Augen völlig legitim zählten. Ein »jüdisches Problem« gab es für uns nicht, nicht für mich und meine christlichen Mitschüler und auch nicht für die Lehrer. Unvorstellbar in einer Frankfurter Schule zu meiner Zeit die von meinem Vater gern erzählte Episode von der damals wohl ganz selbstverständlichen Aufforderung seines evangelischen Religionslehrers am alten Städtischen Gymnasium: »Ihr Judde geht enaus, mir wolle bete!«

Alle meine jüdischen Mitschüler gehörten von Haus aus dem liberalen Judentum an, ausgenommen einer, der trübe dreinschaute und aus dem Ostend herangefahren kam; niemand wußte, warum er gerade die Wöhlerschule besuchte. Er kam uns fremd, schmuddelig und unnahbar vor. Jahrelang war er der zweitbeste unserer Klasse, der nach der Schule mittags fast rätselhaft schnell entschwand, ohne Begleiter für den Heimweg und wahrscheinlich unter dem Makel, derart abgesondert leben zu müssen, stumm leidend. Da war der schlanke blonde Junge von jener netten Art, die wir englisch nannten – oder jener, dem ich eine liebende Verehrung entgegenbrachte, einfach weil er so hübsch anzusehen war, und zu dem ich in einem ähnlich schmerzvoll beglückenden Verhältnis stand wie Tonio Kröger zu Hans Hansen. Ich hatte dabei unbedingt Tonios Rolle zu spielen, denn der andere war leichtlebig, ein guter Turner und Schlagballspieler, er besaß ein blinkendes Fahrrad, und die Eleganz auch seiner Alltagskleidung mußte ins Auge stechen, wie es ein paar Jahre später die gefällig in die Krawatte gesteckte Nadel tat, ein kleiner dunkelblauer, eiförmig geschliffener Edelstein in goldener Fassung.

Die Begegnungen in der Schule hätten schließlich keinen allzu starken Einfluß auf mich gehabt, wären ihnen nicht andere in der Häuslichkeit jüdischer Mitschüler gefolgt. Nicht bei Paradeeinladungen lernte ich Eltern und Heimstatt kennen, sondern im Alltag, was mir weit besser gefiel, schon darum, weil ich nicht als einer aus einer Schar kam, sondern als einzelner. An einem Vormittag beispielsweise, da uns die Schule aus irgendeinem Anlaß schon um elf, statt um zwölf Uhr entlassen hatte, trollte ich denn an der Seite eines Max oder Edgar nicht in die Schubertstraße, sondern weiter und ward vor irgendeinem in einen Vorgarten führenden Gittertor sans façon aufgefordert, mitzukommen. Auffällig war dann, daß der Kamerad ganz sorglos auch die Haupttreppe benutzte, je nach Laune, und ich entsinne mich manches marmornen Treppenaufgangs mit dickem Läufer und seidi-

gem Seil, die tastende Hand zu führen, an farbige Glasfenster
und blankgeputzte Messingtürbeschläge an weißen Eingän-
gen, durch die uns ein adrettes Mädchen in die Wohnung
eintreten ließ. Von solchen Besuchen her stammt wohl das
Gefühl, daß ich kaum ein Haus des Frankfurter Westends
nicht betreten hätte, alle schienen mir bekannt – und wirklich, in den meisten bin ich auch einmal wenigstens gewesen.
Wie oft habe ich bei solchen Besuchen aus der ringge-
schmückten, kleinen, rundlich-grübchenbehafteten Hand
einer gutmütigen, in ihren Sohn verliebten Mutter mit höch-
stem Behagen ein Stück butterbestrichener Mazzes verspeist
oder koschere Wurst oder ein Stück »Apfelschalet« gegessen,
Dinge, die mir wie die feinsten Leckerbissen vorkamen und
die mir so freigebig, so herzlich gewinnend und mit solcher
Selbstverständlichkeit angeboten wurden, daß ihnen und den
Menschen, denen ich sie verdankte, in den Augen, im Gefühl
des kindlichen Knaben etwas Wunderbares anhaftete. Meine
Eltern erfuhren gelegentlich von meinen Ausflügen und
duldeten sie mit lächelndem Schweigen, manches aber verschwieg ich hinwiederum auch, weniger, daß ich einmal im
Oktober – zur Zeit des jüdischen Erntedankfestes – das
lockende Wunder einer reich ausgestatteten Laubhütte aus
nächster Nähe hatte betrachten dürfen. Es gab einen bläßli-
chen, wenig attraktiven Mitschüler, der sich vorübergehend
mir angeschlossen hatte. Unser Schulweg war nicht der
gleiche, aber wir beide trödelten gern. Einmal forderte der
kleine Illmann mich auf, mit ihm nach Hause zu gehen, wo
der Vater eine Laubhütte aufgebaut hatte. Es war ein großes,
ganz komfortables Etagenhaus, das auf seiner Rückseite auf
gußeisernen Säulen stehende Terrassen besaß. Die oberste
trug die Laubhütte, die meine Vorstellung bei weitem über-
traf. Sie prangte mit allen erdenklichen Früchten exotischer
Herkunft, mit Ährenbündeln und herbstlichen Blumen und
war auf diesem zwar weiten, aber doch unschönen, dem
Alltag dienenden Balkon wie ein orientalisches Paradies im
kleinen. Verschwiegen habe ich meinen Eltern indes meinen

Besuch in der neuen Synagoge während eines Gottesdienstes an einem hohen Festtag. Die Synagoge an der Königsteiner Straße war ein wuchtiger Kuppelbau mit einem Löwenbrunnen in einem hübschen Zierhöfchen, gefügt das Ganze aus hellgrauem Muschelkalkstein. Der große Komplex, mit roten voluminösen Ziegeln gedeckt, machte wohl nicht ganz unabsichtlich einen maurisch-exotischen Eindruck; er ließ an eine im Detail vergröberte Alhambra denken und gab sich mit monumental-dekorativer Würde. Die Neue Synagoge war keineswegs – wie jene im Ostend – der lebhaft besuchte Mittelpunkt eines innigen religiösen Lebens. Nur an Freitagabenden belebten sich die Straßen ringsrum etwas stärker, man sah dunkle Kleidung, manchmal Zylinder oder steife schwarze Hüte, aber es war mir immer, als beeilten sich die Besucher, von der Straße fortzukommen. Verschwiegen habe ich auch meine halbe Anwesenheit bei Sabbatbeginn in einem strengreligiösen Haus, wo man, während der Segen, der Kiddusch, gesprochen wurde, auf den kleinen Fremdling im Nebenzimmer nicht achtzuhaben brauchte, der mit Herzklopfen, voller Neugierde, aber auch von der Fremdheit des Vorgangs angerührt und erregt war. Denn daß ein Unerklärlich-Fremdes hier und in manch anderem wirksam war, das zu erkennen fiel kaum schwer.

Jüdisch sein, so hat es mir mein Vater erklärt, war eine Sache des Glaubens, nicht der Rasse; später amüsierte mich das Stoltze-Gedicht, in dem von »unserer Rass'« die Rede war, während Wilhelm Buschs Karikatur (in dem roten Album) vom Juden Schiefelbeiner (»... schöner ist doch unsereiner«) meinen knäbischen Ärger und meinen Sextaner-Gerechtigkeitssinn auf die Barrikaden rief.

Auf dem Kaiser-Wilhelm-Gymnasium, das erst 1914 seinen Unterricht aufnahm und das ich seit unserer Übersiedelung nach Sachsenhausen besuchte, war Theodor Wiesengrund alias Adorno der bewunderte, aber von vielen auch scheel angesehene Primus omnium der Schule. Er war das Hätschelkind seiner Familie, die einen Weinhandel in einem Haus an der Schönen Aussicht betrieb. Daheim rief man ihn Teddy, und dieser Kosename war auf irgendeine Weise im Gymnasium bekanntgeworden. Der mit noch jungen Bäumen am Rand bepflanzte Schulhof war schattenlos und staubig. In den Pausen wanderten die älteren Klassen unaufgefordert langsam im Kreis, während wir, die jüngeren, unsere lärmenden Spiele spielten. Teddy hatte ein paar vertraute Klassenkameraden, die ebenso wie er selbst nicht bemerkt hatten, daß irgendein Widersacher an Teddys Rücken einen Zettel angeheftet hatte, auf dem groß »Teddy« zu lesen stand. Im Handumdrehen zog ein »Teddy« brüllender Haufen hinter dem Ahnungslosen her. Teddy war damals ein eher schmaler scheuer Bub, der das Ganze eigentlich nicht begriff. Daß der Teddy jüdisch war, wußten wir alle. Der Aufzug im Schulhof aber war keine antisemitische Demonstration, sie galt dem Einzigartigen, der auch die Besten in jeder Klasse in den Schatten stellte; sie war ein Dummerjungenstreich, nicht mehr. Wenn ich heute bei Thomas Mann im *Doktor Faustus* die musikalische Prosavariation zum Thema »Wiesen-Grund« lese, ist auch mir der Knabe von der Schönen Aussicht wieder gegenwärtig. Wir sind uns viel, viel später zweimal begegnet, einmal sozusagen literarisch, das anderemal in München zu einem herzlichen Wiedersehensgespräch. Literarisch insofern, als Adorno 1968 in der *edition suhrkamp* unter dem Titel *Improptus* eine Reihe seiner musikalischen Aufsätze neu veröffentlichte, darunter die Schrift *Musikalische Diebe, Unmusikalische Richter,* und meiner in der Vorrede wie folgt gedachte: »Auch *Musikalische Diebe, Unmusikalische Richter* stammt aus dem Jahre 1934. Der Autor empfand die Publikation durch den Feuilletonredakteur des *Stuttgarter Neuen Tagblatts,* Erich Pfeiffer-Belli, dankbar als Akt oppositioneller Solidarität. ›Diebe‹ auch nur figürlich zu verteidigen, war in jenen Jahren bereits politisch…« »Es war das einer der sehr wenigen Beweise von ‹ Solidarität und von Unabhängigkeit, die mir in den ersten Jahren des Hitler zuteil wurden; und so etwas vergißt sich nie«, heißt es dann noch in einem Brief an mich vom 14. Juni 1968. Ein Jahr später, am 6. August 1969, ist Theodor W. Adorno – Philosoph, Soziologe und Musiktheoretiker von hohem Rang –, der Teddy von 1916, gestorben.

Durch meine Schulfreunde kam ich also in die verschiedenartigsten, meist jüdischen Häuser und Wohnungen des Frankfurter Westends. Und das ist dann ohne mein Zutun so geblieben. Es waren religiös liberale Juden, die das Frankfurter Westend bevölkerten, sie gehörten wohlhabenden, ja reichen Schichten an, alle von dem Drang nach oben beseelt, dem Wunsch, sich dem deutschen, dem westeuropäischen Kulturkreis zu assimilieren; was im Osten der Stadt, was im europäischen Osten geschah, wollte hier niemand genau wissen. Ja selbst, wenn man schon in der ersten Generation das Westend bewohnte, ignorierte man die im Ostend vielleicht noch hängengebliebene Verwandtschaft leichthin, als habe man sich ihrer ein wenig zu schämen. Das gesellschaftliche Licht, nach dem man Ausschau hielt, war nicht jenes ex oriente. Man blickte nicht nach Posen oder Kowno und Ungarn, übersah die kleinen polnisch-galizischen Städtchen und Dörfer und die k.u.k.-österreichisch-ungarischen Ostprovinzen mit ihrem rabiaten Antisemitismus. Man bezeichnete sich gern als Sephardim, als jüdischen Uradel, der über Holland aus Spanien ins Land gekommen war, oft schon nachweislich vor Hunderten von Jahren wie etwa die Mainzer und rheingauischen Wolfskehls, denen der Dichter Karl Wolfskehl entstammte. Sie waren denn auch wirklich ein anderer, verfeinerter Schlag, zart-milchhäutig die schmalen Gesichter der Frauen, alle dunkelhaarig, im Gegensatz zu den vielfach rothaarigen stämmigen Ostjuden, deren Vorfahren oft genug noch kräftige Handwerker, armselige Handeltreibende oder herkulische Lastträger in den Schwarzmeerhäfen gewesen waren. Ging man an Sonntagvormittagen über die Bockenheimer Landstraße, so traf man hier auf einen jüdischen Korso von angestrebter und oft vollendet erreichter Pariser Eleganz und Lebhaftigkeit. Wer von diesen Damen nicht ein- bis zweimal im Jahr nach Paris fuhr, um Modisches einzukaufen, hatte gewiß in Frankfurt eine Schneiderin, einen Schneider, der es für sie stellvertretend tat und dessen Ladenschild das dem Knaben noch rätselhaft scheinende, kalligrafisch hingesetzte »Robes et Manteaux« zierte.

Viele Juden im Westend waren reich, sehr reich sogar, etwa die alte Baronin Rothschild, die als eine der reichsten Frauen Deutschlands galt. Sie saß auf der Grüneburg. Hier war Chopin zu Gast, dessen talentierte Schülerin die Baronin Hanna Mathilde einst gewesen war. Der Kaiser, bekannt für seinen Philosemitismus, besuchte die Rothschilds während seiner Sommeraufenthalte in Bad Homburg. Der Baron und die Baronin waren orthodox, fuhren am Sabbat nicht aus, und es ging das Gerücht, daß die Baronin ihr Taschentuch von Freitag abend bis Samstag abend an einer Schnur befestigt am Gürtel trage, da die Religion ihr verbiete, irgendeine Arbeitsleistung vorzunehmen, in diesem Fall also, das Taschentüchlein aus der Tasche hervorzukramen. Für Hilfeleistungen am Sabbat im Haus war der Schabbesgoi seit Jahrhunderten zur stehenden Einrichtung geworden, untrennbar von einer jüdischen Familie wie der kleine dienende Kerzenhalter am siebenarmigen Sabbatleuchter. Wie schon Wilhelm Carl Baron Rothschild, der eigens ein Büro zur gerechten Verteilung von Almosen und Spenden unterhielt, wirkte auch die Baronin nach dem Tod ihres Mannes – 1901 – als mäzenatische Wohltäterin. Im hohen Alter wurde sie jedoch ein wenig wunderlich. So wurde erzählt, sie halte die Streichhölzer für die Küche in einem Schränkchen über dem Bett unter Verschluß und gebe nur jeweils eine Schachtel zum Gebrauch an die Köchin. 1924 ist Hanna Mathilde Baronin Rothschild dreiundneunzigjährig gestorben.

Meine scheue Knabenliebe auf der Eisbahn im Palmengarten zum Justizratstöchterchen Carola, die trotz meiner sommerlichen Fensterpromenaden auf dem Fahrrad im Verborgenen blieb, lag viele Jahre zurück, als mir – noch vor meiner Begegnung mit Lotti Stern – wiederum ein Mädchen aus der jüdischen Frankfurter Gesellschaft bedeutend wurde. Schon dem Knaben war Gertrud Fulda im Palmengarten aufgefallen. Vielleicht steht an einem der Wege im neuen Teil des Gartens noch die Bank, auf der wir – mein Bruder und ich, begleitet von unserem Kinderfräulein – an nicht zu heißen Sommertagen immer das gleiche ungleiche Paar antrafen: eine strenggekleidete englische Gouvernante mit ihrem Zögling, einem Mädchen in unserem Alter. Wolfgang, scheu und höchst empfindsam, hatte sich damals in die Dunkelgelockte verliebt, ein Vierzehnjähriger in eine Zwölfjährige; und ein wenig neidete ich ihm das Gefühl, das ich anfangs nicht teilte, was mich aber nicht abhielt, bei den regelmäßigen Begegnungen gleich meinem Bruder bis über die Ohren zu erröten. Gertrud Fuldas Familie lebte seit Mitte des siebzehnten Jahrhunderts in Frankfurt; das beträchtliche Vermögen stammte aus dem Kohlengroßhandel. Ein Vorfahr, »Kaufmann Oppenheimer«, war, als 1868/69 die Freie Reichsstadt unter preußische Herrschaft geriet, der erste jüdische Stadtrat. Gertruds Vater hatte sich in einem Anfall von Depression erschossen, kurz bevor die Familie von der Feldbergstraße in eine Villa von erheblichen Ausmaßen, doch schlichten Formen in die Zeppelinallee umzog. Getruds Onkel Ludwig Fulda war ein bedeutender Schriftsteller, Übersetzer und Bühnenautor seiner Zeit; er hatte mit der familiären Kaufmannstradition gebrochen und promovierte in Heidelberg summa cum laude zum Dr. phil. Zusammen mit Thomas Mann und Gerhart Hauptmann wurde er 1926 in die neugegründete Deutsche Dichter-Akademie in Berlin aufgenommen. Von ihm schrieb der *Berliner Börsencourier*: »Juden haben die moderne deutsche Literaturbewegung gegen den stumpfen Widerstand des deutschen Publikums durchgesetzt.« Und er sagte von sich selbst: »Ich bin ein Deutscher jüdischer Abstammung... nenne ich mich mosaischer Konfession, weil man aus einer belagerten Festung nicht weicht... wer bestreitet, daß ich ein Deutscher bin, dem lache ich ins Gesicht.« 1939, als die Nazis den Burgtheater-

Ring von ihm zurückverlangten, nahm er sich das Leben. Nach den stummen Zufallsbegegnungen der Kindertage traf ich Gertrud Fulda nach dem Ersten Weltkrieg wieder auf Einladungen und Bällen und auf dem Eislaufplatz. Vom Bauhaus aus Weimar zurück, noch ohne rechtes Berufsziel, lief ich an Wintertagen auf den Sportplätzen der Forsthausstraße Schlittschuh, sehr früh des Morgens, die Sonne stand noch tief. Ein Privatautomobil brachte Getrud Fulda zum gleichen Eislaufplatz, den wir als einzige so früh besuchten. Meine Weimarer »Libertät« erlaubte es mir, das junge Fräulein anzusprechen und ihm von meinen Schlittschuhkünsten einiges mitzuteilen. Wir befreundeten uns rasch, ich machte in der Zeppelinallee Besuch, die Mutter fand Gefallen an mir. Es wurde mir Gewohnheit, daß ich ein- oder zweimal in der Woche mit Mutter und Tochter Tee trank, mein lockeres Mundwerk sehr zum Spaß der Dame des Hauses, die bitterböse Reden führen konnte, spazierengehen ließ. Ich war für Gertruds Mutter, die fast keinen Umgang hatte, der belustigende Kolporteur von Gesellschaftsklatsch. Solche Causerien am Teetisch erlösten sie wohl flüchtig aus ihren gefährlichen Melancholien und der unverhohlenen allgemeinen Bitternis, die Jahre später zu ihrem Freitod führten. Mit Gertrud, die ein lyrisches Temperament war, führte ich ernstere Gespräche, ich war ja, dank Weimar, »welterfahren«, hatte viel gelesen, im Theater – mit oder ohne meinen Vater – viel gesehen, und im Saalbau, bei den Museumskonzerten an winterlichen Freitagabenden mancherlei gehört. So ging der Gesprächsstoff nicht aus. Anfänglich erschien unter irgendeinem Vorwand durch die Doppeltür die Mutter, klein, zierlich, trocken und scharfgesichtig, um nach dem Rechten zu schauen. Es gab nichts zu schauen. Der jüngste Hamsun oder Meyrink waren im Gespräch, Mengelberg, der robuste holländische Dirigent mit semmelfarbigem Haar, oder, ihm wesensverwandt, Edwin Fischer, der ekstatisch brennende, brummelnde Pianist. Wir sprachen von dem von mir hochverehrten noblen Geiger Joseph Szigeti, dem Adolf

Busch das Wasser nicht reichen konnte, und vom Amar-Quartett, in dem als Bratscher der junge Hindemith saß, von dessen kompositorischer Genialität damals bereits die Rede ging. Gertrud, dunkelhaarig, schlicht mit einem Mittelscheitel frisiert, hatte etwas Edel-Jüdisches, Märchenhaftes mit ihrer feingebogenen Nase, den zarten Schläfenmulden und den Rehaugen, die von den Wassern Babylons zu berichten schienen. Ich mochte dieses nachtdunkle Mädchen. Viele Jahre später heiratete Gertrud in Berlin einen jüdischen Musiker und konvertierte zum Katholizismus in der Verblendung, sich und ihre kleine Tochter so dem Zugriff von Hitlers Schergen entziehen zu können. Die Spur von Mutter und Tochter verlor sich in einem Todeslager im Osten.

Doch will ich hier keine gespenstischen Gestalten aus dem Jenseits herbeirufen, wie viele leben in meinem Herzen weiter, nicht als Schemen, sondern als erinnerte lebensvolle Menschen! Manche haben den Weg ins Freie gefunden. Dem berühmten Frankfurter Dermatologen und Geheimen Medizinalrat Professor Karl Herxheimer ist dieser Weg nicht gelungen. Ich war als Junge hin und wieder in Herxheimers Sprechstunde am Gärtnerweg gewesen, in einer geräumigen Parterrewohnung, und machte Bekanntschaft mit der von mir als omnipotent belächelten Teersalbentherapie. Es war im August 1942 an der Hauptwache, im Herzen der so herzlos gewordenen Stadt, daß der Einundachtzigjährige, obwohl sichtbar müde und doch in ungebeugter Haltung groß wirkende Professor Herxheimer und seine Frau, die klein und zierlich war, wie verloren, wie nicht mehr wirklich im mittäglichen Getriebe standen. Sie trugen altmodische kleine Ledertaschen und auf den Mänteln den gelben Judenstern, auf ihrer Brust hing ein Pappschild mit irgendeiner Nummer für den Bahntransport nach dem Osten. Ich grüßte die beiden Alten mit dem gelben Stern; überrascht und ängstlich-verwirrt erwiderten sie meinen Gruß, es gehe zu leichter Arbeit in ein nicht weit gelegenes Lager, sagten sie hoffnungsvoll und fügten fürsorglich hinzu: »Bleiben Sie nicht stehen, es

könnte Ärger für Sie geben.« Anfang Dezember des gleichen
Jahres ist Professor Herxheimer in Theresienstadt ums Leben
gekommen.

Als der gelbe Stern über Frankfurt aufging, war das Schicksal
der Stadt endgültig besiegelt, das Schicksal, das gleich nach
1933 zum Schlag bedächtig-langsam ausgeholt hatte, um
diese menschlichste, heitere Stadt zu fällen. Ich könnte es
nicht besser ausdrücken, was mich bewegt, während ich diese
Erinnerungen an jüdische Menschen niederschreibe, die mir
in meiner Vaterstadt lieb gewesen sind, als Gottfried Benn:
»Manchmal, wenn man den Mut aufbringt, plötzlich genauer
hinzusehen und unter die alleroberflächlichste Lebenskruste
hinabzublicken, tritt einem eine Trauer des Daseins entgegen,
die unüberwindlich ist, gar nicht mehr in Worte zu fassen und
unstillbar.«

Das alte Frankfurt am Main –
Landschaft einer Stadt

Noble Häuser und stille Straßen

Zu den wenigen wahrhaft großen und unverlierbaren Dingen im menschlichen Leben gehört die Vaterstadt, die Liebe zu ihr, die Erinnerung an sie. So ausgelöscht wie das alte Frankfurt am Main, die Stadt meiner jungen Jahre, so völlig zerstört und entschwunden scheint mir keine andere. Eine mir fremde ist nach 1945 wiedergekommen, die meine ist es nicht mehr. Aber in der Erinnerung gibt es jenes alte Frankfurt noch. Es ist noch da in den Herzen jener Kinder der Stadt, denen das Frankfurt vor 1933 ein Teil ihres Lebens geworden ist und bleiben wird. Meine Aufzeichnungen vermögen nicht die Symphonie der Stadt wiederzugeben, ihre ganze reiche Partitur, sie gleichen eher einer altmodischen Spieluhr, die in Liebe und Sehnsucht behutsam aufgezogen, ihr Werk in Bewegung setzt. Sie klingt nicht sehr laut, aber sie ist da, sie behauptet sich, wie sich das Leise oft zu behaupten versteht mit der unsäglichen Kraft des Schwachen.

Friedrich Wilhelm Delkeskamps herrlicher *Malerischer Plan Frankfurts auf geometrischer Basis in Vogelschau aufgenommen und gezeichnet* von 1864 zeigt die lockere Bebauung Frankfurts, das schon am Rande diesseits und jenseits der Anlagen des großen Stadtgärtners Guiollett beginnt. Zwischen dem Hirschgraben und der Gallusgasse – die Stilexplosion der Kaiserstraße hatte noch nicht stattgefunden – lag Garten bei Garten. Es war der Bezirk, über den aus den rückwärtigen Fenstern des väterlichen Hauses das Auge des Knaben Goethe in die Weite der Gärten und der Landschaft wanderte. Delkeskamp hat mit Einfühlung und einer gewissen Genialität die Sternstunden der Stadt aufgezeichnet, da Frankfurt vom Glück gesegnet schien; denn Frankfurt hatte damals längst mit dem größten Geschick den ihm gemäßen Baustil für sich herauskristallisiert, der mir heute noch als die rechte Inkarnation frankfurterischen Wesens erscheint. Diese schlanken, bescheiden und sicher hingestellten Häuser, sei es an den Anlagen oder zu Beginn der Leerbachstraße, sei es im fast noch ländlichen Bezirk der Querstraße etwa – beinahe alle konnte Delkeskamp schon einzeichnen.

Es scheint, der Frankfurter habe damals in echter Harmonie mit sich selbst gelebt, er baute seine Wohnhäuser in Gärten, ließ das »Comptoir« in der engeren Altstadt und erzielte dadurch jenes dauernde Fluidum von besinnlichem Gartenleben und heiterer Ferienwelt nahe beim Wohnhaus, das die Gebäude umwebt. Was heute oft krampfig, in Wochenendsiedlungen oder gar mit auf Gummi rollenden Automobilwohnwagen, die überlebensgroßen Butterbrotbüchsen ähneln, versucht wird, damals war es in Frankfurt bereits verwirklicht: die durch den Garten vermittelte Beziehung des Hauses zur umgebenden Landschaft.

Ich bin im Westend aufgewachsen. Eigentlich gab es drei Westends: das älteste zwischen Anlage und Feuerbachstraße, das nächste bis zur Hohenzollernanlage – ihm geboten Eisenbahnpräsidium, Festhallengelände, Senckenbergmuseum und Universität mit dem anschließenden Arbeiterviertel Halt – und endlich das geräumigste Gebiet, jenes der Zeppelinallee, das die Ginnheimer Höhe mit einschloß. Drei Schichten, drei Bauetappen etwa, eine an die andere anschließend, ineinander verzahnt, durch Gärten und Gärtchen zueinandergewachsen, durch eine gewisse Enge in den beiden ersten Teilen bemerkenswert, kein reines Villenviertel jedes dieser Westends, wo fast jeder Straßenzug Einzelhäuser, Doppelvillen und Etagenhäuser umschloß.

Im Frühling und im Herbst konnte sich über Frankfurt ein Licht versammeln, zart und zärtlich, sanft und von einer strahlenden Melodie beseelt, das, so sagten es dem Knaben Leute, die es wissen mußten, nur mit dem Leuchten, dem perlmutterhaften über Paris und der Ile de France verglichen werden konnte. Dann waren die Schieferplatten, mit denen die meisten Frankfurter Häuser gedeckt waren, von einem wunderlich feuchten Glanz, standen die weißen und licht-grauen, behutsam modellierten Fassaden der Westendhäuser aus dem frühen neunzehnten Jahrhundert in solch berückend einfacher Schönheit da, daß Benno Reifenbergs spät erst niedergeschriebene Behauptung sich nachträglich bestätigte, zu spät in unendlich vielen Fällen: »Die wenigsten wissen heute noch ... daß im neunzehnten Jahrhundert allein Frank-furt in seinen Bürgerhäusern um die Anlagen einen reinen Baustil entwickelt hat. Diese Bauten verdienen das seltenste Beiwort, das Menschenwerk gegeben werden kann: sie hatten etwas ›Vollkommenes‹.«

Vielleicht war im Westend unbewußt bestimmend noch der Geist des Zusammenrückens wirksam, des Zusammenhal-tens, der die Stadt innerhalb der Anlagen gebildet hatte. Kaum ein Frankfurter im Westend dachte daran, sein Haus so large mit Grund zu umgeben, wie das der Berliner im Grunewald tun konnte, der Hamburger im Westen seiner Stadt, der Münchner im Herzogpark. Alles im Westend blieb überschaubar; man hatte eine gewisse Scheu, für protzig angesehen zu werden, wenn man keine Villa, sondern ein Schlößchen bewohnte, keinen Garten hinterm Haus, son-dern einen Park ringsum verlangte. Manchmal aber gab es einen zwar nicht sehr heftigen, jedoch spürbaren Wider-spruch zwischen der Größe und Repräsentanz des Hauses und des von ihm und seinem Garten belegten Grundstücks. Harmonie bestand im Innern der Stadt eigentlich nur noch zwischen dem Bethmannschen Haus – aus dem achtzehnten Jahrhundert – am Hessen-Denkmal, dem Jordanschen Haus zu Anfang der Neuen Mainzer Straße und jenem feingeglie-derten der Familie du Fay in der gleichen Straße, Nachbarn zur Rechten des Hauses meiner Großeltern. Hierher gehörte die von uns Kindern bewunderte herrliche Windfahne mit dem vergoldeten Pfeil über der Windrose, gehörten das als Teehaus benutzte »Schweizerhäuschen«, eine leicht alberne

Holzarchitektur, deren Stil von den Schweizer Chalets bezogen war, und ein allmählich verwildernder Garten mit silberstämmigen Buchen, voll Vogelschlag und Blütendüften. Eine Attraktion im Bethmannschen Park war ein kleiner, der Öffentlichkeit zugänglicher Pavillon, das 1944 zerstörte »Ariadneum«. Es umschloß einzig die lebensgroße nackte Marmorfigur der auf einem Panther ruhenden *Ariadne auf Naxos* von Johann Heinrich Dannecker. Unwissende vermuteten in »Naxos« den Namen des Panthers.

Außerhalb des Anlagenrings, am Main, lockten die Gärten, die Häuser Manskopf und der Frankfurter Familie Gontard und deren Nachkommen de Bary-Jeanrenaud, Bauten, die sich aus echten Landhäusern des achtzehnten Jahrhunderts entwickelt hatten. In dem einst An der Windmühle gelegenen Haus hat Susette Gontard, die unsterbliche Diotima, gelebt, wenn das Stadthaus geschlossen wurde, das Stadthaus, in dem sich die häßliche Szene zwischen Jakob Gontard und Friedrich Hölderlin abgespielt hatte. In diesem Garten ging Hölderlin, der Hauslehrer, auf und ab, umspielt von den Gontardschen Kindern, denen der große Garten nach der Enge der Stadt ein rechtes Paradies gewesen sein muß. Und mancher der Bäume am Mainkai rauschte wohl in Hölderlins Träume. Von dem kleinen künstlichen Hügel, hart an der Mauer zum Manskopfschen Garten, auf dem ein Monument und Steinbänke standen, sah man nach Westen hinüber zur blauen Kette des Taunus.

Vom Nizza, einem Teil der Anlagen am Nordufer des Mains gleich hinter dem Schauspielhaus, kamen in fernen, friedlichen Zeiten die ersten Schneeglöckchen, Krokusse, Seidelbast- und Forsythienblüten. Die kleinen Frühlingsgötter wanderten aber auch aus nördlicher Richtung heran, aus dem Niddatal der Stadt sich nähernd. Am Affenstein, jenem Gelände, das heute den Riesenbau Hans Poelzigs der IG-Farben-Verwaltung trägt, blühten die Mandelbäumchen noch scheu und zaghaft mit der mageren Grazie halbwüchsiger Mädchen, und am Goetheplatz, auf der Bockenheimer

Landstraße und in den Gärten der Häuser Passavant, Günde-
rode, vor dem Haus de Bary-Jeanrenaud am Fluß standen
schwarzstämmige Magnolien und hielten ihre zartleuchten-
den wachsweißen und flamingoroten Blüten starr und mit
stolzer Liebenswürdigkeit in die Luft.

Aus rotem Sandstein sind die Alte Brücke und der Komplex
des Deutschherrenhauses, der – barock-katholisch – wie eine
Würzburger Enklave wirkte; aus fränkischem Mainsandstein
der Riesenturm des Domes, die noble, überwölbte Trommel
der Paulskirche, deren goldenes Turmkreuz einmal so fried-
lich-sieghaft über dem Auf und Ab der Altstadtgiebel leuchtete. Stand man auf der Untermainbrücke und sah zum
Eisernen Steg hinüber – einst Geschenk Frankfurter Bürger
an die Stadt –, dann lag neben dem Zollhof das schmale Haus,
in dem die greise Marianne von Willemer dem Besucher
Herman Grimm mit mädchenhafter Scheu gestand, sie sei
Suleika, die Mitdichterin am *Divan* gewesen. Hinter dem
Saalhof, bei der Fahrgasse, begann die Schöne Aussicht, jene
edel einfache lange Front hellgrauer und weißer Häuser –
Schopenhauer war gern dort zu Hause –, deren Schlußpunkt
die klassizistische Tempelarchitektur der Stadtbibliothek
gab, das ganze ein städtebauliches Gebilde, das Rudolf
G. Binding die »Stirn der Stadt« genannt hat.

Von den Straßen, die den Stadtkern nach Westen öffnen, seien
zwei besonders erwähnt: die Guiollettstraße, kaum merkbar
bei der Wöhlerschule in die Westendstraße übergehend und
den Fußgängerstrom aus dem »Durchbruch«, der Anlage,
aus der Neuen Mainzer Straße und der Junghofstraße aufneh-
mend, was besonders bei den Museumskonzerten spürbar
wurde, die Guiollettstraße hatte für mich immer den Charakter eines Wegs durch Gartengelände. Sie war eng, stellenweise
von Mauern eingefaßt, Flieder und Jasmin und die Zweige
von Kastanien- und Akazienbäumen griffen über die hellen
Gartenmauern. Besonders des Abends, wenn die Laternen
mit honiggelbem Licht brannten, war die Impression einer
engen ländlichen Welt perfekt, die beglückte.

Anders die Bockenheimer Landstraße. In ihr mischte sich aufs schönste der ursprüngliche Charakter der Chaussee nach Bockenheim, die nicht mit dem Lineal gezogen worden war, sondern sich aus einem alten getretenen Feldweg entwickelt haben mochte, mit dem Wunsch, eine »schöne« Straße zu schaffen. Gleich zu Beginn lag das Palais Oppenheimer. Dieses Grundstück war einmal im Besitz unserer Familie: Im September 1851 hatte Bismarck als preußischer Bundestagsabgeordneter das Seufferheldsche Landhaus, »eine Villa, schöner Garten, blumig und elegant … mit Treibhaus, worin viertausend Camelien« für 4500 Gulden – »für Frankfurt billig« – gemietet. Die Quittungen hierüber, die mein Vater noch vorweisen konnte, sind längst verlorengegangen, erhalten hat sich eine Geschichte: Nach den Erzählungen meines Vaters, der Bismarck verehrte, nicht weniger als mein Großvater, soll es damals zu jener amüsanten Szene gekommen sein, da die Dienerschaft, auf mehrfaches Klingeln nicht reagierend, durch einen Pistolenschuß aus den Souterrainräumen aufgeschreckt wurde. Der preußische Junker hatte in den Plafond gefeuert, um den Kammerdiener herbeizuholen. Als Mitte der achtziger Jahre der Bankier und britische Generalkonsul Charles Oppenheimer das Anwesen erwarb, ließ er von J. Gramm anstelle des Seufferheldschen Landhauses einen Prachtbau mit weißer Sandsteinfassade, Balustraden und großen Rundbogenfenstern errichten, dessen Proportion von Bauvolumen und Grundstück völlig verfehlt war. Benachbart das reizvoll auf Fernwirkung angelegte Palais Goldschmidt-Rothschild, eines der schönsten Frankfurter Häuser schlechthin, das Haus Passavant-Gontard und jenes des Bankiers Keßler an der Ecke der Wiesenau folgten. Die nördliche Seite der Landstraße mit ihren mächtigen Kastanien war wohl die bevorzugte, weil sie eine Ausrichtung der Häuser nach Süden ermöglichte, während die Häuser der linken Seite ständig unfroh im Schatten lagen; daran vermochte auch ein so tiefer Garten wie jener des Bankiers Stern Ecke Ulmenstraße nichts zu ändern, auch nicht der alte, durch eingesunkene Rasenflächen mit moorigem Wasserbassin romantisch ansprechende Garten jenes längst abgerissenen Hauses neben der Niederau-Post. Erst nach dem Ersten Weltkrieg änderte sich der Charakter dieser Straße entscheidend, während sich das Bild der Guiollettstraße völlig ursprünglich erhielt. Die Bockenheimer Landstraße, diese schönste Wohnstraße verwandelte sich. In das Palais Oppenheimer, mit dem übergroßen Wappenschild an der Stirn, zog die Westbank, gefolgt von der Antiquitätenfirma Helbing aus München, die hier Versteigerungen abhielt. Neubauten wurden aufgeführt, wie das Bürohaus Beer & Sondheimer, der Wohnblock auf dem Sternschen Gelände. Auch das Palais Gontard, eine Arbeit des Klassizisten Salins de Montfort, wurde nach dem Tod des alten Kommerzienrats Richard Passavant-Gontard hundertfach zweckentfremdet. Diese naturgegebenen Wandlungen lösten die dem Bild der Straße bislang eigene Reserviertheit auf, Passant und Haus wurden näher zueinander gebracht, dem Passanten schließlich gar der Zutritt in die Gärten gestattet. So hatte mancher an der Enttäuschung teil, die sich unzweifelhaft dort einstellt, wo jener, der bislang am Gitter das Geheimnis, das in jedem Park schlummert, zu erraten suchte, plötzlich Zutritt erhält. Er sieht das Geheimnis entschleiert und wandelt nun wirklich auf Wegen unter alten Bäumen, denen einst seine Sehnsucht von ferne gegolten hatte. Es ist das Enttäuschtsein, das jeder Erfüllung folgt.

Der Reuterweg, der am eisernen Staketenzaun des Palmengartens endet, hatte sich das Weghafte, das seinen Namen und seinen Charakter ausmachte, bewahrt. Er führte an der Längsseite des Goldschmidt-Rothschildschen Parks entlang, der seine vollen Baumgruppen und einen romantischen eckigen Turm in das strahlende Licht des Mittags emporhielt; auch war von der Plattform der hier besonders eilig dahinfahrenden Linie 19 – grün und rot leuchteten abends ihre Kennlichter – ein Teehäuschen im Blockhausstil erkennbar. Jenseits des Parks, von diesem durch eine schmale, stille

Straße getrennt, erhob sich das Gewächshaus, das Palmenhaus des Barons Goldschmidt-Rothschild, ein gefälliger grau und glatt verputzter Bau mit großen Rundbogenfenstern. Er besaß das liebenswürdig Nüchterne spätbiedermeierlicher Architekturen. Streifte dann der Blick zu einer Art langgezogener Veranda mit Oleander und Palmen in Kübeln hinab in grasiges Vorgelände, auf dem einige alte Obstbäume schattenspendend standen, so drängte sich dem Betrachter unwillkürlich das Gefühl auf, nicht in einer deutschen Stadt am Ufer des Mains zu sein, sondern westlicher, in französischen Gebieten.

Das Westend meiner Kindheit ist mir unvergessen: hellwach oder verträumt bin ich durch seine Straßen gegangen. Ich habe die orangerote Lohe der herbstfarbenen Sonnenuntergänge hinter der englisch wirkenden Christuskirche atemlos bestaunt und bin mit dieser flüchtigen Pracht im Herzen und durch sie ein wenig trunken nach Hause zurückgekehrt. Ich bin durch die Schubertstraße, in der das Haus meiner Eltern stand, mit dem Holländer erst, dann mit dem Knabenrad auf und ab gefahren, die Schwindstraße hin und die Mendelssohnstraße entlang, die einmal in Joseph-Haydn-Straße umgetauft wurde, da der Judenname der Stadtverwaltung unerträglich schien. Da es sich um ein Viertel mit Musikernamen handelte, holte man Papa Haydn hervor, was dem Einheimischen in jeder Weise gegen Strich und Faden ging, derart, daß er eben ganz ohne Zögern und aus guter alter Gewohnheit Mendelssohnstraße aufs Papier schrieb, wie er auch Sandhof-, allenfalls Paul-Ehrlich-Straße, kaum aber je Ludwig-Rehn-Straße niedergeschrieben hätte, obwohl ich mich gut des alten, ausgezeichneten Chirurgen entsinne, der zu Fuß oder auf der Linie 15 dem Krankenhaus zustrebte, ein sympathisch ausschauender Herr, der keineswegs in seiner Bedeutung so groß war wie der weißbärtige Paul Ehrlich, dem die schwarze Zigarre nie ausging und der sich seinem Institut in eben dieser Sandhofstraße, auf der Linie 1 aus dem Westend kommend, wo er eine merkwürdig ungemütliche

Junggesellenwohnung besaß, näherte. Bilde ich es mir nur ein, wenn ich die erste Seite der *Frankfurter Nachrichten* vor mir sehe mit der großen Überschrift *Ehrlich Hata 606*? Zauberworte, deren Sinn das Kind, das gerade lesen gelernt hatte, gewiß nicht begreifen konnte. Eine Radexkursion, etwa zu jener lange Jahre leerstehenden späteren Villa Mexiko an der Mendelssohnstraße, spielte eine aufregende Rolle in meiner Knabenwelt. Der verwilderte Garten, der bis zur Arndtstraße sich hinzog, tat das Seine dazu und auch die Tatsache, daß ich einmal mit den Eltern und einem gefälligen Häusermakler durch eben diese Villa geführt wurde, die dann der mexikanische Konsul und Großkaufmann Diener renovierte und bezog, ermunterte meine zum Phantastischen neigende Vorstellungsgabe. Noch sehe ich das trübe Licht in einem geräumigen altmodischen, mir prächtig erscheinenden Badezimmer, das abstoßend häßliche Treppenhaus, und ich bevölkerte das Haus mit allerlei Gestalten. Gegenüber lag die Villa Flersheim, die auf einen Garten zugunsten eines Anbaus, der eine Bildergalerie enthielt, verzichtet hatte. Zur Straße hin zeigte sich eine mit Glas abgeschlossene Wohnveranda, an deren Hauptwand, den Passanten fast völlig sichtbar, ein großes, figurenreiches Bild Hodlers hing: blaugewandete, einander rhythmisch sich zuneigende und voneinander sich entfernende Frauen darstellend. Ich habe das Blau, das auf dem Bild vorherrscht, nie mehr vergessen können und liebte die groß gedachte, in sich wohl ein wenig langweilige Darstellung vielleicht nur darum, weil mein Vater im Vorbeigehen ihrer gern ein wenig spottete. Ein anderes Haus, das meine Gedanken aufregend beschäftigte, stand an der nahen Bockenheimer Landstraße, von dieser ein wenig abgerückt, zwischen Miquel- und Palmengartenstraße. Seit Jahren war weder am Haus noch im Garten eine pflegende Hand tätig geworden; hohes Gras wehte im lauen Wind, vom Dachfirst hing Rankwerk – japanischer Efeu – herab, und fast armdicke Stämme wunderbar duftender Glyzinien wanden sich wie schwarze Schlangen zu dem Balkon im ersten Stockwerk hinauf. Der rückwärtige Garten stieß an die Mauer des Palmengartens. Welchen Einflüssen die Stadt jene einem Kind besonders reizvoll erscheinenden Wohnbauten im maurischen Stil zu danken hat, wüßte ich nicht zu sagen. Es gab deren einige in der Anlage hinter dem Eschenheimer Turm, an der Ecke der Blumenstraße wohl, auch am Taunusplatz, Bauten im veritablen Kioskcharakter, denen eigentlich nur die Minarette fehlten und deren ganzer, gar nicht ungeschickt nachgeahmter osmanischer Formenreichtum mir in den Firdausi-Bändchen auf den Regalen der großen großväterlichen Bibliothek begegneten. Häuser im Tudorstil erschienen mir gleichfalls lockend. Besondes herrlich fanden wir Kinder die Villa des Konsuls Kotzenberg an der Ecke der Viktoria-Allee, der Universität schräg gegenüber. Hier war eine Art gemilderter Wagnerscher Ritterburg in ein großstädtisches Villen- und Vorortgebiet gestellt worden, auf einen viel zu engen Grund, derart, daß die Köchinnen der Mietskasernen nebenan in Kemenate und Remter ungehindert hätten hineinäugen können, wenn nicht farbige Glasfenster den Ein-, aber auch Ausblick völlig verstellt hätten. Dem Kind mochte diese Architektur mit schmückendem Fabelgetier als Wasserspeier und Giebelzierat wohl gefallen; daß indes das Maurische oder die Anklänge an englische oder französische Architekturen in der Stadt und ihren weltweiten Beziehungen legitimer standen, begriff ich erst später, als der Sinn für das Kuriose, Biedermeierlich-Erheiternde dieser Bauten allgemein wach wurde und sie in das Stadtbild nicht nur integriert, sondern längst mit ihm verwachsen waren. Sie unterbrachen also auch nicht mehr jene reizvolle Einheitlichkeit des Stils, der uns bei unseren Gängen vorzüglich durch die älteren Westendteile harmonisch schien, bürgerlich-spätklassizistische Bauten, in denen ein wenig abgekühlt die Bauweise des großen Salins de Montfort nachwirkte: mit feinen Profilen, hübsch durchgebildeten Kapitälen, ausgezeichneten Maßen und Verhältnissen. Bis zum Ende des neunzehnten Jahrhunderts hat diese Bauart leise nachhaltige Triumphe gefeiert, und man muß in solchen Häusern gelebt haben, um ihrer Harmonie ganz teilhaftig zu werden. In ihr wirkte etwas Edles, wirkten Bescheidenheit und ein angenehm gelassener Stolz und erzeugten so etwas, das mehr war als nur Kulisse: Atmosphäre dichtester Art. Heute, da all dies in Schutt und Asche gesunken ist, heute kann ich mir keine besser sacht formende Umwelt für ein heranwachsendes Menschenwesen denken als diese zumeist so stillen, doch nie ablehnenden Westendhäuserfassaden, diese Straßen mit den wahrhaft holden Namen wie Wiesenau und Unterlindau, um die etwas vom Bienengesang und Blütenduft, von stadtnaher Ländlichkeit und Idylle war; Straßen mit bedeutenden Namen wie Im Trutz, Im Sachsenlager, in denen bescheidene weiße Landhäuser standen mit grünen Klappläden und schattenspendenden, weit vorgezogenen Pultdächern. In gepflegten Höfen gab es oft noch Brunnen, Pumpesbrunnen genannt, über die sich licht blühender Holunder oder duftender Flieder an alten, schwarz gewordenen Stämmen neigte. Das Gärtnerische als Handwerk sowohl wie als Lebenshaltung hatte sich in Frankfurt erst spät verdrängen lassen, aus den Mauern zuerst in die wachsenden neuen Teile und dann aus diesen hinaus an die Ränder der Stadt, die nie ganz aufgehört hatte, sich dem Boden, der Landschaft nahezufühlen, mit einer rührenden Selbstverständlichkeit, denn nicht Ackerbürger wuchsen hier heran, sondern Bürger, die über der Weite ihres Horizonts die liebliche Umgebung der Stadt, die bis in Kronbergs zahme Kastanienwälder reichte, nicht vergaßen. Ich weiß manchen, den die veränderte, düstere Zeit in andere Erdteile trieb und dem das Herz gebrochen ist in Erinnerung an die herbstlichen Feldwegspaziergänge, vorbei an herb duftenden Kartoffelfeuern, sei es auf der Ginnheimer Höhe, sei es auf dem Sachsenhäuser Berg. Immer war das Bewußtsein, der geliebten Stadt nahe zu sein, lebendig, mochte sich der Blick auch im späten Abendrot verlieren, das sich über der sanften und zugleich starken Linie des Taunusgebirges noch einmal aufflammend in der eilig kommenden Nacht verbreitete.

Es war ein behäbiges, ein wohlhäbiges Dasein im alten Frankfurt, es ging sehr süddeutsch zu. Der Zauber, den die Stadt einmal besaß, das Zarte, Helle, Lichte, das Grün, das auf allen Wegen bis in ihr Herz hineindrang, die zurückhaltende Üppigkeit der altmodischen Anlagen, die Noblesse seiner Häuser und Gartenanlagen wiederholt sich heute kaum irgendwo mehr. Der Opernplatz mit dem prächtigen, aber keineswegs zu prächtigen Opernhaus, mit Instinkt auf den Platz und unter Einbeziehung der Baumkulisse der Anlagen komponiert, war der Auftakt für die alleeartige Bockenheimer Landstraße. Wie nahm der Opernplatz die Straße auf, mit der Brunnenschale drüben und den bunten Blumen, die um den Sockel des Kaiser-Wilhelm-Denkmals gepflanzt waren. Da stand noch die unschöne Architektur des Hotels Imperial, in dem wir während des Umzugs, als 1908 die Großmutter starb, wohnten, um im großelterlichen Haus in der Neuen Mainzer Straße nicht zu stören und doch nahe und erreichbar zu sein. Auf der Taunus-Anlage erhielt das Frankfurter Kind seine ersten musikalischen Eindrücke von den sonntäglichen Militärkonzerten. Dort promenierte man zwischen zwölf und eins, die meisten kannten die meisten. Der westliche Teil der Taunus-Anlage, zwischen Taunusstraße und Mainzer Landstraße, war damals noch durch eine Reihe schöner alter Häuser ausgezeichnet und wirkte vollkommen einheitlich. Friedlichere Stunden lassen sich kaum denken als jene, da zu den Klängen der Militärmusik der sonntäglich gekleidete Bürger »auf der Promenad« spazierte. Dazumal waren die beiden kleinen Wachen aus rotem Sandstein am Gallustor noch militärisch besetzt, und das Kind gewahrte einst mit Grausen, wie ein Randalierender dort hineingebracht wurde und, an einem vergitterten Fensterchen Grimassen schneidend, wieder auftauchte. Hier lagen ständig ein Dutzend blauuniformierter Einundachtziger, die Preußen gegen den demokratischen Geist der freien Reichsstadt symbolisch schützten; anders jedenfalls konnte ich mir diese militärische Demonstration, die sich an der Hauptwache und droben am Ende der Zeil, an der Konstablerwache, wiederholte, nicht erklären. Noch sehe ich die schwarzweiß gestrichenen Gewehrständer, die zwischen mürben ledernen Bakken die Gewehrläufe hielten.

Um Bahnhof und Kaiserstraße

Kaum eine deutsche Stadt empfängt den Ankömmling ihrer Artung, ihrem Wesen nach würdig, auch Frankfurt tat's nicht. Trat man aus dem Hauptbahnhof hinaus auf den Platz, stand man gleichgültigen, gesichtslosen Hotelfassaden – darunter der des Excelsior-Carlton – gegenüber. Man gewahrte die besonders dubiose Architektur des Schumann-Theaters: zwei stumpfe Türme, zwischen denen ein Vierergespann – oder waren es nur zwei Rösser vor dem Wagen? – in den Himmel galoppierte. Die Haupttreppe lag in einer Höhle, die sich wie ein Maul breit und halbrund öffnete, darüber ein schmaler Balkon, in seinem Schatten rechts und links je eine Gruppe zweier nackter Menschen, die sich gegeneinander rankten mit der fatalen Grazie, die der Jugendstil zu abschließender Vollendung gebracht hat. Bei Olga von Hagen an der Ecke der Goethestraße, in jenem Schaufenster, das bis zum Überfließen mit den fotografischen Bildnissen (in Postkartenformat) der Frankfurter Bühnenlieblinge angefüllt war, fanden sich dann und wann auch Aufnahmen von Plastiken des Norwegers Stephan Sinding, aus schneeigem Marmor gebildete nackte Menschen voll »französischer« Grazie. Die Figuren des Schumann-Theaters, künstlich grün patiniert, auf zu kleinen Sockeln und also sozusagen ständig im Rutschen begriffen, stammten aus der gleichen Familie, die ihre Ursprünge von den erregenden Reliefs des Arc de Triomphe in Paris nahmen. Man überquerte die Kaiserstraße, an deren anderem Ende – ein freundliches gedrungenes Ausrufezeichen – der Turm der Katharinenkirche sichtbar wurde, stand man vor dem Hotel Englischer Hof, verweilte an Fahrigs

Hotel Bristol, bog nicht in die Kronprinzenstraße ein, wandte sich auch nicht zum Parkhotel, nicht zum Wiesenhüttenplatz, an dem das Christliche Hospiz, ein fader grauer Sandsteinbau, lag, stand vor einem Hotelbau, dem Continental, der, eigentlich hübsch und mit angenehm durchgebildeter französisierender Fassade aus rotem Mainsandstein, an ähnliche Bauten in Mainz und Würzburg erinnerte. Die Hotels Kronprinz und Zu den Drei Raben haften in der Erinnerung, und der Kölnische Hof, das sich mit seiner»Judenreinheit« spreizende Haus, das schon vor 1933 ein Hakenkreuz, nachts illuminiert, in den Himmel reckte, Fanal der Dummheit. Hotelchen lag dann neben Hotelchen.

Der Weg durch die Kaiserstraße führte unter den stets traurigen Bäumen hin, die hier im Pflaster wurzeln sollten, und die nur einmal im Frühjahr in festlicher Prozession frisch grünten, führte vorbei am Manskopfschen Uhrtürmchen, das die Straßenbahnen auf liebevoll ausweichender Schiene so gefällig umfuhren. Im satteren, kräftigen Baum- und Rasensmaragd der Anlage prangte dort, wo heute das Goethedenkmal steht, in ganzer Häßlichkeit das Bismarckdenkmal, als habe sich die Stadt unbewußt und spät an dem Preußen rächen wollen. Da stand er nun, nachdem er Germania in den Sattel gehoben hatte, wie ein Schutzmann mit mächtigem Brustkorb, an den schwellenden Beinmuskeln die hohen Reiterstiefel, unter deren Macht der Drache der deutschen Uneinigkeit alle weitere Lust verlor, sich zu regen. Und Germania, üppig wie eine schuppengepanzerte Bierkellnerin, schaute ein wenig blöde ins Weite, während mittags, aber besonders des Abends, die Düfte des Kaiserkellers wie Opferfeuergewölk sie umgeisterten. Viel Glück hatte Frankfurt mit seinen Denkmälern damals nicht gehabt. Über Kolbes Heinedenkmal, voll innerster Grazie und Melodie, hatte fast die ganze Stadt den Kopf geschüttelt, Elkans Opfermal für die Gefallenen des Ersten Weltkriegs vermochte nicht zu überzeugen. Und als man im Ersten Weltkrieg den Bismarck einschmolz, stellte man fest, daß das wertlose Gußmaterial nicht einmal für Granathülsen taugen wollte. Der Märchenbrunnen am Schauspielhaus blieb fatal, hingegen beglückte immer wieder das edle Denkmal für die gefallenen Hessen vor der Bethmannschen Villa oder die Schlichtheit des Erinnerungsmals für Guiollett, den Schöpfer der Anlage.

Das erste Stück der Kaiserstraße war der mißlungene Versuch, einen Boulevard zu kreieren. Die ersten Kinos trieben schon vor 1914 ihre langen, schmalen Stollen in die Tiefe der Grundstücke, billiges Zeug boten die Lädchen an. Die gefälligen Mädchen hatten in den Nebenstraßen ihre flüchtige Heimstatt. Die Cafés und Konditoreien waren dementsprechend, aber in den großräumigen Etagen bis zum Dach hinauf saß die Frankfurter Konfektion mit ihren Begleitprodukten und war fleißig und in ganz Süddeutschland bekannt; Parfümerien hier, Blumenläden dort; an der linken Ecke zur Gallusanlage dann, eine Verheißung kommender besserer Dinge, das Teppich- und Tapetenhaus von Jost Söhne, an der rechten Ecke das Café Rumpelmaier mit seinem »Garten«, seinen Kübelpalmen, dem geplättelten Boden und der Markise. Gegenüber warteten die elektrischen Bahnen nach Homburg und der Hohen Mark. Das alles wiederum war hübsch, besonders im Sonnenlicht, das einen milde stimmenden Einfluß selbst auf die immer neu verblüffende Häßlichkeit des nahen Schauspielhauses nahm. Das Bild war durchwirkt von hohen Bäumen, deren herrlichster – war es eine Linde? –, gleich nahebei in der Mitte der Neuen Mainzer Straße, in den dreißiger Jahren den harten Gesetzen des Verkehrs hatte geopfert werden müssen. Zu jeder Stunde des Tages, jeder Jahreszeit, hatten wir im Schutz dieses mächtigen Baumes gestanden, an dessen Stamm eine Holzbank errichtet war – Baum und Bank eine Erinnerung an dahingeschwundene ruhevolle Zeiten, Genuß der Landschaft in die Stadt hinein, widerspruchsvoll damals noch nicht. Ringsum gab es noch Gärten, in denen es »grunelte und grünte«. Die selten verkehrenden Trambahnlinien mit ihren kurzen, hohen und

»durchsichtigen« Wägelchen standen nicht im Gegensatz hierzu. Zumal in den ländlich-luftigen Sommerwaggons, die drüben am Anfang der Schweizer Straße ihre Entsprechung in der Waldbahn hatten, lebte etwas von Ausflugsstimmung – Krümperwagen-Romantik – und milderte liebenswürdig-unbewußt die langsam beginnende Starre der Stadt, die sich in dem dem großen Baum benachbarten häßlichen Bau der Städtischen Elektrizitätswerke, mit dem Restaurant Faust im Parterre, anzeigte – seelenlose Fassadenarchitektur all dies.

Der Stadtwald und der Sachsenhäuser Berg

Es war bei uns daheim der Brauch, daß an schönen Sonntag-vormittagen Eltern und Kinder einen gemeinsamen Spazier-gang von anderthalb bis zwei Stunden durch den Stadtwald in Richtung auf das Oberforsthaus machten. Wir sind jedoch nie in diese beliebte Waldwirtschaft eingekehrt, da um ein Uhr zu Hause das mehrpfündige Roastbeef, der Kopfsalat und die goldbraunen Pommes frites auf uns warteten. Solange wir im Westend, in der Schubertstraße bei der heimelig wirkenden Christuskirche, wohnten, bestieg man die Tram-bahn Linie 4, die, von der Bockenheimer Warte kommend, beim Sandhof endete und je ein grünes Licht zu Seiten des die Fahrtziele angebenden Schildes führte. Man durchmaß dabei mehr als die halbe Stadt, um an den Rand des Stadtwalds zu gelangen.
Als wir dann 1914 nach Sachsenhausen in die Vogelweid-straße 21 gezogen waren, promenierten wir die grüngolden schimmernde Forsthausstraße entlang. Man traf unterwegs Bekannte, wurde gesehen und zwar von Leuten, auf deren Blick und Anblick meine Mutter Wert legte. Sie war als Nicht-Frankfurterin – »reingeplackt« nannte man das – stets etwas unsicher und scheu, aber stolz, sich mit meinem höchst stattlichen Papa und ihren beiden Söhnen, und stets unge-wöhnlich geschmackvoll nach dem Dernier cri gekleidet, zu

zeigen. Da fuhr der alte Baron Goldschmidt-Rothschild im offenen Zweispänner mit seiner eleganten Freundin an der Seite, da klang die silberne Fanfare vom Viererzug des norwegischen Konsuls Kotzenberg, mit der ein Livrierter den ohnehin freien Weg freizublasen hatte.

Wie weit und versponnen war damals der Frankfurter Stadtwald mit seinen langen Schneisen und den Reitwegen, und wie sehr begünstigte dieser Wald mit seinen schönen Buchenbeständen und deren grüngefiltertem Sonnenlicht idyllische Abenteuer, wenn man den begleitenden Reitknecht auf der Höhe der Villa Mumm oder hinter dem Park Louisa, mit einem Trinkgeld versehen, zum Hippodrom zurückgeschickt hatte.

Seltener ging es an Sonntagen auf den Sachsenhäuser Berg. Der mit fruchtbarer Erde gesegnete Berg, an den sich der Stadtwald mit seinen uralten Buchen anschloß, war seit Jahrhunderten die Domäne der Sachsenhäuser Gärtner, die hier, neben ihren bunten Blumenbeeten, den frühesten Salat, die frühesten Spargel zogen. Der Boden und die weite Aussicht über die türmereiche Stadt, das Main- und Niddatal bis zum Taunusgebirge mit dem großen und dem kleinen Feldberg und dem Altkönig, über allem der hohe, leicht dunstige Himmel, hatten aus den Sachsenhäuser Gärtnern einen besonderen, freundlich-groben Menschenschlag gemacht, der in den Schänken der winkligen Altstadt, in der Schifferstraße etwa, seinen Apfelwein unter dem aus Tannen gebundenen Kranz ausschenkte, dargeboten in hohen Gläsern, die ein zartes Rautenmuster zeigten; Brezeln und Hartekuchen machten eine freundlich-schlichte Abendmahlzeit aus. Unter den Gärtnern und Mainschiffern suchte sich Fritz Böhle, der kraftvoll-dekorative, zu seiner Zeit gewiß überschätzte Maler seine Modelle, die er idealisierte, monumentalisierte – alles mit viel Liebe und gutem technischen Können. Böhle, von dem viele Anekdoten im Umlauf waren, hatte sein geräumiges Atelier unter einem roten Ziegeldach droben am Berg. Er tat sich auf seine poltrige Originalität viel zugute. Von Goethe, den er gewiß nicht gelesen hatte, sagte er: »Den mag ich net, den mit seinem Lohnkutscherkopp.« Freundlicher klingt die Geschichte, die auch Karl Scheffler in seinen Künstleranekdoten erzählt, daß nämlich ein hoher preußischer Regierungsbeamter dem Maler im Atelier eine dienstliche Visite machen sollte. Es galt, Fritz Böhle irgendeine geringe Klasse des Roten Adlerordens zu überbringen. Im Zylinder fuhr der Abgesandte der Regierung bei Böhle vor, pochte an die Ateliertüre, die offenstand und hinter der man einen mehr als schlecht gekleideten halbbäurischen Mann am Kohlenofen hantieren sah. Der offizielle Herr fragte das offenbar hausmeisterliche Individuum nach Herrn Böhle. Der so Angesprochene rückte die speckige schwarze Schirmmütze auf dem ergrauten Schädel hin und her, kratzte sich umständlich hinterm Ohr und gab zur Antwort: »Der Herr Böhle? Der is net da, der kommt auch heute und morgen net.« Der Regierungsbeauftragte ließ sich von dem vermeintlichen Faktotum bis zum Gittertor begleiten, bestieg seinen Zweispänner, nicht ahnend, daß er die ganze Zeit mit Fritz Böhle gesprochen hatte.

Die Grüneburg und Park Louisa

Wer es unternimmt, über Frankfurter Gärten zu schreiben, könnte sich bei seinem Leser wohl einen freundlichen Zugang durch die vorangestellte farbenreiche Beschreibung des *Paradiesgärtleins* im Frankfurter Städel erwirken. Jedoch liegt die Gefahr nahe, von der Wirklichkeit abzuirren ins Reich der Phantasie, über der Sehnsucht nach dem himmlischen Paradies das kleine, oft unzulängliche und gebrechliche Paradies eines Gartens zwischen Häusern in städtischen Bezirken zu vergessen. Jeder rechte Garten aber ist ein Stück Wirklichkeit gewordene Sehnsucht, mag es sich um den Schrebergarten mit Laube, Wassertrog und Windrädchen handeln oder um die großen königlichen Parks. In der Bescheidenheit des

Mannes, der zwischen Eisenbahndämmen ein paar Johannis-
beeren, Rhabarberstengel und Salatköpfe zieht, liegt zwar
eine anders geartete Sehnsucht beschlossen als im imperialen
Wunsch, durch Alleen und über Blumenparterre hinschrei-
tend, neben eine politisch bereits beherrschte Welt die natürliche, gleichfalls gehorchende zu stellen. Jeder Garten ist
Ausdruck dessen, der ihn anlegt, pflegt und umsorgt. Das
Verhältnis der Enkel zu den Gartenschöpfungen ihrer Alt-
vordern wird zu einem untrüglichen Prüfstein für die innerste
Art jener, die mit überkommenem Gut wirken müssen. Die
Harmonie zu finden zwischen einer guten Vergangenheit und
einer sich nach anderen Gesetzen gestaltenden Gegenwart,
auch das heißt Kultur haben.

Großbürgerlich in dem Sinne, wie ihn am ehesten vielleicht
England kennt, ist der Grüneburgpark. Man erreichte den im
englischen Stil angelegten Park durch eine schöne Kastani-
enallee, deren zweiter Teil durch ein schlankes, der Wirkung
nach französisches Gitter abgeteilt wurde. Das 1845 von
Jakob von Essen für die Familie von Rothschild erbaute
Schlößchen lag so, daß von ihm aus nur der Park gesehen
werden konnte, nichts aber, was an die Nähe der Stadt
erinnerte. In diesem Park gab es Stimmungen, die delikater
nicht von Corot gemalt worden sind: wundervoll beruhi-
gende Blicke nach allen vier Himmelsrichtungen vom Schlößchen aus über sanft abfallende Wiesen, die theaterhaft, aber
ohne Theatralik von unendlich fein abschattierten Baumku-
lissen eingefaßt waren. Ihr farblicher Zusammenklang, die
Übergänge, Kontraste in der Helldunkelwirkung, Kontraste
aber auch im Hinblick auf das Alternieren von Laub- und
Nadelbäumen verrieten sehr empfindsame Gärtner. Der Park
wurde 1938 dem Publikum aufgetan; an das im Zweiten
Weltkrieg zerstörte Grüneburgschlößchen erinnert nur noch
eine Gedenksäule.

Der Park Louisa am Rand des Frankfurter Stadtwalds, mit
seinem in das leicht hügelige Gelände eingebetteten Jagdhaus

nach dem Vorbild einer Datscha, war schon zu meiner Zeit der Öffentlichkeit zugänglich. Die von dem Bankier und kaiserlich-russischen Konsul Simon Moritz von Bethmann 1810 erworbene schöne Besitzung ist nach dessen Frau Louise benannt. Mit vollendeter Natürlichkeit schmiegt sich der Park mit dem kleinen schilfigen Teich an den Wald wie in eine schützende Bucht.

Man betrat den Park durch ein hölzernes Tor von der Mörfelder Landstraße aus und sah sich bald einem Hügel gegenüber, der von einem Pferd aus Bronze gekrönt wurde. Es war ein Werk des Berliner Bildhauers Christian Daniel Rauch, der dem ersten Besitzer von Louisa, dem »bedeutungsvollsten Mann der Stadt«, als Künstler und Mensch nahegestanden hatte.

Dem Zauber des Hauses und seiner Innenräume, besonders aber auch dem künstlerischen Geschick, mit dem es über die sanft sich senkende Wiese vor den Hintergrund aus Fichten und Buchen gestellt war, konnte sich niemand entziehen. Fast wäre man versucht gewesen, leichthin von einer Idylle zu sprechen, hätte man nicht auf Weg und Steg – im Park sowohl als auch im Forst – Größe und Weite gespürt. Vielleicht, daß das historische Moment, das diesen Ort auszeichnet, hier unvermutet mitsprach.

Der Name Bethmann ist mit der Geschichte der Stadt in den Augenblicken besonders verknüpft, wo Frankfurter Geschichte in die Weltgeschichte einmündet. Simon Moritz von Bethmann trat Napoleon nach dem russischen Feldzug, nach Leipzig und Hanau entgegen, um die geliebte Stadt vor dem Durchzug des sich auflösenden Heeres zu bewahren. Alexander I. von Rußland war 1814 auf »Louisa« zu Gast. Eine über hundert Jahre alte Erinnerung an diese Zeitläufte ging mit uns, wenn wir auf den stimmungsvollen Wegen dieses Parks uns der Gegenwart entrückt glaubten und zwischen den Stämmchen junger Eichen plötzlich ein Rehbock stand und nahe bei ihm das Reh mit seinem Kitz.

Der Palmengarten

Der Palmengarten, das nachmittägliche Dorado unserer Kindheit, war ein reinlich gehaltenes Atmungsorgan der großen Stadt. Er schien von Kindern, Kinderwagen, Bonnen, »Fräuleins« und Gouvernanten überzufließen und bot besonders in frühsommerlichen Nachmittagsstunden einen bunten Jahrmarkt elterlicher Eitelkeit, die sich auf die Spitzenkleider der Mädchen bezog, ihre Korkenzieherlocken, auf die Matrosenanzüge der Knaben mit den gestickten maritimen Emblemen auf dem linken Ärmel, auf die bunten Söckchen und blankgeputzten Stiefelchen. Das alles, stark jüdisch durchsetzt, und dadurch lebhafter, farbenreicher, auch lauter, saß, Kaffee und Kuchen, Eis und Früchte genießend, an baumüberwölbten Tischen lauschend in Hörweite des Palmengartenorchesters, das unter der beschwingten Leitung seines Kapellmeisters Max Kämpfert, schweizerischer Herkunft, das übliche Kurhaus- und Konzertprogramm in einer holzgefügten Muschel exekutierte.

Wir betraten den Palmengarten, von der Beethovenstraße kommend, durch den Eingang in der Palmengartenstraße, die, selber kurz, hier sich zu einem netten runden Plätzlein weitete. Das Rund wurde von einigen hübschen, hellgestrichenen und einander ähnlichen Einfamilienhäusern eingefaßt. Es erhielt für uns Kinder einen »interessanten« Akzent durch das Ausstellungshäuschen des Fotografen Ciolina, der hier äußerst selten wechselnde Proben seines Kamerakönnens zeigte: beispielshalber irgendeinen Prinzen von Schaumburg-Lippe mit Einglas, Husarenuniform, die Arme napoleonesk über der Brust gekreuzt. Im übrigen sah man Damen und Herren der Frankfurter Gesellschaft, Kinderaufnahmen mit den speziellen Zutaten: Schaukelpferd, Segelschiff, unter dem Arm getragen zur Abrundung des Kieler Anzuges mit seinen enggeschlossenen Ärmeln, Gummibälle und Tennisschläger. Im Eingangshäuschen des Gartens amtierten zwei oder drei sich abwechselnde Pförtner in grünen Tuchröcken

im Gehrockschnitt mit goldenen Knöpfen und mit grünge-
färbten Käppis mit starrem Lackschild. Sie kannten all die
Bonnen, Kindermädchen und -fräuleins, Westschweizer
Mademoisel004llen und Nursen nebst ihren kleineren und größeren blonden, schwarzen und braunhaarigen Schützlingen, die
wie wir ein Jahresabonnement hatten. Französisch und Englisch ward häufig vernommen. Hatte man den freundlich
grüßenden Portier passiert, so lag hinter den eifrig tätigen
Springbrunnen inmitten eines Blumenparketts erhöht das
Gesellschaftshaus mit seinem ungelüfteten Saal, an das sich
das Palmenhaus, schwül und urwaldhaft eng, anschloß. Vor
dem Haus, auf angeschütteter Schräge, prangte eine Huldi-
gung der Gartenleitung, das wilhelminisch-imperiale »W II«
aus jahreszeitlich wechselnden Blumen, mit einer Kaiser-
krone geziert, und legte Zeugnis ab vom Fleiß und Können
der Gärtner dieses städtischen Unternehmens. Das große
Blumen-W tauchte naturgemäß 1919 nicht mehr auf, mir ist
es als eine Kuriosität, geboren aus einem gewissen Konditor-
geschmack, der sich in manches Handwerk eingeschlichen
hatte, in lebhafter, buntstrahlender Erinnerung. Unsere
nachmittägliche Promenade bewegte sich meist rechts an der
Musikmuschel vorüber zum Rosengarten, der mit seinen, aus
schmalen Latten gebildeten Lauben und einem ebensolchen
Tempel zu allerlei Spielen Gelegenheit bot. Dann ging es das
große Rechteck der Tennisplätze entlang, entlang dem
»neuen« Garten am See mit Schweizerhäuschen, künstlichem
Wasserfall, Höhle und eiserner Hängebrücke bis hin zum
Ausgang. Für die Feier zum hundertsten Todestag der Frau
Rat Goethe im Jahr 1908 hatte mein Vater als Vorstandsmitglied der Gesellschaft für ästhetische Kultur am sanft abfallenden Ostufer des Sees Goethes *Fischerin* und *Die Laune des
Verliebten* mit Schauspielern der Frankfurter Bühnen sehr
erfolgreich aufgeführt. Wir saßen auf dem großen Balkon
über dem Westeingang des Gesellschaftshauses, hörten wenig
von dem, was, uns unbegreiflich, diese Rokokogestalten
rezitierten, bewunderten das mit Pechfackeln ausgerüstete

Boot und sangen später, daheim, das Lied des Fischers: »Herbei die Stangen! / Sie aufzusuchen! / Sie aufzufangen!« Den See jemals mit einem Ruderboot befahren zu haben, kann ich mich nicht entsinnen, wenngleich eine baumbewachsene Insel in dem künstlich angestauten Wasser lebhaft lockte. Nahe dem See lag ein Kinderspielplatz, von hohen Bäumen beschattet, auf dem sich Knaben und Mädchen dem damals in Mode gekommenen Diabolospiel hingaben. Uns blieb es jedoch verboten, weil einmal, mit Grausen wurde der Vorgang kolportiert, die aus der Luft herabstürzende engtaillierte Holzspule nicht auf die gespannte Schnur gefallen war, sondern ins Auge des spielenden Mädchens, das dabei ein Auge verloren haben soll. Wir beschränkten uns aufs Zuschauen.

Als Erwachsener habe ich den Palmengarten kaum mehr besucht, er war wie manche derartige Einrichtung ein wenig antiquiert, ein wenig aus der Mode gekommen, Ziel dann andersgearteter Menschen, anderer sozialer Schichten, nicht zuletzt, weil kein Eintrittsgeld mehr erhoben wurde. Die in Frankfurt noch vor 1930 so besonders tätige Bewegung »Neues Bauen« hat sich auch am Gesellschaftshaus des Palmengartens versucht, jüngere, den alten gleichwertige Gartendirektoren haben nach neuen, guten Gesetzen große Umwandlungen vollzogen, den Kern der in manchem Betracht einzigartigen Anlage aber belassen: denn der botanischen Wissenschaft ebenso zu dienen, wie Gärtnern Gelegenheit zu einer fast wissenschaftlichen Ausbildung zu geben, das war das Anliegen des Palmengartens. Er verbarg jedoch diesen Zweck liebenswürdig hinter der Schönheit und Mannigfaltigkeit seiner Anlage, die, sich wandelnd, innerste Lebendigkeit behielt und zumindest den regelmäßigen Besuchern – und das waren allen voran wohl die Bewohner des nahen Westends – das Gefühl lieh, dieser Garten würde ihretwegen gepflegt, gefördert und erhalten, und die Rosenallee und die tausend Arten von Blumen und Pflänzchen, die Gruppen edler Bäume, die geharkten, gerechten, mit gelbem

Mainsand gestreuten und mit Mainwasser besprengten Wege seien einzig dazu da, gerade diese Besucher zu erfreuen.

Fast hätte ich des Palmengartens im Winter zu gedenken vergessen, wenn die Natur scheinbar schlief und das Leben sich in die geheizten Glashäuser zurückzog, die wir Kinder, der damit verbundenen Erkältungsgefahr halber, nicht aufsuchen durften. Dafür bewegte sich während der kalten Zeit, die in Frankfurt selten vor Januar eintrat und kaum länger als sechs Wochen dauerte, bereits um zwei Uhr an den Wochentagen die klirrende Prozession der Schlittschuhläufer zielstrebig durch den Garten hin zur Eisbahn.

Goethe hatte noch auf dem ein wenig träg fließenden zugefrorenen Main die Beglückung des Schlittschuhlaufens erfahren, und Kaulbach hatte den jugendlichen Olympier, genrehaft genialisiert und versüßlicht, auf Schlittschuhen dahinfliegend dargestellt. Wohl fror später auch der regulierte Main alle paar Jahre einmal so stark zu, daß man ihn zu Fuß überqueren konnte, sich Fuhrwerke auf ihn wagen durften und Wurstbudenbesitzer eine heitere Konjunktur witterten und erfolgreich nutzten. Die aus zusammengeschobenen Eisschollen ineinandergefrorene Fläche, einem eingeschneiten Sturzacker vergleichbar, für Schlittschuhläufer war sie kein Vergnügen. Da war die Eisbahn im nördlichen Palmengarten eine ganz andere, herrliche Sache. Wo im Sommer Tennis gespielt wurde, marschierte an kalten Winterabenden eine Schar Gartenangestellter mit Wasserspritzen auf, so daß hier das Ideal eines Eislaufplatzes entstand, der tagsüber von scharfen Schlittschuhkanten zerschrammt, nachts durch neue Wassergüsse wieder zu einem herrlichen, makellosen Spiegel wurde, den man in der Morgenfrühe mit besonderer Andacht befuhr, wenn sich langsam, blutigrot die Sonne über den schwarzen, blätterlosen Bäumen aus kaltem Dunst emporhob. Nachmittags, zwischen zwei und drei, begann der große Zustrom. Das Anschnallen und Festorgeln der Schlittschuhe besorgten ältere Gärtner, die sich einen bescheidenen Nebenverdienst erwarben – ich glaube, daß zwanzig Pfennige für das Binden und Lösen des Stahls der festgesetzte Preis waren. Solange es noch nicht das säulengetragene Klubhaus gab, standen Bänke um ein paar Holzbaracken, bei denen in hohen Eisenkörben Koksfeuer glühten und hustenerregend dunsteten und an denen sich die mit kräftigen Schlittschuhschlüsseln ausgerüsteten Männer gelegentlich wärmten. Mit den Stiefeln festverschraubte Schlittschuhe gehörten damals zu den ebenso teuren wie seltenen Luxusdingen, über die nur wenige verfügten; unsere Kinderblicke folgten ihnen mit Ehrfurcht und gelindem Neid. Auf der anderen Seite der Eisbahn stand ein recht primitiver Musikpavillon, in dem nicht das Palmengartenorchester, nicht Max Kämpfert mit dem bülowhaften Spitzbart dirigierte, sondern eine zugegebenermaßen ebenso primitive Blechmusikkapelle. Sie mußte an manchen Sonntagen dem Musikchor des 63. Artillerieregiments oder jenem der Einundachtziger weichen; dieses kam aus der Gutleutkaserne, jenes aus dem nahen Bockenheim. Die Eisbahn glich einem rhythmisch bewegten Strudel, der im Sinne der Kaffeemühle sich von links nach rechts maßvoll schnell drehte. Nur ein paar hierher verirrte Gassenbuben versuchten wider den Strom zu schwimmen. Sie erregten dadurch eine kleine, aber irgendwie natürliche Unordnung, welche die Harmonie des gesamten Bildes erst völlig zur Geltung brachte.

Auf dem Eisplatz im Palmengarten habe ich mich – sehe ich von meiner Knabenliebe zu Minnie Ochs, unserem Kinderfräulein, einmal ab – zum erstenmal verliebt. Drei Schwestern gab es da, die dunkelhaarigen und wohl auch dunkeläugigen Töchter des Justizrats Lippmann, der gegenüber dem vor dem Ersten Weltkrieg entstehenden großen Neubau der Westendsynagoge ein Haus besaß. Die jüngste Tochter, Carola, hatte es mir angetan. Ich glaube, ich habe nicht mehr als zwanzig Worte mit ihr gesprochen – und diese erst Jahre nach jenen wortlosen Begegnungen. Wahrscheinlich hat die junge Frau damals von dem Gefühl, das sie in dem Knaben erweckte, so wenig gewußt noch geahnt wie das Mädchen, das im weißen Wollsweater und dunkelblauen Faltenrock an der Hand der ältesten Schwester oder begleitet auch von einer Erzieherin recht und schlecht schlittschuhlief. Es versuchte Bogen nach auswärts und Bogen nach rückwärts und blickte gleich anderen Gleichaltrigen amüsiert jenem rundlichen älteren Herrn nach, den wir das »gestopfte Täubchen« nannten. Sein Kopf saß tief in den runden Schultern über einem rundlichen Körper, und er glitt mit der behenden Grazie, die dicken Leuten beim Tanz eignen kann, in dunkelgrauem Kordanzug über das Eis und beschämte jüngere mühelos. Mit welchem Herzklopfen ging ich einst zwei Winter lang den Weg zum Eisplatz. Und mit welch bewegenden Gefühlen begegnete ich im Winter 1939 der Schwester Carolas in einem Schweizer Winterkurort: Plötzlich standen wir uns – die wir uns in Frankfurt gelegentlich auf Gesellschaften getroffen hatten – gegenüber, keineswegs mehr ganz junge Leute, weit fortgerückt von der Palmengartenzeit, ebensosehr von jener, da man in denselben Häusern eingeladen wurde. Wir freuten uns des Wiedersehens, obschon wir wenig voneinander wußten. Ich grüßte in der Schwester – auch dieser unbewußt – einzig das liebreizende dunkeläugige Mädchen Carola mit den braunen Locken, das Kind meiner ersten Neigung, das Wesen von damals, dem die Musik, das Glitzern des Eises, die bunte bewegte Menge einen so bannenden, lebensvollen Hintergrund geschenkt hatte. Erlassen waren längst jene ebenso unmenschlichen wie zutiefst bösartigen *Nürnberger Gesetze,* die, aus dem sogenannten Herzen Europas kommend, eine nicht endenwollende Flut von Unglück, Blut, Tränenströmen, Mord endlich und Grausamkeiten erzeugten, die mit dem Namen des Satans in Zusammenhang zu bringen fast schon ein Sakrileg bedeuten würde. Carolas Schwester Else kam aus New York, und obschon die Verbindungen mit der Vaterstadt damals noch fast normal zu nennen waren, war des Fragens und Antwortens kein Ende. Nicht nur wurde das jüngst Vergangene beschworen, auch jener sorglosen, märchenhaft-friedvollen Zeiten, über denen für uns der liebliche Namen des Palmengartens – alles einfassend

– stand, ward mit Rührung und mit wieder junger Begeisterung gedacht.

Der Dom und die Zerstörung der Stadt im März 1944

Frankfurt zeigte die klare Schönheit seines Gesichts, so reich
an merkwürdigen Zügen, am deutlichsten in den Jahren vor
1914, manche sagen gar, daß die Fotografien von Mylius, also
Aufnahmen vor 1900, das eigentliche Frankfurt bewahrten.
Frankfurt wurde zweimal gründlich zerstört. Sicher ist, daß
in den dreißiger Jahren – mit der Vertreibung ihrer jüdischen
Bürger, denen die Stadt unendlich viel zu verdanken hat – sich
ihr Wesen, ihr Innerstes, zutiefst verwandelte. Frankfurt,
eine der Welt willig geöffnete, aus einer großbürgerlichen
Geistigkeit lebende Stadt, in der ein publizistisches Organ
von der Qualität der *Frankfurter Zeitung* wachsen und
Weltbedeutung erlangen konnte, glitt allmählich ins Provin-
zielle ab. Es wurde ohne legitime Begründung »Stadt des
Deutschen Handwerks« genannt; engstirnige Nazibeamte
versuchten, ihren »Geist« gegen jenen zu stellen und zu
behaupten, den ausgetrieben zu haben, sie dummdreist sich
rühmten.
Sein nobles architektonisches Gesicht hat das alte Frankfurt
im Hitlerkrieg verloren. Ein paar Nachtstunden im späten
März 1944 haben solche Zerstörung bewirkt. Den schlankge-
fügten Kreuzgang des Karmeliterklosters mit den großartigen
Fresken Jörg Ratgebs, die mittelalterlichen Giebel der Goldenen Waage, des Schwarzen Sterns und des Römers – sie alle
gab es nicht mehr. Ein schwarzer Unheilsstern war wie ein
apokalyptisches Zeichen über die Krönungsstadt hinwegge-
zogen.
Vom Goethe-Haus im Großen Hirschgraben stand nur noch
jene nordöstliche Ecke mit dem kleinen Fenster, das Wolf-
gangs und Cornelias Vater hier durchbrechen ließ. Die
Hauptwache war in Trümmer gelegt, zu der Goethes Mutter,

Schillerplatz, Hauptwache und Katharinenkirche, 1903

Frau Aja, nach der Mutter der Haimonskinder genannt, hinüber geschaut hatte. Zertrümmert die Katharinenkirche, zerstört das Bellische Haus dicht dabei. Von jenem Frankfurt, das Goethe gesehen und der vom Pudel Mensch umsprungene Philosoph, ist kaum mehr geblieben als Ruinen und Staub. Wie schön, voll Harmonie lag diese Stadt einst da, ihr verwinkeltes mittelalterliches Herzstück, umfangen von Römer und Dom, wie bewegend lebensvoll der Kleine und der Große Hirschgraben, wie nobel das von den Architekten Mylius und Bluntschli – beides Schüler des großen Gottfried Semper – erbaute Hotel Frankfurter Hof, durch den kleinen Garten und die Arkaden von der Straße abgerückt. Intim das Innere, nobel die Freitreppe, die zum Festsaal führte, wo alljährlich die Rektoratsbälle der Universität stattfanden. Die

Kaiserstraße zwischen Anlage und Hauptwache imitierte einen Pariser Boulevard, nicht ganz überzeugend, doch mit der uns heute bereits liebgewordenen vorgetäuschten Eleganz der Gründerjahre. Das meiste ist in ein paar Feuersnächten zerstört worden oder dem Modernisierungsdrang der fünfziger Jahre zum Opfer gefallen. Damals, in den ersten Wochen des Jahres 1944, wurde auch der – heute wieder restaurierte – Dom schwer von Bomben getroffen. Schon einmal – 1867 – war über Frankfurts Domkirche, in der zehn deutsche Kaiser gekrönt wurden, eine Brandkatastrophe hereingebrochen, beklagenswerte Erinnerung im Herzen alter Leute, die erzählten, wie die Bürger der Stadt in den glosenden Schutthaufen nach Bleiklümpchen des geschmolzenen Daches, nach Bronzeresten der Glocken gesucht hätten, mit Tränen in den Augen ein Teilchen der geliebten Kirche mit nach Hause zu tragen. Das war ein Jahr, nachdem die Freie Reichsstadt ihre Freiheit an Preußen verloren hatte. Die preußische Main-Armee meldete damals nach Berlin: »Die Länder diesseits des Mains liegen Euer Majestät zu Füßen.« Eine Kriegskontribution von fast sechs Millionen Silbergulden wurde in acht Eisenbahnwaggons nach Berlin gebracht. Die alteingesessenen Bürger hingen an ihrer Stadtrepublik; ihnen besonders verkörperte der Dom mit seinem Turm die geliebte Vergangenheit. Wer ihn zeichnen will, diesen Pfarrturm über den bläulich schimmernden Schieferdächern der Frankfurter Altstadt, sieht sich vor eine nicht ganz leichte Aufgabe gestellt; nicht daß der himmelstrebende Umriß mit seinen Fialen, dem festgefügten Sockel, dem leichteren Schlußtürmchen über einer Art von Kuppel Schwierigkeiten machte, es ist die Proportion dieses Turmes, die richtig wiedergegeben sein will und die jeder Frankfurter im Gefühl hat. So ist das Bild des Domturms in das Herz eines jeden Frankfurters und Sachsenhäusers tief eingesenkt als das Symbol der Stadt am Main, als der gewaltige Akzent, der dem Stadtbild erst das eigentliche Leben verleiht. Herrlich ist die Fernsicht, die sich dem Turmbesteiger öffnet. Nach Nordwesten die Taunusberge, im Osten die Höhen des Spessarts, im Süden fern der markante Umriß des Melibokus, im Westen ahnt man, in der Sonnenwärme flimmernd, die Rheinebene und am Zusammenfluß von Main und Rhein das vieltürmige goldene Mainz. Das Herzstück der Mainlandschaft bleibt Frankfurt, bleibt der Dom, dieser gen Himmel weisende mahnende Finger, den der Glaube des Mittelalters hier aufgeführt hat; und wer einmal in der Christnacht seine große Glocke machtvoll über die Stadt dröhnen hörte, wird Stunde und Ort schwerlich je vergessen.

Wie und wo man im alten Frankfurt einkaufte

Auf der Zeil, in der Kaiserstraße und anderswo: Von Apothekern, Juwelieren, Antiquitätenhändlern und anderen

Am Gesicht ihrer Geschäftsstraßen und der dort angesiedelten Läden läßt sich mühelos das Wesen einer Stadt, ihr sich verändernder Charakter ablesen. Eine Geschichte zum Beispiel der Zeil zu schreiben, mit ihren kleinen und großen Warenhäusern und Geschäften, das hieße den gesellschaftlichen Wandlungen der Stadt Frankfurt nachforschen. Auf Salomon Kleiners Kupferstich *Liebfrauenberg im Winter* aus der Zeit um 1725 gibt es den 1855 vorgenommenen Durchbruch zur Zeil noch nicht, den der Knabe Goethe sich gewünscht hatte. Die Zeil war seit den Jahren des späteren Mittelalters die pochende Ader der Stadt und ist es bis zu deren Zerstörung geblieben. Sie machte getreulich die Veränderungen mit, die teils unmerklich, teils stoßhaft Erreger und Erhalter dessen sind, was wir, in allen Veränderungen, Metamorphosen, Stauungen und Abflüssen, das Leben nennen. Für die Bewohner des Westends war die Zeil weitgehend eine Terra incognita. Man wollte nur ungern mit der buntschillernden Mischung der Passanten, die sich aus der nahen Nachbarschaft der Altstadt, der übelbeleumundeten Schnurgasse und der alten Markthalle ergab, identifiziert werden. Wir Kinder betraten die Zeil selten und dann mit einem Gefühl der Beunruhigung, des leisesten Schauderns, aber des Schauderns immerhin. War dies doch der Ort, wo bei dem für die Stadt kaum je wichtig gewordenen Fastnachtstreiben am ehesten geringfügige Ausschreitungen vorkamen, die dann die schwarzsilbernen Pickelhauben, die blauen Uniformröcke mit dem untergegürteten Säbel der Polizisten auf die Szene riefen. In einem der wenigen aus den Anfängen der Straße noch erhaltenen Giebelhäuser lag die altehrwürdige

Hirsch-Apotheke mit dem ruhenden Hirschen als Wahrzeichen über der schmalen Tür und dem hübschen Mobiliar aus dem späten Empire. Sie wurde von den Bewohnern des Westends nur äußerst selten frequentiert. Eine Ausnahme wurde gemacht bei den Rezepten des Dermatologen Professor Herxheimer, der den Patienten anempfahl, die Salben, die er in erheblichen Mengen verordnete, nur bei Dr. Fresenius auf der Zeil zu holen. In drei anderen Apotheken, wo man die Apotheker und ihre Gehilfen und Gehilfinnen meist mit Namen kannte, unterhielt man Konten: Voran die Westend-Apotheke in der Bockenheimer Landstraße, dann die Beethoven-Apotheke, deren Hinweis an der Tür – »Harn- und Sputumuntersuchungen« – uns Kindern Rätsel aufgab. Die Einhorn-Apotheke am Theaterplatz – später Rathenau-, dann Horst-Wessel-Platz – befand sich im Besitz der Familie Wasserzug. Ihr Sohn Paul hat unter dem Künstlernamen Walburg als Komiker in der Theatermetropole Berlin während der zwanziger Jahre Karriere gemacht.

Die Kaiserstraße, noch nicht einhundert Jahre alt, aus einem Durchbruch am Roßmarkt in der Richtung zu den Bahnhöfen, dem Bahnhofsdamm, entstanden, die Kaiserstraße gab ein Spiegelbild jenes Frankfurts ab, das am Ende des neunzehnten Jahrhunderts zur gloriosen Fahrt in das neue Säkulum die Segel setzte. Eingespannt zwischen dem vom Bahnhofsviertel ungünstig bestimmten Teil der Kaiserstraße und der Hauptwache lag jener Teil der Kaiserstraße, der mit Fug und Recht das Schaufenster Frankfurts genannt werden durfte.

Der Juwelier Koch, Ecke Neue Mainzer Straße, in einem kraftvoll aufgeführten Haus, das – wenigstens vom ersten Stockwerk aufwärts – die Züge der italienischen Renaissance trug, hatte seinesgleichen in Stadt und Land nicht. Wohl strebte Hessenberg – ein Stück weiter zur Hauptwache hin – danach, mit seinen vier großen Schaufenstern nicht hinter dem Juwelier Koch zurückzustehen, aber so arbeitsam und kenntnisreich dieser Hessenberg auch war, wie sehr er sich auf Frankfurts Gesellschaft stützen durfte – seit dem achtzehnten Jahrhundert als Familie bekannt und geachtet –, der größere blieb doch stets Koch. Er war der Mann der großen Stücke, der vielfältigen internationalen Beziehungen. Koch, bedeutend vor allem im Perlen- und Diamantenhandel, unterhielt neben seinem Geschäft in Frankfurt während der Saison einzig noch ein Geschäft in Baden-Baden. Im übrigen kam die Kundschaft aus aller Welt ganz selbstverständlich nach Frankfurt. Der Einkauf wurde sozusagen für Generationen vorgenommen, vererbbar wie solche Perlenketten waren und teilbar. Eine dieser legendären »Nabelschnüre«, aufgereihte rosige Gebilde, vererbte die Großmutter meiner ersten Frau auf ihre Enkelinnen, und jede der jungen Frauen erhielt so noch eine Halskette von auffälliger Schönheit des Schmelzes, der Form. Diese Teilung, wie auch das immer wieder notwendige neue Aufziehen der Perlen übernahm der Juwelier, der zu diesem Zweck einen seiner Angestellten ins Haus schickte. So blieb die Firma Koch in ständiger »hausfreund«-artiger Beziehung zu vielen Frankfurter Familien. Koch bediente vorwiegend die jüdische Gesellschaft. Bei Schlund in der Bleidenstraße, einem verschlafenen dunklen Geschäftslokal, kaufte man Silberbestecke für Aussteuern. Auch bei Lazarus Posen sel. Witwe auf der Kaiserstraße konnte man kleines und weniger kleines Silbergerät für den Alltag erstehen.

Neben Koch lag der sogenannte Jockey-Club, geführt von zwei Junggesellen. Im Verein mit den ersten Schneidern der Stadt, mit Jureit und Kauffmann, bestimmten sie den Stil männlicher Eleganz in Frankfurt, eine Eleganz, die international und auch wieder frankfurterisch akzentuiert war. Noch heute erfreue ich mich einer dunkelblauen Wolljacke englischer Herkunft aus dem Jockey-Club, die bereits mehr als fünfzig Jahre fast unbeschadet überstanden hat. In der Artung verwandt, war C. Ströhlein, links am Eingang zur Kaiser-Passage: ein altrenommiertes Geschäft, das auch Damenkonfektion feilhielt. Nicht ohne Reiz war es, daß man hier wie dort englische Drops – und bei Ströhlein auch Tee – in Originalpackungen kaufen konnte, entsprechend der Marquis-Schokolade bei Höchberg gegenüber, einer Boutique mit feinster Damenwäsche, Fichus und Handschuhen Pariser Provenienz. Ganz im Gegensatz zu den leicht vergänglichen feinen Seiden- und Spitzengespinsten bei Höchberg hatte sich das Wäschegeschäft Heusser sel. Witwe – nahe beim Durchbruch zur Liebfrauenkirche und zum Kornmarkt – dem Handfesten verschrieben. Die Qualitäten, die hier angeboten wurden, übertrafen alles an Dauerhaftigkeit, und wer hier seine Aussteuer erstand, hatte etwas fürs ganze Leben. Meist wurden dann einige Paradestücke kurz vor der Hochzeit in einem der Schaufenster ausgelegt, hohlgesäumt und mit handgestickten Monogrammen verziert. Hier galt der oft von meinem Großvater getane Ausspruch, er sei nicht reich genug, billig einzukaufen. Ein Geschäft also auch ganz im Sinne meiner auf Sparsamkeit bedachten Mutter. Hier wurden uns Knaben die Tag- und Nachthemden angemessen, hier gaben wir die Bestellungen der Mutter für Dienstmädchenkleider ab, die – versteht sich – waschbar sein mußten, blauweiß schmalgestreift. In der Bethmannstraße führte die Witwe Rießer – aus angesehener jüdischer Frankfurter Familie – einen altmodischen, düsteren Laden. Hier fand man Posamenten, Petitpoint- und Perlstickereien, aber auch kleine, gefällige Antiquitäten.

Am Roßmarkt ging der international angesehene Antiquitätenhändler Rosenthal diskret seinem Geschäft nach. Hinter zwei schmalen Schaufenstern standen nur wenige Nymphenburger und Meißener Porzellane und Florentiner Bronzen. Zacharias Hackenbroch in der Neuen Mainzer Straße handelte vorzüglich mit Bildern, die Gebrüder Goldschmidt, Ecke Bethmann- und Kaiserstraße, waren weniger spezialisiert: dort fand man Möbel des siebzehnten und achtzehnten Jahrhunderts, gotische Plastik und Gobelins. Mehr im verborgenen wirkte Robert Frank in der Neuen Mainzer Straße, der sich auf antike Kleinkunst und englische Kleinmöbel von hoher Qualität spezialisiert hatte. Robert Frank, der Onkel von Anne Frank, deren Tagebuch aus der Zeit ihres Verstecks vor den Nazis 1942 bis 1944 in Amsterdam die Nachkriegswelt erschütterte, war mit Lotti, der hübschen Tochter eines Sachsenhäuser Polizisten, verheiratet, die sich in der Londoner Emigration zu einer hochangesehenen Kennerin internationaler Grafik entwickelte.

Bleisoldaten und Konditoreien

Die Nachmittage, an denen die Großmutter mit uns zierlich herausgeputzten Kindern einkaufen ging, sind mir in besonders lieber Erinnerung. Ich sehe mich als kleines Kind an ihrer Hand – ihre Hände sehr klein und ringgeziert, waren umspannt von weißen Glacéhandschuhen – zum Spielwarenhändler Behle in der Biebergasse wandern, und wenn ich an ihr emporschaute, war es, als blickte ich an einem nach oben sich verjüngenden Turm hinauf. Ich kam mir dann sehr klein vor. Dem gleichen Gefühl begegnete ich später wieder, als ich vor einem der mächtigen, Beffrois genannten, mittelalterlichen Glockentürme unter dem ewig unruhigen, windbewegten Himmel Flanderns stand. Bei Behle durften wir Zusätze für unsere Baukästen, Tiere für den Humpty-Dumpty-Zirkus oder Nachschub für unsere historisch oder exotisch gekleideten Bleisoldaten aussuchen. Ein anderes Ziel war F. X. Mauchers Konditorei, der ein Kränzlein der Erinnerung zu winden die Dankbarkeit fordert. Es gab in der Stadt noch eine Reihe anderer Konditoreien, Hahner etwa im Westen oder Jolasse an der Hauptwache oder Bräutigam am Liebfrauenberg. Die beiden ersten waren alltäglich, Bräutigam war reizend altmodisch-kleinbürgerlich, zur Umgebung passend. Bis tief in den letzten Krieg habe ich mir dort mittags den mitgebrachten Tee aufbrühen lassen und den Ladenmädchen, Geschäftsfrauen und Besuchern aus der Umgebung, aus Seckbach oder Praunheim, zugesehen, die Eichel- oder

Der Autor (r.) mit seinem Bruder Wolfgang, 1903

Malzkaffee tranken und den bis zuletzt schmackhaften
Kuchen aßen. Bräutigam war eine Altstadtidylle, Maucher
eine Idylle in der Großstadt in der Kirchner-, nahe bei der
Kaiserstraße, beim rauschenden Brunnen, den der Baron
Erlanger gestiftet hatte: Über eine große flache Schale aus
rotem Granit schleierte in Sommertagen das Wasser nieder,
und noch war der Straßenlärm nicht so stark, daß er das
Geräusch übertönte, das an Parks denken läßt und an italienische Zypressenalleen. Die Konditorei von Franz Xaver Maucher, mehr breit als tief, war ausgestattet mit drei oder vier
runden Marmortischchen und mit zwei hübschen Mahagoni-

büffets. Vor deren Rückwänden aus Spiegeln standen auf halbrunden Konsölchen nur zur Zierde kleine Glasphiolen, mit farbigen Flüssigkeiten gefüllt: grün, orangerot, gelb, blaulila. Die gleichen Farben kehrten in der Couverture der hinter Glas in netten Schälchen ausgelegten Petits fours wieder. Der Charakter des Ladens, der eigentlich ein Lädchen war, zeigte sich konservativ in jeder Weise. Durch Jahrzehnte hin gab es hier stets das gleiche Gebäck: handgroße Hefeteigbrezel mit Zuckerguß, Pistazienschiffchen mit einem halben Walnußkern gekrönt, lilafarbige runde Törtchen hartweicher Konsistenz, Orangentörtchen, Schokoladetorten, sogenannte Trüffeltorten und vieles andere mehr. Wer das Glück oder – je nachdem – das Pech hatte, zwei- oder dreimal in einer Woche in Frankfurt zum Tee eingeladen zu sein, der begegnete diesen Zuckerwaren, leicht gefärbt, immer wieder. Der Ton, der in dieser Konditorei herrschte, war eher herb denn süß, er war zurückhaltend und kühl, die Blicke der Damen hinter der Theke – meist Mitglieder der Familie Maucher – waren ernst und abwägend auf den gerichtet, der hier zum erstenmal – und gefiel er nicht, auch zum letztenmal – eintrat. Die Mauchers waren – eine Seltenheit in Frankfurt – strenge Katholiken und sprachen das Frankfurter Deutsch des Bürgertums sehr rein, vielleicht bewußt und mit gespitztem Mund, jenes gehobene Frankfurterisch, das meine Großmutter und ihre Freundinnen gesprochen hatten. Man könnte es das Deutsch der Frankfurter Museumsgesellschaft nennen, die bis 1920 etwa tatsächlich auch die Frankfurter Gesellschaft umschloß.

Die Freßgaß und Delikatessen von Milani

Schaufenster der Stadt – wie jener der Hauptwache zustrebende Teil der Kaiserstraße –, Schaufenster waren auch die Gallusstraße, die Schillerstraße, in einem besonderen Sinn die Bockenheimer Gasse und die Freßgaß. Die Freßgaß, das war wohl eine Welt für sich. Daß ein Zigarrenhändler, zwei oder drei Friseure, ein Geschäft für Haushaltswaren an ihr siedelten, was verschlug's? Sie betonten allenfalls noch um einiges den Charakter der Straße, in der eigentlich nur Häuser des achtzehnten Jahrhunderts standen. Besonders achtunggebietend jenes weiße, in dem durch Jahre hin das einst berühmte Lokal Malepartus im ersten Stock seine Séparées anbot. Das helle Haus war wohl das schönste und größte der Straße, die anderen waren kleiner, mit Giebeln und ganz im Stil der übrigen Altstadthäuser, von Stockwerk zu Stockwerk stärker in die Straße hineinragend. Doch vergaß man ob der ausgelegten Früchte und Gemüse, Backwaren, Würste und Delikatessen die Fachwerkarchitektur der Gasse leicht, besonders des Abends, wenn jeder einzelne Laden sein Licht auf die Straße sandte, und die Läden, mit Waren gefüllt und mit Käufern, dadurch die Grenze zwischen Innenraum und Straße verwischten, daß auch draußen auf Holzetageren, in Säcken und anderen Behältnissen, allerlei Wetterbeständiges, gefällig aufgebaut, zum Kauf angeboten wurde. In der Freßgaß fand man schlechthin alles: das früheste Frischgemüse, Spargel aus Kronberg und Schwetzingen, Erdbeeren vom Taunus, Gemüse aus Belgien und Holland, aus den Glashäusern Sachsenhausens. Die Läden waren, ohne jede neuzeitliche Eleganz, eher Gemüsegewölbe zu nennen, durch Generationen in denselben Familien, und nicht sinnlos mochte es erscheinen, daß ein Delikatessengeschäft auf der Goethestraße auch einen Ausgang nach der Bockenheimer Gasse hatte, durch den man die nickelblinkende und gekachelte Neuzeit verließ, um in den Lädchen und Geschäften der Gemüsehändler und Metzger die »echten Einkäufe« vorzunehmen, die ein noch markthaftes Gepräge hatten. Namen wie Hax, Carlé, Kullmann, Weiß, Petrie, May standen durch Jahrzehnte hin unveränderlich über den schmalen Türen, und wenn irgendwo das unverfälschte Idiom der Stadt oder Sachsenhausens gesprochen wurde, dann hier. Wobei sich wieder einmal herausstellte, daß diese Stadt von einer so angenehmen, übersichtlichen Größe war, daß diese eine, nicht lange, aber dichtbehauste Straße den besonderen Ansprüchen, die an sie gestellt wurden, völlig genügte.

Waren die Läden in der Freßgaß von sympathischer Alltäglichkeit, so zeigte das Angebot in dem altberühmten Delikatessengeschäft von Milani gleich hinter der Katharinenkirche eine gewisse unbürgerliche Raffinesse. Die Einkäufe wurden in ein Buch eingetragen, bezahlt wurde durch die Köchin, die hier, wie in anderen Läden, Prozente bekam, ganz öffentlich; ihr gar nicht geringes Gehalt – monatlich vierzig bis fünfzig Mark in Gold – wurde so erheblich aufgebessert. Später einmal wurde mir ein alter Foliant gezeigt, der belegte, daß schon die Großeltern und Urgroßeltern Kunden bei Milani gewesen waren.

Von der Kunst des Schuhmachens

Zurück aber ins Frankfurt meiner Kindheit. Die Hochstraße mit ihren schlichten schlanken Häusern war eine der stilistisch am reinsten erhaltenen Straßen jener guten Bauepoche des frühen neunzehnten Jahrhunderts. Für den Heranwachsenden hatte sie jedoch eine andere Bedeutung: Hier arbeitete der Schuhmacher, der uns Kindern zweimal im Jahr die Schuhe anmaß, denn es mochte dem Sinn der in diesen Dingen entscheidenden – und zahlenden – Großmutter entsprechen, daß man nicht fertiges Schuhwerk, sondern Maßschuhe trug. Unser Schuhmacher Köhler werkelte und wirkte in einem etwas dämmerigen Laden auf der linken Seite der Hochstraße, kurz vor der Opernintendanz. Der Meister war ältlich mit Glatze und dunkelgrüner Schürze, in die er kniend meinen beschuhten Fuß zu legen pflegte: ein seltsames Gefühl für das Kind, über einem Mann erhöht zu sitzen, der ihm die leichtbeschmutzten Schuhe auszog, während es seine Augen über die zart beflaumte Glatze wandern ließ. Weißes Papier war zur Hand, es hieß aufzustehen, und ein starker breiter Stift, ähnlich jenen, wie sie die Zimmerleute benutzen, umzog leise kitzelnd den auf dem Papier ruhenden Fuß. Der Bogen ward zusammengefaltet und nach einem geheimen Gesetz bandgleich an verschiedenen Stellen dem Fuß umgelegt, eingekniffen und eingerissen.

Damals wurde meine Schwäche für handwerklich vollendetes Maßschuhwerk geweckt, der ich ein Leben lang gefrönt habe. Heute – in München – erfüllt Heribert Dirrigl – ein trotz langer Familientradition still und bescheiden auftretender Mann – mit Schuhen, die wahre Kunstwerke sind, meine Wünsche.

Von Jean Hesse in der Bethmannstraße, gegenüber dem Hotel Frankfurter Hof, stammte das elegante Schuhwerk meiner Mutter, dem nur die Arbeiten der gleich nebenan tätigen Gebrüder Frankenberg an die Seite gestellt werden konnten. Die Konkurrenten lebten ohne Feindschaft nebeneinander, für jeden gab es in Frankfurt genug zu tun. Das Hessesche Schaufenster war eine Augenweide. In ihm standen einige wenige Schuhe und Reitstiefel, wundervoll glänzend poliert. Als ich selbst Kunde bei Jean Hesse wurde, erfuhr ich, daß die Schwester des Nobelschuhmachers die Schuhe in der Auslage täglich polierte. Die Mitglieder der Familie von Weinberg (IG-Farben) ließen ihre Schuhe wochen- ja monatelang im Schaufenster stehen, der Sonne ausgesetzt und der emsigen Hand von Fräulein Hesse überlassen. Das machte, daß die Schuhe eine unsägliche Farbe, das glänzende Braun von Kastanien, erhielten.

Von Buchbindern, Buchhändlern und Antiquaren

Die Frankfurter Hochstraße bedeutete für uns Kinder nicht nur die Besuche beim Schuhmacher Köhler, sie war uns auf noch andere Weise wichtig. In die dort in einem Hinterhaus angesiedelte alteingesessene Buchbinderei Ludwig brachten mein Bruder Wolfgang und ich mit Erlaubnis des Vaters unsere broschierten Bücher zum Binden. Unvergessen die ältliche Buchbinderin, unvergessen die stets unaufgeräumte Werkstatt mit ihrem Geruch nach Leder, Pergament, Papieren und Kleister. Daß aus diesem vermeintlichen Chaos vollendet gebundene Bücher und Büchlein – Zierde unserer Knabenbibliotheken – an den Tag kamen, erschien uns immer wieder als ein Wunder.

Unser Vater hat es verstanden, schon früh die Lust an Büchern in uns Kindern zu wecken. So errichtete er für uns – ebenso wie beim Buchbinder Ludwig – ein Konto in der Buchhandlung Reitz und Köhler, vormals Könitzer, in der Schillerstraße, das es uns ermöglichte, unsere Bücherwünsche nach eigenem Gutdünken zu erfüllen. Wir waren Büchernarren und hatten – jeder für sich – eine hübsche Bücherei, die auszudehnen wir auch Schulden machten, die der Vater, dem solche Art von Immoralität gefiel, stets nach ein paar strafenden Sätzen bezahlte. Ein Inselbändchen kostete fünfzig Pfennige. Wir liebten Gustav Meyrinks *Golem*, lasen *Des deutschen Spießers Wunderhorn* und *Das grüne Gesicht*. Zu Weihnachten lag das *Neue Universum* auf dem Tisch und nicht *Der gute Kamerad*. Nie haben wir Karl May gelesen, was mir ein halbes Jahrhundert später bei einem Besuch in Bonn den belustigten Vorwurf von Theodor Heuss einbrachte: »Ha no, Sie Schnob!« Mein Vater war der Meinung gewesen, Karl May schriebe einen schlechten Stil, seine Inversionen zum Beispiel verdürben unsere Sprache. Heinrich Manns *Professor Unrat* hat uns verwirrt: Waren die Menschen, die Lehrer, unsere Lehrer, ebenso von Trieben besessen? Kellermanns *Tunnel* habe ich wahrlich in einer Nacht ausgelesen, ich glaube, das war das einzige Buch in meinem Leben, dem diese Ehre widerfahren ist. Mein Freund Max Klein spottete über mich, als ich ihm gestand, ich hätte mit Anteilnahme *Die Heilige und ihr Narr* von Agnes Günther gelesen. Da hatten es mir die Landschaftsschilderungen angetan, die sich in meiner Erinnerung als gültig erhalten haben; die Probe darauf habe ich allerdings doch

nicht gemacht. Ich bin damals ein engagierter Märchenleser gewesen. Die Gebrüder Grimm und Andersen, dieser besonders, hatten meine ganze Liebe; auch Andersens Romane *Nur ein Geiger* und *Der Improvisator* kamen hinzu. Den Höhepunkt bildeten Oscar Wildes Märchen. Ich las sie in der schönen Insel-Ausgabe mit den jugendstiligen Illustrationen von Vogeler-Worpswede. Und dann kamen Thomas Mann und Jakob Wassermann. Wir verschlangen, älter geworden, *Das Gänsemännchen* und *Christian Wahnschaffe*, der teilweise in Frankfurt spielt, und wir identifizierten uns mit Thomas Manns *Tonio Kröger*. Über all diese Bücher konnte ich mit meinem Vater sprechen, der meiner Begeisterung nur gelegentlich skeptisch gegenüberstand. Zwar waren wir jahrelang auf den *Simplicissimus* abonniert, in der sehr umfangreichen Bibliothek meines Vaters stand auch Thomas Manns *Tristan,* und die kleine Novelle *Der Kleiderschrank* hatte es meinem Vater besonders angetan, letztlich aber gab er Wilhelm Raabe und Fontane den Vorzug. Da meldete sich das Generationenproblem in allerdings liebenswürdiger Form. Mein Vater hat mir niemals die Lektüre eines Buches untersagt. Der Boccaccio stand offen auf einem der vielen Regale. Auf dem Weg über Bücher fanden sich Freunde und Freundinnen bei uns ein, und der liberale Geist meines Vaters – darin ein vollkommenes Produkt der Stadt – ließ uns seine Bibliothek wie die unsrige behandeln. Alles stand offen, war uns zugänglich, ausgenommen der kleine »Giftschrank«, der zwei große Casanova-Ausgaben – französisch die eine, deutsch die andere – enthielt. Casanova also ausgenommen, konnten wir lesen und betrachten, was wir wollten, was uns keineswegs frühreif machte, uns eher, so seltsam das klingen mag, eine Art geistiger Unschuld und Reinheit bewahrte.
Bei Reitz und Köhler hatte mein Vater als Gymnasiast jene Reclam-Bändchen schon erstanden, die sich in den bescheidenen, von ihm selbst gebastelten blauen Pappeinbänden in seiner späteren Bücherei erhalten haben. Auch mein Großvater und Onkel Ludwig Belli hatten als junge Leute bei

Herrn Könitzer gekauft, der mit seiner Brille wie ein älterer, allseits beschlagener Privatdozent wirkte. Auch auf uns Kinder übte die spitzweghafte Atmosphäre dieser altmodischen, über drei Steinstufen zu erreichenden Buchhandlung ihren unwiderstehlichen Reiz aus. Später wurde Reitz und Köhler von Heinrich Tiedemann, einem fachkundigen Norddeutschen, und dem nichtgelernten, aber wohlhabenden Mario Uzielli, Kind aus gutem jüdischem Frankfurter Haus, der einen neuen Kundenkreis mit sich brachte, übernommen. Den alten Räumen schräg gegenüber im ersten Stock des Hauses Schillerstraße Nummer 15 entwickelte sich eine moderne Buchhandlung, die über Jahre tonangebend in Frankfurt blieb, bis dem ehrgeizigen Tiedemann das Frankfurter Feld zu eng schien und er nach Berlin aufbrach, während Mario Uzielli, der auf »Antiquar« umsattelte, ein kenntnisreicher und gesuchter Spezialist wurde. 1934 ging er unangefochten in das baslerische Liesthal, wo er sehr erfolgreich ein Buchantiquariat unterhielt.

Die Buchhandlung von Joseph Baer & Co in der Hochstraße war kaum auf Neues aus. Der Mitinhaber Moriz Sondheim war der Typ des wissenschaftlich forschenden Antiquars schlechthin und ein witziger Kopf, ein Gentleman Bookseller. Aus seiner kundigen Feder stammten zahlreiche Aufsätze im *Frankfurter Bücherfreund*, der Baerschen Hauszeitschrift. Zu Beginn der Nazizeit verlegte die Buchhandlung Baer ihr Domizil ins Ausland, Moriz Sondheim jedoch blieb – obwohl als Jude gefährdet – in Frankfurt, wo er 1944 starb.

Ein reines Buchantiquariat betrieb das Brüderpaar St. Goar, erst in der Junghof-, später in der Neuen Mainzer Straße. Blaß, rothaarig, klein und unscheinbar, nicht unamüsant, gutherzig au fond, verstanden diese beiden Außenseiter doch auch eine ganze Menge von ihrem Gewerbe. Dies stellte mein Vater immer wieder erfreut fest, wenn er eine seltene Kostbarkeit – zum Beispiel Salomon Kleiners Kupferstichwerk *Das florierende Frankfurt am Mayn*, erschienen 1738 bei J. A. Pfeffel in Augsburg – bei St. Goar erstehen konnte. Die

Liebe zum Buch, die Sympathie gegenüber dem Sortimenter hat sich von meinem Vater auf mich übertragen. Wie damals, ist es für mich heute noch ein Vergnügen, in der vielfältig anregenden und intimen, oft gar familiären Atmosphäre einer Buchhandlung von überschaubarer Größe – vom Stil etwa der Schwabinger Buchhandlung Lehmkuhl in München – im vertrauten Gespräch mit dem Sortimenter, der Sortimenterin eine Neuerscheinung zu erwerben. Als völlig unbegreiflich und grotesk ist mir aus meiner Bauhauszeit in Erinnerung geblieben, wie Friedrich Nietzsches Schwester Elisabeth Förster-Nietzsche bei der Thelemannschen Hofbuchhandlung in Weimar zweispännig vorfuhr und sich die jüngsten Neuerscheinungen vom Inhaber an den Wagenschlag bringen ließ, um so ihre Auswahl zu treffen.

Peter Zinglers reizendes Kabinett für Bücherfreunde in der Frankfurter Kaiserstraße, nahe beim Juwelier Koch, sei nicht vergessen. Zingler, leicht gehbehindert und mit einer wild-schopfig weißen Frisur hinreichend markant ausgestattet, war nach dem Krieg auf den nicht schlechten Einfall gekommen, eine etwas snobistische Bücherstube zu etablieren. Dergleichen sprach sich rasch herum, zumal bei jüngeren und jungen Leuten. Luxusausgaben und Edeldrucke, moderne Grafik des deutschen Expressionismus, auch Beckmanns, waren da zu finden. Wir jungen Leute stiegen nur allzugern die schmale Treppe in den ersten Stock zu Zingler hinauf, ein wenig wie zu einer intellektuellen Lasterhöhle, um dort mit Fräulein Marianne, die gern weiße und höchst durchsichtige Blusen trug, oder mit Fräulein Inge eine halbe Stunde zu verplaudern, üppige Kunstmappen zu betrachten oder über die letzten Schauspielpremieren von Paul Kornfeld oder Fritz von Unruh mit Peter Zingler ernsthaft zu diskutieren. Jenem argen Strukturwandel jedoch, der dem Einbruch des Nationalsozialismus auf leisen bösartigen Sohlen vorausging, war Zinglers Kabinett nicht gewachsen. Eines Tages war es gestorben, und Zingler ging zu Ullstein nach Berlin. Viel, viel später kamen dann aus dem Rowohlt Verlag in Hamburg

Briefe mit Peter Zinglers schwungvoller, ganz jugendlicher Unterschrift. Auch er war der Sache, dem Buch, der Literatur treu geblieben.

Familiengeschichten

Die Familien Pfeiffer und Belli

Den Doppelnamen, den ich führe, habe ich immer gern gemocht, ohne je ein familienhälterischer Fex gewesen zu sein. So häufig sich der Name Belli in Italien findet, in Deutschland begegnet man ihm selten. Die Frankfurter Familie Belli war mit meiner Großmutter Caroline, ihrem Bruder Ludwig und ihrer Nichte Anna ausgestorben, so daß mein Vater erfolgreich den Antrag stellen konnte, die Nachkommen der Pfeifferschen Linie sollten inskünftig den Doppelnamen Pfeiffer-Belli führen.

Die Familiengeschichte der Pfeiffers läßt sich zurück bis zum Dreißigjährigen Krieg verfolgen. Mein Großvater meinte zwar manchmal scherzhaft, wir seien von ganz alter Herkunft, unser Stammvater sei Jubal, denn »von dem sind herkomen die Geiger und Pfeifer« (I. Mose 4, 21). Leider läßt sich das nicht belegen, und so mußten wir uns denn mit den Pfeiffers, die im Westerwald als freie Bauern lebten, begnügen. Da war vor allem Johann Anton Pfeiffer, der 1794 mit fünfundachtzig Jahren starb, nachdem er einundsechzig Jahre lang als Dorfschulmeister in Mehren gewirkt hatte. Später dann sind die Pfeiffers vom Westerwald herabgestiegen, haben sich mit Mainzer und holländischen Familien verbunden und rheinaufwärts in Basel und über dem Genfer See neue Heimaten gefunden.

Die Bellis waren verschwägert mit den Gontards, deren Ursprünge unter anderem auf einen frühmittelalterlichen südfranzösischen Kanzler Gontardus zurückzuführen sind, sie schenkten Friedrich dem Großen den großen Architekten Karl von Gontard. Goethes Lili Schönemann gehört in diesen Familienbereich und Susette Gontard, Hölderlins lieblich-

Die Frankfurter Schriftstellerin Maria Belli-Gontard,
Ururgroßmutter des Autors, nach ihrer Konstantinopel-Reise, 1845

Maria Belli-Gontard (1788–1883)

ernste Traumgestalt Diotima aus dem *Hyperion*. Meine Ur-Urgroßmutter Maria Belli-Gontard war Susette Gontards Nichte. Sie hielt sich für eine bedeutende Schriftstellerin, war es vielleicht auch in einer Stadt, in der der Kaufmannsgeist die erste Geige spielte. Ihr bekanntestes Buch, *Leben in Frankfurt am Main. 1722–1821*, ist 1850 erschienen. Maria Belli-Gontard mochte spätromantische Vorstellungen von einer schreibenden reisenden Weltdame gehabt haben. Sie war – kaum eine Lady Stanhope – allein bis Konstantinopel gelangt und hatte über diese Reise ein gefälliges Büchlein verfaßt. In den Frankfurter *Didaskalia* schrieb sie über Tagesereignisse; Bücher ihrer Bibliothek versah sie mit langatmigen Anmerkungen in einer ungefügen Greisinnenhandschrift, die etwas Kanzlistenhaftes aus dem achtzehnten Jahrhundert hatte.

Die Gontards, Ende des siebzehnten Jahrhunderts aus Frankreich eingewandert und durch Seidenhandel reich geworden, waren mit fast allen bedeutenden Frankfurter Familien – Manskopf, Passavant, Sarasin und anderen – durch Heirat verbunden und derart zahlreich, daß Madame de Staël sagen konnte: »A Francfort tout le monde s'appelle Gontard.« Die Bellis, auch sie Seidenhändler, kamen im frühen achtzehnten Jahrhundert vom Comer See nach Frankfurt; sie waren, wie mein Vater gern sagte, Comasken. Prächtige Häuser der beiden Familien standen im Innern der Stadt, andere dann – nachdem die Festungsanlagen geschleift waren – jenseits der sogenannten Promenaden. Die Frau Rat Goethe hatte auf das stattliche Haus Belli unmittelbar gegenüber der Hauptwache geschaut, es war für sie der Hintergrund vielfältiger Ereignisse gewesen. All diese Häuser hat der letzte Krieg zerstört.

Circus Belli

Es mag fünfunddreißig Jahre her sein, daß auf dem Münchner Oberwiesenfeld in der Nähe des Leonrodplatzes ein kleiner österreichischer Zirkus sein graues Zelt aufgeschlagen hatte, um das herum aus Wohnwagen und Gefährten für den Tiertransport eine bunte Stadt auf Rädern flüchtig für ein paar Wochen sich festsetzte. In der Stadt, besonders aber in den benachbarten Vierteln bis hin nach Nymphenburg, Gern und Neuhausen, fand man die grellfarbigen Plakate angeschlagen. Zirkusplakate in jenem immer gleichen Stil: übertreibend lebhaft, Pyramiden, aus Raubtieren gebildet, waghalsige Artisten und Artistinnen in silberweißen Trikots, eine Parade aufrecht stehender, auf den Betrachter muskulös zuschwankender Hengste. Es war Frühjahr, aber die Bäume an der nahen Allee standen noch frierend ohne Laub. Der Circus Belli gab seine nachmittägliche und abendliche Vorstellung. Ich sagte Christian, meinem kleinen Sohn, daß wir in den Zirkus gehen wollten. Auf der Straße fegte der kalte Wind Papierfetzen zusammen und wieder auseinander. Ich hielt die rauhe kleine Hand in der meinen; wie lange noch werde ich so mit ihm gehen, »kleine Hand in meiner Hand«, dachte ich. Im Zirkus war es warm. Es roch nach Koksfeuer, nach Pferden und Raubtieren und nach dem Holzmehl der kleinen Manege. Eine Blechkapelle spielte schrill und überlaut, die Clowns waren mittelmäßig, die Löwen und ihr Dompteur wirkten ein bißchen abgeschabt. Aber plötzlich wurde es anders: Der Zirkusdirektor – in Frack und Zylinder – trat ein, und ihm folgten zehn schnaubende Rappen, silbern geschirrt, mit nickenden Straußenfedern auf den kleinen, schmalen Köpfen. Die Verwandlung war vollkommen: Ein Fürst hatte sich herabgelassen und zeigte seine subtile Regierungskunst, indem er die Rappen mit der langen Peitsche dirigierte, ohne die edlen Tiere auch nur leicht zu berühren. Manchmal schnalzte er kaum hörbar mit der Zunge, dann wechselten die Pferde die Gangart, oder sie erhoben sich auf die Hinterbeine und gingen, immer noch stolz, niemals gedemütigt, wie seltsame Halbmenschen am Rand der Manege entlang. Man wußte gleich, dies ist der Höhepunkt des Abends. Das Orchester spielte plötzlich wahrhaft furios, aber nicht mehr aufdringlich. Der Beifall war groß.

115

Dann traten wir hinaus in den jungen Abend. Der Wind hatte sich gelegt. Es gab ein paar Sterne am Himmel, kalte Sterne. Ich sagte, wir wollten in den Wohnwagen des Zirkusdirektors gehen, der den Namen Belli führte. Also stiegen wir ein hölzernes Treppchen hinauf, klopften, und man rief »herein«. Der Direktor war wahrlich ein stattlicher Mann. Er trug noch den Frack und die weiße Krawatte, er rauchte eine lange Zigarre, und auf dem Tisch des wohnlichen Raumes stand eine große Flasche mit Kirschwasser, aus der er sich eben bedient hatte. Ich sagte meinen Namen und präsentierte den kleinen Sohn. Man war freundlich mit uns und lud uns ein niederzusitzen. Ich erkannte an der rötlich-behaarten Linken meines Gastgebers einen Siegelring mit dem Wappen, das auch auf meinem Ring eingraviert ist: ein in der Mitte gebrochener Balken, spitz wie ein Hausgiebel, in den beiden oberen Feldern je ein Mohrenkopf, im unteren Feld der dritte. Die Mohrenköpfe im Bellischen Bürgerwappen tragen ein turbanähnlich gewundenes Tuch; die so herausgeputzten Köpfe hatten etwas mit den Kreuzzügen oder mit der Seeräuber- und Kaperschiffahrt des sechzehnten Jahrhunderts im Mittelmeer zu tun. Es gab wirklich eine Verbindung familiärer Art. Der Mann vom Zirkus kam aus Hamburg und sprach bedächtig, ich kam aus Frankfurt. Auch seine Familie stamme ursprünglich vom Comer See, er besitze eine alte Urkunde, der zufolge ein Giacomo Belli im Jahre 1487 vom Rat der Stadt Florenz die Erlaubnis erlangt habe, auf dem Platz vor der Kirche Santa Maria Novella ein Seil zu spannen und auf ihm allerlei Kunststücke zu vollführen. Dieser Giacomo also hatte sich von allen bürgerlichen Bindungen frei gemacht und war unter das fahrende Volk gegangen, war in den grünen Wagen gestiegen, den seine Nachkommen nicht mehr verlassen hatten. Mein rauchendes, kirschtrinkendes, rappenvorführendes Gegenüber bestätigte das. Der Mann hatte es in seiner Welt zu etwas, vielleicht nicht eben zu etwas Großem, gebracht; und ich? Er zog durch die Lande, führte mit bewundernswerter männlicher Grazie seine zehn prächtigen

Rappen vor, die so etwas wie das Rückgrat des Circus Belli waren. Er mochte Familie haben, vielleicht einen Sohn, der dem Vater im Beruf folgen würde. Zirkusleute sehen auf Tradition, auf Herkommen. Der Bescheid des Rats von Florenz war für den Zirkusdirektor eine Art Adelsbrief und lag wohlverwahrt in einer stählernen Kassette in Hamburg. Ich hatte mein Lebtag nie an den grünen Wagen, an die Unstetheit und Ungewißheit einer solchen Existenz gedacht. Nicht ohne Rührung, aber auch mit einiger Betroffenheit nahm ich Abschied. Seiltänzer, mußte ich denken, wandernde, hungernde und frierende Artisten auf unwegsamen Straßen, jedweder Willkür des Wetters und der Menschen ausgesetzt, und das Wort »arme Teufel« kam mir in den Sinn. Dieser Rossebändiger im Frack und Zylinder, mit der Peitsche in der weißbehandschuhten Rechten und dem Bellischen Wappenring an der Linken, dieser nach Kirsch und Zigarrenrauch riechende Mann mit dem freundlich-unbedeutenden Gesicht, in seinem Wohnwagen unter anderen Wohnwagen, auf einem ausgedienten Exerzierplatz heute, morgen vor dem Rathaus irgendeiner Kleinstadt, ständig begleitet vom Raubtier- und Stallgeruch, auf du und du mit Lassowerfern, Messer- und Feuerschluckern, Jongleuren, gefällig anzusehenden Zirkusreiterinnen und Trapezkünstlerinnen –, dieser Mann und ich hatten in unvordenklichen Zeiten das gleiche Urelternpaar gehabt, einen Landmann oder Fischer am Comer See! Nachdenklich ging ich, die Hand auf Christians Schulter, nach Hause. Meine Gedanken waren in Frankfurt. Ich stellte mir meine so familienstolze Großmutter vor, die von der Existenz dieses zirzensischen Familienzweiges nichts ahnte, die, hochmütig wie eine Uradlige, in eben diesem Frankfurt so unerschütterlich ansässig, zu Hause sich wußte. Wer so verwurzelt in einem fest umfriedeten Gemeinwesen war, der mochte nichts vom Zirkus, von Seiltänzertum und grünem Wagen wissen.

Meine Großmutter Caroline Emilie Belli, geboren 1843, war aus sehr hartem Holz geschnitzt. Sie war selbstbewußt, keineswegs eine Schönheit, wohl aber imposant und sicher im Auftreten. Sie besaß nicht den gebrechlichen Charme ihrer jüngeren, an Lungenschwindsucht in Solothurn früh gestorbenen Schwester Maria Friederike. Sie war eine Dame. Die Definition der Dame ist schwieriger als die einer Großmutter; ich begnüge mich daher mit der Aufzählung gewisser Äußerlichkeiten, die aber zum Kern der Sache hinführen. Meine Großmutter reiste zum Beispiel nur erster Klasse und war von einer Jungfer begleitet, die von ihr mit »liebes Kind« und mit »du« angesprochen wurde, ganz matriarchalisch. Im Gepäck führte sie einen großen Rohrplattenkoffer mit, der nur Bettwäsche enthielt, denn selbst im Pariser Ritz oder im Züricher Baur au Lac schlief sie nur in ihrer eigenen Bettwäsche. Hingegen fand sie nichts dabei, bei einer Gebirgstour sich auf einem Strohsack niederzulegen oder in Spanien – in den achtziger Jahren – mit einem Eselskarren über Land zu reisen wie eine Bäuerin. Sie kannte Wien, London, Paris, Rom, Madrid und Nordafrika, aber sie hat ihren Fuß nie auf den Boden Berlins gesetzt: Seit ihre Vaterstadt, die alte Freie Reichsstadt Frankfurt am Main, preußisch geworden war, haßte sie die Norddeutschen, sie ignorierte sie und ihre Hauptstadt. Sie war voll Menschlichkeit, ja echter Güte gegen jeden, aber sie hatte zugleich eine Zone von Distanz um sich, in der es eisig wehen konnte. Meine Großmutter, die reizend aquarellierte, Französisch, Englisch und Spanisch ebenso perfekt wie Italienisch sprach, war auf ihre Weise großartig. Sie las die europäische klassische Literatur in den Originalsprachen, ging selten ins Schauspiel, häufig in die Oper, niemals in Konzerte. Sie trug schwarze und silbergraue Seidenkleider, Reisekostüme von Jureit, der das klassische englische Taylor made in Deutschland wahrhaft begehrenswert gemacht hat, und sie gebrauchte nie ein anderes Parfüm als Kölnisch Wasser. Sie war groß und konnte stundenlang, ohne sich anzulehnen, kerzengerade auf einem Sessel sitzen, den alten silbernen Samowar bedienen, englische Kekse essen – nur zwei bis drei an einem Nachmittag – und ihren Freundinnen selbstbereitete Quittenpaste anbieten. Wenn die Witterung es erlaubte, trank die Großmutter den Tee im Gartenhaus. Erlaubte das Wetter diesen Ausflug ins Ländliche nicht – und ländlich ließ sich jene Gartenwelt damals durchaus an –, dann wurde der große Eßtisch im Speisezimmer des ersten Stockwerks vollständig und vollendet auch dann gedeckt, wenn sie nur allein war, und Link, der Diener, wartete auf. War der Tee zu heiß, goß die Großmutter den Inhalt ihrer Tasse in die Untertasse und das derart abgekühlte Getränk in die Tasse zurück, eine keinesfalls schöne oder erfreulich anzusehende Prozedur, deren Zeuge ich manchmal gewesen bin und die sich wohl nur eine »grande dame« erlauben konnte. Sie wußte in der Küche genau Bescheid, verlangte nie eine Abrechnung von der Köchin – Frau Ackermann war über dreißig Jahre in ihren Diensten – und behauptete, nie betrogen worden zu sein. Die vielen Rosenstöcke im großen Garten pflegte sie selber, dazu trug sie rehfarbene Waschlederhandschuhe und am Arm ein Körbchen mit Schere und Bast, am Gürtel ein silbernes Gehänge mit Uhr, Federmesserchen und einer kleinen Trillerpfeife. Gingen wir Kinder im weitläufigen Garten verloren, so wurde nach uns gepfiffen, und wir stellten uns wie folgsame Hündchen ein. Es gibt ein hübsches Foto, das meine Großmutter in einem grauen Kostüm und einem wohl aus Tüll oder ähnlich zartem Stoff gebildeten Hut im Garten zeigt. Sie zieht zwei aneinandergebundene Leiterwägelchen, im ersten sitzt Wolfgang, mein um ein Jahr älterer Bruder, in einer sommerlichen weißblau-gestreiften Kittelschürze, kurzbehost und mit nackten Beinen. Er hat ein schmales, sehr Bellisches Gesicht, ein kleines, wie eingerollt wirkendes, aber kein fliehendes kraftloses Kinn, und an seinem Wägelchen ist eine mit Fransen eingefaßte schwarz-weiß-rote Fahne befe-

Im großelterlichen Garten: die Großmutter, der Bruder Wolfgang
und der Autor, 1904

stigt – übrigens das einzige nationale Symbol, dessen ich mich
bei uns daheim und bei den Großeltern entsinne. Im zweiten,
kleineren Wägelchen sieht man mich, rundköpfig und stäm-
mig, niemandem ähnelnd. Heute stellen Besucher in meiner
Münchner Wohnung eine Ähnlichkeit zwischen mir und dem
von G. B. Servi (1795–1885) meisterlich gemalten lebensgroßen Porträt des sogenannten Mailänder Onkels Ludwig
Franz von Seufferheld fest. »Von ihm stammt der größte
Theil unseres Vermögens«, hat mein Großvater in einem
Inventar angemerkt, aber das ist lange, lange her. Von dieser
Familienähnlichkeit war damals die Rede nicht. Auch ich
habe eine Art von Spielkittel getragen, rückwärts im Nacken
knöpfbar, und ich wirke auf der hübschen fotografischen
Aufnahme meines Großvaters etwas plebejisch im Vergleich
mit »Wölfchen«, der die Liebe, der Verzug meiner Großmutter war. Sie versuchte mit wechselndem Erfolg Wölfchen zu
ihrem Kind zu machen und meiner Mutter ihren Erstgeborenen nach Möglichkeit zu entfremden. Dazu diente der weit-

120

Der Autor vor dem Bild des »Mailänder Onkels«, 1968.

läufige Garten aufs vorzüglichste. Sie hielt meinen Bruder wie
in einem goldenen Märchenkäfig, derart, daß der Kleine
monatelang die Straße nicht betrat, im Garten, im Haus wie
verwunschen lebte und allenfalls im Coupé mit ihr ausfuhr.
Ist es Zufall oder Schicksal, daß mein sein Leben lang
lebensfremd gebliebener Bruder als Achtzigjähriger beim
Überqueren einer Straße von einem Automobil überfahren
wurde und so den Tod fand?

121

Wenn meine Eltern eine ihrer beiden alljährlichen Reisen machten, spürten wir Kinder erst ganz, daß wir eine Großmutter hatten. Dann lebten wir in ihrem Hause wie in einem Paradies mit strengen Gesetzen. Sie hatte eigenartige Vorstellungen von Pädagogik, Zartes und außerordentliche Härte mischten sich da bei ihr. Wir wurden von Kopf bis Fuß neu eingekleidet, geschmackvoll, aber ein wenig altmodisch. Dankbar bekamen wir zu spüren, was es heißt, eine solche Großmutter zu haben. Dabei wäre es nicht erstaunlich gewesen, wenn sie, auf die Einhaltung eines gewissen Familienzeremoniells bedacht, verlangt hätte, daß wir »Frau Großmama« und »Sie« zu ihr sagten. Sie war ein guter Hafen, darin unsere Kinderschifflein sicher vor Anker lagen. An ihrem fünfundsechzigsten Geburtstag erlag sie einer Lungenentzündung.

Als Achtzehnjährige wurde meine Großmutter von einem österreichischen aristokratischen Offizier geliebt, den sie wiederliebte, aber nicht ehelichen konnte, da sie bürgerlich und französisch-reformiert war. Meinem Großvater, den sie erst mit sechsundzwanzig Jahren – als »spätes Mädche«, um im Idiom ihrer Vaterstadt zu bleiben – heiratete, war sie gut, sei es, daß sie seine ständige Verehrung dankbar empfand, sei es, daß sie seine Weltläufigkeit schätzte und sich bei ihm durch sein kaufmännisches Ingenium beschützt glauben durfte. Noch heute höre ich sie in ihrem ein bißchen herrischen unverwechselbaren Frankfurter Tonfall zu ihm sagen: »Christian, tu doch, was ich dir sach'!« Der fast gleichaltrige sympathische und strebsame Kaufmann Christian Wilhelm Pfeiffer stammte zwar aus dem einstmals bedeutenden Mainzer Kinderbuch-Verlag Scholz, aber als ganz ebenbürtig wurde diese Ehe nicht angesehen. Die Heirat mit einer Frankfurter Bürgerstochter hatte ihm nach altem Brauch das Bürgerrecht verliehen; er fühlte sich fortan ganz als Frankfurter. In den Jahren vor 1870 hatte er sich in New York und Philadelphia umgesehen und die große Welt des internationalen Handels kennengelernt. Er arbeitete mit Ingrimm, nach-

Die Großeltern des Autors, Caroline und Wilhelm Pfeiffer

dem ein Teil des Pfeifferschen Vermögens in einer von seinem Vater zwar zu früh, aber mit richtigem Instinkt gegründeten Zementfabrik nahe bei Wiesbaden zum Teufel gegangen war. Nun galt es, das Verlorene wieder hereinzubringen, was mit der Übernahme des Direktorpostens bei einer alsbald hochflorierenden schweizerischen Versicherungsanstalt in Frankfurt gelang. Anfang der neunziger Jahre konnte das große Haus Neue Mainzer Straße 55 mit dem Wallgarten gekauft werden. Man war finanziell wieder fest gesichert.

Mein Großvater trug einen Vollbart, war stets dunkel gekleidet und rauchte Pfeife und Zigarren. Er war ein gütiger Mann, den ich besonders darum liebte, weil er es gelegentlich – mit einer gewissen Heimlichkeit – wiedergutzumachen suchte, wenn meine Großmutter Wölfchen mehr liebevolle Aufmerksamkeit zugewandt hatte als meiner kleinen Schwester Margit und mir. Sein Herz für Kinder zeigte er in späteren Jahren als Mitbegründer und Mäzen eines Frankfurter Kinderheims. Seine Bildung war nicht so vielseitig wie die meiner Großmutter; literarische Lücken füllte er erst spät aus. Der großen Reiseliteratur des neunzehnten Jahrhunderts und der Geschichtsschreibung der gleichen Epoche galt sein besonderes Interesse. Die Jahrgänge der von ihm gehaltenen Periodika ließ er binden: die Zeitschrift *Deutsch-Österreichischer Alpen-Verein* etwa, *Hochland* oder *März*. Auf den Alpenvereinsbänden war das Edelweiß golden aufgepreßt, das der Großvater auch an seinem Tourenhut trug, ein besonders großes und darum wohl ein Ehrenabzeichen: Er war ein langjähriges förderndes Vorstandsmitglied und Bibliothekar der Frankfurter Sektion des D. Ö. A. V. Seinen Aktivitäten ist der Bau des Gepatsch-Hauses und der kleinen Kapelle nahebei am Fuß des Gepatsch-Ferners südlich von Landeck zu verdanken und der einer kleineren Schutzhütte am Rauhen Kopf. Bergbesteigungen in noch unbekannteren Gebieten – begleitet von einem örtlichen Führer –, die er dann in der Vereinszeitschrift schilderte, hatte mein Großvater, gelegentlich zusammen mit meinem Vater, bis in sein Alter

Der Großvater des Autors, auf dem mit seiner Unterstützung erbauten
Gepatschhaus in Tirol, 1909

unternommen. Wie mein Vater oft erzählte, hatte man sich
auf solche Reisen ins Gebirge wochenlang vorbereitet: Der
steile Weg vom Fuchstanz auf den großen Feldberg im Taunus
eignete sich hierfür gut. Die noch ungenagelten derben
Bergstiefel mußte mein Vater dann – zum Spott seiner
Kameraden – während der Woche in der Schule »eintragen«.

Ungewöhnlich mag es damals wohl auch gewesen sein, daß mein wander- und reisefreudiger Großvater auf der seinerzeit noch österreichischen Burg Persen (heute das italienische Pergine) eine Art Ferienwohnung auf Dauer mietete und mit eigenem Mobiliar ausstattete. Mit Rührung habe ich dort vor Jahren seine Spuren verfolgt.

1916 – mitten im Ersten Weltkrieg – starb mein Großvater, der den Tod seiner Frau nie ganz verwunden hatte. Ihr lebensgroßes Bildnis, eine Auftragsarbeit voll malerischer Qualitäten von Ottilie Röderstein aus dem Jahr 1903, hat auf einer Staffelei zusammen mit frischen Blumen immer neben seinem Schreibtisch gestanden.

Als meine Großeltern das damals vielleicht fünfzig Jahre alte Haus der Baronin Lang-Puchhoff in der Neuen Mainzer Straße 55 kauften, geschah das im Zusammenwirken mit dem um neun Jahre jüngeren Bruder meiner Großmutter, Ludwig Franz Alexander Belli, dem letzten männlichen Träger dieses Namens. Mein Vater, der uns Kindern, die wir uns des Großonkels kaum mehr erinnern konnten, oft von ihm erzählte, nannte ihn abkürzend Onkel Lud. Er war groß, schwer, vielleicht etwas ungelenk und scheu und ließ sich von seiner Schwester Caroline gern dort gängeln, wo es ihm letztlich gleichgültig war. Beträchtlich wohlhabend durch Erbteilung, studierte er an der Universität in Gießen Chemie. Hier hatte bis 1852 Justus Liebig gewirkt und den weltweiten Ruf der naturwissenschaftlichen Fakultät begründet. Obwohl promoviert, war Onkel Lud fest entschlossen, keine Art gewinnbringender Tätigkeit auszuüben – für das damalige Frankfurt nicht ganz alltäglich. Er machte Reisen, las seine Bücher, beschäftigte sich mit seiner bedeutenden Münzsammlung und fuhr jeden Vormittag mit einer Pferdedroschke in sein privates Chemielaboratorium an der Hochstraße, wo ihn sein diebischer Diener erwartete, der einmal zwei Platintiegel mitgehen ließ, um sie irgendwo in der dunkelsten Altstadt an den Mann zu bringen. Der Onkel aber verzieh dem Sünder und ließ ihn weiter die Experimente, von

Ludwig Belli, gen. Onkel Lud, der Großonkel des Autors, 1870

denen niemand je etwas erfuhr, vorbereiten. Wie die meisten leidenschaftlichen Zigarrenraucher, war Onkel Lud gutmütig, und Bequemlichkeit stand an der Spitze seiner Lebensmaximen. Der Weg zum Labor dauerte für einen langsam Ausschreitenden allenfalls sieben bis acht Minuten. Die grobgepflasterte Hochstraße stieg, vom Opernplatz kommend, ein wenig an und wo die Straße wieder eben wurde, befand sich das Labor. Um es aufzusuchen, bediente er sich täglich der gleichen Mietdroschke, deren Kutscher, wie alle seine Standesgenossen, einen schwarzen Wachstuchzylinder trug. Eines Tages, am Beginn der Hochstraße, brach der Boden der Droschke durch, langsam und wie mit Bedacht, und während das Pferd, der geringen Steigung wegen, in Schritt fiel, glitt der Onkel durch das Loch am Boden senkrecht auf die Straße. Aber er fiel nicht auf das Pflaster, der hochgewölbte Bauch verhinderte das völlige Durchgleiten. Onkel Lud rief um Hilfe, doch das Lärmen des Fahrzeugs auf dem Kopfsteinpflaster verhinderte, daß das Rufen bis zum Ohr des dösenden Kutschers gelangte. So lief denn der schwere Mann mit, eingezwängt in das ihn heftig bedrängende, stechende, zwickende auseinandergespaltene Holz des Droschkenbodens. Den Hut – in Frankfurt Praliné geheißen – auf dem Kopf, die noch brennende Zigarre in der Hand, schwitzend und keuchend, mit ungewohnt großen Schritten paßte sich der Passagier dem Tempo seines Gefährts an, das endlich vor dem Laboratorium anhielt. Der Kutscher stieg, den Wagenschlag zu öffnen, vom Bock und gewahrte die obere Hälfte des Dr. Ludwig Belli in fast verzweifelter Situation. Er kurbelte eilig die Bremse fest, und man überlegte, ob es ratsamer sei, unter dem Wagen herauszukriechen, den Vorgang des Durchbruchs also logisch fortzusetzen und zu beenden, oder nach oben zu entweichen und dann sozusagen unter Wahrung des Gesichts aus der Droschke zu steigen, als wenn nichts geschehen wäre. Dieser letztere Weg wurde unauffällig gewählt, der Kutscher im Hausgang wie stets aus der mit gelbem Leder eigens ausgefütterten rechten unteren

Westentasche mit einem Goldstück entlohnt. Drei Tage lang besuchte der so schockierte Chemiker sein Laboratorium nicht mehr, am vierten Tag stand das gewohnte Gefährt mit durch Eisen verstärktem Boden pünktlich zehn Uhr wieder vor dem Haus in der Neuen Mainzer Straße 55.

Seit fast achtzig Jahren ruht dieser liebenswerte eigentümliche Mann nun schon auf dem Frankfurter Hauptfriedhof in jener Gräberstätte an der großen, aus Mainsandstein gefügten efeuübersponnenen Mauer, an der viele seines Namens, aber auch Gontards, Seufferhelds, meine Großeltern und Eltern begraben liegen. Er starb, kaum zweiundfünfzig Jahre alt, ging fort aus einem stillen Leben, das vielen nur ein Wohlleben scheinen mochte.

Mein theaterbessener Vater und seine Freunde aus dem Riesengebirge

Meinen Vater verband mit Onkel Lud der Hang zu einem unauffälligen bequemen, aber durchaus nicht ungeistigen Leben. Es mochte zwar Frankfurter Brauch sein – auch wenn man schon viel Geld besaß –, durch Arbeit irgendwelcher Art noch hinzuzuverdienen, aber für meinen Vater und seinen Onkel Belli hatte er keine Geltung.

Ich will versuchen, das Bild meines Vaters zu zeichnen. Es wird kein pompöses Gemälde werden, nicht nur weil dies dem Gegenstand nicht entspräche, sondern weil dieser Gegenstand sich aufgrund einer ihm innewohnenden Bescheidenheit einer solchen Darstellung entzieht. Ich sage dies aus einem Herzen, das in der Erinnerung immer noch und immer wieder voll Liebe ist.

Mein Vater wurde im April des Jahres 1870 geboren. Ihm vorausgegangen war eine kleine Schwester, die aber schon nach wenigen Wochen starb. Meine beiden Großeltern hingen mit fast übergroßer Liebe an diesem einzigen, so wohlgebildeten Sohn Wilhelm, der ganze zwölf Pfund in dem

Die Großmutter mit dem
Vater des Autors, 1872

Augenblick wog, da er diese Welt betrat. Kinderbilder zeigent einen blonden Lockenkopf, blaue, intelligent dreinblikkende Augen, einen hübschen sinnlichen Mund, rundliche Wangen, eine schmale Nase, im ganzen doch wohl eher aus der Familie der Mutter kommend als aus der des Vaters. Er besuchte das alte Städtische Gymnasium, das damals vom Bruder des großen Historikers Mommsen geleitet wurde, eine nach streng humanistischen Grundsätzen geführte Anstalt, in der sich die Söhne der sogenannten guten Frankfurter Gesellschaft zusammenfanden. Freundschaften hat mein Vater aus den neun Jahren seiner Gymnasialzeit keine mit ins Leben genommen, es sei denn jene des freundlichen Eduard Baiter, der als aktiver Major den Dienst quittierte, nachdem er – Adjutant im 18. Ersatz-Armeekorps – 1914 verhindert hatte, daß mein Vater als Vierundvierzigjähriger noch eine Bahnhofskommandantur in Frankreich überneh-

Die Großmutter mit dem Vater
des Autors, 1874

men mußte. Einzelgängerische Züge sind bei meinem Vater
wohl schon frühzeitig feststellbar, eine gewisse Kontaktar-
mut, eine leichte Verletzbarkeit und der Wunsch, sein Leben
nach eigenen Vorstellungen, vielleicht auch Träumen leben zu
können. Das große Vermögen, in dessen Besitz mein Vater
nach dem Tod meines Großvaters 1916 kam, hat ihm viele,
fast alle Wünsche zu verwirklichen erlaubt, den einen allerdings nicht, der vielleicht sein lebhaftester gewesen ist,
nämlich Intendant einer großen Schauspielbühne zu werden.
Denn von Jugend an stand mein Vater unter den faszinieren-
den Einflüssen des Theaters, in erster Linie des Schauspiels;
der Oper galt nur ein bedingtes Interesse. Er spielte mit
Anstand Geige und hatte durch Jahre hin ein Quartett bei uns
zu Hause versammelt, wo leichtere Kammermusik von
Mozart, Haydn und Beethoven gespielt wurde.
Nie hat er sich auf das Rechnen, auf eine rechnerische

Auf der Terrasse des großelterlichen Hauses, v.l.n.r.: der Bruder Wolfgang,
Eduard Baiter (Regimentskamerad des Vaters) mit Frau, der Autor (sitzend),
die Schwester Margit, die Mutter, der Großvater, der Vater, 1913.

Existenz einzurichten vermocht, er sprach ungern über Geld,
das zu besitzen und in durchaus nobler Form auszugeben,
ihm eine Selbstverständlichkeit gewesen ist. In den Hotels, in
denen wir unsere großen Ferien verbrachten, war er bekannt
und beliebt wegen seiner guten, gelegentlich üppigen Trink-
gelder; er lebte gern und gut und neidete anderen nichts.
Nachdem er das Abitur mit einer mittleren Note bestanden
hatte, leistete mein Vater sein einjährig-freiwilliges Jahr bei
den 15. Ulanen in Straßburg ab, wurde Vizewachtmeister
und dann Leutnant der Reserve. Die Eltern beantworteten
seinen Wunsch, eine künstlerische Laufbahn einzuschlagen,
etwa gar Schauspieler zu werden, mit den heftigsten Gegenar-
gumenten. So hat mein Vater in Straßburg, Erlangen und

Der Vater des Autors als Ulan in Straßburg, 1890

Heidelberg Jurisprudenz und Philosophie studiert und in beiden Fächern doktoriert. Dazwischen lag ein Intermezzo des jungverheirateten Juristen in Zürich. Mein Großvater, der geduldige Geldgeber, hatte darauf gedrungen, daß der Sohn sich in Zürich, in der Zentrale der schweizerischen Versicherung, der der Großvater durch seine sehr erfolgreiche Frankfurter Tätigkeit nahestand, kaufmännisch bewährte. Da meine Großmutter die Schwiegertocher, die katholische Kölnerin mit dem kapriziösen Gesichtchen von vornherein nicht mochte, fand der Großvater die Ansiedlung in der Arterstraße zu Zürich günstiger als ein nahes Beieinanderwohnen in Frankfurt. Mein Vater hatte die fast gleichaltrige Olga Bender in Straßburg kennengelernt. Er nahm den

Der Vater des Autors, abschiednehmend von seiner Studentenzeit in Straßburg, 1890; rechts sein Regimentskamerad A. Fiévet

Verlobungsbild der Eltern (1898) des Autors auf der Terrasse des großelterlichen Hauses in Frankfurt, Neue Mainzer Straße 55; im Hintergrund das
Haus du Fay

Widerstand seiner Mutter, die sich für den so sehr geliebten Sohn immer eine Frau aus der Frankfurter Haute volée gewünscht hatte, nicht allzu ernst. Er fand seine Frau elegant und vorzeigbar, auch später noch im Hotel Excelsior Palace am Lido oder im Grand Hotel et de Rome am Tiber. Meine Mutter war eine praktische, vielleicht allzu realistisch denkende Frau: Sie hatte in noch jungen Jahren erleben müssen, daß ihr Vater, der stattliche Hauptmann a. D., in Köln fallierte. Dem kaufmännisch Unerfahrenen waren seine spekulativen Geschäfte als Holzlieferant für die Kölner Dombauhütte fehlgeschlagen.

Der Schatten meiner Großmutter hat ständig über der Ehe meiner Eltern gelegen. Meine Mutter weinte oft bei uns Kindern, wenn wir – wochenlang gegen ihren Willen Gast bei den Großeltern – abends von der pflichtbewußten Mama besucht und noch einmal versorgt wurden. Vor allem mein Bruder Wolfgang lebte oft über Monate hin bei den Großeltern, sozusagen unter dem Gefieder der Großmutter, sehr zum Leidwesen meiner Mutter, die, nach seinem schweren und komplizierten Eintritt ins Leben, an dem Erstgeborenen mit einer stillsorgenden Leidenschaft hing, die bis zu ihrem späten, vollkommen unauffälligen Tod 1959 im hessischen Laubach anhielt. Heute will es mir scheinen, daß die fast Achtzigjährige die Abwesenheit ihres Sohnes dazu benutzte, ganz still zu scheiden. Mein aus der Schweiz zurückgerufener Bruder, der, unverheiratet, immer mit der Mutter zusammengelebt hatte, hat die Tote nicht mehr gesehen. Sie wurde ihrem Wunsch entsprechend in Frankfurt verbrannt, ehe ihre Kinder dort eintreffen konnten. Taktvoller konnte man aus dieser Welt kaum fortgehen.

Zurück noch einmal in die Arterstraße nach Zürich. Das großväterliche Experiment, meinen Vater als Versicherungskaufmann zu etablieren, war fehlgeschlagen. Nach Jahresfrist übersiedelten meine Eltern mit meinem 1900 in Zürich geborenen Bruder Wolfgang nach Heidelberg, wo mein Großvater der jungen Familie in der Werderstraße ein hüb-

Die Eltern des Autors, 1899

sches Haus in fast noch ländlicher Umwelt kaufte. Die damals nur auf der einen Seite bebaute Straße lag am Rand des Stadtteils Neuenheim, und von den Fenstern des Dachstocks sah man über die Wipfel eines ziemlich beträchtlichen Kirschgartens, der vom Schütz, einem prügelbewehrten alten Mann, bewacht wurde, weit in die Rheinebene hinein. Hier beendete mein Vater 1902 – ein Jahr nach meiner Geburt – sein Studium der deutschen Literaturgeschichte mit einer Dissertation über Fouqués *Undine*. Nun fühlte er sich frei genug, um – auch gegen den väterlichen Willen – als Schauspielervolontär am Karlsruher Hoftheater, als Regisseur dann unter W. E. Heinrich am Heidelberger Stadttheater erste Schritte auf den Brettern, die ihm die Welt bedeuteten, zu tun.

Wie meine Mutter, war und blieb auch mein Vater ungesellig, was zu seinem freundlichen Wesen und zu seiner Theaterbesessenheit wenig passen wollte. Den Professoren in Heidelberg wurden, ohne daß das große Folgen gehabt hätte, Besuche gemacht. Der Name Georg Swarzenski, Thode-Schüler und später Direktor des Frankfurter Städelschen Kunstinstituts, tauchte auf, ein kluger Mann aus dem Osten, der ständig einen längst ausgedienten Cutaway trug. Und dann Eberhard von Bodenhausen mit seiner Frau Dora, geborene Gräfin Degenfeld. Ihr bin ich in den fünfziger Jahren in München verschiedentlich begegnet, sie brachte mir – Erinnerung an die Heidelberger Jahre – mütterliche Sympathie entgegen. Ich ähnelte ihrer Meinung nach meinem Vater in der Erscheinung; die Eleganz meiner Mutter war ihr unvergessen, die Erinnerung verklärte meine Mutter zu einer ihrer liebsten Freundinnen. Als Dora von Bodenhausen, wohl nach dem überraschenden Tod ihres Mannes, ein paar Wochen mit der Tochter Luli in Homburg vor der Höhe zur Erholung war, besuchte meine Mutter sie dort in meiner Begleitung, und ich verliebte mich flüchtig in das schöne Mädchen mit dem wildgelockten Haar. Eberhard von Bodenhausen ist eine der brillantesten Erscheinungen gewesen, dem Großes in den Sternen geschrieben stand, das sich zuletzt nicht erfüllte. Seine Doktorarbeit über Gerard David kam, zu einem opulenten Werk erweitert, bei Bruckmann heraus, er stand Hofmannsthal nahe, was beider Briefwechsel belegt; Henry Thode, Julius Meier-Graefe, Henry van de Velde und Rudolf Borchardt waren seine Freunde. Dieser ästhetische Kreis hielt den dynamischen Mann, der das Borussentum längst abgeschüttelt hatte, nicht ständig gefesselt. Es kamen die Wege der Politik während des Ersten Weltkriegs, und Bodenhausen sah sich plötzlich im Direktorium der Firma Krupp in Essen. Freunde hätten ihn gerne als Reichskanzler gesehen, so wenigstens sagte man. Aber das ist wohl Legende. Als der Fünfzigjährige auf dem Familiengut im Harz, wo er dann begraben wurde, ein Mäuerchen übersprang, traf ihn ein Herzschlag.

Als junger Student – unverheiratet noch – war mein Vater mit dem eigenen Pferd von Frankfurt nach Heidelberg geritten, nachdem das Gepäck mit der Bahn vorausgeschickt worden war. Damals wohnte er im Hotel Victoria, dem nächstgroßen und angesehenen Hotel neben dem Europäischen Hof. An der Universität war der eine Magnet der Philosoph Kuno Fischer, der andere Henry Thode, der Kunsthistoriker, Richard Wagners Schwiegersohn; hinzu kamen Karl Neumann, der Rembrandt-Neumann, und der Freiherr von Waldberg, jüdischer Wiener, durch den Orden der Eisernen Krone nobilitiert und mit Barockliteratur beschäftigt. Er führte am Philosophenweg ein großes Haus, wurde aber weder wissenschaftlich noch gesellschaftlich sehr ernstgenommen, im Gegensatz zu Thode, der ein blendender Redner gewesen sein muß, selbst dann, wenn er über langweilige Bilder Hans Thomas sprach, der irgendwie zum Wahnfried-Kreis gehörte. Viele Jahre später war Thode einmal Gast meiner Eltern in Frankfurt, ich durfte ihn begrüßen, einen zierlichen noblen Herrn mit ausdrucksvollem blatternarbigem Gesicht und einer kühnen Nase. Er faszinierte mich sogleich, er war ohne Eitelkeit, gewöhnt, junge Menschen zu beeindrucken; der pädagogische Eros funkelte unvergeßlich in seinen Augen.

In seiner ersten Heidelberger Studentenzeit begegnete mein Vater an der Table d'hôte des Hotels Victoria drei gleichfalls jungen wohlhäbigen Norddeutschen: Johannes Guthmann, Kunsthistoriker, Joachim Zimmermann, Historiker, und Erich Wild. Im Studium unentschieden, versuchte Wild sich später als Bildhauer. Alle drei kamen aus Berlin, reiche Bürgersöhne, weltläufig und schon viel gereist, alle drei nahmen meinen Vater sogleich in ihren Kreis auf, und alle drei wurden später meine Patenonkel. Guthmann und Zimmermann waren seit ihrem ersten Berliner Semester ein beispielhaftes homoerotisches Freundespaar und sie sind es bis an ihr Lebensende ohne ein Zerwürfnis geblieben, fünfzig Jahre lang. Semesterferien wurden, oft gemeinsam mit meinem Vater, in Italien verbracht. Zimmermann arbeitete an einer großangelegten Geschichte der Stadt Florenz, Guthmanns voluminöse, exakte und farbig geschriebene *Geschichte der Anfänge der Tafelmalerei in Italien* ist heute, nach mehr als achtzig Jahren, in vielen Teilen noch grundlegend und unwidersprochen. Es war selbstverständlich, daß die beiden Berliner Freunde immer mit einem Diener reisten, der sich, nach dem Bericht meines Vaters, einmal besonders bewährte: Guthmann erkrankte in Monte Carlo schwer. Eine lebenserhaltende Operation wurde nötig. Es klingt wie ein Märchen, daß Guthmanns Vater, ein condottierehafter Baumeister der Gründerzeit, den berühmtesten Chirurgen Berlins, Geheimrat Körte, nach Monte Carlo entsandte. Der um den einzigen Sohn hochbesorgte Vater mietete einen Salonwagen der Reichsbahn, der an den Riviera-Expreß angehängt wurde, und Körte kam gerade noch zurecht. Nach einer kühnen, erfolgreichen Operation im Hotel, bei der Guthmanns Diener mutig assistierte, stellte sich heraus, daß die Bahre mit dem immer noch Gefährdeten auf keine Weise in den Eisenbahnwaggon gebracht werden konnte. So sägte man einen

Fensterstock heraus, und das Einladen gelang. Körte, der Retter, Guthmann, der Gerettete, Zimmermann und der Diener fuhren nach Berlin zurück.

Später liefen die Wege meines Vaters und seiner beiden Berliner Freunde auseinander. Die Freundschaft aber hat sich auf mich übertragen. Ich bin meinen beiden Patenonkeln zum erstenmal im alten Berliner Westen begegnet. Johannes Guthmanns Wohnung in Blumes Hof – klein und elegant – war zum Teil ausgestattet mit von Grenander für das Herrenhaus Neu-Cladow entworfenem Mobiliar. Jahrelang – bis der Vater 1921 die Stiefschwester als Erbin einsetzte – war der am Ufer der Havel in einem riesigen Parkgelände gelegene Besitz Neu-Cladow das Zuhause Johannes Guthmanns und seines Freundes. Hier verwirklichte er seinen Traum von Architektur und Parkgestaltung. Das von dem Franzosen David Gilly stammende, eigentlich schlichte Wohnhaus ließ Guthmann durch den Architekten Schultze-Naumburg nach seinen persönlichen Wünschen völlig umbauen. Im Park war ein Naturtheater entstanden, für das Max Reinhardt nach antikem griechischem Vorbild Dekorationsentwürfe geschaffen hat und das 1912 eingeweiht wurde. Ein mir überkommener Theaterzettel belegt, daß hier »Am Zwanzigsten Juli 1919, gegen abend« *Der Thor und der Tod* von Hugo von Hofmannsthal aufgeführt wurde; die Rolle des Jugendfreundes spielte Joachim Zimmermann. In den Park von Neu-Cladow, in dem Guthmann Skulpturen von Gaul hatte aufstellen lassen, gehörte eine intime Gartenhalle, deren malerische Ausschmückung Johannes Guthmann Max Slevogt übertragen hat. Mit dieser Groteskmalerei hat Slevogt seine ersten Fresken geschaffen. Die Fresken wurden 1923 unter großen technischen Schwierigkeiten ins Kronprinzenpalais verbracht, wo sie 1944 den Bomben zum Opfer gefallen sind. Der große Park und sein herrlicher Baumbestand haben zwei Kriege überdauert. Heute hat eine gemeinnützige Gesellschaft ein Team junger Landschaftsarchitekten, allen voran Jürgen Kleeberg, damit beauftragt, die naturgemäß entstandenen Schäden mit allen Mitteln ihrer Kunst zu beheben. Das braucht lange Zeit, aber es ist eine Zeit der Hoffnung. Neu-Cladow, seine wechselvolle Geschichte, wird obendrein das Doktorthema eines dieser jungen Gartenarchitekten sein. So mag die Vergangenheit in unsere Gegenwart hineinrufen und Johannes Guthmann alle wohlverdiente Ehre widerfahren lassen.

Nach dem schmerzlichen Verlust von Neu-Cladow wurde das Haus von Joachim Zimmermanns Mutter im schlesischen Mittelschreiberhau zur neuen gemeinsamen Heimat der beiden Freunde. Dort habe ich sie – allein oder mit meiner zweiten Frau Lili – mehrmals besucht. Ich erinnere mich noch eines Sommerabends im Jahre 1937: um halb acht Uhr waren Gerhart Hauptmann mit seiner Frau Margarethe und Sohn Benvenuto zum Essen angesagt. Der Haushalt lief wie am Schnürchen. So gab es keine Aufregung, obendrein war ein solcher Besuch aus Haus Wiesenstein durchaus keine Seltenheit. Das Treibhaus des großen, köstlich am weiten Hang hingebreiteten Besitzes lieferte die Wicken, die Maréchal-Niel-Rosen. Das Lettrésche Tischsilber glänzte wie immer, der Tischwein, aus Slevogts Neu-Castell in der Pfalz bezogen, war in der kleinen Quelle des parkähnlichen Gartens gekühlt, es gab Muranogläser, das Monogramm auf der Tischwäsche hatte der in Berlin tätige schwedische Architekt Grenander entworfen, von dem auch der gefällige Anbau, Abschluß der Pappelallee, stammte. Das Haus selbst war im konventionellen Villenstil der Jahrhundertwende errichtet; das übersah man gern. Der Besitz war so groß, daß man aus keinem Fenster des Hauses nachbarliche Gebäude sah, einzig der häßliche neugotische Kirchturm von Mittelschreiberhau war zu entdecken. Zu einem mit Lindenbäumen umsäumten Blumenparterre unmittelbar vor der Südfront führten zwei Granittreppen in die sanft abfallenden Wiesen eines englisch empfundenen Parks. An der Treppenteilung gab es eine Nische, in ihr die halb lebensgroße Kolbe-Plastik einer Art schlummernder Quellnymphe mit aufgelöstem

Haar und kleinen Brüsten. Den Mittelpunkt der ganzen Gartenanlage bildete ein ovaler, mit drei Fenstertüren ins Land blickender biedermeierlicher Teepavillon, schindelgedeckt. Das Innere hatte Slevogt, einer spontanen Laune folgend, al fresco mit einem auf einen schlanken Fichtenstamm gestützten Rübezahl ausgemalt; es gab blaßgelbe Rosenranken, die die rauhe Erscheinung der Sagengestalt milderten. Das Rübezahl-Motiv kehrte noch einmal wieder, in der von Slevogt entworfenen Wetterfahne aus vergoldetem Kupfer auf dem Dach der alten Villa. Weiter unten dann das große, nur an heißesten Sommertagen benutzbare Schwimmbecken, Zimmermanns Tummelplatz, den der blaßhäutige Guthmann mit der Riesennarbe Monte Carloschen Angedenkens auf dem schmalen Leib lächelnd mied. Beide Männer führten seit Jahrzehnten, erst in Neu-Cladow an der Havel, dann hier, eine ideale Männerehe mit sorgsam verteilten Pflichten. So auch an dem erwähnten Gerhart-Hauptmann-Abend, da Hans das weiße Schleiflackeßzimmer Grenanderscher Herkunft noch einmal sorgfältig überprüfte, während Jochen sich um die Weine, später um den am Tisch zubereiteten Salat in zwei riesigen venezianischen Glasschüsseln kümmerte und endlich um den Champagner für den im stilvollen Zweispänner angereisten Gast. Hauptmanns Tischdame war meine Frau Lili, der der Alte sehr eindeutig mit gelegentlichen Handküssen den Hof machte. Er war geheimrätlich-goethisch gekleidet, wir anderen trugen Smoking; Benvenuto, Buzi gerufen, schon im Mannesalter, paradierte in einer weißen Abendjacke, in der er sich pfauenhaft eitel bewegte, bis zu jenem Augenblick, da er eine große Portion Fürst-Pückler-Eis auf Smoking und Hose. fallen ließ, ein arges Mißgeschick, über das der Vater keineswegs hinwegsah, sondern polternd dem Sohn dessen klippschülerhafte Gier quer über die ovale Tafel vorwarf. Über Hauptmanns Gesprächsführung, seine nie zu Ende gebrachten Sätze, seine oft orphischen Ausrufe, seine eher animalische, pantagruelische, denn wahrhaft genießerische Freude an Essen und

Teepavillon auf dem Besitz der Patenonkel des Autors, Johannes Guthmann und Joachim Zimmermann, in Schreiberhau/Riesengebirge, 1937

Trinken, über die großen, weitausholenden Gesten seiner rotbehaarten »Kapitänshand« mit den »lanzenförmigen Fingern« ist, nicht zuletzt im Peeperkorn-Porträt Thomas Manns, Endgültiges gesagt worden. Der Abend in Schreiberhau war angefüllt mit problemlosen Gesprächen, es gab kleine Pausen, die so aktuelle Politik blieb völlig beiseite, der Olympier, dessen majestätische – gewiß absichtsvoll stilisierte – Erscheinung niemand je bestritten hat, beherrschte die Stunde einfach durch sein Da-Sein. Frau Margarethe mahnte manchmal leise, dem Wein, dem Champagner und später noch dem Bier nicht allzu eifrig und eilig zuzusprechen; Hauptmann überhörte dergleichen ungemein liebenswürdig, und als dann kurz vor Mitternacht der Wagen gerufen wurde, besah jeder einen doch gelungenen Abend, an dem eigentlich nichts geschehen war und der trotzdem einen geheimnisvollen Glanz besaß. Abschiednehmend, die Hand meiner Frau lange haltend, sah Hauptmann sich plötzlich als den Goethe der Marienbader Elegie, deutete einen Kniefall vor der jungen, mehr als nur hübschen, schöngekleideten Frau an und bestieg, des Weines voll, Wörter des Dankes eher stammelnd, den altmodischen offenen Zweispänner. Im bereits aufgeräumten Haus dufteten die Rosen. Und wir konnten sagen, wir seien dabeigewesen. Die paar folgenden Besuche auf Wiesenstein in Agnetendorf hatten dann nicht mehr den Reiz dieser Schreiberhauer Premiere.

Etwa zehn Jahre später war die Schreiberhauer großbürgerliche Idylle zerstört; russische und polnische Besetzer hatten dieses Schatzhaus seiner vielfältigen Kostbarkeiten ohne Rest beraubt. Guthmann schilderte in seinen 1955 erschienenen Erinnerungen *Goldene Frucht* einen seiner letzten Tage in Schreiberhau, ehe die beiden Freunde aus ihrem Paradies vertrieben und im »Viehwagen Nr. 33« nach Leipzig abtransportiert wurden: »Am selben Tage fast, da die ›Spitzen der Hirschberger Behörden‹ mit einem gewaltigen kanadischen Kriegsauto vorgefahren waren, zehn Gemälde aus unserem Haus in das Palais des Marschalls nach Warschau zu schaffen,

und der Unteroffizier, ein Bursche mit rosafarbenem Stier-
nacken, auf Geheiß der Herren die beiden großen *Walpurgis-
nächte* von Slevogt und seinen *Sturm* von den Bilderstangen
herunterriß, Slevogts funkelnde Märchen, die sich wie mit
klammernden Organen an den Wänden, wo sie heimisch
geworden waren, zu halten suchten!... und am selben Tage
fast die wunderliche Begrüßung auf unserer Terrasse! Die
letzten Sonnenstrahlen eines in Sorgen verbrachten Tages –
Jochen und ich hatten die Luft frei von den gewohnten
unliebsamen Besuchern gewähnt und waren im Begriff hinab-
zusteigen, als zwei russische Soldaten, von unten auftau-
chend, die großen eindrucksvollen Terrassen gewahr wurden
und der eine, ein junger beweglicher, intelligenter Bursche,
vielleicht ein ukrainischer Student, mit ausgebreiteten Armen
die Stirn tief zur Erde neigte und huldigend nur das eine Wort
ausrief ›Kultura!‹ Der Augenblick blitzte vorbei wie eine
Sternschnuppe, immerhin glückverheißend genug. Fühlten
wir einander uns in jener einzigen Sekunde nicht um vieles
näher als er sich seinen Bolschewiken – wir unsern Nazis?«

Aus Leipzig erreichte mich 1946 in München der Hilferuf
meiner beiden Patenonkel. Bayern hatte alle seine Grenzen
inzwischen hermetisch geschlossen, ein weiterer Zuzug von
Flüchtlingen war völlig unmöglich geworden. Der erste
Protokollchef der bayerischen Staatsregierung nach dem
Zusammenbruch unter dem intelligenten sozialdemokrati-
schen Ministerpräsidenten Dr. Wilhelm Högner, Hans von
Herwarth, Offizierssohn und Diplomat, der seine Sporen vor
dem Krieg in Moskau bei dem Botschafter Graf von der
Schulenburg verdient hatte, wurde mir zum Nothelfer. Herwarth, springlebendig, geistig vigilant, musisch gebildet und
interessiert, stets findig und hilfsbereit, ist es in wenigen
Tagen gelungen, die beiden Freunde aus ihrer mißlichen Lage
in Leipzig zu befreien und nach München zu bringen.
Sie waren viele Stunden auf der Bahn gewesen und kamen in
einem unbeschreiblichen Zustand zu mir in die Amalien-

straße 15, ins Gartenhaus, in dem ich während der Woche bei Frau Dr. Bauer, geborene Müller-Hilsdorf, ein einigermaßen wohlerhaltenes Wohnschlafzimmer bewohnte. Meine Frau und der kleine Sohn Christian lebten noch im Allgäuer Wildpoldsried, wo wir die letzten Kriegsjahre unter freundlichen Sternen verbracht hatten. Merkwürdig, obwohl meine beiden Patenonkel heruntergekommen waren wie die Landstreicher, zerknitterte Anzüge, hohle unrasierte Wangen – daß man es mit zwei Herren zu tun hatte, merkte die hilfreiche Wirtin sogleich. Bäder – eine Seltenheit in kohlearmer Zeit – waren zur Hand, nach ein paar Stunden war das Ärgste beseitigt. Das waren annähernd wieder meine Paten, bei denen die Hauptmanns, Wilhelm Bölsche, Geheimrat Wiegand, Hermann Stehr, die beiden Slevogts in einem Milieu zu Gast gewesen waren, das seinesgleichen suchte, wo die schönsten Bilder deutscher Impressionisten, zwei köstliche Böcklins, Purrmann-Aquarelle und -Ölskizzen hingen, die Sophienausgabe ebenso zur Hand war wie das große Grimmsche Wörterbuch, Reiseerinnerungen an Ägypten mit Slevogt, Barlach-Plastiken und islamische Keramik. Das meiste war zurückgeblieben, einiges hatten die Paten noch rechtzeitig in den Westen schicken können, gerollte Leinwände, die Professor Rümann in seiner Münchner Städtischen Galerie verwahrte und die allmählich den Weg in den Kunsthandel nahmen. Zwei der drei farbenfrohen, leuchtenden Slevogt-Ölskizzen von der Weinernte in Neu-Castell, die ich in Obhut hatte, wechselten eines Tages in einer Auktion bei dem Stuttgarter Roman Ketterer den Besitzer. So war die Existenz der beiden Freunde im Sanatorium Ebenhausen im Isartal relativ gesichert. Hierher hatte sich auch die Witwe Gerhart Hauptmanns zurückgezogen. Der Tod Jochen Zimmermanns im Jahre 1953 beendete eine Freundschaft, die voller Harmonie mehr als ein halbes Jahrhundert gewährt hatte. Im September 1956 starb Johannes Guthmann.

Betrachte ich rückblickend die so unterschiedlichen geistigen Existenzen der drei Freunde – Johannes Guthmann, Jochen

Zimmermann und mein Vater –, die der Zufall in Heidelberg zusammengeführt hatte, so findet sich doch ein großes Gemeinsames: das ist die wohlhabende bürgerliche Welt und ihre gelebte Tradition. Wohin mein Vater auch immer kam, er machte gute Figur. Er war groß und schlank und hielt sich sehr gerade; sein großer Kopf, den er leicht auf die rechte Schulter geneigt trug, hatte etwas Goethisches. Er war vom besten Frankfurter Schneider angezogen und lebte in den ersten Jahren nach der Übersiedlung von Heidelberg nach Frankfurt das Leben eines wohlhabenden Privatgelehrten. Sein sehnlicher Wunsch, die damals vakante Stelle des Direktors am Frankfurter Schauspielhaus zu erhalten, erfüllte sich nicht. Von den Jahren 1911 bis 1913 dann – nachdem Arthur Hellmer ihn als Regisseur an das Neue Theater in Frankfurt verpflichtet hatte – sprach er als den schönsten seines Lebens. Nach 1918 wurde er Lehrer an der Frankfurter Schauspielschule und erreichte es, zuerst durch einen Lehrauftrag, dann durch eine außerordentliche Professur an der Theaterwissenschaftlichen Abteilung des Germanischen Seminars – die erste ihrer Art in Deutschland – der Universität Frankfurt verbunden zu werden. Zweimal die Woche hat mein Vater dort – in dem üppigen neubarocken Gebäude – vor einem gar nicht kleinen Hörerkreis gestanden. Mit seinem Seminar und seinen Schauspielschülern hat er allerlei freundlichen Unfug veranstaltet, Freilichtaufführungen da und dort unternommen, bei denen er selber oder einer seiner Studenten Regie führte. Er war ein beliebter Lehrer, keiner der mit Engelszungen sprach, kein Erleuchteter, kein schulebildend vorwärtsdrängender Feuerkopf. Es muß aber bei aller Zurückhaltung doch eine gewisse Suggestion von ihm ausgegangen sein (ich selbst habe nur einmal eine Vorlesung von ihm mitangehört), denn es begegneten mir später manchmal Menschen – unter ihnen Hermann Kesten –, die Übungen oder Kollegs meines Vaters mitgemacht haben und die sich sehr gern und mit freundlichen Worten daran erinnerten. Besonders gerührt hat es mich, als in den siebziger Jahren der langjährige Ordinarius

Der Schauspieler Georg Lengbach;
Widmung an den Vater des Autors: »Meinem geduldigen Reitlehrer
zur Erinnerung an den Schüler Georg Lengbach, Mai 1910«.

Professor Walter Wittsack Arbeiten meines Vaters im Archiv
der Universität Frankfurt ausgrub und sie in seine Seminare
für Deutsche Sprechkunde einbezog. Sehr bald nach 1933
legte mein Vater seine Professur, die ihm durch Jahre hin so
viel bedeutet hatte, nieder, weil er der Meinung war, daß eine
politisch fanatisierte Jugend mit den Dingen nichts werde
anfangen können, die ihm zum Lebensinhalt geworden
waren.

Mein Vater liebte das Leben, liebte Reisen, elegante Hotels
und elegante Frauen. Er ritt gern und gut, gut besonders seit
seiner militärischen Dienstzeit in Straßburg und den Reserve-
offizierübungen, die er jedoch aus Bequemlichkeit nur zweimal wiederholte. Er gab, in verhältnismäßig späten Jahren,
einem Freund, dem liebenswürdigen und hochbegabten,
vielleicht zu intelligenten Wiener Schauspieler Georg Lengbach, dem Bonvivant der Frankfurter Bühnen, Reitunter-

149

richt. Lengbach war ein vollendeter *Anatol;* er hätte auch den *Schwierigen* spielen können und wäre sicherlich nicht schlechter als später der berühmte Gustl Waldau gewesen, der sich als Bayer das letzte Teilchen Altösterreichertums doch noch adaptieren mußte, was dieser Georg Lengbach – in einer legendären Beziehung zum k.u.k. Herrscherhaus stehend – mit Selbstverständlichkeit mitbrachte.

Es gibt unendlich viele kleine, mir heute noch liebe Erinnerungen, die sich an die Person meines Vaters knüpfen, etwa die Tatsache, daß er mir – ich mag etwa vier oder fünf Jahre alt gewesen sein – einen seiner schönen Spazierstöcke aus Kirschholz von einem Fachmann zusammenschneiden ließ, wobei er anordnete, daß der silberne Ring, der den Stock umschloß, nicht entfernt werden dürfe. Wie stolz war ich! Denn dieser Zauberstecken hob mich in die Regionen dessen, neben dem ich hertrotten durfte, der mit mir sprach, dem ich allerlei Kindliches wohl erzählen konnte. So gingen wir dann oft Hand in Hand miteinander spazieren, und ich war nicht nur stolz auf den mir passend gemachten Spazierstock, sondern mehr noch auf den Mann, an dessen großer, kräftiger Hand ich plappernd und stets einer Antwort sicher einhertraben durfte. Das ganze Bemühen meines Vaters ging darauf aus, seine drei Kinder möglichst gerecht zu behandeln und keinem das Gefühl zu geben, es werde bevorzugt oder benachteiligt. Nur aus winzigen Reaktionen glaube ich, rückblickend, entnehmen zu können, daß ich, auf den manches von seinem Wesen überkommen ist, seinem Herzen besonders nahestand und zwar nicht so sehr in den Zeiten meines Sturms und Drangs, da ich – 1919 – am Bauhaus in Weimar meine ersten Gehversuche machte; auch nicht, als meine erste Ehe in Frankfurt scheiterte, sondern später, da er mich in einem Beruf erfolgreich sah, der sich von einer anderen Seite her jenen Dingen und Themen näherte, die er ein Leben lang geliebt und für sich ersehnt hatte. So erinnere ich mich zum Beispiel, daß er meine Anfang der dreißiger Jahre in Königsberg für die *Hartungsche Zeitung* verfaßte

Der Autor als Fünfjähriger mit Spazierstock auf der
Terrasse des großelterlichen Hauses

Kritik über die Fritz Jessnersche Inszenierung von *Faust II* mit einem nachgerade enthusiastischen Brief beantwortete, der mir zeigte, wie sehr er sich mir und meiner Arbeit verbunden fühlte, ja sich mit ihr identifizierte. Ich muß in diesem Zusammenhang sagen, daß ich sehr oft in Frankfurt mit meinem Vater gemeinsam Schauspielaufführungen besucht habe und daß es uns beiden Freude machte, auf dem Heimweg, den wir stets zu Fuß am Mainufer entlang absolvierten, das Stück, insbesondere aber die Inszenierung, aufs genaueste und kritisch durchzusprechen, woraus eine innere, freundschaftlich zu nennende Bindung entstand, von der, wie ich glaube, nur wir beide wußten und über die wir beide glücklich gewesen sind.

Ich möchte mit diesem skizzierten Porträt nicht den Eindruck erwecken, als sei mein Vater uns Kindern gegenüber nur ein gutmütiger, freundlich-besorger Mann gewesen. Er konnte aufbrausend sein, dies jedoch nur in ganz seltenen Fällen, er konnte über irgendein Wort oder irgendeine Tat wirklich gekränkt erscheinen, zuletzt aber siegte doch die ihm eigene Güte, und die Warmherzigkeit, die ich als so besonders wohltätig empfand, glich alles vorangegangene mühelos und wie selbstverständlich aus. Wie innig und stark zuerst meine kindliche, dann meine Knabenliebe und endlich die tiefe männliche Zuneigung zu meinem Vater gewesen ist, macht möglicherweise der Versuch deutlich, ein wenig vom Wesen des verehrten Mannes wiederzugeben, indem ich mich seiner Handschrift und seiner Hände zu erinnern bemühe.

Betrachte ich die Schrift auf den Nachrichten, die mir die Post ein-, zweimal die Woche fern von Frankfurt ins Haus brachte, so muß ich mir Mühe geben, dem Schreiber jene hohe Zahl von Jahren zuzurechnen, die er hatte, und die diese Handschrift zu glauben mir doch verbietet. Vielleicht, daß der Grafologe aus einer Kleinigkeit, einem Anstrich, einem Schwung, das Lebensalter abzulesen imstande wäre, aus dieser nicht großen, runden und offenen Schrift, die bei einiger Knappheit dennoch freundliche Fülle verrät, inneres

Leben besitzt und der Außenwelt sich nicht zu verschließen scheint. Mir spiegelt die Schrift einen Mann vor in jenen Jahren, die wir die besten nennen. Die Adresse wechselt zwischen lateinisch und deutsch geschriebenen Wörtern: »Herrn« und »Gartenhaus« finde ich deutsch, Name, Straße und Ort lateinisch geschrieben. Dies verrät mir Welt, Sicherheit, Bildung, die die Fremde umschließt, ohne die Heimat zu vergessen, die mit jener etwas altmodisch anmutenden Liebe geliebt, mit jener freimütigen Kritik umhegt wird, die einen Teil des Weges jener Männer ausmacht, die gegen das Jahr 1870 geboren wurden. Ich liebte meinen Vater mit einer Liebe, deren Grundgefühl und Artung unveränderlich, vielleicht eingeboren, die aber in manchen Regionen phosphoreszierend war, sich bis zum starken Ärger wandeln konnte, Enttäuschungen kannte und das Erstaunen über unvermutet zutage tretende Charakterzüge. Jedoch gingen diese flüchtigen Entfremdungen über jene warmfühlende Stelle meines Herzens hinweg wie wechselnde Wasserstrudel über einen in der Flußsohle verankerten Stein: er bleibt unverrückbar.

Besuchte ich – von weither kommend – meinen Vater, so suchte ich nach jenen Veränderungen, welche als Begleiter der steigenden Jahre sich einstellen und festsetzen. Ich sah sie und sah sie doch nicht; nicht absichtlich, sondern weil im Bild das Bild des Vierzigers da ist, dessen jugendliches Kabinettfoto ich besitze. Er ist darauf als junger blonder Ulan nicht nur hübsch durch seine Augen, die schelmisch-verwegen wirklich etwas Blitzendes gehabt haben mögen; die Stirn ist hoch, wohlgebildet, und wenn das später kaum etwas ergraute kleinwellige Haar noch im Sinne jener militärischen Konvention der neunziger Jahre gescheitelt war, so traten dagegen diese Stirn, die kräftige Nase, der füllig-sinnliche Mund erfolgreich auf und erinnerten mich an ein spätes Goethe-Bild im würdigen Rock mit Ordensstern. Und wirklich, eine starke, einfache Liebe zu Goethes wunderreicher Geisteswelt war in diesem Manne lebendig und rührte mich, weil sie nicht aus philosophischen oder rein philologischen Nährböden gespeist wurde, nicht aus einer teilweisen Kongenialität, sondern weil sie völlig umweglos da war als fast verschämte, lebenslang währende Liebe.

Die stille, selbstverständliche Vertraulichkeit zwischen meinem Vater und mir wurde manchmal lebhafter, wenn mein Vater bei seinen Goethe-Studien auf ein Gedicht gestoßen war oder auf eine Sentenz, die er mir vorlas. Dann stellte sich leicht einmal jene herzerwärmende Verlegenheit ein, die es zwischen Männern geben kann, die einander irgendein Geheimnis anvertrauen, wie etwa die Liebe zu einem bestimmten Gedicht. Es ist dann das Verbindende, die leichte Gêne, eine Art Rührung über die Offenherzigkeit des anderen – sei es der, der gesteht, sei es derjenige, der zuhörend nicht nur das Gedicht, auch den Vorlesenden einsieht.

Man lächle nicht, wenn ich sage, daß ich mir in den letzten Lebensjahren meines Vaters angewöhnt hatte, ihm bei einer ersten Begrüßung oder bei einem Abschied die Hand zu küssen. Die Hände meines Vaters, die keineswegs »schöne« Männerhände waren, sind mir für immer unvergeßlich geblieben. Ich würde eher einen Teil seines Gesichtes, einen Teil seiner Gestalt vergessen können, nicht jedoch diese kräftige blondbehaarte Hand mit dem schweren goldenen Ring. Dieser Ring, der einen Brillanten und zwei Saphire umschließt, erinnert mich heute, als Ehering an der Hand meiner Frau Inge, immer daran, daß mein Vater ihn – wie in Erinnerung an seine elegante Studienzeit in Heidelberg – am kleinen Finger der linken Hand getragen hat, dem kleinen Finger, der durch einen leichten Unfall ein wenig nach innen gekrümmt war und den ich dieser winzigen Mißgestaltung wegen besonders liebte. Mein Vater hatte eine unnachahmliche Art, seine Hände zu bewegen, ein Glas anzufassen, den Federhalter zu halten oder die steifen Manschetten seines Hemdes in die Rockärmel zurückzuschieben. Manchmal will es mir scheinen, als gebe es heute niemanden mehr, der mit solch überlegener Sicherheit seine Hände mit ins Spiel der ganzen Erscheinung bringt, ohne Eitelkeit und so sicher, wie mein Vater mir, der ich zum erstenmal auf einem Pferd saß, zeigte, wie die behandschuhten Hände die Zügel zu fassen und zu halten hätten. Ich sehe wieder diese trockene Hand vor mir, die mir Karten und Briefe schrieb. Wenn sie strafte, so habe ich das lange vergessen, wenn sie warnte, so begreife ich das heute mit Lächeln oder den Irrtum erkennend. Als unwesentlich fällt das alles ab und verflüchtigt sich zum Nebel. Nicht immer war der Weg zu dieser Hand, zu diesem Herzen leicht zu gehen. Scheu und Scham oder irgendein Menschliches trennte den, der greifen wollte, von dem, der gewiß bereit sein mochte, den Druck meiner Hand zu empfangen und zu erwidern.

So einfach wie damals, da das Kind den verkleinerten Stock herabgereicht bekam und Glück und Freude wie eine Brandung sein Herz überschwemmten – so einfach war später unser beider Leben nicht mehr aufeinander abgestimmt.

Ich habe meinem Vater gewiß manchen Schmerz bereitet, ohne Absicht natürlich, etwa, wenn ich früher als geplant abreiste, weil in Königsberg oder Berlin berufliche Dinge erledigt sein wollten, oder wenn er mich bat, mit ihm und Mama und meinem Bruder Wolfgang nach Seelisberg oder später nach Fasano zu reisen, Ferienfahrten, die mir zu bürgerlich erschienen, mit allzu geruhsamen Grand-Hotel-Aufenthalten, Reisen in bequemen Etappen. Einmal bin ich durch Fasano gefahren und habe mir gedacht, wie hübsch es doch eigentlich gewesen wäre, ins Buch der Erinnerungen eintragen zu können: September 1932, Aufenthalt mit den Eltern am Lago Maggiore, in Luzern, in Seelisberg. Aber das ist unwiederbringlich dahin wie die Teestunden im kleinen Salon meiner Mutter mit der gelbblauen Seidenbespannung an den Wänden und dem ewigen Dämmerlicht aus zwei chinesischen Lampen, dem Tee von Ronnefeldt und den Keksen von Schepeler oder Milani. »Papa hat so auf dich gewartet«, sagte mit leisem Vorwurf meine Mutter, wenn sich meine Ankunft in Frankfurt einmal um einen halben Tag verzögert hatte. Manchmal sehne ich mich danach, wieder

»nach Hause« zu kommen, von meinem Vater erwartet und mit liebevoller Scheu umarmt zu werden. Schreibend, nur schreibend vermag ich das Wort des Novalis – die Frage »Wohin gehen wir?« und die beglückende Antwort »Immer nach Hause« – für mich Wirklichkeit werden zu lassen.

Mein Vater hat den Ausbruch des Hitler-Kriegs nicht mehr erlebt. Eines Nachmittags – Ende Juli 1938 – hatte man auf der Redaktion angerufen, ich möge ins Krankenhaus kommen, das in einem westlichen Vorort lag. Eine Schwester führte mich in das lichte Krankenzimmer, das mir durchschattet erschien, still und kühl. Sie ließ mich allein mit meinem vor ein paar Stunden an Urämie gestorbenen Vater. Groß, still und steinern lag der geliebte Mann in den weißen Laken; die Hände zusammengelegt, leblos und mir noch unsäglich lebendig schlief da mein Vater. Ich stand mit leeren Händen da. Ich schüttete die Liebe meines ganzen Herzens über den Toten aus. Das Gesicht des Toten hatte eine asphaltgraue Farbe. Ich küßte behutsam und mit leisem Schaudern die Stirn, sie war steinkalt, das Fleisch noch weich. Und ich legte meine Hand auf die seine – kalt auch sie. Ich spürte die dichten blonden Haare der Hand, sah die kurzgeschnittenen Fingernägel: geliebte Hand, dachte ich, die so selten strafte, die liebevoll und vertrauend, wenn wir miteinander gingen, auf meiner rechten Schulter lag, schwer und doch kaum spürbar. Ich küßte die mir nächste, die rechte Hand und stand an dem schmalen, weiß emaillierten Hospitalbett, tränenlos, seltsam trocken, starr, müde plötzlich, und wäre am liebsten niedergekniet, ein Würgen im Hals, ein Herz, überströmend von nie ganz gesagter Liebe, schwer, unendlich schwer von Erinnerung, den Blick in sein erstarrendes Gesicht versenkt, voller Scheu und von dem Wunsch beseelt, nicht indiskret zu sein. Nur das stumme Zwiegespräch setzte sich fort, das wir ständig geführt hatten, er und ich: inter lineas auch bei unserem Briefwechsel, da sich die Liebe, nur für uns beide spürbar, in die letzten, die abschließenden Zeilen eines Briefes eingeschlichen hatte.

Eine behütete Kindheit und Jugend
im alten Frankfurt

Mein Geburtsjahr 1901

Es war eine freundliche Fügung des Himmels, die mich meine Kinder- und Jugendjahre in Frankfurt verbringen ließ. Noch war in diesem Frankfurt bis 1918 alles »richtig«, hatte sein Maß und seinen eingeborenen Sinn; wohl schüttelte mancher über manches den Kopf, dies schien ihm krankhaft aufgebläht, jenes zu rasch geschrumpft, aber Frankfurt war da als eine ruhig und unbeirrbar gewachsene Stadt, die sich und ihre Kräfte spürte, die im Licht stand. Und so, denke ich mir heute, war auch meine Jugend: ein wenig eng umhegt zwar, aber das gab Sicherheit; jedoch auch wieder in vielem großzügig freiheitlich bestimmt, das gab geistigen Raum und humane Weitherzigkeit, sogar eine gewisse Grazie in gewissen Reaktionen dem Leben gegenüber.

Die frühesten Jahre meiner Kindheit habe ich in Heidelberg verlebt, unterbrochen von vielen vielwöchigen Aufenthalten bei den Großeltern in Frankfurt. In Heidelberg war ich 1901 geboren. Mein Geburtsjahr: war es – aus heutiger Sicht – ein großartiges, ein bedeutendes Jahr? Vergoldet durch die Künste, klingend durch die Verse strenger und heiterer Poeten, melodisch aufrauschend durch die Komponisten, ihre Interpreten, die Sänger und Musikanten? Es war so großartig und bedeutend wie jedes Jahr in jedem Jahrhundert, aber es war zugleich auch alltäglich grau und ohne lichte Farben wie jedes Jahr in jedem Jahrhundert. 1901 hat den düsteren Pomp bei der Beerdigung Verdis gesehen und die Tränen, die in einem Pariser Hurenhaus um den Maler Henri Toulouse-Lautrec geweint wurden, den jemand respektlos einen »Schmied mit Zwicker« genannt hat. Die englischen Garden haben gemessenen Schritts den Sarg der Queen begleitet, während Kanonen donnernden Salut schossen: über das Grab einer Epoche hin. Dieselbe viktorianische Epoche aber barg die Keime neuer Kampftendenzen, neuer umstürzender Erkenntnisse auf dem Gebiet der Technik, der Medizin und des sozialen Lebens. In mein Geburtsjahr 1901 teilen sich der Mailänder Bildhauer Marino Marini, der Nobelpreisträger der Physik Werner Heisenberg, der ehemalige französische Kulturminister André Malraux und Jascha Heifetz, geigendes Wunderkind und Violinvirtuose aus Rußland. Ob aber einer von ihnen unter seinen Papieren, gleich mir, zwei zierliche halbverblaßte Zettelchen fand, auf denen die Kosten seiner Taufe notiert sind, vom Großvater notiert, das stelle ich in Frage. Da haben im Heidelberger Hotel Europäischer Hof elf trockene Diner-Kuverts achtundachtzig Mark gekostet, und für hundert Mark trank die Gesellschaft Wein auf das Wohl des Säuglings, dessen Mutter als kleine Morgengabe für den zweiten Stammhalter vom Schwiegervater dreihundert Mark empfing. Die Kochfrau und das Gesinde, die wenige Tage später noch ein häusliches Festessen bereiteten, erhielten insgesamt fünfhundert Mark, an denen die Amme mit dreißig Mark beteiligt war. Derart feierten die Bürger im kaiserlichen Deutschland am Beginn dieses Jahrhunderts die Geburt eines Knaben.

Die geliebte Nenna

Die Nachfolgerin meiner braven Amme in Heidelberg war Lisa Thielemann, die Kinderfrau, die meinen Bruder und mich großgezogen hat und Kinderfrau dann noch war für meine um drei Jahre jüngere Schwester. Wir nannten sie Nenna. Mehr noch als mit der Mutter teilte ich mit ihr kindliche Freuden und »frühes Leid«, etwa wenn es darum ging, den Verlust eines geliebten Spielzeugbären zu betrauern. Vielleicht sind Kinderlieben die am längsten währenden. Der braune Bär, so groß wie ein kräftiger Königspudel, stand auf kleinen Metallrädern, hatte im Genick einen Ring, zog man daran, so brummte er lang und sehr vernehmlich. Seine Augen waren große schwarze Knöpfe, die Nase aus Wollfäden gestickt; das ganze sah aus wie ein Modell von *Pu, der Bär*. Ich konnte darauf reiten, aber mit ins Bett nehmen ließ er sich nicht, dazu war er zu starr und sperrig, aber er stand nachts wachend und wartend auf dem Bettvorleger, und meine Kinderhand fand leicht zu seinem Fell, das kurz war, braun und aus jenem Stoff, den man wohl Krimmer nennt. Der namenlose Bär, heiß geliebt auch noch zu Zeiten, da ich bereits die dritte Vorschulklasse des Lehrers Wilhelm Steitz in Frankfurt besuchte, war eines Tags verschwunden: meine Mutter, unsentimental und auf Hygiene erpicht, fand wohl Motteneier in der Nähe des Bärenschwänzchens, das – fingerlang – wie ein rundliches Röhrchen an der rechten Stelle angenäht war. Welchen Weg in welche Unterwelt der Bär genommen hat, weiß ich nicht. Aber daß meine Tränen flossen, wie's Bächlein auf der Wiesen, braucht wohl eigens nicht vermerkt zu werden. Kindertränen werden leicht übersehen, dabei sind sie der erste Einbruch der Wirklichkeit in ein Paradies, in dem Träume noch Realitäten darstellen, so schön und bunt, wie Träume sind. Nur ein Mensch begriff mein hemmungsloses Schluchzen, und das war die Nenna. Sie war dunkelhaarig, glattgescheitelt, rundlich, und mein Vater fand sie dümmlich, was meinen stummen Protest auslöste, denn wer so gut und lieb mit uns war, der konnte nicht dümmlich sein; wahrscheinlich war sie es doch auf rührend-tolpatschige Art. Sie liebte mit mir gemeinsam den braunen Bären, meine Ankersteinbaukasten-Architekturen und das drollige Püppchen im Gewand eines Bersaglieri-Offiziers mit breitkrempigem Lackhut und grünlich glänzenden Hahnenfedern, das der Großvater einmal von einer Italienreise mitgebracht hatte. Die Nenna stammte aus einem westfälischen Dorf, hatte ein uneheliches Kind, den heißgeliebten Friedl, der droben in einem Ort, der Wiedenbrück hieß, bei einer Ziehmutter lebte, drei oder vier Jahre älter war als ich und Schlosser wurde.

Er war ein braver Junge, der später in Frankfurt arbeitete und für die Mutter sorgte, für die Mutter, die vorerst noch in Stellung bei uns war und alljährlich einmal ins Westfälische reiste, das Kind der Liebe zu besuchen. Von einer solchen Reise brachte sie mir einmal einen funkelnagelneuen langstieligen Hammer mit, wie ihn damals die Arbeiter im Straßenbau benutzten, um Schottersteine zu zerschlagen. Mein Vater fand dieses Geschenk für einen Fünf- oder Sechsjährigen abwegig, wenn nicht gar dumm. Ich aber nahm wochenlang den Hammer mit ins Bett. Lang lag der Langstielige in meiner jugendstilischen Spielzeugkiste, auf einer Darmstädter Ausstellung von meinen Eltern für mich erworben – eine Schatztruhe, die Kastanien, Kiesel und ein paar mächtige exotische Pinienzapfen barg, die wiederum der Großvater aus Trient mitgebracht hatte und die eigentlich als Hygrometer dienen sollten. Ein zweites Geschenk der Nenna war eine schmucke Kutscherpeitsche, wie sie damals noch in dörflichen Bereichen von Peitschenmachern hergestellt wurden, ein handwerkliches Musterexemplar mit vielfach geknoteter breitauslaufender Schnur, die von der Nenna als Schmück bezeichnet wurde. Ich habe die Peitsche weder an den bloßen Streichholzbeinen meiner Schwester, noch auf dem baumwollenen Fell des Bären erprobt, sie stand, mit einem silbrigen Nickelknopf an ihrem umwickelten Griff verziert, lang in der Ecke des großen Kinderspielzimmers und war eines Tags verschwunden, eine Kutscherpeitsche, die nichts bei Kindern zu suchen hatte, die manchmal abends vom Coupé des Großpapas von Kindergesellschaften abgeholt wurden. Die Peitsche, die der Kutscher Christian mit der Rechten quer über der Brust hielt, war längst nicht so schön und nicht aus einer Märchenwelt stammend, wie diejenige, die mir die Nenna mitgebracht hatte.

Die Nenna war, wie gesagt, klein, rundlich und untersetzt, und je mehr ich heranwuchs und in die Gymnasialjahre hineingeriet, desto seltener wurde ich ihrer ansichtig, die, aus unserem Dienst entlassen, in der Frankfurter Altstadt mit ihrem Sohn eine kleine Wohnung besaß. Als ich sie das letztemal sah, reichte sie mir ungefähr bis zur Brust, ihre schwarzen Haare waren silbrig grau geworden, auch Friedl überragte die Mutter um ein Erkleckliches. Ich weiß noch genau, wie sie ihre guten braunen Augen zu mir aufschlug und verlegen wurde, weil sie nicht recht wußte, wie sie den langen Kerl in langen Hosen ansprechen sollte. Ich meinerseits hätte sie gern, wie ich es früher zu tun pflegte, in die Arme genommen, aber das verbot sich, denn meine Mutter stand in der Nähe und war keine Freundin solcher Sentimentalitäten. Die Nenna ist nie aus meinem Gedächtnis, nie aus meinem Herzen fortgegangen. Sie war wie eine kleine stämmige Säule, auf der das Gebäude meiner glücklichen Kindheit sicher ruhte. Ich sehe wieder ihr spärliches, feines Haar, ihre Augen, die mich niemals böse angeschaut haben, und ihren Mund, der einmal schön und üppig gewesen sein mag, denn umsonst ist der Friedl ja nicht in diese Welt gelangt. Damals aber, bei unserem letzten Zusammensein, um das wohl Rührung ihre goldenen Fäden lautlos spann und bei dem niemand von uns dachte, es könnte das letzte sein, fiel mir auf, daß die Nenna auf der Oberlippe einen dunklen Flaum hatte, den ich bislang nicht gesehen oder liebevoll übersehen hatte. Als ich mich abschiednehmend zu ihr niederbeugte, um ihr auf ihre immer noch apfelroten Wangen doch noch einen Kuß zu geben, war ich plötzlich wieder das kleine Kind, das, den Bären hinter sich herziehend, Hammer oder Peitsche über der Schulter, unter den Augen der Nenna unzählige Male das Kinderzimmer durchquerte.

Weihnachten 1907 im Haus der Großeltern

Aus den frühen Jahren in Heidelberg ist mir eine Begebenheit unvergessen geblieben, ein Weihnachtsfest, das in Regen getaucht war und das sich so unweihnachtlich wie nur möglich anließ. Die Regengüsse gingen vielleicht termingerecht, aber gänzlich gefühllos für das Weihnachtliche der Zeit nicht nur in Heidelberg, sondern auch in Frankfurt nieder. Auch später hat es zu meiner Zeit in Frankfurt fast nie Schnee gegeben. Um Weihnachten war in der Regel graues, unfreundliches Nieselwetter, oft lauwarm, und die Gerüchte, daß auf dem Feldberg im Taunus Schnee läge, klangen märchenhaft. Auch im Jahr 1907 herrschte Heidelberger, Frankfurter Weihnachtswetter: ein lauer Wind blies seit Tagen von der Rheinebene herein und brachte Regen über Regen. Seit Wochen schon freuten sich mein Bruder und ich – die kleine Schwester zählte noch nicht – auf die Fahrt zu den Großeltern in Frankfurt, in deren Haus wir alljährlich Weihnachten feierten in einem Stil, der den Kindern, aber auch den Erwachsenen besondere Freude machte. Nun war meine Mutter eine nicht ganz alltägliche Frau. Wir lagen ihr seit Tagen mit der Frage in den Ohren, wann wir denn nun endlich die Reise nach Frankfurt antreten würden. Wir wurden vertröstet von einem auf den anderen Tag. Es muß am Morgen des 23. Dezembers gewesen sein, als uns meine Mutter mit der freudigen Nachricht überraschte, daß wir heute, und zwar ziemlich bald, abreisefertig sein müßten. Die Nenna wurde bemüht, nur fiel uns auf, daß von Kofferpak-ken keine Rede war, was doch sonst immer aufregend und höchst problematisch zu sein pflegte, da eine unzählige Reihe von kleinen und großen Wünschen im Hinblick auf Spielzeug und Kinderbücher, die mitgenommen werden sollten, erfüllt werden mußte. Aber in unserer Freude, daß nun die Reise endlich doch angetreten würde, übersahen wir geflissentlich die Tatenlosigkeit unserer Betreuerin, die mit ihren drei Schützlingen, mit Regenmantel und Regenschirm bewaffnet, auf das Kommen meiner Mutter wartete. Und wirklich, sie kam, völlig reisefertig gekleidet: in kurzer taillierter Pelz-jacke, knöchellangem Rock, sehr elegantem Schuhzeug und einem kleinen, nach oben strebenden Hut, so chic, wie man wohl in Frankfurt, kaum aber in Heidelberg sich auf der Straße zeigen konnte. Verblüffung allerdings erregte die

Tatsache, daß keine Pferdedroschke vor der Tür stand, deren wir zumal bei dem abscheulichen Wetter bedurft hätten. Der Weg aus der fast ländlichen Vorstadt Neuenheim bis zum Heidelberger Bahnhof war auch dann lang und umständlich, wenn man die aus Handschuhsheim kommende Straßenbahn benutzte. Gegen Wind und Regenstürze tapfer ankämpfend, machten wir uns auf den Weg und waren nicht weiter besorgt, als wir hörten, daß der Vater mit einem späteren Zug folgen sollte. Wer aber beschreibt unsere tiefe Enttäuschung, unser völliges Verblüfftsein, als unsere Mutter in der Nähe der Straßenbahnhaltestelle plötzlich stehenblieb und uns lachenden Mundes mitteilte, sie habe uns zum besten gehalten, von einer Reise nach Frankfurt könne heute die Rede nicht sein. Ich weiß nicht, welcher Kobold meiner Mutter diesen im Grund tief fragwürdigen Scherz eingeflüstert hatte. Ich fühlte mich getäuscht, hintergangen. Vielleicht sollte das ganze Manöver nur dazu dienen, uns Quälgeistern eine Lektion zu erteilen. Wie dem auch sei, ich habe nie mit meiner Mutter darüber gesprochen, ich fühlte mich beschämt und schämte mich gleichzeitig für sie. Traurig sind wir an diesem Vorweihnachtstag nach Hause zurückgekehrt, im unklaren darüber, ob nur der Regen unsere Gesichter näßte oder ob es Tränen waren, die wir – mein Bruder und ich – uns eigentlich aus knabenhaftem Stolz verboten.

Am 24. Dezember ging es dann doch nach Frankfurt mit dem frühen Zug, nach althergebrachtem Ritus: mit Kofferpacken, Pferdedroschken, mit reserviertem Zugabteil und natürlich in Begleitung unseres Vaters. Es regnete immer noch. Die Droschkenkutscher hatten ihren Pferden schwarze Wachstuchdecken übergehängt, das Wasser lief den Männern über ihre dunkelblauen Mäntel mit den silbernen Knöpfen, und wenn sie sich zu einem Fahrgast hinunterneigten, schoß von dem Wachstuchzylinder mit der merkwürdigen Kokarde auf der linken Seite ein Strom Regenwasser auf die Straße herab. Da eine normale Pferdedroschke nicht ausreichte, mußte eine zweite, eine sogenannte Gepäckdroschke herbei, die sich durch ein Gitterchen auf dem Dach auszeichnete, auf dem die Koffer aufgebaut wurden. In Frankfurt angekommen, ging es vom Bahnhof durch die Kaiserstraße zum Haus der Großeltern. Es regnete, was der Himmel an Wasser hergeben konnte, alles sah traurig und unwirtlich aus, zumal kaum ein Mensch weit und breit zu sehen war und der an sich schon nicht übermäßig rege Verkehr auf ein Minimum reduziert erschien. Dort, wo die Neue Mainzer Straße in scharfem Knick zum Opernplatz hinführt, mußten die beiden Gefährte wenden, um vor dem Haus des Großvaters vorfahren zu können. Wohl hätte die Möglichkeit bestanden, die beiden Flügeltüren der Torfahrt aufzumachen und uns trockenen Fußes an der gefälligen Treppe in das Erdgeschoß abzusetzen. Aber diese Flügeltüren wurden nur des Abends geöffnet, wenn »Gesellschaft« bei den Großeltern war. Damals, an diesem verregneten 24. Dezember, war es meine Aufgabe, als erster aus der Droschke zu springen, zur Haustüre zu eilen und rechterhand die Klingel zu benutzen, über der das Monogramm meines Großvaters und darunter das lapidare Wort »Herrschaftseingang« angebracht waren. Die Türe öffnete sich, und der Diener Link empfing uns aufs freundlichste. Er trug über seiner waschbaren weißblau-schmalgestreiften Jacke und schwarzen Hose eine lange derbe Leinenschürze und war auf diese Weise bereit, dem Kutscher des Gepäckwagens beim Abladen behilflich zu sein. Inzwischen standen Wolfgang und ich schon in der Wärme des großelterlichen Hauses, wartend, bis die Eltern und die kleine Schwester mit der Nenna nachkämen, damit wir gemeinsam ins erste Stockwerk steigen konnten. Vorher hatte sich Frau Ackermann, die alte Köchin, damals sagte man Herrschaftsköchin, im Erdgeschoß gezeigt. Im ersten Stock aber, wo wir unsere feuchten Mäntel ablegten, stand freundlich strahlend über die erwartete Invasion der graubärtige Großvater, wie stets im dunklen Anzug, hocherfreut über die Schar der Enkel, die, um ihn zu begrüßen, nach seinen Händen haschten. Von der Großmutter war vorerst nichts zu sehen. Durch eine verglaste Tür zogen wir also in das Herrenzimmer, den Bereich meines Großvaters, das durch die ganze Tiefe des Hauses ging. Der untere Teil der Fenster und der Terrassentür zum Garten war mit eigens dafür angefertigten Gobelindecken verhängt, damit kein Zugwind eindringen könne, der gewiß dazu keine große Lust verspürte, denn bereits im Oktober hatte man – wie in Frankfurt üblich – die Doppelfenster aus dem Keller heraufgeholt und an Ort und Stelle gebracht. Durch das große Zimmer zogen wir nun zum danebenliegenden kleinen Salon der Großmutter. Die große Flügeltüre öffnete sich, und die Großmutter nahm uns in Empfang; dann begab man sich zu einem verhältnismäßig bescheidenen Mittagessen. Es blieben noch ein paar Stunden bis zur Bescherung in der großen Bibliothek des Erdgeschosses. Fast sämtliche beweglichen Möbel waren entfernt, und mein Großvater hatte mit unendlicher Liebe und Mühe am Boden ein ganzes Schweizer Dorf aufgebaut, in dessen Mitte die Krippe stand. Besonderen Effekt machte der aus einer Spiegelscheibe gebildete See, auf dem ein paar kleine Boote schwammen, und in dem sich der spitze Kirchturm des Dörfchens spiegelte. Dunkle Berge, auf denen Kuhherden weideten, schlossen den See ein. Nie war eine Weihnachtstanne größer und strahlender als an diesem Tag im Jahr 1907. Sie war so hoch, daß man sie mit einer kleinen Winde an der Holzdecke des Bibliothekszimmers aufgehängt hatte, so daß sie, obwohl ihr Stamm den Boden streifte, recht eigentlich schwebte, geschmückt mit unzähligen Kerzen und vielen bunten Kugeln. Es war bei uns daheim nicht Brauch, Süßigkeiten an den Baum zu hängen. Um fünf Uhr hatte das Christkind mit silbernem Glöckchen geläutet. Wir Kinder waren in dunkelblaue Matrosenkleidung gesteckt, die Großmutter, sehr groß und leise reserviert, trug ein schwarzes Seidenmoirékleid mit einem weißen Spitzenfichu. Meine Mutter brachte mit einer kleinen Toque aus schillernden Federchen etwas Paradiesvogelhaftes und nicht ganz Korrektes, dafür aber sehr Mondän-Geschmackvolles in die Szene.

Das Personal – Frau Ackermann, die Jungfer Anna, zwei Haus- und Küchenmädchen, alle in Schwarz mit weißgestärkten Schürzen, und Link, weißbehandschuht und im Frack mit schwarzer Binde – blieb freundlich verlegen im Hintergrund. Keine Musik, kein Gesang, nur der strahlende riesengroße Baum, die Bücher an den Wänden und draußen der im Regen schlafende Garten. Was an Geschenken um die farbenfrohe Krippe für uns herumlag, war mit einem, ja einem Dutzend Blicke nicht zu fassen, nichts Praktisches, Alltägliches, nur Liebes: Bücher und Spielzeug. Ein paar Jahre lang waren es im besonderen hölzerne Tiere für den damals beliebten amerikanischen Spielzirkus Humpty-Dumpty. Die Tiere waren in sich beweglich, und der Elefant zum Beispiel hatte in seinen Füßen tiefe Kerben, die es ihm ermöglichten, auf den Sprossen einer Leiter zu stehen. Gaben von Bedeutung waren auch die stets zu ergänzenden Baukästen, unter ihnen ein Burgenbaukasten, der das Rennen vor dem etwas langweiligeren und mit einem merkwürdigen, unvergeßlichen Geruch behafteten Anker-Steinbaukästen aus Rudolstadt in Thüringen machte. Mit diesen Baukästen versehen, begannen dann mein Bruder und ich, auf dem Teppich liegend, das Dorf zu erweitern und es teils mit Nürnberger Spielfigürchen, teils aber mit äußerst komischen Bleisoldaten zu bevölkern, die mein Vater in München aufgetrieben hatte, Biedermeier-Soldaten in blauen Fräcken und weißen Hosen, zum Teil spindeldürr, zum Teil dickwanstig, also eine Truppe, die aus lauter Don Quichoten und Sancho Pansas bestand. Gegen halb acht Uhr erschien Link und bat zum Essen. Wie immer gab es eine Suppe, in der Buchstaben schwammen, dann Fisch, dem die Weihnachtsgans folgte, an deren Tranchieren sich mein Großvater mit großer chirurgischer Geschicklichkeit machte. Das Dessert bestand aus einem äußerst üppig ausgestatteten Königspudding, von Schlagrahmgebirgen umgeben, und ganz zum Schluß gab es Pralinés vom Konditor Maucher in der Kirchnerstraße und hausgemachte Quittenpaste von dem alten, immer noch tragenden Quittenbaum im Garten. Aber dann wurde es Zeit, daß wir nach einem kurzen Abschied von dem noch einmal angezündeten Weihnachtsbaum die mit Holz- öfen geheizten Fremdenzimmer bezogen. Mit einem Elefan- ten aus dem Humpty-Dumpty-Zirkus und mit *Bechsteins Märchen* unterm Arm stieg ich in das biedermeierliche Git- terbett aus Holz, in dem später mein Sohn schlafen sollte, bis es im Krieg verbrannte. Es war schwer, nun den Weg aus der Weihnachtswelt in die Traumwelt zu finden, so wenigstens schien es uns, obwohl wir gewiß rascher als gedacht wie die Murmeltiere schliefen. Ich hörte auch die große Glocke vom Dom nicht mehr, mit der um Mitternacht die Weihnacht begrüßt wurde, und schlief in einen herrlichen Feiertag hinein, wunschlos glücklich; der Kummer vom Tag zuvor war völlig vergessen. Am Morgen wurden wir durch einen merkwürdig hellen Schein, der durch die grünen Klappläden drang, geweckt: Über Nacht hatte es geschneit, und damit war die Gartenwelt, auf die unsere Zimmer hinausgingen, wie verzaubert. Nach einem tiefen Schlaf standen wir nun in langen Nachthemden am Fenster und schauten in den Garten hinunter. Flüchtiger ist kaum je ein Frühstück eingenommen worden, obwohl es dabei recht üppig zuging im Vergleich mit dem täglichen Frühstück im Elternhaus. Ein großer westfäli- scher Schinken stand mitten auf dem runden Tisch, es gab Eier im Töpfchen, und mein Großvater schnitt mit einem langen schmalen Messer dünne Scheiben vom Schinken für jeden von uns. Wir aber drängten darauf, hinunter ins Erdgeschoß zu kommen, um in der Bibliothek, die ganz herrlich nach Edeltanne roch, unser tags zuvor begonnenes Spiel mit den Baukästen und den Zirkustieren fortzusetzen.

Gott Amor und des Kutschers
»Gute Nacht, Herr Erich«

Von klein auf habe ich Tante Anna geliebt, eine Nichte meiner Großmutter und neben ihr die letzte überlebende Belli. Sie war in späteren Jahren das reizendste alte Dämchen, das sich denken läßt, mit Pfirsichhaut, einer kleinen, sehr Bellischen Nase, von einer ungewöhnlichen Güte beseelt, klug ebenfalls und gebildet, belesen und Mutter von fünf Kindern: vier Knaben und einem Mädchen. Der Sohn Georg, lockenköpfig und mit einem runden Romantikergesicht, als käme er aus dem Kreis der deutsch-römischen Nazarener, studierte Kunstgeschichte und wurde Ordinarius in Tübingen. Seine Spezialität war die gotische Plastik in Spanien, damals eine absolute Terra incognita. Er sollte im September 1912 ein Mädchen aus besten Altfrankfurter Kreisen heiraten. Der Polterabend wurde vorbereitet, und da eine Art familiärer Revue auf dem Programm stand, zog man als Theaterspezialisten meinen Vater hinzu. Ich mußte nun auf der kleinen improvisierten Bühne in der Dürerstraße 11 den Gott Amor spielen, der die Aufführung einzuleiten hatte. Besonders gut gefiel mir dieser Vorschlag eigentlich keineswegs. Meinem Vater jedoch sagte er lebhaft zu. Das wirkte sich in der Bestellung an den Theaterschneider aus, der mir ein rötliches Kittelchen mit silbriger Mäandereinfassung anzufertigen hatte, es ging knapp bis über die Knie; der Theaterfriseur mußte eine goldgelbe Lockenperücke knüpfen, da ich – entsprechend dem Wunsch meiner praktisch denkenden Mutter – einen kurzgeschorenen Kopf auf meinen Knabenschultern trug. Endlich wurden rosarote Ballettschuhe besorgt, eine Rosengirlande, Pfeile, Köcher und Bogen aus goldenem Pappmaché und kreuzweis zu bindende Bänder, die meine strammgebildeten Waden (sie steckten in Trikots) nicht gerade in ätherische Extremitäten verwandelten. So war ich also äußerlich bereits für meine Rolle ausstaffiert und mußte die mir zugedachten Knittelverse auswendig lernen.

Hierbei half der theatererfahrene Vater. Mit den Worten »Bin schon da, / weiß es ja, / daß ihr mich braucht; / seht, ich bringe euch / hier diesen Myrtenzweig, / weiß was euch taugt« war ich der Prolog, der sich an die einleitenden Worte eines Conférenciers anzuschließen hatte. Daß sich »euch« auf »Myrtenzweig« reimte und »braucht« auf »taugt«, zeigt an, daß man in Goethes Geburtsstadt lebte. Mein Auftritt aus der Kulisse, der eigentlich ein munteres, lämmerhaftes Herein-hüpfen in die Szene war, wurde des öfteren geprobt und fiel endlich zur Zufriedenheit meines Vaters aus. Dann war es soweit. Im großelterlichen Coupé mit dem »Schimmelche« rollte ich, schon völlig zurechtgemacht, zusammen mit den Eltern durch die abendlichen Straßen über die Untermain-brücke zur Dürerstraße. Alles ging freundlich nach Wunsch. Ich hatte den schönsten Beifall und mag wohl recht belusti-gend und ganz herzig ausgesehen haben. Ich hörte nach meinem Auftritt noch ein Lied, das, auf der Bühne intoniert, von den Zuschauern mitgesungen wurde und das ging so: »Ich weiß e kleins Häusle am Main, / Das is net zu groß, net zu klein, / Doch in all seine Zimmer / Gefällt es mir nimmer, / Denn ich bin ja net mehr allein.« Aber da meldete sich bereits der Kutscher, der den Auftrag hatte, mich zurück nach Hause zu bringen. Der Wagen stand unter der Gaslaterne und große Sterne blickten herab, es mochte gegen zehn Uhr sein. So spät war ich noch nie durch die nächtliche Stadt gefahren. Ich fröstelte nach der Aufregung und der Wärme der Bühne und schmiegte mich in die blauen Polster, das Abenteuer auf meine Weise überdenkend. Kein Zweifel, ich war, trotz des erregenden Beifalls, ein bißchen enttäuscht von der ersten Begegnung mit der sogenannten Theaterwelt des flüchtigen Scheins und falschen Seins. Ich hatte meinen Mantel über dem Kostüm und empfand mich als höchst lächerlich, als ich, aussteigend, meiner goldbebänderten Beine gewahr wurde. Der Kutscher legte grüßend die Peitsche an die Krempe seines hohen Huts und sagte – und dies geschah mir zum erstenmal im Leben: »Gute Nacht, Herr Erich.« Irgendwie tröstete mich die Anrede über die geheime Enttäuschung des Abends. Man öffnete mir mit etwas erheitertem Respekt die Haustür, und wenige Minuten später lag ich in meinem Bett. Wenn ich, Jahre danach, gelegentlich auf die Lockenperücke stieß und sie mir grimassierend überzog, fand ich, Theaterspielen sei jetzt und inskünftig meine Sehnsucht nicht. Konnte ich damals ahnen, daß meine Sterne mich nicht auf die Bühne, wohl aber ins Parkett führen würden, um über das zu schreiben, was dort oben sich so wundersam und manchmal so wundervoll ereignet, Gestalt annimmt für ein paar Stunden, die häufig Enttäuschung, manchmal aber auch Seligkeit und, selten genug, tiefste Verzauberung des Herzens und der Gedanken bringen? In jener Septembernacht des Jahres 1912 ahnte ich es nicht.

Gouvernanten und erste Knabenliebe

Im Frühjahr 1908 waren wir endgültig nach Frankfurt übergesiedelt, die geliebte Nenna mit uns. Eines Tages aber ging sie fort, und der Reigen, den die »Fräuleins«, die Gouvernanten, durch unsere Kinderzimmer geschlungen haben, nahm seinen Anfang. Gouvernanten gehörten zu dem kleinen Panorama unserer Jugend wie Gedichte zur ersten Liebe oder Leibjäger auf den Kutschbock eines Souveräns. Von einigen unserer »Fräuleins« will ich erzählen, die wir drei Kinder verbraucht, verschlissen, abgenutzt und dann mit mehr oder weniger blutendem Herzen fortgetan haben, wie Kinder das mit ausgedientem Spielzeug zu tun pflegen, dem sie, bei aller Roheit, die man ihnen nachsagt, doch mit einem kleinen, halb unbewußten Schmerz nachtrauern. Ich habe nie begriffen, nach welchen Grundsätzen meine Mutter Jungfern und Kinderfräulein engagierte. Es gab in der Kirchnerstraße, nahe beim Frankfurter Hof, ein Vermittlungsbüro, das Stellensuchende auf Wunsch ins Haus schickte. In den meisten Fällen waren es besonders hübsche und adrette Wesen, die meine

Mutter ans Haus band. Unter den Jungfern gab es, als wir schon in der Vogelweidstraße wohnten, ein blondes Mariechen, ein reizendes stupsnäsiges Geschöpf, adrett und flink, das Jahre bei uns ausharrte; es gab eine nußbraune Grete, nicht mehr ganz so jung wie das hasengesichtige Mariechen, und eine höchst erfahrene, um nicht zu sagen durchtriebene, in jeder Weise geschickte Gertrud, die es mit Vater und Sohn, mit mir nämlich, gern gehalten hätte.

Es geht nicht an, alle unsere »Fräuleins« hier aufzuführen. Von dreien aber – Anna Moser, Maria Kamber und Minnie Ochs – will ich erzählen. Die Reihenfolge ist nicht nur historisch, sie ist – so glaube ich wenigstens – auch von der bis heute währenden Sympathie oder Antipathie beeinflußt. An Anna Moser, die später eine so enthusiasmierte Hitlerbraut wurde, hat mir am wenigsten gelegen. Hier hat sich die Unberechenbarkeit meiner Mutter gezeigt. Anna Moser war eine brillenbewehrte stämmige »Schwarzwaldtanne«, die das Einjährige in einer Knabenschule gemacht hatte, ein vielleicht zwanzigjähriges Wesen mit fettigem Haar, einer fleischigen Nase und von höchst tapsigem Wesen. Jedoch war sie eine gute und gerechte Pädagogin, gutmütig-indolent und »ideal« gesinnt, weshalb sich mein Bruder ihr rasch anschloß. Ihm imponierten große Kenntnisse, und der mir fatale Odor corporis der jungen Gouvernante blieb ihm gleichgültig. Von den Eltern eigentlich meinem Bruder zuliebe geduldet, blieb Anna Moser ein paar Jahre, schrieb später aus Schweden und der Schweiz, fand endlich Erfüllung in der Ideologie des Dritten Reiches und einer Unzahl von Kindern. Nichts war mir widerwärtiger, als später ihre Briefe an meinen Bruder und meine Schwester zu lesen, in denen sie eine Art mystischer Hochzeit mit dem im Sportpalast brüllenden Gesellen feierte. Sie ist mir heute in der Erinnerung fast so fern wie damals, als sie mit derbgesohlten hohen Schnürschuhen, mit Nickelbrille und Sekundareife bei uns eintraf.

Anders stand es von Anfang an um Maria Kamber, eine Thunerin von hohem, fast zerbrechlichem Wuchs, blond, nicht eben intelligent, die unsere Begleitung auf vielen Reisen wurde und die im Sommer 1913 – im großväterlichen Haus – meine Pflegerin nach einer Blinddarmoperation gewesen ist. Hier kamen wir uns näher, sie erzählte mir, dem damals Zwölfjährigen, von ihrem bislang verschwiegenen Brautstand und zeigte mir das Bild eines schmalen Lehramtskandidaten mit unklarem Teint, dessen Frau sie später geworden ist, nach einer vieljährigen Wartezeit, was mich heute noch rührend anmutet. Die Zärtlichkeiten und Küsse, die wir tauschten, galten von ihr aus gewiß dem fernen anderen, während ich – trotz heftigen Herzklopfens – noch nicht ganz begriff, was uns in dem großen Fremdenzimmer in der Neuen Mainzer Straße mit dem Blick auf die Platanen des Gartens zusammenführte. Wenn des Abends der Duft aus dem kühlfeuchten Garten und die fast ländliche Stille durch die grünen Sprossenläden ins Zimmer kamen, während bei halbgeöffneter Tür zum Kabinett – darin Maria wachte und schlief – diese Maria in einem Gummitub ihre blonde Nacktheit sorgsam wusch, ahnte sie nicht, daß ihr Zögling klopfenden Herzens die Bathsebaszene belauschte. Danach mußte Maria Kamber im langen Nachthemd an das Empirebett treten, um sich durch hundert Umarmungen die Knabenzuneigung bestätigen und durch manchen Kuß eine gute Nacht wünschen zu lassen. Wie keusch und doch wundersam aufgeregt legte ich mich dann zum Schlafen nieder, bis das Morgenlicht, von den Platanenblättern reflektiert und durch die Lädenspalten eindringend, mich weckte für einen Tag holden Nichtstuns, denn ich war ja ein armer Rekonvaleszent, dem der Professor Ebenau, Chirurg des Bürgerhospitals, viel Ruhe und Bequemlichkeiten aller Art – jedenfalls keine Schulaufgaben – anempfohlen hatte. Auch Maria, zeitig verwitwet, ging den Weg in die Arme des »Führers«. Sie hat meiner Schwester später einmal von den »Wonneschauern« gesprochen, die sie beim Hören seiner Stimme überrieselten.

Dann aber erscheint vor mir Minnie Ochs, ein ganz bezauberndes Geschöpf, Tochter eines Superintendenten aus dem

Arolsenschen, so reizvoll, daß ich fast auf den Gedanken kommen möchte – der natürlich ein Unding ist –, meine Mutter habe die Kleine, die bei einer Familie Manskopf in der Ulmenstraße ein paar Jahre verbracht und von dort ein gutes Zeugnis erhalten hatte, meine Mutter habe dieses zarte blonde Geschöpf mit dem feuchten Guercinoblick eigens zur Freude und Versuchung meines Vaters engagiert. Minnie kam zu uns, als ich vierzehn, meine Schwester elf Jahre zählte. Wir Knaben, bereits Gymnasiasten, bedurften des Fräuleins keineswegs mehr. An seine Stelle traten gelegentlich die komischsten, die groteskesten Nachhilfelehrer: junge Grashüpfer, dickbauchige Spießbürger gesetzten Alters, mit daumenstarken goldenen Uhrketten auf der prallen Weste und einem Geruch nach ungelüfteten Kleiderschränken, nach Kraut und Kohl – mein Bruder und ich kamen aus dem Lachen, aus dem Spötteln nicht mehr heraus. Es war die Zeit, in der wir beide die Fundamente unserer ironischen Menschenbetrachtung legten. Minnie aber, die vor allem der Schwester zugeteilt und von ihr, dem Kind, freundschaftlich angenommen wurde, war eine Sylphe, Dryade, ein süßes Fabelwesen in meinen Augen. Es gibt ein einst sehr berühmtes, auch heute noch bekanntes Genrebild von Paul Chabas, entstanden um 1900, mit dem Titel *Septembermorgen*: ein junges nacktes Mädchen, das am Rand eines Sees im Wasser steht, leicht frierend, vornübergebeugt und die Hände zwischen die Knie gelegt, derart, daß man den Busen nicht oder nur unvollständig sieht. Über dem Wasser wogt weißlicher Nebel. Das blonde Mädchen, eine Art Idealbild aus jenen Tagen, kommt dem Typ des Gibson-Girls nahe. Reizend stupsnäsig, zierlich und schlank, machte es als geschickte Federzeichnung auf unzähligen Postkarten den Weg um den Erdball. Ein Gibson-Girl ist jener amerikanische Mädchentyp, für den Peter Altenberg sein Leben lang geschwärmt hat. Mein Gibson-Girl Minnie war in den besten Frankfurter Häusern gewesen und wußte längst, was Liebe ist, teils aus den Büchern, etwa von Anatole France, teils von den feinen

Familien selber, die wiederum so fein nicht waren, daß man eine Gouvernante völlig ungeschoren gelassen hätte. Minnie Ochs war nicht mehr ganz jung, ich denke, sie hatte die Mitte der Zwanzig gerade überschritten, sie wußte – glaube ich –, wo Barthel den Most holt, war also kein unbeschriebenes Blatt.

Unser Kinderalltag wurde genau eingeteilt. Wir gingen gleich nach dem Mittagessen mit eiserner Regelmäßigkeit in den nahegelegenen Palmengarten. Um vier Uhr war man zurück, es gab dann Milch und Butterbrot mit schwarzem Apfelkraut. Minnie Ochs war so attraktiv, daß ihr die Herren, die nachmittags im Palmengarten Tennis spielten, gern und lang nachschauten, sie sogar gelegentlich, trotz der sie umgebenden Kinderschar, ansprachen. Ich liebte die Zarte sehr respektvoll und treuherzig. Mit fraulichem Instinkt hatte Minnie sehr bald erahnt, was ich, der Vierzehnjährige mit dem mausefellartig kurz geschnittenen Haar auf dem drolligen Rundkopf, für sie empfand. Die Arolsenerin erwiderte auf ihre Weise die ahnungslose Zuneigung des Knaben, die ihr zeigte, wie unverbraucht ihre Wirkungsmöglichkeiten noch waren. Es hatte sich in wortlosem Einverständnis zwischen uns beiden der abendliche Brauch des Gutenachtsagens eingebürgert. Wolfgang und ich schliefen in einem sehr großen Mansardenzimmer, an das sich das Schlafzimmer des Fräuleins und meiner Schwester anschloß. Auch dieser Raum war gut proportioniert, hoch und luftig, durch zwei über Eck stehende Fenster schön erhellt. Um sieben Uhr aßen wir Kinder im geräumigen Kinderzimmer des ersten Stockwerks zu Nacht – Kakao und Butterbrote –, gegen acht das Fräulein. Besonders liebenswert in Erinnerung sind mir die auf unser Abendbrot folgenden Vorlesungen meines Vaters. (Ich habe lange Zeit die drei braunen Leinenbände besessen, in denen Selma Lagerlöf *Die Reise des kleinen Nils Holgersson mit den Wildgänsen* beschrieben hat, die uns der Vater vorlas.) Um acht Uhr dann stiegen wir nach oben und bei geöffneter Tür plauderten Wölfchen und ich entweder noch über die Ereignisse des Tages oder erwarteten, stumm geworden, den Knabenschlaf. In dieser Zeit holte sich Minnie zwei Kannen warmen Wassers und vollzog das abendliche Bad. Ich hörte, wie das Gummitub, das wir zuvor benutzt hatten, ausgeleert und gesäubert wurde, hörte, wie die Eltern drunten das Haus verließen oder sich zur Ruhe begaben. Und dann kam jener herzbewegende Augenblick, wo Minnie leise in langem Linonnachthemd an die halbgeöffnete Tür unseres Schlafzimmers trat und mir zu kommen winkte. Kniend auf dem Rand ihres Bettes, vor dem sie stand, bloßfüßig und rührend anzusehen, schloß ich sie in meine Arme, und es begann eine Orgie von Küssen, vor der Johannes Secundus sich als Stümper hätte bekennen müssen.

Sonntags, im schattigen Garten der Großeltern, spielten wir Krocket. Minnie trug dazu einen Canotier genannten Strohhut, eine rotweiß-gestreifte Bluse, einen sehr engen handbreiten Gürtel und einen fast bodenlangen weiten Rock. Niemals später haben Rosen so betörend geduftet wie jene, die den Rasen umstanden, auf dem die Holzkugeln mit melodiösem Klacken gegeneinanderstießen. Im altmodischen Gartenhaus, geißblattumsponnen, tranken wir später Tee, und hier geschah es, daß Minnie nach einem vorausgegangenen kleinen Disput mit meiner Mutter – der Anlaß hierzu war denkbar geringfügig – vom Rohrstuhl aufstehend in Ohnmacht fiel, nein, nicht fiel, sank. Sie glitt mit süßer Lautlosigkeit, unendlich liebreizend in jäher Blässe, behutsam, eigentlich wie um Entschuldigung bittend, zu Boden. Da lag sie nun, ein rührender Anblick, auf den blaugelb gemusterten Fayencefliesen, sie lag ganz züchtig da, gerade so, daß man die Spitze eines weißen Wildlederschuhes noch unter dem Rocksaum hervorlugen sah. Sie war, das erfuhr ich während der mehr als zwei Jahre, die Minnie in unserer Familie lebte, eine Meisterin des In-Ohnmacht-Sinkens. Wir wußten das alle, sagten aber nichts, weil wir das ganze vom ersten, immer wieder berückenden Augenaufschlagen an als den stummen Protest einer sozial nicht ganz Gleichgestellten akzeptierten.

Schließlich durfte sie doch mit meiner strengen Mutter nicht über eine Erziehungsfrage debattieren! Und die Ohnmacht gab ihr dann jeweils die Macht, die eigenen pädagogischen Wünsche durchzusetzen. Ich weiß nicht mehr, ob Anatole France' leidenschaftliche Damen auch in Ohnmacht zu fallen verstanden, bei Hackländer taten sie das noch ganz selbstverständlich, und den las ich damals. Nach etwa zwei Jahren ging Minnie von uns fort. Die letzten Monate schwanden in heiterer, sanfter Trauer dahin. Ich entsinne mich noch eines Winterabends in dem etwas düsteren Kinderwohnzimmer. Die Eltern waren auf einem Ball, Bruder und Schwester schliefen bereits. Da übermannte mich der bevorstehende Abschiedsschmerz. Eine Stickerei beiseite legend, war Minnie aufgestanden und strich sich den Rock glatt, das Zimmer, die Welt unserer stummen Zwiesprachen, zu verlassen. Ich sprang auf, eilte der sich Umwendenden nach und lag schon, sie umfassend, den Kopf in ihren Schoß gepreßt, vor ihr auf den Knien. Es war ein echter und zugleich doch theatralischer Kniefall. Sie war zuerst überrascht, erschrocken und verwirrt; und dann, im Genuß der Situation, einen Sechzehnjährigen zu ihren Füßen zu sehen, einen Romeo, einen Mortimer, schien sie doch tief beglückt. Sie fuhr beschwichtigend und zugleich kaum merklich ermunternd über mein Haar. Ich sprang auf und lag in ihren Armen. Überflüssig zu sagen, daß sich unsere Lippen wieder, immer wieder fanden. Ja, so hatte ich es in einem Dutzend Bücher gelesen, oftmals auf der Bühne des Stadttheaters gesehen. Am letzten Abend dann besuchte ich mit Minnie das Schauspielhaus. Im Dunkel des Zuschauerraumes ergriff ich ihre Hand; sie war klein, feingliedrig und nun ein wenig feucht wie die meine. Man gab den *Don Carlos.* Zu Hause, sehr spät schon, schlich ich mich an Minnies Tür. Sie trug noch das bescheidene dekolletierte Abendkleid, als sie mir öffnete. Wir küßten uns immer wieder, und mit einemmal überwältigten mich Schmerz und Verzweiflung und ich ließ meinen Tränen freien Lauf. Sollte ich nicht weinen, wenn Achill es schon getan, der nur den

Freund verloren hatte? Was aber war ich zu verlieren im
Begriff, unwiderruflich und nach Arolsen? »Ein Mann«,
sagte Minnie leise zu mir, »ein Mann, Erich, weint doch
nicht.« Ich aber habe an diesem letzten Abend noch lange in
Minnies Armen geweint, sie hat's mir nachgesehen, denk ich,
und war lieb und gütig, aber gar nicht mütterlich zu mir, was
ich gewiß auch nicht gern gehabt hätte. Es waren meine
letzten Tränen der Leidenschaft für lange Zeit.

Lausbubenstreiche

Vor mir liegt ein roter Duodezlederband. Er enthält Heinrich
Heines *Buch der Lieder*. Auf dem Vorsatzpapier steht: »Zur
Erinnerung an München 1913. Wilhelm.« Mein Vater hatte
den Faksimileneudruck meiner Mutter während einer Ferienreise nach Berchtesgaden und München geschenkt. Einmal
las er mir daraus das Gedicht vor: »Mein Kind, wir waren
Kinder, / Zwei Kinder, klein und froh;...« Es ist mir
unvergeßlich geblieben und rührt mich heute noch genauso
an wie damals, als ich noch »klein und froh« war und
manchmal auch knäbisch übermütig und unbedacht und zu
mancherlei Unfug aufgelegt.
Es muß 1913 gewesen sein: Wir waren mit dem Kinderfräulein – Maria Kamber – in der Neuen Mainzer Straße einquar-
tiert worden, weil die Eltern – wie alljährlich – für Wochen
nach Italien gereist waren. Im allgemeinen langweilten wir
uns nicht, denn der Garten, die Bibliothek und das an vielen
Stellen geheimnisvolle Haus der Großeltern ließen Lange-
weile nicht aufkommen. Eines Nachmittags jedoch kam es
meinem Bruder und mir in den Sinn, daß wir unsere Brief-
markenalben bei uns haben müßten, die sich im wohlver-
schlossenen Haus der Eltern an der Schubertstraße befanden.
Wir begaben uns also ins Westend, überstiegen das schmiede-
eiserne Tor des Vorgartens und gelangten am Haus entlang in
den dahinterliegenden Garten. Es fand sich rasch die durch

eine gußeiserne Klappe verschlossene, aber leicht zu öffnende Einschütte zum Kohlenkeller, hinter dem in einem zweiten Raum die Zentralheizung lag. Wir hatten helle Matrosenanzüge an und versuchten nun, auf der schiefen Ebene in den Kohlenkeller zu gelangen. Dabei stellte sich heraus, daß die Rinne etwa in der Mitte durch eine senkrechtstehende Eisenstange gesperrt war, an der wir gerade noch vorbeigleiten konnten. Nun standen wir also im sommerlich leeren Kohlenkeller, durchschritten ihn und mußten zu unserer Enttäuschung feststellen, daß die Türe zum Haus selbst verschlossen war. Es war eine feste Eisentür, an der zu rütteln oder irgendwelche Einbruchsversuche zu machen, sinnlos gewesen wäre. Also traten wir resigniert den Rückweg an, kletterten durch den Kohleneinwurf mühsam zurück in den Garten, wo wir, von oben bis unten garstig beschmutzt, verschnauften und erkennen mußten, daß sich der fette Kohlenstaub nicht von den Kleidern entfernen ließ. Ziemlich deprimiert traten wir den Heimweg an und schämten uns heftig unter dem mißbilligenden Blick des großväterlichen Dieners, als wir das Haus in der Neuen Mainzer Straße betraten. Die Empörung des Kinderfräuleins war groß. Aufs strengste gehalten, uns nicht zu züchtigen, gab es eine stundenlange Strafpredigt und die Androhung, den ganzen Vorgang, den wir wahrheitsgetreu schilderten, den Eltern nach Sorrent schriftlich zu melden. Der Brief wurde abgesandt und mochte auch in Italien Unwillen hervorgerufen haben, als jedoch die Eltern zurückkamen, waren sowohl der »Einbruch« wie die gründlich verschmutzten Kleider vergessen, und ich erinnere mich noch, daß mir mein Vater aus Rom ein faustgroßes marmornes Ochsengespann und die Nachbildung dreier Säulen des Forum Romanum als Geschenk mitgebracht hat – zwei Dinge, aus denen die besondere Zuneigung meines Vaters zu mir sprach. Meinem Bruder hatte man noch vor der Abreise ein von ihm lang ersehntes Buch aus der Sammlung der *Kürschnerschen Nationalliteratur* gekauft, das ihm als Mitbringsel von der Reise überreicht wurde.

Weniger glimpflich endete für uns beide ein anderes Unternehmen. Im Coupé des Großvaters befand sich in der Lehne des schmalen Rücksitzes ein eingebautes Mahagonikästchen, in dem mein Großvater Visitenkarten aufbewahrte. Einmal, als wir im Winter gegen Abend nach Hause zu den Eltern gefahren wurden, bemächtigten wir uns etwa eines halben Dutzends dieser Karten, um sie am nächsten Tag in die benachbarten Briefkästen zu werfen – und zwar mit einem Eselsohr versehen, getreu dem Spruch: »... und ist darin ein Eselsohr, so heißt das, ich sprach selber vor.« Mein Großvater war nicht wenig erstaunt, als ihm wenige Tage später sechs oder sieben völlig unbekannte Leute aus unserer Straße Besuche abstatteten. Einer von ihnen berief sich dem Diener gegenüber auf den Besuch des Großvaters bei ihm in der Schubertstraße. Auf diese Weise kam unsere Untat ans Tageslicht, und die Strafe – mehrere Tage Hausarrest – war streng.

Die ILA und der Zeppelin

Seltsam, die ungezählten Aufenthalte im großelterlichen Haus haben sich besonders farbig meinem Gedächtnis eingeprägt, etwa wenn ich als Dreizehnjähriger an späten Nachmittagen in das Fremdenzimmer unterm Dach stieg, mich ins Fenster lehnte und, von unbestimmten sentimentalen Gefühlen bewegt, über die Wipfel des großväterlichen Gartens schaute und über jene der angrenzenden Taunusanlagen. Bei klarem Wetter konnte man die Linie von Altkönig-Feldberg erkennen, und da ich damals anfing, Eichendorff zu lesen, war dieser Blick in die abendliche Weite für mich schön und bewegend, sehnsuchtsvoll und ziellos melancholisch stimmend.

Aus eben diesem Fenster hatte ich 1909 eines Abends ein Flugzeug heranschweben sehen, das offensichtlich etwas mit der gerade stattfindenden Internationalen Luftfahrtausstellung (ILA) zu tun hatte. Diese Ausstellung auf dem Festhallengelände – die Sensation des Sommers – bewegte unsere kindlichen Gemüter nicht weniger als die der Erwachsenen. In der großen Festhalle waren nicht nur die verschiedensten Flugzeugtypen ausgestellt, teils am Boden, teils – soweit es ihre Größe zuließ – in der Glaskuppel aufgehängt. Es gab auf dieser Ausstellung die unterschiedlichsten fliegerischen Wettbewerbe, denen man von einer Tribüne aus zuschauen konnte. Ich entsinne mich noch des »Kanalbezwingers« Blériot, der, bevor er den Motor seines Eindeckers anwarf, vor aller Augen sein, wie er wohl annahm, glückbringendes Leibeswasser an dem Rad der Flugmaschine abschlug. Er war ein untersetzter dunkelhaariger Mann in einem hellen Overall, derb und unelegant, ein einfacher Monteurtyp und nicht mit der Herrenreitereleganz der beiden Brüder Wright zu vergleichen, die aus England mit ihrem Kastenflugzeug nach Frankfurt gekommen waren und hier zeigten, was ihre Maschine zu leisten vermochte – gewiß nicht wenig, gemessen an den damaligen technischen Möglichkeiten.

Unvergeßlich eingeprägt hat sich mir das Erscheinen des Zeppelin-Luftschiffs über Frankfurt während der ILA. Durch die Zeitungen war die Ankunft in den Vormittagsstunden angekündigt, es gab schulfrei, und wir, die Eltern, Kinder und die Dienstboten, stiegen auf das flache, mit Kieseln und Moos bedeckte Hausdach in der Schubertstraße. Die große, noch etwas unschier ausgebildete segeltuchweiße Zigarre des lenkbaren Luftschiffs, an dessen Steuer man den Grafen Zeppelin mit seinem weißen Walroßschnurrbart wußte, überflog bedächtig, aber ohne ein Zeichen irgendwelcher Unsicherheit die Stadt, umkreiste verhältnismäßig niedrig zweimal den Domturm und entzog sich dann unseren Blicken; das ganze Schauspiel mochte nicht länger als zwanzig Minuten gedauert haben. Der Eindruck war stärker als jener, den das nicht starre lenkbare Luftschiff des Majors von Parseval hinterließ, das, gedrungen wie eine Runkelrübe, nicht die zeppelinsche Eleganz und gewisse Großartigkeit

besaß. Im Jahr zuvor war ein Zeppelin-Luftschiff bei Echter-
dingen verunglückt, und die Nation trauerte um diesen
Verlust, der wenig später durch eine nationale Spende von fast
sechs Millionen wieder ausgeglichen wurde. 1912 hat ein
geschäftstüchtiger Unternehmer eine wohl gelungene Zeppe-
linfahrt von Frankfurt nach Stuttgart veranstaltet. Der Fahr-
preis betrug einhundert Mark in Gold. Die Rückfahrt mußte
mit der Bahn angetreten werden. Teilnehmer haben mir
später erzählt, daß sämtliche Plätze des Luftschiffs ausver-
kauft gewesen seien. Ziel dieses damals noch abenteuerlichen
Unternehmens war der Besuch der Uraufführung von
Richard Strauss' *Ariadne auf Naxos*. Es wird berichtet, der
König von Württemberg, Wilhelm II., sei nach der dritten
Stunde der Aufführung eingeschlafen, was den anpassungsfä-
higen Komponisten später veranlaßte, die Oper auf ein
zumutbares Maß zu kürzen; seitdem wird nur noch diese
Fassung gespielt.

Damals während der ILA in Frankfurt waren Rundflüge über
die Stadt bereits etwas Alltägliches wie auch das Aufsteigen
von Freiballons, die als heitere orangefarbene Kugeln lautlos
und oft in Schwärmen über die Stadt dahinschwebten. Einen
dieser Ballons hatte die Trapezkünstlerin Käthchen Paulus
gemietet, die an ihrem Trapez, das mit bunten Fahnen
geschmückt war, einige hundert Meter über der Stadt ihre
verwegenen Künste zeigte. So vereinigten sich hier Kunst und
Technik, und die ILA des Jahres 1909 wurde zu einem
populären Ereignis, zu einem wahren Volksfest mit abendlichen Feuerwerken. Daß das Ganze gleichzeitig eine nationale
Demonstration war und daß Graf Zeppelins Luftschiff und
einige der gezeigten Flugzeugtypen, aber auch die Frei- und
Fesselballons, wenige Jahre später eine höchst kriegerische
Rolle übernehmen mußten, ahnten die meisten nicht.
Schließlich war es ein Zeppelin, der seine Bombenlast über
Paris abwarf. Mein *Neues Universum* brachte in jenen Jahren
bereits kriegerisch gefärbte Illustrationen, in denen Luft-
schiffe eine grausame, wilde Rolle spielten.

Aber noch war ich »klein und froh«, ein umsorgtes Kind. Die Eltern übertrieben darin nicht, aber sie gaben uns doch das gute Gefühl, ein Zuhause zu haben. So konnte es nicht ausbleiben, daß die Schule, sobald sie ein wenig erfahren worden war, wie eine dunkle Wolkenbank über heller Landschaft zu stehen begann. Von der Schubertstraße aus beschritt ich mit sehr zweifelhaften Gefühlen den Weg in die Schule. Das lag vielleicht zum Teil daran, daß mein Vater sich gern über Schule und Lehrer lustig machte und mir so – gewiß ohne Absicht – ein grundloses, anmaßendes Überlegenheitsgefühl beibrachte. Auch er war nie gern zur Schule gegangen, die ihm aber – es war das alte Städtische Gymnasium in der Junghofstraße – eine sehr gründliche Bildung, besonders in den Sprachen, vermittelte. Er sprach fast fließend Französisch und kannte die griechischen und römischen Klassiker so gut, daß er mit meinem Bruder und mir den Homer ohne Wörterbuch lesen konnte. Die Englischkenntnisse konnten gelten, sie waren jedenfalls besser, als die meinen es heute sind. Zwischen 1914 und 1918 erschien es »vaterländisch«, Englisch und Französisch zu vernachlässigen. Wir lernten in der Schule das alberne »Gott strafe England«, und mein Vater war leider lax genug, uns unsere Indifferenz fremden Sprachen gegenüber durchgehen zu lassen.

Wer von den Eltern mich am ersten Schultag in die Vorschule des städtischen Wöhler-Realgymnasiums begleitete, weiß ich nicht mehr. Die im Hintergrund der geräumigen Klasse versammelten Eltern – die Mütter überwogen – erfuhren durch den Klassenlehrer, welche Lehrmittel angeschafft werden mußten. Ein Schulranzen war bereits vorhanden, ein edles Stück, dessen Klappe mit Seehundsfell bezogen war, das fremdartig nach Tran roch. Schon ein paar Tage später – es war kurz nach Ostern im Jahr 1908 –, als es anfing, in der Schule ernst und damit langweilig zu werden, ging ich ziemlich unglücklich heim und trug ernste Gedanken mit mir. Hoffnungsgeschwellt saß ich im Zimmer meines Vaters, seine Rückkehr abzuwarten. Als er endlich heimkam, fehlten mir die Worte. Seine große Gestalt, seine ernstfreundlichen fragenden Augen brachten mich um meine Fassung. Ich begann zu weinen. Es war nicht jenes Kinderweinen eines Mutzkopfs wegen, es war ein Tränenvergießen, hinter dem Düsternis und Furcht standen, geboren aus einer ersten Begegnung mit dem Leben, jenem Leben, das seit kurzem in Gestalt der Schule das spielfrohe Idyll meines Daseins bedrohte. Da der Vater alles vermochte, würde er auch hier Rat schaffen. Als ich mich gefaßt hatte, bat ich sogleich und unumwunden, mich wieder aus der Schule zu nehmen; und während ich bat, schien mir mein Vorschlag durchaus berechtigt und erfüllbar. Ich war ein eher stilles, träumerisches und wohl auch phantasiebegabtes Kind, das gern spielte, mit den verschiedenartigsten Baukästen auf einem großen Tisch Städte erstellte, sie mit den winzigen thüringschen Spielzeugfigürchen, Wägelchen und grünen Bäumen belebte, und diese Städte standen tagelang da und warteten auf meine Heimkehr aus der Schule. Die großangelegten Straßen und Plätze gefielen auch meinem Vater, dem ich sie stolz zeigte. War denn mein Dasein zwischen Baukästen, Puppen, Holztieren und Bleisoldaten, war es nicht sinnvoller als die halben Tage, verbracht in den muffigen, dunklen Räumen der Schule, zwischen gleichgültigen oder unverständigen Knaben, unter dem Bakel alter säuerlicher Lehrer? So jedenfalls erschien mir die Welt, die ich seit Ostern gegen mein Zuhause eingetauscht hatte. Zwischen den Knien meines Vaters stehend, vernahm ich indes, daß es ein Zurück aus jener griesgrämigen Schulwelt nicht mehr gebe, daß es im Leben nun einmal so sei und ich vernünftig sein und die Zähne zusammenbeißen müsse. Alle täten das. So war also, nachdem Schule und Leben einmal gleichgesetzt waren, das Leben etwas, das sich höchst unerquicklich anließ, und die Schule – das erfuhr ich später nur allzuoft – war keine Einrichtung, die bestrebt schien, mir das Leben in seiner Gesamtheit freundlicher oder auch nur interessanter zu machen. Nach des Vaters Spruch konnte ich also eine Änderung keineswegs erwarten, ein paar Hoffnungssterne erloschen, und düster blieb die Schule mit ihrem staubigen, graubestreuten Hof, mit den armseligen Kastanienbäumchen, den häßlichen Klassenzimmern. Hier summte winters das Gas und knallte, und die Heizungsrohre glühten oder waren völlig erkaltet, während der ältliche Klassenlehrer Wilhelm Steitz – grauer Vollbart, große, groß-porige Nase – seinen breitgekrempten Bismarckhut über den Haken schlug, sich der Pelerine wie eines Königsmantels entledigte und die Klasse das interkonfessionelle Kindermor-gengebet sprechen ließ. Wenn ich mich nach Jahrzehnten dieser alten Schule erinnere, dann hat sie von der Düsternis ihrer Räume und von der Unpersönlichkeit ihrer Lehrer im Umgang mit uns Kleinen nichts eingebüßt. Ich empfand – freiheitlich und der Zeit nach «vernünftig« erzogen – den Gegensatz doppelt stark. Und wenn ich, im Rückblick, doch noch soviel zusammenklaube, dann darum, weil mir die verkrüppelte, armselige Menschlichkeit des Harteküchen-und Brezelmanns etwa, der in der großen Pause erschien, weil mir die Düfte beim Milchausschank in einem Raum, dessen Fenster im Winter waschküchenhaft beschlagen waren, stär-kere Eindrücke gaben als der Lehrstoff und die trockene Art, wie er an uns herangebracht wurde.

Von Schule und Abc-Kram wollte ich also nichts wissen. An einem der ersten Schultage kam ich trotzdem sehr beglückt nach Hause und verkündete den staunenden Eltern, daß ich einen Freund hätte. Er hieß mit Nachnamen Salomon, war klein wie ein dunkles Äffchen und saß in einem blauen Bleyleanzug in der Bank neben mir. Mein Vater nahm sich das Adreßbuch vor und stellte fest, daß Mama Salomon in der Innenstadt den Hutsalon Wetterhahn betrieb. Meine Mutter fand den Umgang nicht eben standesgemäß, ihr wäre ein Grunelius oder ein Andreae lieber gewesen; sie ließ mich das auch spüren. Die Freundschaft mit dem kleinen Salomon hat dann auch nicht lang gedauert, wir wurden umgesetzt.

Das Wöhler-Gymnasium lag am Schnittpunkt zweier Wohn-
straßen und flankierte mit zwei Flügeln je eine der stillen
Straßen. Die Architektur hatte sogar eine gewisse klassizistische Würde, durch die Maße im allgemeinen sowie durch eine
Säulenanordnung zwischen den hohen Fenstern der Aula
bestimmt. Diese Aula war eine Mischung aus Banalität und
einem gewissen Pathos, das sich in einem großen Kaiserbild-
nis und antiken Landschaften hoch unter dem Plafond –
Aktium und Salamis sind mir erinnerlich – kundtat. Was in
diesem Versammlungsraum geschah, so gut es gemeint sein
mochte, auch es bewegte sich zwischen den Polen des
Banalen und Pathetischen. Die Kaiser-Geburtstagsfeiern
wollten »akademisch« gewertet sein. Die jeweilige Rede
langweilte mindestens zwei Drittel der mehr oder minder
schmuck gekleideten Schülerschaft, die alsbald Unfug zu
treiben begann. Sie erfreute offensichtlich aber auch nur
wenige Männer des Lehrerkollegiums, das rechts und links
von der Kanzel, mit dem Gesicht zur Aula und den ansteigen-
den Bänken der Schüler, saß und grimmig dreinblickte und
das durch sein uniformiertes Erscheinen zeigte, daß es eben
nicht nur der Welt des Realgymnasiums angehörte, sondern
auch einem Draußen, einer Gesellschaft, die nach anderen
Gesetzen als jenen des Konferenzzimmers lebte und
handelte.
Das Wöhler-Realgymnasium war weniger Palästra, eher eine
Zwingburg mit kasernenhaften Gängen und Klassenzimmern, in denen winters das Gas aus S-förmigen Röhren in
grünlichgelb brennende Lampen strömte, wobei es zirpte
und sang. Wenn die Klassen mit Getöse über die ausgetrete-
nen breiten Holztreppen zur Pause auf den Hof drängten,
entstand ein dichtes Staubgewölk. Kein Wunder, daß ein
Kind sich hier verloren vorkam. Jene Träume, die von uns
verlangen, daß wir noch einmal die Schule besuchen sollen,
deprimierende, erschreckende und zutiefst beunruhigende
Nachtgesichte, suchen mich heute noch heim. Dabei sind es
weniger die Lehrer, die dort als Schwarzalben auftreten,

vielmehr ist es die unbeherrschte Materie der Naturwissenschaften etwa, die drohend nah und näher kommt. Jene Generation von Schulmännern, die Ernst Eckstein in seinen Schulhumoresken beschreibt, war längst in die Grube gefahren, indem sie ein paar milde Originale zurückließ. Ein Original in solchem Sinn war Wilhelm Steitz gewiß nicht, der uns in die Anfangsgründe des Schreibens, Lesens und Rechnens einführte. Mit grauem Prophetenbart und einer schlichten Nickelbrille auf der mächtigen Nase richtete er wie ein gewaltiger Moses die Gesetzestafeln der Schule vor uns Kleinen auf und erschreckte zutiefst mein freiheitsgläubiges Herz. Später habe ich die Geduld dieses Lehrers – und sein Verzichtenkönnen – bewundert, im steten Wechsel von drei Jahren ein Leben lang nichts anderes zu tun, als den Abc-Schützen eben das Schreiben beizubringen, die simple Handhabe des Werkzeugs, kaum mehr. Nichts anderes tat Herr Bangert mit dem gepflegten weißen Lippenbärtchen. Auch einen Lehrer Schäfer gab es, einen streng-gewaltsamen Herrn mit cholerisch gerötetem Gesicht, radfahrend, stets Metallklammern an den stramm gefüllten Hosenbeinen. Er hätte in eine Jean-Paulsche Dorfschule gepaßt. Er war grob und schlug gern einmal zu. Als mein Bruder eines Tages mit einer beträchtlichen Ohrfeige versehen nach Hause kam, besorgte sich mein Vater ein Heftchen mit offiziellen Dienstanweisungen für Lehrer, in dem zu lesen stand, daß »Schläge an den Kopf« untersagt seien. Auf diesen Paragraphen verweisend, schrieb mein Vater einen recht energischen erfolgreichen Brief an den schlagfrohen Lehrer. Wilhelm Steitz machte nur höchst selten von seinem Züchtigungsrecht maßvollen Gebrauch. Er schlug dann auf die Rückseite des übertrieben Jammernden mit dem Zeigestock, wobei ihm die Röllchen, sein pädagogisches Tun behindernd, aus den Ärmeln des Bratenrocks bis auf die Fingerknöchel rutschten und die Prozedur frühzeitig beendeten. Nicht vergessen sei Herr Sturmann, ein Freund des Sports mit dem schmalen Gesicht eines Herrenreiters.

Etwas blieb mir lange ein Rätsel während der Vorschulzeit: Das Pensum des Religionsunterrichts begann mit dem Alten Testament gleich nach Ostern; Weihnachten erfuhren wir von Christi Geburt, Ostern von der Kreuzigung, Himmelfahrt und pfingstlichen Wiederkehr. Zwischen Weihnachten und Ostern lag das Leben Jesu. Das genaue Übereinstimmen der Feiertage mit dem Lehrstoff ließ mich auf den Gedanken kommen, es habe sich damals das Alte Testament in der Zeit zwischen Ostern und Weihnachten, das Neue dann zwischen Weihnachten und Ostern zugetragen. Es dauerte einige Zeit, bis ich die riesigen zeitlichen Räume, durch die hin diese Geschehnisse sich ausbreiten, auch nur ahnte. Und es gehörte der schöne Wunderglaube des Kindes dazu anzunehmen, das Leben eines Gottes habe sich in drei oder vier Monaten vollkommen erfüllt.

In der Sexta übernahm uns Dr. Stiebeling, ein moderner junger Lehrer mit dem Hang zur Eleganz, Reserveoffizier, der an Kaisers Geburtstag wehrhaft klirrend, mit silberner Schärpe über dem honorigen Bäuchlein geziert, erschien, im übrigen ein ungefaßtes Pincenez trug und mit Cutaway-Anzügen in märchenhaften, unalltäglichen Farben brillierte. Er trug knarrende braune Maßstiefeletten und Krawatten mit gewaltigen Knoten, er benutzte gelegentlich den Deutestab zum Strafen, weniger um uns Schmerzen zu bereiten, als um mit ihm das Symbol seiner Macht darzustellen. Er lehrte uns Latein und Französisch. Seine Aussprache des Französischen war gut, er war umfassend gebildet und hing an dem Fach, das er vertrat. Ich habe ihn, obschon kein guter Schüler, verehrt, und auch heute kehren freundliche Gedanken zu ihm zurück. Später einmal habe ich den Altgewordenen in seiner Junggesellenmenage besucht; er hatte meinen Namen im *Stadtblatt* der *Frankfurter Zeitung*, für das ich damals schrieb, wiedergefunden. Er plauderte mit mir voller Bonhommie und meinte, sich nicht ohne Stolz seines Schwalbenschwanzes von der Farbe der Frankfurter grünen Soße erinnernd, für einen Oberlehrer sei er doch eigentlich recht elegant gewesen. Dr.

Stiebeling schrieb eine etwas preziöse Hand, und in der meinen erkannte ich den einen oder anderen Zug, von ihm damals übernommen, wieder. Er spazierte mit uns auf dem großen Stadtplan an der Wand durch die Straßen der Stadt Paris oder erzählte, nach einer Ferienreise norddeutsch maßvoll begeistert, von seinem Ausflug nach dem Mont St. Michel. Er nahm seine Schüler gelegentlich mit Spott oder Ironie, so sicher auch hier, daß es niemandem eingefallen wäre, je in einer Stunde Obstruktion zu treiben. Dem damaligen Leiter der Anstalt, dem vorzüglichen Otto Liermann, ein jovialer Pädagoge, der aus den Bezirken des altberühmten strengen Städtischen Gymnasiums kam, ein Schüler Tycho Mommsens, haftete die römisch-griechische Geisteshaltung auch noch in den »realen« Bezirken dieser moderneren Anstalt an. Einer seltsamen Lehrergestalt sei noch gedacht: Morin gab in den unteren Gymnasialklassen Rechnen und Mathematik und betreute den Chor der Schule. Ein schöner alter Mann mit einem Kinnbart à la Napoleon III.; er war dick und schlaff geworden, an seinen Röcken trug er nur den untersten Knopf geschlossen, so daß Weste und Krawatte wie aus den Blättern einer sich öffnenden Tulpe herauswuchsen. Auf einem Stuhl vor der ersten Bankreihe sich räkelnd, hielt er seine Rechenstunden. Temperamentvoller gab sich der selbstvergessen Dirigierende beim Singen in der Aula. Morin entstammte einer französischen Emigrantenfamilie; er trug Kriegsauszeichnungen von 1870/71, aber er wirkte mehr kaustisch als militant, trotzdem erschien er unter einem imposanten Schlapphut bei den Sedanfeiern am Oberforsthaus. Manchmal leitete Morin auch die Turnstunden, die im Sommer bei trockenem Wetter im Freien abgehalten wurden. An der Peripherie der älteren Stadtanlage, am Ende der Miquelstraße, lag die Hundswiese. Im Herbst war sie Tummelplatz im Winde schwankender Drachen und im Sommer Stätte der sogenannten Turnspiele höherer Schulen, die an einem Nachmittag der Woche von fünf bis sieben Uhr ihre Klassen dort abwechselnd versammelten. An der stillen

Grüneburg hin, über die sonst kaum belebte Miquelstraße, zogen dann die Knaben, teils munter, teils unlustig zu einer im heutigen Sinne wohl etwas zweifelhaften sportlichen Betätigung, die nur zu oft in einem neben den Mal-Fähnchen Am-Boden-Liegen und In-den-hohen-Himmel-Träumen endete.

Da ich einige Frankfurter Schulen passierte, sind viele Lehrer an mir vorbeigezogen. Unter den Lehrern des Kaiser-Wilhelm-Gymnasiums, in das wir umgeschult wurden, als mein Vater sein Haus in Sachsenhausen baute, waren zu meiner Zeit keine bedeutenden Pädagogen, auch im Goethe-Gymnasium nicht, in das ich später überwechselte. Des gelähmten Lehrers in der Windmühlstraße, der mir Nachhilfestunden in Latein und Griechisch zu geben hatte, erinnere ich mich indes ziemlich genau. Bei ihm habe ich viel gelernt, mehr als in allen Schuljahren, aber ich lernte aus Angst vor seinen messerscharfen ironischen Anmerkungen. Noch sehe ich das zum Garten hin liegende große Zimmer – ein möbliertes, gewiß nicht sehr teures Zimmer vor mir, den gelähmten Mann an dem schulmeisterlich aufgeräumten Schreibtisch, die kleine Bibliothek, die nur aus Lehrbüchern bestand, zerschlissene, zerlesene Ausgaben verschiedener Auflagen, die Seitenränder vollgekritzelt mit Anmerkungen von seiner Hand, die scharfblickenden Augen und draußen eine schlanke Pappel im leisen Wind leicht bebend, Sommerwolken am Himmel. Mein Fahrrad stand neben der Haustür und wartete darauf, daß ich nach ein, zwei Stunden mich auf seinen Sattel schwingen würde mit dem Glücksgefühl dessen, der eine arge Sache glimpflich hinter sich gebracht hatte. Da stand dann der Heimweg offen: über die Untermainbrücke am Städel vorbei, oder über die Wilhelmsbrücke, am Haus der Familie vom Rath und den beiden, unter riesigen Platanen wie verwunschen liegenden Häusern de Bary-Jeaurenaud hin. Daneben lag jenes Etagenhaus, dem 1918 eine französische Fliegerbombe einen durch zwei Stockwerke gehenden Fassadenerker fortgerissen hatte. Der Flieger hatte vielleicht die Brücke treffen wollen, ein sinnloses Ziel, jedenfalls entschwand er unbehelligt, aufgenommen vom goldenen Licht der untergehenden Sonne. Das war im Sommer; wir konnten bei Westwind das dumpfe Grollen der Front hören.

Es gab noch einen Nachhilfelehrer, für Mathematik nämlich. Auch Herr Messerer kam nicht ins Haus, er mußte im Ostend aufgesucht werden. Er hatte einen enormen pädagogischen Ruf, war ostjüdisch, klein, behend und sprach ein hartes, rollendes Deutsch. Er lebte mit Frau, Tochter und Enkelkind in einer fast leeren Wohnung. Als strenggläubige Jüdin trug seine Frau eine braune billige Perücke; die Tochter, Anfang zwanzig, war ein dunkelhaariges bildschönes Mädchen, schmalgesichtig, mit den großen Augen eines erschreckten Tiers. Sie machte mir, aus der kleinen Küche tretend, die Türe auf, begrüßte mich freundlich, aber äußerst zurückhaltend, vielleicht war ich ihr zu blond, zu deutsch, vielleicht auch zu kapitalistisch, denn der Vater, das hatte ich bald heraus, war engagierter Sozialist. Immer standen brutzelnde Töpfe auf dem Herd, immer hing über den Töpfen tropfende Wäsche zum Trocknen, immer roch es unbestimmbar, leicht ekelerregend, und trotzdem war ich glücklich über den kleinen, freundlichen Willkommensgruß der schönen jungen Frau. Sie mußte als Kind wie jenes Mädchen gewesen sein, für das Richard Beer-Hofmann sein schwermütiges *Schlaflied für Mirjam* gedichtet hatte. Ich wurde dann von Herrn Messerer in Empfang genommen und in ein Erkerzimmer geführt, das außer zwei Stühlen nichts enthielt als einen kleinen runden Tisch, an den wir uns setzten. Ich war ein schlechter, unaufmerksamer Schüler, aber ich mochte den hochintelligenten Menschen mit dem Leninspitzbärtchen gern, und anstatt mir von ihm mit seiner kristallklaren Logik mathematische Probleme erklären zu lassen, hätte ich lieber von seiner Reise nach Frankfurt erfahren, dieser langen, langen Reise aus irgendeinem polnisch-galizischen-jiddischen Stätel, wo er es nicht mehr ausgehalten hatte, aus was für Gründen immer. Und da saß er nun mit kurzgeschnittenen schwarzen

Nägeln an den spatelförmigen, unsensiblen Fingern und redete auf mich ein, handhabte die Logarithmentafel und das Reißzeug, alles leise, bedächtig, klug. Einmal kam eine Wanze über den Rand des Arbeitstischchens gekrochen, und ich war äußerst gespannt auf Herrn Messerers Reaktion. Er formte seine rechte Hand zur Muschel, ganz als wolle er mit flinkem Griff eine Fliege fangen, strich aber die Wanze nur behutsam vom Tisch auf den Boden und sagte freundlich: »Geh weg, kleines Tierchen.« Dabei ließ er es bewenden.

In all meinen Schuljahren – eines mußte ich wiederholen, und vor dem Abitur bin ich rechtzeitig entflohen – habe ich stets gern und sehnsüchtig während des Unterrichts zu den Fenstern hinausgeschaut, den ziehenden Wolken nach, den im Wind sich bewegenden Bäumen. Das sonnendurchleuchtete Grün der Lindenbäume, die im Juli betörend dufteten, war mir besonders lieb. Der Geruch der blühenden Linden hat mich damals schon unbewußt traurig gemacht; er tut es heute noch. Ich habe von der Freiheit draußen geträumt, von dem Roller, dem sogenannten Holländer, mit dem ich nachmittags die stillen Westendstraßen durchfuhr, später war es dann das Adler-Fahrrad. Die Firma Adler – vormals Heinrich Kleyer, der wie Adam Opel ein Selfmademan gewesen war – hatte ihre Geschäftsräume in der Gutleutstraße. Dahinter lag ein asphaltierter Hof, das Velodrom. Dort waltete der Heinrich seines Amtes, dort lernte der Käufer das Radfahren. Das war feiner, als zu sommerabendlicher Stunde in den unendlich stillen Villenstraßen auf dem blitzenden Vehikel einherzutaumeln, während irgendwer – ein Freund, ein Dienstmädchen, der Diener – neben dem Rad herlief und das Fahrzeug und seinen unsicheren Lenker am Sattel hielt, um ihn vor dem Stürzen zu bewahren. Der Heinrich also, ein alter, in Ehren ergrauter Monteur, unscheinbar wie das alte Damenfahrrad, an das er angewachsen zu sein schien, fuhr neben dem Schüler einher, immer im Kreis, die schrundige Rechte am Griff der rostigen Lenkstange, des »Lenkrads«; denn man lernte nicht auf dem neuen eigenen Rad, sondern auf einem uralten

Tretesel, angestrengt bemüht, das Kollidieren mit dem Baum in der Mitte des Runds zu vermeiden. Nach ein paar solcher Stunden holten wir den Lehrmeister in der Gutleutstraße ab, dann ging es – auf dem eigenen Rad – über die Mainbrücke in den Stadtwald, dessen gepflegte Fahrradwege berühmt waren. Diese erste ernste Erprobung endete im Garten des Oberforsthauses, einem bürgerlichen Ausflugslokal, wo der Heinrich freigehalten wurde, zu welchem Behuf der angehende Jüngling einen Taler in der Hosentasche seines Matrosenanzugs verwahrte. Die Mahlzeit bestand aus Äpfelwein und Hartekuchen, einem wenig gesüßten rhombenförmigen Gebäck, lebkuchenhaft anzuschauen, doch von knusprig bröckelnder Konsistenz. Am väterlichen Gartentor lieferte der Heinrich uns wieder ab, nahm fünf kaiserliche Mark in Empfang und grüßte, wenn wir ihn später trafen, freundschaftlich respektvoll zurück. Von den wenigen offiziellen Prüfungen, die ich in dem folgenden prüfungsreichen Leben tatsächlich bestanden habe, war die im Frankfurter Velodrom eine der angenehmsten. Auf ihr fußend, kann ich heute sagen, ich sei einmal ein perfekter Radler gewesen, den Gefahren und Unbilden des Straßenverkehrs durchaus gewachsen, reich auch an nicht immer ganz ungefährlichen Erfahrungen mit Hunden, Trambahnen, Automobilisten und strengen Polizeiorganen.

Später waren es dann für kurze Zeit die Reitstunden, zu denen die Gedanken des unaufmerksamen Schülers abschweiften. Reimann, der alte Ulanen-Wachtmeister meines Vaters, gab sie uns. Geduldig stand er mit seiner unsäglich knolligen, erdbeerhaften Nase in der Manege und ließ meinen Bruder und mich auf dem dicken, braven Zeppelin traben und manchmal galoppieren.

Die Heimwege von der Schule waren meist sehr vergnüglich. Zwar führten die dem Vater berichteten Bubenstreiche manchmal ein häusliches Unwetter herauf, aber das scharf spähende Kinderauge gewahrte hinter allem Unmut in den väterlichen Augen ein winziges Lächeln sich hervortasten, ein

Erheitertsein, kurz etwas, das auch bei strengerer Strafe das Humane spürbar werden ließ, wie denn preußische Zucht, spartanische Einfachheit im allgemeinen uns allen stets fern gewesen ist und einem Stadtcharakter entgegen sein mußte, der sich einen keineswegs schönen, aber so farbig abschattierten wie plastisch durchmodellierten, wohl weichen, aber nie weichlich singsangelnden Dialekt gebildet hat, wie es der Frankfurter nun einmal ist. Einer der Knaben, die mit mir den gleichen Schulweg hatten, war ein engbrüstiger und feuchthändiger Junge, ein fast guter Schüler, der mich mit den Initialen meines Vaters und dem ihnen vorangestellten Doktortitel am Briefkasten zu ärgern suchte, ein anderer, ein kleiner blonder Bockenheimer Lausbub, war der Anführer der »Rotte«, die mit Stecknadeln die Klingelknöpfe möglichst hochgelegener Wohnungen niederdrückte und dann die Nadel abbrach; die, ein schmutziges Taschentuch an eine lange Gerte geknüpft, mit dieser Schandfahne den vom Einkaufen heimkehrenden Dienstmädchen und Köchinnen um das Gesicht herumwedelte und dazu »Nase putzen zehn Pfennige« rief. Zu dieser Rotte gehörte, mehr à la suite wie ich, Karl Trombetta, ein magerer dunkler Junge, der in der Mendelssohnstraße wohnte und oft mein Begleiter war. In seinen Aussprüchen, seinen Bemerkungen war etwas schlechthin unsäglich Witziges, Humorvolles, das mich immer wieder hinriß, schon in der untersten Vorschulklasse. Mit dem Nachhauseweg von der Wöhlerschule in die Schubertstraße ist ein Erlebnis verknüpft, das mir den Zorn meiner Mutter einbrachte. Die modern denkenden Eltern hatten den Kindern einmal gesagt, daß es gut sei, selbständig zu handeln, etwa bei einem Gewitter, dem man ohne Schirm oder Lodencape begegnete, eine Droschke nach Hause zu nehmen, um die Kleider zu schonen. Einmal nun – ich mag acht oder neun Jahre alt gewesen sein – fing es auf dem Heimweg von der Schule an zu tröpfeln, als ich mich gerade in der Nähe des Droschkenhalteplatzes an der Ecke Kettenhofweg-Arndtstraße, sozusagen im Windschatten des großen

Gartens, der zum ehrwürdigen Cronstettenstift gehörte, befand. Ich bestieg das erste Gefährt, das pastellblau ausgeschlagen war und dumpfig nach Stall roch, nach Pferdemist und Heu – Kaleschengeruch. Ich sagte mit großer Selbstverständlichkeit »Schubertstraße 16«, und wir rollten dahin. Nach knapp fünf Minuten waren wir angelangt. Ich ergriff meinen Ranzen, lief zum Kücheneingang und beorderte die erstaunte Köchin zum harrenden Droschkenkutscher. Die band sich die weiße Paradeschürze um, griff das speckige schwarzlederne Portemonnaie und erlegte eiligst die Schuld von zwei Mark. Obschon ich genau nach den mütterlichen Anordnungen zu handeln geglaubt hatte, wurde mir diese Selbständigkeit übel vermerkt. So heftig habe es denn doch nicht geregnet, ich hätte mich einige Minuten unterstellen sollen, das Geld sei wahr und wahrhaftig zum Fenster hinausgeworfen gewesen, hieß es. Mich kränkte das tief, zumal ich sah, daß mein Vater höchst amüsiert die mütterliche Philippika wortlos und insgeheim einverständig mit mir anhörte. Mein Hang zur Bequemlichkeit hat sich hier früh gemeldet.

Ferienreisen vor dem Ersten Weltkrieg

Wir wuchsen in großer Freiheit auf, eigentlich durften wir alles tun, wenn wir es nur mit einem gewissen Anstand taten. Wir waren guterzogene Kinder, mit denen man jede Trambahn, jedes Eisenbahnabteil, jeden Hotelspeisesaal getrost betreten konnte. Wir hantierten schon ganz früh sicher mit dem Eßbesteck und genossen das gewisse Aufsehen, das wir am ersten Ferientag im Engadin, in den Vogesen oder an der Riviera im Hotel, beim Eintritt in den Speisesaal, erregten: der große, gutgewachsene, mit Geschmack gekleidete Vater, die höchst elegante Mutter, drei Kinder, die da ohne Scheu – aber auch ohne Dreistigkeit – den Eltern folgten, und die Nenna, später dann das Fräulein. Jahrelang führten uns die

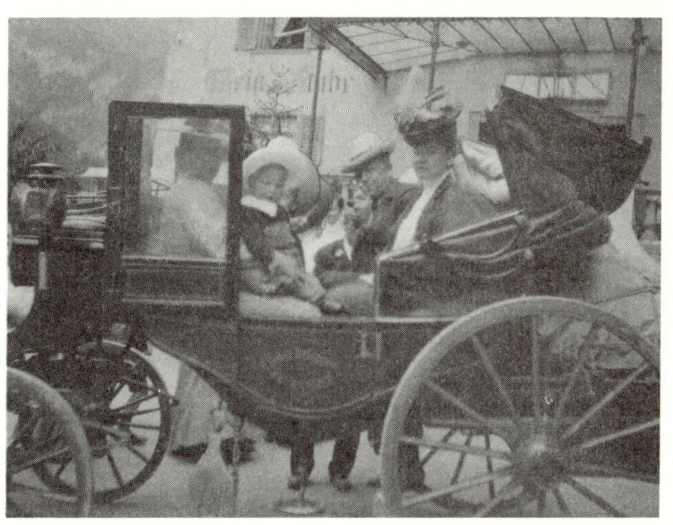

Ferien in Churwalden, 1905, v.l.n.r.: Nenna, die Kinderfrau
mit der Schwester Margit, die Eltern des Autors

Ferien in Lenzerheide, 1907: Der Autor (r.) mit der Nenna
und seinen Geschwistern

Ferien in Churwalden, 1906 oder 1907: Durchreise des Großherzogs von Baden, Friedrich I., mit seiner Gemahlin Luise. Der Vater des Autors begrüßt, den Sohn Wolfgang hochhebend, das Paar

sommerlichen Familienreisen nach Churwalden oder Lenzerheide im Unteren Engadin. Im Hotel Krone zu Churwalden mußte unsere Nenna im sogenannten Kurierzimmer essen, gemeinsam mit Bonnen, Zofen, Leibjägern und passierenden Kutschern, denn ins Obere Engadin konnte man damals nur mit Postkutsche und Pferdefuhrwerken gelangen. Ich fand, daß die Nenna durch das Kurierzimmer entwürdigt wurde, ich hätte sie gern an unserem Tisch in dem puritanisch-phantasielosen Speisesaal gesehen. Im Kurierzimmer fand die Nenna einigermaßen gleichartigen Umgang, etwa die Jungfer einer Mannheimer Fabrikantengattin, mit der sie eine Bergbesteigung verabredete. Das Ziel war irgendein noch grasbewachsener Aussichtsberg, der mit denkbar ungenügender touristischer Ausstaffierung angegangen und auch

198

bezwungen wurde. Allerdings gerieten die Unternehmungs-
lustigen in die späte Augustabenddämmerung, und die
Nenna legte das letzte steile Stück des Abstiegs auf dem
Hosenboden, eilends abwärtsrutschend, zurück. Am nächsten Morgen zeigte sie uns stolz das grasbefleckte, so mon-
ströse wie diskrete Kleidungsstück. Eine freundliche Unterbrechung unseres Ferienalltags, und noch lange Gespräch in
Churwalden, war im Sommer 1906 (oder 1907?) die Durchreise des Großherzogs von Baden, Friedrich I., und seiner
Gemahlin Luise, einer Kaisertochter. Es hat sich eine Foto-
grafie erhalten, die zeigt, wie mein Vater – aus der am
Straßenrand wartenden Menge tretend und meinen Bruder
Wolfgang hochhaltend – den liebenswürdig lächelnden weiß-
bärtigen badischen Landesvater und die Großherzogin – in
Erinnerung wohl an seine Heidelberger Studien- und Thea-
terzeit – ganz selbstverständlich begrüßt.
Besonders lebhaft sind mir noch unsere Ferienreisen vor dem
Ersten Weltkrieg nach dem elsässischen Luftkurort Les
Trois-Épis (Drei Ähren) im Gedächtnis. Die Liebe meines
Vaters zum Elsaß datierte aus seiner Militärzeit in Straßburg.
Am Reisetag wurde meist ich, der ich ja schon – wie man weiß
– praktische Erfahrung im Droschkenfahren hatte, ausge-
sandt, zwei Droschken zu mobilisieren. Mit der offenen
durfte ich, in die Polster gelehnt, zurück nach Hause fahren
und meine Selbständigkeit genießen. Die Koffer waren
gepackt und wurden in die Gepäckdroschke verstaut. Jener
größte meiner Mutter hatte bereits acht Tage zuvor im
elterlichen Schlafzimmer gestanden, und die Mama hatte,
bedächtig und systematisch, den »Grund«, wie sie sagte,
gepackt; bei meinem Vater ging das rascher. Um unsere
Habseligkeiten kümmerte sich das Fräulein unter den kritischen Blicken meiner Mutter, die dem jungen Mädchen ihre
Methode des Zusammenlegens der Kleider beibrachte. Am
Vorabend der Abreise war mein Vater zum Hauptbahnhof
gefahren (Linie 1: »Für zehn Pfennig gradeaus!«) und hatte
ein Abteil erster Klasse reservieren lassen. Es gab sechs

rotsammetgepolsterte Sitze; das ging gerade auf. Bei der ersten Reise wurde noch ein aus schwarzem Gummi gebildetes diskretes Geschirr mitgeführt für den Fall, daß die kleine Schwester ein dringendes Bedürfnis ankommen sollte. Es gab keine durchgehenden Waggons auf dieser Strecke, so daß der kontrollierende Schaffner sich zugsentlang auf den breiten hölzernen Trittbrettern fortbewegen mußte. Einmal kamen wir in Straßburg, wo man umsteigen mußte, so zeitig an, daß wir bei Sorg – oder war es Vallentin? – zu Mittag essen konnten, meine erste Begegnung mit einem Feinschmecker-restaurant französischen Stils, wo die Kellner in langen weißen Schürzen bedienten. Anschließend blieb noch Zeit genug, daß uns mein Vater – à la recherche du temps perdu – die Häuser zeigen konnte, in denen er als junger Ulan gewohnt hatte. Dann fuhren wir mit einer Sekundärbahn über Türkheim nach dem kleinen Wallfahrtsort Les Trois-Épis, der aus dem einen großen Hotel, der Kirche aus dem siebzehnten Jahrhundert nebst Klosteranbau und einer Handvoll Häuser bestand, in denen zum Teil einfache Pensionen untergebracht waren. Es gab viele Franzosen. Ich erinnere mich einer Gruppe sehr junger, sehr aufgeräumter Pariser – Poeten und Schauspieler wohl – nebst ihren eleganten Damen, die ein selbstverfaßtes Stück einstudierten und zur Aufführung brachten, mit Klavierbegleitung. Diese oder jene Melodie habe ich noch im Ohr, und sie zaubert mir jene Kindertage wieder herbei, die Wanderungen durch die Wälder mit Beerensuche, eine Exkursion allein mit meinem Vater zu Fuß nach dem verträumten Kaysersberg, wo die Störche auf den Türmen der alten Stadtbefestigung nisteten und sich zwischen mir, dem zehnjährigen Knirps, und meinem Vater ein wortloses beglückendes Einverständnis herstellte, Fundament für spätere Jahre.

Ein Hotelgast war Madame Bouclé, eine sehr mondäne Gutsherrin, die aus dem achtzehnten Jahrhundert gekommen zu sein schien, mit einer Mouche am Kinn, gepudertem Haar und einem winzigen Griffon auf dem Arm. Sie war uns

Ferien im elsässischen Drei Ähren, 1911: Der Autor (l.) mit dem
Kinderfräulein Maria Kamber und seinen Geschwistern

»artigen« Kindern zugetan, mit meinem Vater parlierte sie
französisch und sandte später – Versuch der Erhaltung solcher Ferienfreundschaft – von ihrem Landsitz La Fertée
Imbauld Karten nach Frankfurt, die ein langgestrecktes
weißes Haus mit vielen Fenstertüren zeigten, von denen aus
man einen Park betreten konnte, in dem Damhirsche grasten.
Das schönste an dem Hotel in Trois-Épis war eine weitläufige
Terrasse, auf der bei gutem Wetter unter einer rotweiß
gestreiften Markise gegessen wurde. Manchmal sah man fern

im Dunst die Nadel des Straßburger Münsters, nahebei aber standen Edelkastanien, in der Ferne Eichenwald, und ich weiß noch genau, mit welch eichendorffscher, melancholischer Sehnsucht sich abends mein Herz füllte und daß ich wie in Träumen auf dieser Terrasse saß, während ein italienisches Duo musizierte. Eine schmale Frau saß am Klavier, der Geiger, ein alter Mann, hielt sein Instrument auf das linke Knie gestützt, ganz so, wie man Musikanten auf Stichen des achtzehnten Jahrhunderts die Geige oder die Viola da gamba halten sieht. Sein Rücken war rund und gespannt wie ein altmodischer Fiedelbogen. Es schien, als spiele er nicht auf einem Instrument, sondern auf sich selbst. Seine Musik wurde nicht viel beachtet, man saß und sah weit hinaus in das abendlich dunkelnde Land, hinüber zu den burggekrönten Waldbergen und hinaus in die Weite einer Ebene, an deren Saum die Kette der Alpen fern sichtbar wurde, wenn der Tag klar war. Die zahmen Kastanien rauschten leise, im Westen stand noch ein roter Streif, der langsam in schwarzer Nacht zerfloß. Sterne kamen: In all dies glitt die Musik des alten Mannes ganz selbstverständlich hinein, sie war ein Teil des unendlichen abendlichen Friedens, ein Teil der Kühle, die aus den Wäldern rings und den Bauerngärten der Nähe drang.

Zu erinnern bleibt auch ein großes Manöver und daß ein junger Hohenzollernprinz im Hotel Quartier genommen hatte. Es gab kaiserliche Automobile, hellgelb lackiert und mit goldgestickter Standarte, bunte eingestaubte Uniformen der Infanteristen und glänzende Monturen der Offiziere, die in ihren hellgrauen Tuchmänteln und Mützen oder Pickelhauben gute Figur machten, nicht ahnend, daß drei Jahre später dieses Gebiet und die Landschaft um den Hartmannsweiler Kopf von der Kriegsfurie schreckenerregend heimgesucht werden würde. Als ich 1929 während einer Kammwanderung die verwüsteten Wälder um Drei Ähren durchstreifte, stieß ich auf Soldatengräber und zerfallene Schützengräben, an deren Rändern Königskerzen und Fingerhut wuchsen, auf weiße Baumleichen, die entrindet aus dem Waldboden rag-

Damals schon wollte mir scheinen, als gehöre alles, was vor 1914 liegt, zur absoluten Vergangenheit. Alles aber seit dem Beginn des Ersten Weltkriegs ist Gegenwart, nah, unverschleiert und immer wirksam. Es ist, als sei im Jahre 1914 die Kindheit und die Unschuldwelt klirrend in Scherben gesprungen, diese schöne, stille, gehegte Frankfurter Kindheit, die wie ein Spaziergang entlang an klaren weißen und sonnenbeschienenen Fassaden oder durch das flüsternde Grün der Gärten und Anlagen war; vorbei war die Zeit, da ich »klein und froh« war, und – wie es im letzten Vers des mich an den Vater erinnernden Heine-Gedichts heißt: »Vorbei sind die Kinderspiele / Und alles rollt vorbei, – / Das Geld und die Welt und die Zeiten, / Und Glauben und Liebe und Treu'.«

Alle meine Ärzte

Die Erinnerung an die tragische Begegnung mit dem Dermatologen Professor Herxheimer und seiner Frau im August 1942 an der Frankfurter Hauptwache, vor ihrer Deportation nach Theresienstadt, läßt mich an alle die Ärzte meines Lebens denken, an jene, die an mein Kinderkrankenbett gerufen wurden und an jene, denen ich mich später anvertraut habe. Im Rückblick erst wird mir bewußt, daß die meisten der von meinen Eltern und Großeltern in Anspruch genommenen Fachärzte jüdisch waren. Bewußt wird mir dabei auch, daß es wohl zuerst Güte und Menschlichkeit sind, die den jüdischen Arzt vor allen anderen charakterisieren. Beides ist nicht erlernbar, es mag der Rasse seit Hunderten von Jahren innewohnen. Die warme Anteilnahme und einfühlsame Zuwendung, gelegentlich verbunden mit leisem Humor, ebnen allein schon den Weg für eine schließlich erfolgreiche Therapie. Es ist natürlich ein Unding, diese Eigenschaften nur dem jüdischen Arzt zuzuerkennen. Zu jeder Zeit hat es auch geniale nichtjüdische Ärzte gegeben. Ich spreche indes hier von den Erfahrungen, die ich mit jüdischen Ärzten gemacht habe, nicht nur ich, insbesondere auch mein Vater, der ein besonderes Vertrauensverhältnis zu den ihn behandelnden Ärzten, allen voran Dr. Mastbaum, besaß. Von meinem Schwiegervater Richard Stern war die Rede schon, der seine ganze Zeit und Kraft seinen mehr oder weniger wohlhabenden Patienten widmete, in dem schlichten Praxisraum, oder indem er mit einem Lohnkutscher Hausbesuche machte. Der kleine, bescheiden auftretende Sanitätsrat war in meinen Augen beispielhaft für seinen Stand, aber er war nicht der einzige. Im Zusammenhang mit einer Diphtherie- und Scharlacherkrankung erinnere ich mich an Dr. Salomon Ehrmann, der sich im Gespräch mit natürlicher Herzlichkeit auf den Knaben einstellte. Erst später erfuhr ich, daß er auch Rabbiner war und als Anti-Zionist dem Central-verein deutscher Staatsbürger jüdischen Glaubens und dem Reichsbund jüdischer Frontsoldaten angehörte. 1938 wan-derte Dr. Ehrmann noch rechtzeitig nach Zürich aus, wo ihn die Schweizer Behörden später zum Flüchtlingsrabbiner beriefen. Unvergessen bei mir ist ferner der unsäglich ostjü-disch aussehende Internist Dr. Grünbaum. Er war die Güte selbst. Wie er behutsam meinen Bubenbauch abtastete, freundlich Fragen stellte, dem Vater Auskunft gab mit dem Ziel, mir wegen einer leichten Nierenerkrankung ein paar schulfreie Tage im großelterlichen Haus zu verschaffen, all dies und ein offensichtlich großes medizinisches Wissen, gepaart mit der Fähigkeit, Diagnosen zu stellen, läßt mich dankbar seiner gedenken. Von anderem Schlag war ein aus dem Osten eingewanderter Dr. Bernstein, Hautarzt mit eleganten Manieren, etwas großsprecherich und gewiß fähig, galante Krankheiten mit Stumpf und Stiel auszurotten. Dr. Bernstein schickte mit drei, wenn auch risikoreichen, Rönt-genbestrahlungen meine Plage zum Teufel. Eines Tages war er verschwunden, sans laisser l'adresse. Er hatte die Nase im Wind der Zeit gehabt, der ihm hart ins Gesicht blies und ihn rechtzeitig warnte. Rechtzeitig war auch der der Familie verbundene Dr. Adler nach den USA emigriert. Nach dem Krieg hat er sich jeden Gruß aus Deutschland verbeten: vielleicht ungerecht, aber begreiflich.

Der Kreis von jüdischen Ärzten, die mir in meinem Leben wichtig waren, bliebe unvollständig ohne Konrad Hirsch, Bekannter aus Weimar, Freund aus meiner *Berliner-Tage-blatt*-Zeit. Er betrieb seine Homöopathie mit Eifer und Verantwortungsgefühl und saß oft stundenlang im verdun-kelten Zimmer an meinem Bett, mir, dem von Migräne Geplagten, in Abständen Tropfen verabreichend, die Stirn massierend und am Ende, wenn nichts geholfen hatte, ebenso traurig wie ich bei uns in der Carmerstraße Tee trinkend. Dann war er mir verschollen. Bis eines Tages, vielleicht durch Dr. Bruno Adler, den Stifter-Biografen, unterrichtet, ein winziges Konrad-Hirsch-Briefchen aus London in München eintraf. Er lebte also, war verheiratet und schlug sich einigermaßen durch. Dann und wann langt es sogar zu einem nächtlichen Anruf aus London, was mich immer wieder rührt.

Die von mir hier erinnerten jüdischen Fachärzte wurden nur in bestimmten Fällen, bei schwereren Erkrankungen auf Rat unseres Frankfurter Hausarztes in Anspruch genommen. Nichtjüdisch war Dr. Ebenau, der wohlrenommierte Chirurg, der mich – etwa 1913 – im Bürgerhospital am Blinddarm operierte. Mit dieser Operation verbinde ich eine besonders liebe Erinnerung an meinen Vater: Aus der Narkose erwachend, sehe ich ihn an meinem Bett sitzen. Mich plagte der Durst, der aber – so kurz nach dem Eingriff – nicht gestillt werden durfte. Da tauchte mein Vater seinen rechten Mittelfinger in ein Wasserglas und benetzte – einmal, zweimal – lindernd meine trockenen Lippen. Den Hausarzt, wohltätige Einrichtung einer bürgerlichen Epoche, gibt es heute kaum noch, aber es gibt ja auch kaum mehr Häuser, die Wert auf einen Hausarzt legen, der mit der Familie altert, ihre Schicksale teilt, bei Entbindungen ebenso selbstverständlich anwesend ist wie beim letzten Seufzer, den leichter zu machen, seine und des Priesters Aufgabe bleibt. In meiner Frankfurter Kindheit hatte eine bestimmte Gesellschaftsschicht die Wahl zwischen zwei oder drei Ärzten. Mein Großvater und dann auch mein Vater hatten sich für den Sanitätsrat Dr. Rudolf von Wild entschieden, der, Schweizer, und zwar Berner Herkunft, bedächtig und umsichtig, zuverlässig und völlig sicher in seiner Diagnose war. Ihn einen schönen Mann zu nennen, zögerte wohl niemand: Er trug einen goldroten Vollbart mit der gleichen imponierenden Würde wie seine Gehröcke und weichen, leicht künstlerisch eingekniffenen Kalabreser Hüte, und er stieg gelassen und zugleich behend aus seinem mit Messingteilen – Lampen, Hupe – reich ausgestatteten Automobil, das ein Chauffeur lenkte, der den Motor jeweils mit der Hand anwerfen mußte, wenn der Hausbesuch und damit das Warten sich hinzog. Es war eines der ersten Automobile in Frankfurt, das im Dienst eines Arztes stand. Dieser wurde von einer langen Reihe von Familien in festen Sold genommen, er bezog sozusagen ein Gehalt, liquidierte aber Sonderleistungen maßvoll als Extras. Dr. von Wild trug eine goldgefaßte Brille mit jenen kleinen eiförmigen Gläsern, die uns bei Gelehrten-Bildnissen des neunzehnten Jahrhunderts auffallen. Ich erinnere mich noch heute des Gekitzels auf meiner Kinderbrust und meinem Rücken, das entstand, wenn der Arzt mich abhorchte. Da Dr. von Wilds Schädel haarlos blank war, wirkte die Üppigkeit seines Bartes doppelt imposant, die Stirn wuchs ins Ungemessene, und selten wurde eine goldene Taschenuhr bedeutungsvoller zu Rate gezogen als dann, wenn Dr. von Wild die Pulsschläge zählte. Noch sehe ich den Sanitätsrat an meinem Bett sitzen, den schweren Biberpelzmantel zurückgeschlagen, den Kopf ein wenig auf die Schulter geneigt, das Chronometer in der Linken, die eigenartig weiche, fleischige Rechte behutsam um mein Handgelenk gelegt. Der dunkelgraue Anzug war von äußerster Adrettheit, die Perle in der Krawatte fehlte nicht, und auch die Perlmutterknöpfe in den schmalen Chevreaustiefeln sollen erwähnt werden. Ein besonderes Abenteuer war für uns Kinder ein Besuch in der Ulmenstraße 9, dem Wohnhaus des Sanitätsrats, nicht nur aus Anlaß einer der schon erwähnten Kindergesellschaften, die Dr. von Wild und seine Frau, eine zierliche Engländerin mit Aprikosenteint, einmal im Jahr für die Kinder jener Häuser gaben, in denen der Sanitätsrat der Hausarzt war. Das Haus war von freundlich-wärmender Düsternis, mit Teppichen überfüllt und schweren Portieren, eine Orgie aus Sammet und Plüsch. Dr. von Wild war Korpsstudent gewesen, zwei lange Narben auf seiner Glatze legten davon Zeugnis ab, aber auch ein aufrecht stehender ausgestopfter Fuchs mit Band und Zerevis – in der Ecke des in tiefem Dämmerlicht liegenden Konsultationsraumes, an dessen Wänden hoch oben Ahnenbilder aus dem achtzehnten Jahrhundert hingen – erinnerte an verklungene Burschenherrlichkeit. Zu dem Fuchs mußte man hinüberblicken, wenn der Doktor einem den Rachen auspinselte. Das große Fenster des Raums war mit farbigen Schweizer Wappenscheiben ganz bedeckt, so daß im Zimmer ein honiggelbes Licht lagerte und ständig eine Lampe brennen mußte. Hier wirkte der Vielbeschäftigte am Nachmittag hinter medikamentös duftenden Nebeln. Im Wartezimmer lagen dicke Bände *Gartenlaube* und *Über Land und Meer*; ihre Holzschnitte waren so schön, daß man sich ungern von ihnen fortrufen ließ. Als ich, in jenes entscheidende Alter gekommen, begann, unter einer vom Großvater vererbten Migräne zu leiden, versagte die medizinische Hausmannskost des so trefflichen Hausarztes. In jenen Jahren habe ich katilinarisches Feuer unter die medizinische Autorität des bärtigen Sanitätsrats gelegt, in dessen rotgoldenes Vlies sich die ersten Silberfäden spannen. Aber trotz Konsultation eines parfümierten Modearztes, der aussah wie Gabriele d'Annunzio und der in einer eleganten Wohnung zwischen Lilienbuketts und Orchideenrispen praktizierte, trotz der Besuche bei vielen anderen Ärzten hatte das Leiden nicht aufgehört, ein Leiden zu sein, was Dr. von Wild in vertraulichem Gespräch meinem besorgten Vater prophezeit hatte. Ich aber hatte dem Hausarzt Valet gesagt, ich vagabundierte in unzähligen Sprechstunden, bis ich nach dem Krieg in München Dr. Gustav Blank begegnete: Ein Schüttelfrost hatte mich ins Bett gezwungen, Freunde rieten zu einem alten tüchtigen Arzt. Unvorstellbar schnell kam dieser. Ein Turm von Mann, wohl siebzig Jahre alt, betrat das kleine Zimmer, in dem ich schnatterte und wie eine Gliederpuppe hin und her geschüttelt wurde. Der Turm setzte sich, zog seine Uhr, umfaßte das Gelenk, zählte bedächtig und traf seine Anordnungen. Ein Kreis schien sich geschlossen zu haben; mit der Stille rieselte Vertrauen sanft wie Schnee und kühlend auf die fiebrige Stirn. Wenig später schlief ich ein. Als ich erwachte, war das Fieber verschwunden, und ich hatte wieder, was ich durch mehr als dreißig Jahre entbehrt hatte: einen Hausarzt, und damit einen Freund. Er war kein Stararzt, aber er war ein Stern, zu dem und nach dem all jene auf- und ausblickten, die leidend waren. Was soll ich zuerst rühmen? Seine Bescheidenheit, seine angeborene medizinische Intelligenz, seine Erfahrung, seinen ärztlichen Instinkt, seine Genauigkeit, sein überlegenes, von den täglichen billigen Aktualitäten abgerücktes Denken, die Lauterkeit seines Charakters? Dies oder jenes mag anderen Ärzten auch zu eigen sein. Bei ihm bildete die Summe der genannten Eigenschaften, zu denen sich Güte und Humor gesellten, den Mann, der in den dunkelsten Zeiten der vergangenen Jahrzehnte aufrecht und mutig sich vor die bedrohten Seinen gestellt hat. Er war mir ein zweiter Vater, auch ein Beichtvater. Seine Fähigkeit war, zuhören zu können und im richtigen Augenblick eine hilfreiche Frage zu stellen, die dann den Kern der Sache traf. Man konnte immer zu ihm kommen, auch wenn man nicht akut krank war: Sich aussprechen zu dürfen, angehört zu werden von einem, dem nichts, aber auch gar nichts fremd oder unverständlich war, wurde ein Trost, eine Heilung. Er sprach mit einer fast kindlichen Liebe von seinem Vater, der schon sehr lange tot war. Er erzählte, daß er sich mit dem toten Vater besprach, abends, nachts, wenn ihn ein »Fall« nicht losließ, ihn quälte. Hier war ein Quell seiner Weisheit. Er kannte und durchschaute das Leben in all seinen oft so vertrackten Formen, er konnte lächeln und lachen. Und seine machtvoll dröhnende Stimme am Telefon gab dem Anrufenden bereits ein Stückchen Trost, noch sei nicht alles verloren. Er war der vernünftigste, einsichtigste Arzt, alles bedenkend und jedwedes verstehend. Zeit spielte für ihn keine Rolle. Unter zwei Stunden – Gespräch und Untersuchung – kam man in den letzten Jahren, da der Unermüdliche sich etwas mehr Ruhe gönnte, nicht aus seinem Haus, das in einem Garten lag, dessen Rosenstöcke er liebte, selber pflegte. Noch fast bis zuletzt hat er in tiefer Nacht das Auto bestiegen, um Krankenbesuche zu machen. Immer war er da, bereit für jeden Leidenden, jeden Tag zu jeder Stunde. Er war konservativ in seinen Behandlungsmethoden, aber er kannte auch die jüngsten Mittel und Therapien, wenn er sie auch nur selten anwandte, Skeptiker, der er war. Er war glücklich im Gefühl, helfen zu können und geliebt, ja verehrt zu werden. Er führte über jeden Kranken aufs ausführlichste Buch und heftete mit Wohlbehagen an die Krankenblätter die Postkartengrüße, die man von jeder Reise an ihn gelangen ließ. Er war ein Mensch, fähig zu großer, treuer Freundschaft. Es hat Patienten gegeben, die, wenn ihre Todesstunde nahte, ihre Angehörigen baten, den Doktor zu rufen. Der setzte sich dann willig an das Bett des Sterbenden, hielt ihm die Hände, sprach ihm leise Tröstliches zu und schloß ihm behutsam die Augen, in denen nicht Furcht, wohl aber Dankbarkeit und Zuversicht waren. Dieser Arzt spürte die Zuneigung und das bedingungslose Vertrauen, das ihm entgegengebracht wurde. Ihm begegnet zu sein, einem großartigen und behutsam heilenden, kräftigenden Arzt, erscheint mir als ein seltener, einmaliger Glücksfall. Dr. Gustav Blank, geboren in Bremen, ist am 11. November 1965 morgens sechs Uhr im Alter von vierundachtzig gesegneten Jahren in München gestorben. Er war bis zu dem Augenblick, da er sanft entschlief, hellwach und ganz und gar präsent, genauso, wie all jene ihn kannten, die bis zuletzt seine Patienten gewesen sind. Und ich sage über das Grab hin, das seine Asche bewahrt: »Ave, anima candida«, nicht »Lebewohl«, sondern »Bleibe bei uns, reine Seele«.

Die ererbte Migräne hat auch Dr. Blank nicht vertreiben, manchmal aber wohl mildern können. Erst das hohe Alter wurde ihr zum Meister, heute läßt ein gelegentliches dunkles Klopfen in den Schläfen, ein leiser Druck im Augenhintergrund nur noch ahnen, wie sehr mich diese Geißel Migräne verfolgt und geplagt hat. Mehr als ein halbes Jahrhundert hindurch war sie ein schmerzlicher Teil meiner Existenz.

Im April/Mai 1945 war die Migräne das »Vehikel«, das mich relativ gefahrlos über die letzten Kriegswochen brachte. Ein hilfreicher Arzt in Nördlingen, wo ich seit dem Winter 1944 in den Collis-Werken dienstverpflichtet war, überwies mich zur Behandlung der immer häufiger auftretenden Migräneanfälle an die Universitätsklinik in München. Ich traf dort in Dr. Friedrich Diehl einen politisch gleichgesinnten, tief religiösen und offensichtlich mutigen Mann, der es mir – nicht ungefährlich für ihn – mit einer Einweisung in die Nervenklinik in Haar bei München ermöglichte, unter dem Schutz des die Klinik leitenden Professor Stepp das sich nahende Kriegsende abzuwarten. Dr. Friedrich Diehl, der mich durch meine journalistische Arbeit im Feuilleton der *Münchener Neuesten Nachrichten* kannte, war der Meinung gewesen, man müsse für die bevorstehende Nachkriegszeit junge Leute wie mich als eine Art geistiger Reserve über das Kriegsende hin »aufbewahren«. Dieses hat er mir Jahre später – wir blieben uns bis zu seinem Tod im Frühjahr 1981 verbunden – einmal verraten. Damals im April 1945 hatte ich in Haar ein buchenswürdiges Erlebnis: Ein besonders intelligenter, eulengesichtiger älterer Krankenpfleger sorgte dafür, daß ein Kreis vertrauenswürdiger Patienten zu nächtlicher Stunde den »Feindsender« hören konnte. So erfuhren wir, daß die Amerikaner bereits in Frankfurt waren. Wenige Tage vor ihrem Einmarsch in München brachte mich Professor Stepp in seinem Dienstwagen in das Ausweichkrankenhaus in Neuhaus am Schliersee, und damit war der Krieg für mich zu Ende. Schon einmal hatte ein Arzt, damals ein Zahnarzt, mich rettend, eingegriffen, als mir im letzten Kriegsjahr in München doch noch ein Stellungsbefehl ins Haus stand. Zwischen zwei Fliegeralarmen hat Dr. Huber in seiner Praxis am Sendlinger-Tor-Platz eine Kieferoperation an mir vorgenommen. Am nächsten Vormittag schickte der Truppenarzt mich, den arg Mitgenommenen, wieder nach Hause; der beabsichtigte Aufschub war erreicht, eine andere Lösung meines Problems konnte gesucht und mit dem Fabrikdienst in Nördlingen gefunden werden. Den einsichtigen Regimentsphysikus habe ich nicht wiedergesehen, wohl aber meinen Zahnarzt, der meinen Bericht mit Schmunzeln quittierte, denn der Eingriff hätte auch noch ein Vierteljahr Zeit gehabt. Über die damals für mich vielleicht lebensrettende Lücke schlug er später die eleganteste Gold- und Porzellanbrücke. Das Bild wäre indes nicht vollständig, erschiene auf seinem Hintergrund nicht blond, sanft und zart und in weißem Kittel die junge Sprechstundenhilfe von Dr. Huber, Maria Magdalena. Um wie vieles mannhafter benimmt sich doch ein Mann auf dem zivilisatorischen Marterstuhl eines Zahnarztes, wenn er nebenbei ein Mädchen weiß! Es bedarf keines Pin-up-Girls mit Geiselgasteig-Ambitionen, es braucht nur ein hübsches, großäugiges Wesen zu sein: Man schlägt die Beine übereinander, umkrampft die Stuhllehnen und wirft sich mit einem heroischen Seufzer in die Arme des Zahnarztes, Maria Magdalenas gedenkend. Wobei mir eine bildhübsche Zahnärztin einfällt, die – während eines Urlaubs in Gastein – aufzusuchen notwendig und zugleich eitel Lust und Wonne war. Mehr oder weniger tapfer vertraute ich mich ihren zarten Händen an. Ein paar Jahre später ließ sie mich in einem Brief von ihrem Mann grüßen: sie war dem Dichter Gottfried Benn angetraut worden.

Alles in allem: Bis zum heutigen Tag habe ich das Glück gehabt, immer solchen Ärzten zu begegnen, denen ich mich als Patient vorbehaltlos anvertrauen und zu denen sich im Laufe der Zeit eine freundschaftliche Bindung entwickeln konnte, Ärzte, die sich der im *Eid des Hippokrates* formulierten Ethik zutiefst verpflichtet fühlten und fühlen, sei es jetzt in München der in sich gekehrte Internist Volker zur Linden, ein immer wieder verblüffend sicherer Diagnostiker und naturheilkundiger Therapeut, der Zahnarzt Kurt E. Jungbeck, der noch mit dem Bohrer zu streicheln versteht, oder der Inge und mir zum heiteren Freund gewordene, ebenso begabte wie behutsame Chirurg Paul Töpfner.

Wohnungen und Gärten
und
Das Wanderleben eines Journalisten

Haus und Garten meiner Großeltern in Frankfurt

Als mein Bruder und ich Kinder waren, gerieten wir einmal in der Nähe des Goldfischweihers mit einer Rotte herumziehender Jungen in Streit. Die Übermacht war erdrückend, das Heil lag einzig in der Flucht. So ging es zuerst in der Richtung Opernplatz, dann durch den Durchbruch, damals nur für Fußgänger offen, zur Neuen Mainzer Straße, wo uns der zufällig vor dem Tor stehende Diener Link mit dem schwarzen Schäferhund unter seinen Schutz und mit in das Haus der Großeltern nahm. Vielleicht ist das der Sinn nicht nur des großväterlichen Hauses, sondern vor allem des Elternhauses, der engeren und weiteren Heimat gar, daß sie uns, wenn wir einmal in uns selbst unsicher werden, aufnehmen und uns gekräftigt wieder entlassen. Das Gefühl, zurückkommen zu können, gibt uns im Leben, wenn auch nicht dauernde Sicherheit, so doch ein Teilchen Trost.
Die saturierten Zeiten sind längst vorüber, da man Häuser besaß und Wagen und Pferde; gesichert scheint nur die Erinnerung an einen Lebensstil, der sich in Frankfurt großbürgerlich breit und behaglich in Positur setzte, der sich um die Lebensart in anderen Städten nicht kümmerte und sie nicht nachäffte, der sich selbst genug war, und das nicht ohne eine gewisse Anmaßlichkeit. Kleinstadtmentalität und ein Schuß Weltbürgertum waren die Grundlage, auf der diese besondere Mischung süddeutschen Lebensgefühls gedieh. In der Stadt der Paulskirche träumten viele den großdeutschen Traum, aber sie standen den Preußen, nicht erst als sie kamen, kühl, ja ablehnend gegenüber und verharrten zum Teil durch Jahrzehnte in dieser Haltung.
Kleinstädtisch war vieles in den älteren Häusern Frankfurts:

die Küchen mit ihrem überreichen Schmuck aus Kupfer und Messing, die oft altmodischen sanitären Anlagen, die gewisse Primitivität der Dienstbotenlogis und der häufige Brauch, die Köchinnen, Dienstmädchen und Jungfern, seltener Diener und Kutscher, zu duzen. Großstädtisch mag man immerhin den Zuschnitt der bürgerlichen Lebenshaltung nennen, die Selbstverständlichkeit, mit der gewirtschaftet wurde, die Üppigkeit, die sich in alten Kochrezeptbüchern und in Verzeichnissen der Weine im Keller drunten kundtat oder in der Eleganz der Damenkleidung, dem guten Zuschnitt des männlichen Gewandes und dem unbedingten Wert des Materials. Einheitlich in ihrer Unheitlichkeit war die Ausstattung der Häuser, die neben schönen ererbten Dingen teures, aber nicht immer geschmackvolles Neues bargen.

Häuser haben ihre Schicksale. Das meiner Großeltern hat sich durch alle Feuerstürme des letzten Krieges erhalten; es steht, seit 1917 ein Bankinstitut beherbergend, in Frankfurts damaliger »Fifth Avenue«, der Neuen Mainzer Straße, nahe dem von Salins de Montfort erbauten Rothschild-Palais. Es war mit Kupferplatten gedeckt und einheitlich lichtgrau gestrichen; auch die Klappläden der Straßenfront, nicht so jene der Front zu dem sich in die Tiefe erstreckenden Garten. Dort waren die Läden dunkelgrün, was dem Haus etwas Ländliches verlieh, auch etwas Französisches: Es gemahnte an die Bilder der Impressionisten, an Manet etwa. Die Straßenseite wirkte reserviert, fast verschlossen, vom Garten her aber besaß das Haus eitel Freundlichkeit, die durch eine Kulisse von Platanen und durch rankende Glyzinien noch gesteigert wurde. Solange die Aussicht nicht zugewachsen, nicht zugebaut war, konnte man von dem schmalen Balkon des ersten Stockwerks einen schönen Blick nach Westen und Südwesten genießen. Das Haus lag in einer Reihe gleichartiger Gebäude, die zur Straße hin eine klare, schlichte Stirn bildeten. Doch hat man noch vor dem Ersten Weltkrieg das unmittelbar links benachbarte Haus abgerissen, durch einen höheren Neubau der Elsässischen Bank ersetzt, die ihre

Schalterhalle – glasgedeckt – tief in den gleichfalls schmalen Garten – in dem treffliches Spalierobst wuchs – vorantrieb. Das Glasdach bekam eines Tages im Sommer 1914 eine Berieselungsanlage, um den darunterliegenden Schalterraum kühl zu halten. Wir Kinder bestaunten die winzigen Wasserstrahlen, die sich aus einem komplizierten Röhrensystem über das Dach ergossen. Rechts vom großelterlichen Haus lag der noble Besitz du Fay. Das Haus der Frau Koch-Saint George gegenüber wurde im Winter 1911/12 der Spitzhacke geopfert. Hier entstand das große Geschäftshaus Nummer 56 bis 60, dessen gewaltige Masse nur mühsam den Knick der Neuen Mainzer Straße vor der Junghofstraße mitmacht. Wie gut hielt sich gegen dieses Monstrum das Haus Nummer 54, in dem die Intendanz der Städtischen Bühnen wirkte; die Entsprechung von Straßenbreite und Haushöhe blieb hier gewahrt, während der Neubau sie brutal übersah. Die Mauern des alten Gegenüber trugen einen flachen Giebel, den man mit Tauen, von Menschenkraft gezogen, herunterriß. Noch hört das Ohr und sieht das erschreckte Auge den Giebel in seiner Gänze abstürzen, staubend und Schutt streuend, im verwüsteten Garten aufdonnern und erst am Boden auseinanderbrechen. Wenig später begann das neue Haus zu wachsen. Und mit einemmal wurden die Ostzimmer des großelterlichen Hauses dunkel und trüb, denn der Gigant gegenüber überragte alle anderen Häuser rings um einige Stockwerke, er nahm Licht und Luft. Wir sahen zu, wie drüben die großen Bronzevasen, Schmuck der äußersten Gesimse, aufgestellt wurden. Während des Ersten Weltkrieges lagen in den Räumen des breitspurigen Baues lange Zeit Verwundete in blauweiß-gestreiften Kitteln. Wir nahmen mit den Männern, die oft an den Fenstern lehnten, über die Straße hinweg durch Wort und Gebärde Beziehungen auf.

In seiner Art war das Haus meiner Großeltern typisch für den Wohnstil des Frankfurter Großbürgertums. In diesem Haus gab es einen Diener, eine Köchin, eine Jungfer und zwei Haus- und Küchenmädchen. Den Diener Link hatte mein

Vater nach seiner Dienstzeit als Einjährig-Freiwilliger aus der Straßburger Garnison mitgebracht. So kam es, daß Link in meinem Vater seinen eigentlichen Herrn sah und sich an meine Großeltern nur ausgeliehen fühlte. Er war groß, hatte einen stattlichen Schnurrbart, von dem er sich auch in seiner neuen Position nicht trennte, die er bald zu einer Art Haushofmeisterstelle ausbaute. Er war verheiratet, besuchte aber seine Frau und zwei gutgeratenen Söhne nur gelegentlich in ihrer kleinen Wohnung. Sein schmales Zimmer lag im Parterre mit Fenster zum Garten. Ich habe es nie betreten. Manchmal gelang ein Blick auf das stets tadellos zugedeckte Bett und auf ein paar Mahagonimöbel; das Ganze war geheimnisvoll und blieb es. Zum Türöffnen während der Besuchszeit zwischen zwölf und ein Uhr und beim Servieren trug Link anstelle der waschbaren weißblauen Jacke am Morgen eine schwarze oder abends den Frack mit der schwarzen Halsbinde. Es wurde mit einer gewissen vertraulichen Lässigkeit bei Tisch aufgewartet, jedoch stets korrekt. Waren mehr als sechs Gäste am Tisch, stand die ältliche Anna, ganz in Schwarz mit blendend weißer Schürze, dem Diener hilfreich zur Seite. Am Ersten jeden Monats holte Link den Lohn für die fünf Bediensteten von der Bank, und ich sehe ihn noch, wie er die Goldstücke, zu kleinen Türmchen übereinandergeschichtet, dem Großvater auf silbernem Tablett überreichte. Und der Großvater am Schreibtisch gab jedem der Angestellten eigenhändig das ihm Zukommende.

Ich habe das Haus meiner Großeltern vor gar nicht langer Zeit besichtigen dürfen. Die Bausubstanz hat sich, trotz mancher räumlicher Veränderung durch das es heute besitzende Bankhaus Merck Finck, aufs schönste erhalten. Es besitzt eine sogenannte Torfahrt, eine Art lichter Tunnel, der von der Straße in den Garten führt. Hier, unmittelbar hinter dem Haus, war ein geräumiger freier Platz. Er diente den eleganten Coupés der Gäste, nachdem sie ihre Insassen in der Torfahrt entlassen hatten, auf dem hofähnlichen Gelände bequem zu wenden, um durch die Torfahrt wieder die Straße

zu gewinnen. Die Torfahrt war zur Straße hin durch ein zweiflügeliges Tor aus kunstvoll parkettiertem Holz geschlossen, auf jedem Flügel ein mächtiger Bronzelöwenkopf mit beweglichem Ring zwischen den metallenen Zähnen. Die Innenwände, weißgrau gestrichen, waren mit schlichten rechteckigen Stucklisenen dekoriert; mehrere Granitstufen führten zu einer mächtigen Bronzetür mit Glasfenstern, die durch ein kunstvolles Gitterwerk – ich könnte das Muster heute noch nachzeichnen – geschützt waren. Bei abendlichen Gastereien war das Flügeltor zur Straße offen, ebenso dasjenige zum Garten, in Kandelabern brannte Licht, und geschützt von jeder Wetterunbill betraten die Gäste von der Torfahrt aus das Haus. Schließe ich die Augen, dann rieche ich wieder den einzigartigen Geruch, den diese Durchfahrt ausströmte: Duft von feuchtem, mit großen Mengen schäumender Schmierseife gebürstetem Stein der Treppenstufen, Duft von naß aufgezogenem Holz, denn der Boden der Durchfahrt war aus Eichenholz, auf dem die Pferdehufe gedämpft dröhnten. Der normale Hauseingang, zwei schmale Türen – links für Gesinde und Lieferanten, rechts für die »Herrschaften« –, lag unmittelbar an der Straße unter einem feinmodellierten Rokokorelief, das mein Großvater beim Umbau des Hauses dort hatte einmauern lassen.
Im Erdgeschoß der Neuen Mainzer Straße 55 hatte Onkel Lud seine Junggesellenwohnung. Er brachte Bellisches Empiremobiliar mit: schifförmige Mahagonibetten mit Goldbronzebeschlägen, wunderlich bequeme sphinxverzierte Sessel, einen runden Tisch, den drei schwarze holzgeschnitzte Schwäne trugen. Das Gegenstück findet der Besucher in der Würzburger Residenz. Neben dem Dienerzimmer gab es einen Waschraum mit Waschgeschirr englischer Herkunft, freundlich in der Farbe, eierschalenfarbener Grund und braun-grünlich-rote Blumen. Links vom Schlafraum lag das Billardzimmer, das mein geselliger Großvater mit einem kostbaren englischen Billardtisch und ebenso köstlichen Elfenbeinbällen ausgestattet hatte; an Herrenabenden war es

der Mittelpunkt. Die alte Mainzer Möbelfirma A. Bembé hatte vorzügliche Kopien einer reichen Sitzgarnitur im Stil Louis XV geliefert, ein Novum zu einer Zeit, da deutsche Renaissance die große Mode war. Es folgte die wahrhaft großmächtige Bibliothek, von deren Balkendecke ein riesiger flämischer Lüster hing, den Frankfurter Stollenschrank gibt es heute noch. Das Mobiliar hat sich in der klein gewordenen Familie zerstreut, es wird respektvoll geliebt. Der Bibliotheksraum, in den der Garten mit seiner duftenden Stille, seinem gedämpften grüngoldenen Licht behutsam eindrang, war von einer wundersamen Behaglichkeit, die im Winter durch die Wärme, die ein blauweiß gekachelter holländischer Kamin spendete, gesteigert wurde.

Ein gutes Frankfurter Haus war nicht nur äußerst behaglich zu bewohnen, sondern hatte auch etwas durchaus Vornehmes, und zwar etwas gewachsen Vornehmes, das nicht beim Architekten einzuhandeln war und nicht anmaßend wirkte. Hierher gehörten in unserem Fall etwa zwei große gedruckte Pariser Landschaftstapeten im oberen Treppenhaus, ein Glasfenster der damals berühmten Frankfurter Glasmalerfamilie Linnemann oder eben die umfängliche Bibliothek. Das Ganze war eine ausgezeichnete Gebrauchsbibliothek und hatte nichts mit einer Schaubücherei zu tun. Wie denn überhaupt etwas bei den meisten der Frankfurter Häuser in die Augen fiel: Sie wurden wirklich bewohnt und dienten nicht leerem Gepränge.

In dem kleinen Zwischenraum, der vom Billardzimmer in die Bibliothek führte, fand sich eine kleine Wiedergabe des Goethedenkmals, das im Vorraum der Stadtbibliothek solch prächtige Figur machte: der reife, in einem antiken Sessel sitzende Dichter, in eine Toga gehüllt, den einen Arm mit lässig herabhängender Hand auf die Armlehne gelegt. Das großartige Denkmal, eine Arbeit des Italieners Pompeo Marchesi, war von Frankfurter Bürgern für das Peristyl der Stadtbibliothek an der Schönen Aussicht gestiftet worden. Einer der Stifter war Ludwig Franz von Seufferheld, der

Familie Belli-Gontard nahe verwandt, Inhaber des Bankhauses Mylius in Mailand, woselbst er eine Bildergalerie besaß, für die ein eigener großer Raum mit Oberlicht geschaffen worden war. Es gab ein kleines hübsches Genrebild im kleinen Salon, das den »Mailänder Onkel« in dieser privaten Pinakothek zeigte, im langschoßigen Rock, eine dünne lange Uhrkette über der Sammetweste, eine Kette, die mein Vater später oft getragen hat. Nun, dieser Marchesi hatte den drei Frankfurter Stiftern je eine »Taschenausgabe« seines Goethemonuments anfertigen lassen, das Original genau nachahmend mit jenem handwerklich skulpturalen Geschick, über das die Italiener verfügen. Dieser Goethe also stand einer Marmorbüste Seufferhelds gegenüber vor dem buntverglasten Fenster, ein artiger Anblick, jedoch nicht artig genug, um nicht einen dummen, unartigen Jungen eines Abends zu veranlassen, mit einer für andere Zwecke bestimmten Holzpistole, aus deren Lauf ein stumpfer Holzzapfen schoß, den kleinen Finger der ruhenden rechten Hand fortzufeuern. Der herostratische Frevel ward nächsten Tags vom Diener Link entdeckt, das Fingerglied gefunden, die Untat dem Großvater gemeldet, nach einigem Leugnen als Dummheit zugegeben. Wer sich von der Narbe an der puppenhaft kleinen, doch schön gebildeten Dichterhand überzeugen will, besuche die Marmorstatuette im Frankfurter Städtischen Historischen Museum, wohin ich sie wenige Monate vor Kriegsausbruch geschenkt habe.

Teppichbelegte Steinstufen führten bis hinauf ins erste und zweite Stockwerk, in die Wohnung meiner Großeltern: Das Herrenzimmer erstreckte sich durch die ganze beträchtliche Tiefe des Hauses. Großvaters Schreibtisch war ein hochragendes Mahagonigebäude mit hundert Schubladen und Geheimfächern. Es gab wieder einen Kamin, der allerdings elektrisch glühende »Holzscheite« barg: Großpapa nahm vorweg, was heute von gewissen Möbelhäusern als letzter Schrei angeboten wird. In verglasten Zeißschränken standen Lexika und besonders historische Literatur.

Tischkarte für »Onkel Lud« aus Anlaß der Silberhochzeit der Großeltern des Autors am 3. April 1894; sie zeigt das Haus Neue Mainzer Straße 55 in Frankfurt

Speisenfolge.

— • —

Klare Suppe.

Madeira.

Spiess'chen.

Salm.

Vix Bara.

Hammelrücken mit Gemüse.
Schinken mit Champignons.

Schloss Vollrathser.

Schnepfenragout.

1884. Clos Vougeot.

Langousten mit Mayonaise.

1863. Steinberger
Cabinet.

Fasanen.
Capaunen.

Salat.

Spargeln.

1875. Château Lafite.

Eis.

Käse.

Dessert.

— • —

Rückseite der Tischkarte mit dem Menü für die Silberhochzeit der
Großeltern des Autors

Nebenan dann Großmamas kleiner Salon: Familienbilder auf seidenbespannten Wänden, ein kleines Louis-XVI-Zylinderbureau, an dem sie mit zarter, ausgewogener Schrift ihre Briefe schrieb. Dazu kamen eine Louis-XVI-Sitzgruppe und ein weißer schlanker Porzellanofen. Eine zweiflügelige Tür führte in den großen Salon. Hier gab es neben echten alten Möbeln gespenstisch wirkende Sitzgelegenheiten – teilweise vergoldetes Nußbaummobiliar im Stil des Second Empire –, in denen sich die auf Eleganz und Technik erpichten Tapeziererfantasien hemmungslos auslebten. In einem Schränkchen aber lagen wundersame gemalte Fächer oder solche aus Brüsseler Spitzen, in einem anderen eine große Anzahl wahrhaft vorzüglicher Miniaturen, Familienporträts aus der Zeit zwischen 1760 und 1820, die die Opulenz des Zeitgeschmacks von 1890 milderten. An der Wand hing das schöne Porträt des »Mailänder Onkels«, das von der menschlichen Wärme und Intelligenz des Dargestellten beredt Zeugnis ablegt. Klug und gütig sah der vatermördergeschmückte Herr auf das Treiben zu seinen Füßen im großelterlichen Salon. Hier wurde getauft, Silberne Hochzeit gefeiert, hier lag die Großmutter und später der Großvater aufgebahrt. Ich glaube, daß am Ende des neunzehnten Jahrhunderts Salons, die einer großbürgerlichen Gesellschaft dienten, einfach so aussehen mußten. Hat sich im Haus der Großeltern, in den Häusern jener, mit denen sie gesellschaftlichen Verkehr pflegten, die Gründerzeit gespiegelt? Ich zweifle daran, weil hier starke Traditionen lebendig waren, weil man immer noch frische Blumen und Makartsträuße in die Zimmer stellte.

Das holzgetäfelte Eßzimmer lag zur Straße hin: häßliche Farbfenster, ein überwältigend großes Augsburger Büfett, datiert 1570, deutsche Schreiner-Renaissance – ein Alptraum. Hier wäre zu reden von dem reichen Besitz an Porzellan, an Tafelsilber, an Bechern, an vergoldeten Bestecken aus der zweiten Hälfte des achtzehnten und der ersten Hälfte des neunzehnten Jahrhunderts, dem Damast- und Leinenzeug und allen jenen Kleinigkeiten, denen es nach einem ungeschriebenen Gesetz obliegt, einen gedeckten Tisch, ein Gäste erwartendes Zimmer schön oder heimelig zu machen. Eine hochlehnige Bank, bequemen Raum für drei Personen spendend, war mit dem schönsten dunkel-himbeerroten Sammet und silbernen Bordüren bespannt und ausgeziert. Sie stand 1940 im Luftschutzkeller unseres Hauses in der Dürerstraße 13, dem Garten der Städel-Schule gegenüber. Auf ihr habe ich in Brandnächten oft gesessen, den kleinen Sohn im Arm. Und dort ist sie verbrannt, wie so vieles andere. Zum Beispiel eines der beiden Empirebetten, in denen meine Urgroßeltern Belli gestorben waren. Diese Betten mit den feuervergoldeten Bronzerosetten und den nach außen geschwungenen Kopf- und Fußteilen hatten die gefällige Form eines antiken Kahns, in ihrer bescheidenen Pracht bereit, die Traumfahrt in die Welt des Schlafs und des Todes anzutreten.

Das Eßzimmer war durch einen Speiseaufzug im Vorplatz mit der Küche und dem Gesindezimmer im Erdgeschoß verbunden. Dort unten gab es das sogenannte Gewölb, eine Art Tresor, darin der sehr umfangreiche Bestand an Familientafelsilber und, während Onkel Lud auf Reisen war, auch seine große Münzsammlung aufbewahrt wurden. Der selten gezeigte Inhalt ließ an die Zauberhöhle Xa Xa aus Tausendundeine Nacht denken. Auf Holzetalagen waren das Silberzeug, Samoware, vielarmige silberne Barockleuchter bester handwerklicher Herkunft aufbewahrt, große und kleine Platten, Deckelterrinen und silberne Glocken, unter denen die größten Braten warmgehalten wurden. Dann standen da rote goldnumerierte Lederkästen, mit weichem dänischem Handschuhleder ausgeschlagen, die das Vermeil-Tafelbesteck mit dem delikat eingravierten Gontardschen Wappen enthielten: eine untergehende Sonne zeigend und eine Türangel (gon für Türangel und tard für spät), den Namen also bildlich darstellend. Auch lag im Gewölb der Schmuck meiner Großmutter wohlverwahrt, all jene Stücke, die ich von den im Haus verteilten Familienbildern kannte: das goldene Armband in Gestalt einer Schlange, die sich mehrfach ums

Handgelenk wand und kleine blitzende Smaragde als Augen hatte, die italienische Brosche mit zwei köstlichen, in minuziöser Mosaikarbeit ausgeführten römischen Ansichten, wovon die eine das Grabmal der Cecilia Metella wiedergab. Man sah das Schmuckstück in originaler Größe auf einem wenig elegant gemalten Damenporträt der Empirezeit unterhalb eines mächtigen Decolletés. Die fleischigen Arme der Dargestellten waren bis zur Schulter entblößt, was meine Großmutter, die dieses Bildnis gar nicht mochte, zu der Feststellung veranlaßte, es zeige »lauter Ärm«. Auch das Porträt der Frau Alwine Belli, geb. Üllenberg, von Wilhelm Leibl deliziös gemalt und eine Tante meiner Großmutter darstellend, fand diese garstig, sprich »garschtisch«, und schickte es auf den Speicher. Ein Enkel der Dargestellten verkaufte es bald nach 1918 an Oskar Reinhart in Winterthur, wo ich die dunkle Dame mit dem feinen Adlernäschen und dem Rosenknospenmund immer wieder und gern besuche. Das großelterliche Schlafzimmer hatte drei Fenster zum Garten und war so geräumig, daß die beiden Mahagonibetten mit hohen geschwungenen Kopfteilen frei im Raum stehen konnten; es hatte obendrein Platz für einen mächtigen barocken Frankfurter Wellenschrank mit reichgeschnitzten Kapitälen und ausladendem Gesims, auch für den Toilettentisch dann und für zwei Kommoden nebst einer Couchette. Das ganze große Haus hatte nur ein einziges Badezimmer im zweiten Stock. Heute noch amüsiert mich die Erinnerung an jenen verschwiegenen Ort im ersten Stock neben dem Nähzimmer, in dem ein behäbiges, mit Wasserspülung versehenes Keramikgefäß mit Mahagonisitz fest montiert stand, die rechteckigen losen Papierchen im Mahagonikästchen handlich daneben an der Wand. Das diskrete Ding, mit blauem Blätter- und Rankenwerk, blauen Schilfkolben und blauen Schwertlilien auf eierschalenfarbenem Grund jugendstilisch floral geschmückt, war ein aus England importierter »letzter Schrei« der Hygiene – eine heruntergekommene Form der »blauen Blume der Romantik«.

Auf den Entdeckungsfahrten, zu denen das geräumige Haus uns Kinder immer wieder einlud, betraten mein Bruder und ich auch einmal das nicht mehr benutzte, aber noch eingerichtete Fremdenzimmer im Dachgeschoß und fanden, dort abgestellt und ein wenig eingestaubt, zwei überlebensgroße Gipsbüsten irgendwelcher längst dahingesunkener männlicher Verwandter der Großmutter. Die Betten waren mit weißen Tüchern zugedeckt. Was lag näher, als die beiden Gipsköpfe in diesen Betten so unterzubringen und die Laken so zu arrangieren, daß der Eindruck entstand, hier lägen gespenstisch weiß zwei Tote, die offenen Augs an die Decke des Zimmers starrten. Wir hatten absichtlich das große Fenster offengelassen, und als am Abend das Zweitmädchen auf dem Revisionsgang durchs Haus auch das ehemalige Fremdenzimmer betrat, erschrak es aufs heftigste, rannte die vielen Treppen bis zur Gesindestube im Erdgeschoß hinab und bat den Diener Link, mit ihm unters Dach zu steigen, da sich droben offensichtlich Unheimliches ereignet habe, und wir hatten unseren kindlichen Spaß am Erfolg des harmlosen Streichs. Ich selber aber konnte nach der Lektüre eines Märchens, in dem ein unheimlicher Geselle, der Rotmantel genannt, vorkam, nächtelang nicht richtig schlafen. Ich spürte seinen Bllick oder gar seinen Griff im Nacken, wenn mich der Wunsch des Großvaters in die abendlich verdämmernde Bibliothek sandte, in deren kleinem Vorraum nicht nur jene handliche Nachbildung des Marchesischen Denkmals stand, sondern auch der bleiche Marmorkopf seines Spenders. Wenn sich der Rotmantel mit dem Uronkel oder dem olympisch ruhig dasitzenden Goethe verband, mich zu schrecken, dann floh ich eilig in die Nähe der Gesindestube und ihres schützenden Lichtkreises oder barg mich bei dem in einer Leinenschürze hantierenden Link.

Anders als damals wird mir heute das ganze Haus mit seinen eigenartigen Gerüchen lebendig: Es roch nach Kaffee, Keks und Wachstuch im Frühstückszimmer des Großvaters, die Bibliothek duftete nach tausend Büchern, nach Importen und blühenden Glyzinien vom Garten her. Am Weihnachtsabend zog aus der Küche im Erdgeschoß der kräftige Duft der beiden bratenden Gänse – eine für die »Herrschaft«, eine fürs Gesinde – durchs Haus.

Ich spüre heute noch das gute Gruseln, das uns Kindern kalt den Rücken entlangfuhr, wenn wir an Winterabenden auf die weiten dunklen und kühlen Gänge hinaustraten, um über die steinernen Treppen hinab, im ersten Stockwerk, den Großvater zu finden, der rauchend, die Brille auf der Nase, lesend saß, damit man ihm Gute Nacht sage und einen tabakduftenden, von stechendem Barthaar eingerahmten Kuß erhielt. Und das Glücksgefühl, wenn in das Dunkel eines Wintermorgens das Hausmädchen die Tür des neben dem Frühstücksraum für uns Kinder eingerichteten Fremdenzimmers öffnete, wieder schloß, am Kachelofen niederkniete und das Feuer entzündete! Rot und warm trat der Feuerschein in das dunkle Zimmer, die Scheite krachten, die Kinderaugen blinzelten hinüber zum lärmenden Feuer. Noch eine Stunde war es bis zum Aufstehen, eine glücklich träumende Stunde, eine Stunde voll Geheimnis: huschende Schatten an den Wänden und, halb im Schlaf gespürt, ein kühles Wehen hin über das traumwarme Gesicht. Kam es herab von dem großen Piranesi-Stich über dem Bett? Kam es von der wunderlich ornamentierten Tapete, mit der das Zimmer ausgeschlagen war? Später habe ich von meinem Großvater erfahren, daß es sich um eine englische Tapete aus der Zeit um 1900 handelte, um eine Jugendstiltapete also in der Art des William Morris oder des Walter Crane, die mit viel Sinn für Tradition und gegenwartsbedingte Modernität ein möglicherweise gotisches Druckmuster wiedergab. Ich entsinne mich noch genau, daß ich als Kind, abends im Bett stehend, mit dem Finger die Greifen und Phantasievögel nachgezeichnet habe, die das Muster abgaben, und wenn ich heute »Tapete« denke, dann ist sogleich diese englische Fremdenzimmertapete aus dem großelterlichen Haus vor meinen Augen.

Es gibt eine großformatige Fotografie, auf dicken goldgerän-

Das Haus der Großeltern des Autors in der Neuen Mainzer Straße 55 in
Frankfurt, Gartenfront, aufgenommen etwa 1890

derten Karton aufgezogen. Sie zeigt das Haus der Großeltern
vom Garten her: Auf der Terrasse über der Bibliothek im
Erdgeschoß mein Großvater, bärtig-jovial, meine Großmutter an einem Salonfenster im ersten Stock lehnend – und in der
zweiten Etage am Fenster seines Zimmers mein Vater, Student vielleicht im ersten Straßburger Semester. Diesen Garten, auf der Fotografie noch licht, weit, durchsichtig und
jung, betrat man von einer großen markisenüberspannten
Terrasse aus, deren niedriges, von festen Steinklötzen unter-
brochenes schmiedeeisernes Geländer kraftvoll durchzogen
war von dem kinderarmdicken, wie ein Tau gedrehten und
vielfach sich verzweigenden Stamm der üppigblühenden Gly-
zinie mit ihren lichtgrünen, lichtdurchlässigen spitzen Blätt-

Der Autor (r.) mit seinem Bruder Wolfgang im großelterlichen Garten, 1904

chen. Auf buntgekacheltem Boden standen da, selten benutzt, gußeiserne weißgestrichene Gartenmöbel. Drei Stufen dann, und der feine gelbe Sand knirschte unter dem kleinen Gewicht des Kindes. Ich habe diesen gelben Sand stets besonders geliebt. Die meisten Wege in anderen Gärten, so im Garten meiner Eltern – zuerst im Westend, dann in Sachsenhausen bei der Forsthausstraße – waren mit grauem spitzigem Kies bestreut, der weniger teuer war. Der gelbe Sand im Garten der Neuen Mainzer Straße, der alljährlich erneuert wurde, kam wohl vom Main, war feinkörnig, und von den Mainbrücken aus sah man, wie solcher Sand aus großen offenen Kähnen durch Greifbagger ans Ufer gebracht wurde, wo er pyramidisch geformte wunderliche Gebirgsstöcke bildete. Lange konnte man dem Hin und Her der fast

elegant schwingenden machtvollen Arme zuschauen und dem
Greifer, der offenen Mauls ins Innere des Schiffes buchstäb-
lich hineinfiel, sich dort schloß, das Geraubte emporhob,
hinübertrug und auf den langsam wachsenden Sandkegel
ausschüttete. Wir fanden gelegentlich, wenn die Gartenwege
frisch bestreut waren, winzig kleine Muscheln und größere
Flußmuschelscherben, die wir verwundert betrachteten. In
die hochgeführten Kaimauern, über denen auf der Sachsenhäuser Seite die doppelte Reihe gestutzter Platanen mit ihren
leopardenhaft gefleckten Stämmen sich hinzog – wie gern
lösten wir hier und von den sechs starken Platanen gleich
hinterm Haus im großväterlichen Garten die Rindenplatten
von den weißlich-gelben Baumstämmen –, dort, am Mainufer, nahe der Untermainbrücke war eine Art kasemattenhaf-
ter Kammer in die Schräge der Kaimauer eingebaut, in der
tagsüber so etwas wie ein Strommeister, eine Aufsichtsperson
hauste und über die Sandberge und vor Anker gegangenen
Kähne wachte. Das war damals ein vierschrötiger rotgesichti-
ger Mannskerl. Wir Kinder nannten ihn den »Maabutz«, den
Flußnamen frankfurterisch aussprechend, wobei »Butz«
wohl soviel wie Wachhund aus der Rasse der Riesenschnau-
zer bedeutete. Ihn durch Steinwürfe an die eiserne Fenster-
türe seines Gelasses hervorzulocken – er kam dann mit
gesträubtem Schnauzbart im tomatenroten Gesicht wie der
wildeste Kettenhund aus seiner Hütte hervorgefahren –, war
ein häufig wiederholbares Vergnügen. Auch daran erinnert
der gelbe Mainsand auf den breiten Wegen im Garten der
Neuen Mainzer Straße.
Traumgärten blühen und duften, glänzen und dunkeln in den
Dichtungen Jean Pauls, Eichendorffs und Hofmannsthals,
Borchardts, Trakls und Valérys. Sie sind Geburten sehnsüch-
tiger Phantasie, und wer einmal Georges Verse gelesen hat,
diese bittersüßen herbstlichen: »Komm in den totgesagten
Park und schau«, wird sie als unvergeßlich in der Erinnerung
mit sich führen, als ein Teil der unzerstörbaren, nie welken-
den Gartenwelt der Dichter. Aber es gibt noch eine andere,

deren Tore aufzuschließen in einen Traumbezirk voller Wirklichkeit einzutreten bedeutet: der Garten der Kindheit. Der Garten der Großeltern war unser geheimnisvolles Kinderparadies, in dem am Spalier die Pfirsiche reiften, ein vom Blitz gespaltener, zementgeflickter Quittenbaum immer noch überreich Früchte trug, in dem Hochstammrosen blühten und an dunstigen Herbstabenden der mächtige uralte Nußbaum im Untergarten, dem früheren Wallgraben der mittelalterlichen Stadtbefestigung, seine Früchte auf den Boden streute. Seine Zweige streiften das hohe Gitter, das den Garten von den öffentlichen Anlagen trennte. Dieser Teil des Gartens mußte, als wir längst nicht mehr Besitzer des Hauses waren, einem Löschwasserbassin weichen. Als dann die Bomben fielen, bemerkte man diese NS-Nutzlosigkeit, denn das Bassin war viel zu weit von den lichterloh brennenden Häusern entfernt. Es war ein schattiger Garten, der in der Frühe besonders köstlich duftete. Allerlei Vögel nisteten in seinen Bäumen, unter denen eine mächtige, vollendet gewachsene Eibe auffiel, neben der sich ein rotblühender starker Kastanienbaum gut behauptete. Aus schwarzer Erde sproß dichtes, wohltuend grünes Gras, erhöht stand eine Rosenlaube, einzelne Rosenstöcke wuchsen am Rande der Rasenfläche, die in verzerrter Gitarrenform vom gelblichbraunen Kiesband des Weges umschlossen wurde. Die Wege hatten mit Efeu eingefaßte Buchten, in denen zierliche eiserne Gartenmöbel standen, reizvoll geschnörkelt; die breiten eisernen Bänder der Sitze imitierten schwellende Polsterung, starkes gestanztes Blech, dick mit weißer Ölfarbe überstrichen, versuchte Korbgeflecht vorzuspiegeln; der kleinen dienenden Fußbänke sei besonders gedacht. In diesem Garten wuchs sehr viel: stark duftende Maiglöckchen, leuchtender Phlox, heiter gefärbte und doch ernste Stiefmütterchen und der schneckenhaft gerollte Farn. Vom blühenden Rotdorn wäre noch zu sprechen, von den Pfingstrosen und Rhododendren und den schweren, im Winde weich schwankenden Fliederdolden, die so groß waren, daß die kleinen

236

Kinderhände vergeblich versuchten, sie zu umfassen. In einer
der beiden gleichgroßen japanischen Koniferen auf dem sich
muldenden Rasen hatte ich mir eine Art Nest gebaut, das ich
mit einer primitiven Strickleiter erreichte. Dort droben habe
ich, dreizehn-, vierzehnjährig, immerwährende Freundschaft geschlossen mit Eichendorffs *Taugenichts*, später mit
Claudius und Mörike, dort droben las ich Landors Tibetbuch
und Andersens *Improvisator*. Und heute noch, nach so vielen
Jahren, schlägt mir aus diesen Büchern der harzige Geruch
meines zum Träumen hergerichteten Baumes entgegen.

Gleich hinterm Haus bei den eckig zusammengestutzten
Platanen stand ein grüner mächtiger Holztisch, so groß, daß
auf jeder Längsseite sechs, auf jeder Schmalseite zwei Menschen bequem sitzen konnten. Unsere seltenen sommerlichen
Kindergesellschaften fanden hier statt. Es gab heiße Schokolade, Vanilleeis, eine Riesenbrezel aus Mürbeteig, Torten von
Maucher. Der Platz bei den Platanen erfuhr noch eine
Auszeichnung. Das war das efeuumsponnene Löwenbrünn-
chen an der hohen grobgefügten Sandsteinmauer – auf der wir
gerne balancierten –, die uns vom Nachbarhaus schied.
Konnte ich ahnen, daß ich, Jahrzehnte später in eben diesem
du Fayschen Haus von dem Onkel meiner ersten Frau, Paul
Hirsch, den Polterabend in aller Opulenz ausgerichtet
bekommen sollte? Der Garten senkte sich sanft bis zu jener
Stelle, wo der alte tiefe Wallgraben alle Gärten hinter der
Neuen Mainzer Straße von den städtischen Anlagen trennte.
Der Absturz in die Tiefe wurde bei uns durch einen Serpenti-
nenpfad aufgefangen, eine weinlaubumrankte Pergola, an
deren einem Ende ein altmodisches hölzernes Gartenhäuschen stand, schien den Hauptteil des Gartens abzuschließen.
Dieses hellgrau gestrichene, mit einem chinesisch geschwungenen Dach ausgestattete, ganz bescheidene Gebäude war
nachmittags die Domäne meiner Großmutter. Hier ließ sie
sich vom Diener Link den Tee servieren. Zuvor hatte sie die
Rosen geschnitten, denen ihre gärtnerische Liebe galt, und
dem neben ihr hertrabenden Knaben die vielen, auf gelben

Holzschildchen notierten, heute so altmodisch klingenden Namen dieser Blumenköniginnen mit dem schweren Duft und den hundert sanftgewölbten Lidern der Blütenblätter genannt. Jetzt aber saß die Großmutter sehr aufrecht im Gartenhaus und nahm aus hauchdünnem Porzellan das stark aromatische Getränk zu sich. Manchmal durften wir, artig und sauber gewaschen, dabei anwesend sein. Dann gab es auf englischen Keksen ein wenig Quittengelee oder gar ein Stückchen Quittenpaste, die in Form großer Fische auf Brettern getrocknet worden war. Im Gartenhaus standen auch die Möbel für uns Kinder. Da war ein kleiner ovaler Tisch, waren zwei runde Stühlchen, die den sogenannten Windsorsesseln nachgebildet sein mochten, und da war ein behäbiges festgefügtes Sesselchen ganz aus Holz, dunkelgrün gestrichen, mit hoher Lehne und breiten Armstützen. Von der Großmutter wußten wir, daß schon ihre Mutter dieses Sesselchen besessen hatte, es stammte also aus der Biedermeierzeit. Die Großmutter hatte das Sesselchen meinem Bruder zugedacht, er schien ihr würdig, auch war er von stillerer Gemütsart und würde das kleine Sitzmöbel nicht als Leiter benutzen. Die beiden runden Stühlchen blieben meiner Schwester und mir vorbehalten. Ich gestehe offen, daß ich das Sesselchen meinem Bruder heftig neidete. Er war zart, ich von gedrungener kräftiger Figur, mir stand das festgefügte Möbel als richtige Entsprechung meiner bolzenhaften Physis zu. Mein Bruder hätte viel besser in eines der zierlichen Windsorsesselchen gepaßt. Natürlich merkte er, was in mir vorging, natürlich dachte er nicht daran, sein grünes Sitzmöbel gegen den unvollständigen Steinbaukasten einzutauschen oder gegen die kleine Truhe, angefüllt mit stumpf und schrumpfelig gewordenen vorjährigen Kastanien. Ich glaube mich zu erinnern, daß es sogar einen Faustkampf um das Sesselchen gegeben hat, der erstaunlicherweise mit meiner Niederlage endete, denn mein Bruder war zäh, auch jähzornig, und konnte, wenn nötig, hart zuschlagen. Ich zog mich also doppelt gekränkt in den Wipfel der Konifere zurück, in der ich mir den Hochsitz eingerichtet hatte, auf dem ich tatsächlich unerreichbar war, wenn ich die dünne Strickleiter nachzog. Ingrimmig stellte ich fest, daß mein Bruder drunten im Gartenhaus am gedeckten Tischchen saß, Schokolade trank und gewiß den Besitz seines Sesselchens genoß. Der Mensch aber wächst, wird größer und stellt eines Tages erheitert fest, daß er in das grüne Kindersesselchen ganz und gar nicht mehr hineinpaßt. So gab der Großvater Anordnung, das vierteilige Kindermobiliar auf den Speicher zu stellen und achtsam zuzudecken. Als das Haus der Großeltern verkauft wurde, wanderten die grünen Möbel in das Haus meiner Eltern und von dort nach Sachsenhausen in den Garten der Dürerstraße 13, der im ersten Jahr des letzten Krieges die schattige duftreiche Umwelt meines kleinen Sohnes sein sollte. Dort stand ein großer Eibenbaum unbestimmbaren Alters von harmonischer Bildung. Unter diesen Baum stellten wir das ovale Tischchen, die Windsorstühlchen und den grünen behäbigen kleinen Sessel, auf dem nun, den Vater vertretend und damit eine alte Wunde schließend, der Sohn Christian thronte, umgeben von einigen dürftigen Stofftieren, denn es war Krieg, und die Spielwarengeschäfte waren rasch ausgekauft. Oft habe ich unter dem Eibenbaum gekauert, das Kindermobiliar betrachtet, dem die hundert und mehr Jahre nichts hatten anhaben können, es sei denn, daß mitten durch die Tischplatte ein breiter, wie mit dem Lineal gezogener Riß lief. Abends lehnte man den Tisch an den Baumstamm, stellte die Stühle schräg gegeneinander, damit der Regen ablaufen könne, aber eigentlich war das nicht nötig, denn in der Nähe des Baumstamms war es trocken, mochte der Sommerregen auch noch so heftig niederrauschen. Gegen Regenstürze können Eibenbäume das gottgewollte Ihrige tun, nicht aber gegen Brandbomben, die in einer Juninacht in den Garten prasselten und weder den Eibenbaum noch das Kindermobiliar verschonten. So kam es, daß ich, nachdem die Sirenen Entwarnung geheult hatten, im Garten unter dem angekohlten Eibenbaum die kläglichen

Reste des Tisches und der Stühlchen fand und den kleinen, kraftvoll gefügten Sessel, der schwarz verkohlt noch ein wenig glühte. Ich habe ihn am nächsten Morgen nicht in die Aschentonne spediert, sondern in der Gartenecke hinter dem Komposthaufen seine schwarzen Gebeine niedergelegt. Im Herbst desselben Jahres fand ich sie umsponnen von den Ranken eines Kürbis. Das ist die Geschichte des grünen Gartensesselchens, auf dem meine Urgroßmutter und meine Großmutter, wahrscheinlich mein Vater, gewiß mein Bruder und mein Sohn Christian glücklich gethront haben. Mir selbst war er verwehrt, ich durfte für ihn nichts weiter tun, als ihm ein würdiges Begräbnis zu bereiten.

Die Gärten von Muzot und Soglio

Ich habe in den vielen Wohnungen meines Lebens kaum je einen Arbeitsplatz gehabt, in dessen Fenster nicht ein Baum geschaut hätte, Teil eines noch so kleinen Gartens: Ahorn und rote Kastanien am Main, Lärchen im Allgäu, Silberpappeln in Ostpreußen, eine filigranzarte Birke hier nun in München. Das sind bürgerliche Gärten, von denen und in denen man träumen kann. Aber ich möchte noch von zwei anderen Gärten berichten, die ich liebe, und von denen ein eigenes Glänzen in meine Welt kommt. Da ist zuerst der kleine Garten an der Südfront des Schlößchens Muzot im Schweizer Kanton Wallis, Rilkes Garten, in dem bis ganz spät ins Jahr hinein die niedrigstämmigen Rosen sich übermäßig verschwenden. Der Garten geht bald ins Rebland über. Im Tal drunten ahnt man den Lauf der mächtigen Rhône, und jenseits steigen die Berge jäh an. In einer nach Süden gerichteten Scharte, dem Val d'Anniviers, wird als Abschluß die schneetragende Pyramide des Zinalrothorns sichtbar, sie vollendet das Bild, das, ohne Kulisse zu sein, zu diesem Garten gehört. Er hat gestutzte Kastanien, eine weinumrankte Pergola, es gibt ein rührend gepflegtes Gärtchen mit vielfältigen Küchen- und Gewürzkräutern, mit denen sich Rilke halb spielerisch abgab, und es gibt einen Gingko-biloba-Baum, von dem ich mir ein geheimnisreiches Blatt mitgenommen habe. Rilke gelangte erst spät an das Werk Goethes und besonders an den *Divan*, jedoch muß ihm jenes im September 1815 entstandene Gedicht für Marianne von Willemer in bezug auf den eigenen Gingkobaum an der südöstlichen Hausecke von Muzot besonders bedeutungsvoll gewesen sein. Viele Jahre nach Rilkes Tod hat in diesem Garten unter den Kastanien Oskar Kokoschka den eigentlichen Besitzer des Schlößchens, den Winterthurer Kaufherrn Werner Reinhart, gemalt. Gespenstisch greifen da die Blätterhände der Kastanien in den Bildraum und nach dem Porträtierten, der bald darauf gestorben ist. Der Porträtierte habe das Bild nie gemocht, hieß es. Seltsam genug: auf dem Totenbett habe Reinhart genauso ausgesehen wie auf dem Kokoschka-Porträt. Man sagt, der Maler habe beim Malen hinter sein Gegenüber zu schauen gepflegt, und das mag Reinhart gespürt haben. Wer einmal – und ich war oft in Muzot, in Rilkes »wehrhaftem Turm«, – durch diesen Garten gegangen ist, wird dieses vielfältig bebaute Stück Erde unter dem unsäglichen Walliser Himmel nie mehr vergessen.

Auch der andere Garten, an den ich denke, ist gleichfalls ein Schweizer Garten, und es waren Briefe von Rilke, die mich auf Soglio im Bergell aufmerksam machten. Hier begegnen sich freundlich Norden und Süden. Durch einen vergilischen Hain zahmer Kastanien führt die Straße zu dem Bergdorf hinauf. In seiner Mitte steht ein Palast der Familie von Salis-Soglio, die eine Weide im Wappen führt. Das feste Barockhaus lehnt so am steilen Hang, daß man vom zweiten Stockwerk in einen verwunschenen Garten des achtzehnten Jahrhunderts tritt. Unter vier riesigen Mammutkiefern gibt es kleine, spielerische Wege, von Buchs eingefaßt, ihnen entlang blühen Phlox und Pfingstrosen. Ihr Duft steigt zu einem gemauerten Gartenhäuschen, von dem aus man einmal zu den großartig getürmten Bondascabergen hinüberschauen konnte. Nun hat das üppige Wachstum des Gartens die Aussicht längst zugewoben. Was das Gärtchen von Muzot nicht hat, das hat der Garten von Soglio: geheimnisvolle Existenz, Märchenhaftigkeit; er ist eine fast unwirklich abgeschlossene Welt, eine Muschel- und Schneckenhauswelt, vom Draußen abgewandt, ein in sich ruhender Gartenkosmos, In den kleinen Garten von Muzot stürzt sich ungehemmt der Walliser Himmel, die Übergänge nach allen Seiten sind kaum sichtbar. Der Garten von Soglio gleicht einer Erweiterung des Hauses ins kultiviert Natürliche, einem Saal, dessen Plafond aus zueinanderstrebenden Zweigen sich bildet.

Gärten zu besitzen und zu pflegen, Gärten anzulegen, in welchen Dimensionen es auch immer geschieht, ist ein edles Tun, denn es verlangt aristokratische Seelenhaltung: Geduld, Beständigkeit und den Glauben, daß einmal – und sei's für die Enkel – aus schwächlichen Stämmchen schattenspendende Bäume werden, daß Mauern sich von üppig gedeihendem Spalierobst oder von rankenden, kletternden Pflanzen überziehen lassen, daß ein gärtnerisches Theater ohne Pathos sich einmal bildet, aus der Fantasie geschöpft, von der Fantasie belebt. Aber all das ist unmöglich ohne Traum, ohne Erinnerung, ohne das menschliche Herz, dem allein die Parks alle, die Gärten und Gärtchen dienen, in Stolz und Bescheidenheit, eng und nahe oder distanziert, die Jahreszeiten mit Farbe und Duft begleitend, und die Jahre des Menschenlebens. In den Gärten, den gewordenen oder den werdenden, lassen wir uns nieder, Glückliche, und lauschen träumend der unhörbaren Musik, die aus dem Orchester rings um uns aufsteigt: Gartentraummusik, zärtlich, sehnsüchtig, anmutig, die der Weise dankbar lächelnd vernimmt als einen Gruß aus dem Zwischenreich, errichtet auf der Erde, unter dem Himmel, ein blühender Weg vom Hier zum Dort.

Eine kleine Nachtmusik in Bornim

Gartentraummusik – Erinnerung an einen Abend auf dem Lande bei Potsdam im Juni 1936. Karl Foerster, leidenschaftlicher und begnadeter Staudenzüchter und schöpferischer Gartengestalter, hatte in sein Bornimer Haus eingeladen. Der Sommerabendwind spielte mit den Zweigen eines Obstbaumes vor dem großen Fenster. Zwischen hohem blauem Rittersporn hing ein roter Lampion. Langsam kam der orangefarbene halbe Mond am Himmel herauf. Das Gras im Garten war naß vom Tau, die Mücken sirrten leise und unermüdlich. In diesem paradiesischen Garten trafen sich vielleicht zwanzig Menschen. Sie gingen herum, saßen auf Bänken, Schemeln und Decken, vor dem Haus, im Haus, das mit seiner leichten, fast japanischen Architektur zierlich, lässig, scheinbar zufällig zwischen die Blumen und Bäume, die hohe Silberdistel und an den Plattenweg über den Rasen gestellt war, nach allen Seiten geöffnet den Winden, Gerüchen und den Tönen, die nun im Garten aufwachten: Duos, Trios und Quartettmusik von Mozart und Haydn. Die Harmonie dieses Abends war vollendet. Die Musik von jener kristallinischen Reinheit, die der Schöpfer ihr zugedacht hat und die nur eine ebenbürtige Wiedergabe – ohne süßliche Romantik des Tons und ohne deutsche Versponnenheit oder pathetische Tiefe der Auffassung – neu erzeugt, diesmal unter Sternen, kleinen bläulichen Wolken, zwischen Stauden unter leise atmenden Bäumen. Mit Wehmut erinnere ich mich dieser kleinen Nachtmusik in einer dissonanten und oft zu flinken Zeit.

Mit sechsundneunzig Jahren ist Karl Foerster im Dezember 1970 in Bornim gestorben, bis zuletzt tätig, verehrt von allen, die ihn gekannt haben als Herausgeber der *Gartenschönheit*, als den großen Anreger, der ganze Generationen von Gartenarchitekten herangebildet hat und von dem das geflügelte Wort stammt, ein Leben ohne Phlox und Rittersporn sei nicht lebenswert.

Ein Gartenhaus über Stuttgart

Wenn ich »Garten« denke, denke ich auch an ein kleines Gartenhaus über Stuttgart, das ich 1934/35 einmal bewohnt habe. Ein Jahr ist eine lange und kurze Zeit zugleich, und die glücklichen Tage wechseln mit den traurigen. Dies Jahr nun war für mich schön, weil es angefüllt war mit Stille, weil es dahinging ohne fremde Menschen, ohne Lärm, belebt von dem Grüßen des Gartens, das er mir unbekümmert um die Jahreszeit in das Fenster sandte. Das Gartenhaus war aus Holz gebaut, braun gestrichen, mit einer grünen Türe und weißer Fensterumrahmung. Auf dem Dach war eine kleine Wetterfahne angebracht, aber auch ohne sie wußte man die Himmelsgegend: Mein Zimmer öffnete sich nach Süden. Von Westen her betrat man das kleine Haus, indem man einen mit unregelmäßigen roten Sandsteinplatten belegten Weg entlangging. Als ich das Gartenhaus bezog, endete gerade der Winter. Wohl lag noch Schnee, aber man glaubte seiner nassen weißen Decke nicht und nicht dem grauverhängten Himmel; man glaubte dem Wind, der manchmal mit kurzen Stößen durch die Wolken fuhr und ein unsägliches Blau für Augenblicke aufleuchten ließ, ein Blau, das sehnsüchtig machte, traurig im Jubel. Die Linde im Garten versprach mir das Frühjahr. Nicht so der Weinberg nebenan, zwischen dessen gekreuzten Stangen, auf dessen rotbrauner Erde Männer herumstampften mit lehmbeschwerten Stiefeln. Von dort drüben kam nur der volle Erdduft und mischte sich mit dem ersten zaghaften Lied aus Amselkehlen, dem Geruch aus Hecke, feuchtem Gras und kleinen, braunklebrigen Knospen. Der Besitzer des Hauses war klug genug gewesen, in der Nähe meiner schmalen Haustüre einen mächtigen Rosenstock anzupflanzen und ihn nach Herzenslust wachsen zu lassen. Er ragte nun über den First des Hauses, warf seine langen, ernsten und stacheligen Arme über das Dach. In seinem Gezweig, undurchdringlich wie ein Märchenwald, hüpften die Amseln raschelnd auf und ab. Und wie lange, mußte ich denken, wird es dauern, daß zu den kleinen zarten Blättchen, welche bereits die Dornen vergessen machen, die ersten knospenden Blüten sich gesellen? Nicht lange mehr, und es war soweit. Wie unruhig alles wurde, nicht nur in mir. Der Wind wollte nicht mehr ruhen, die Sterne waren so anders, so erregend hell über den Nächten, und die Pappeln über mir, auf dem Scheitel des Berges, kannten auch keine Stille mehr. In ihrem jungen Blattwerk war stets wispernde Unruhe, die Unruhe, die aus der Erde drängt, die Zweige prall mit Leben füllt. Dies Wehen in den Nächten, wer könnte es je vergessen; oder das Dunkel, das voll stummer Stimmen war, oder jene leuchtende, noch etwas mühevolle Helligkeit, die ein feuchter Mond über meinen Heimweg goß, den ich, in blauen Schatten wandernd, gerne spät erst antrat und allein. Wie gut war es, hier oben allein zu sein in den Nächten und den silbernen Morgen. Eine zarte Kühle zog noch durch mein kleines Haus, aber ich pries diese Frische. Sie kam von allen Seiten, aus dem beginnenden Blattwerk der Pflanzen, aus dem strahlenden Himmel, der über der Stuttgarter Stadt im Tal stand, auf der die Nebel noch lange lagen wie ein häßliches graues Bettlaken.

Wie man plötzlich dort droben alles wieder wußte, was man nie erfahren, nie gelernt hatte: die Rufe der Vögel, stärker und zärtlicher, leise und eindringlich, kaum vernehmbar, aber verklingend selig, wechselnd mit dem Licht des Tages. Das Wandern der Sonne, das Fallen des Regens, heftig heute, dann rinnend wie der Sand einer Uhr von einer Ewigkeit zur anderen. Unter Sonne und Regen war der Sommer gewachsen, jeden Tag ein Stückchen Sommer mehr. Die Bienen waren da, die tagsüber den Honig aus den kleinen Blüten des Steingartens holten und seine goldenen Tropfen nächtlicherweile scheinbar am Himmel bargen: Sterne, nichts als Sterne, die noch durch den Nebel der Milchstraße funkelten und irgend etwas mit dem unendlichen Gesang des Heimchens unter meiner Türschwelle zu schaffen hatten. Dann saß ich wieder und wieder im Stuhl unter der runden jungen Linde auf dem sandbestreuten Altan, fragte mich, wo das Firmament ende und wo die Lichter der Stadt unten und drüben auf den Bergen begönnen. Aber all das schwand in die stillen, stetigen Strudel des Traums, durch den zärtlich der warme, frauliche Duft meiner großen Wiese zog, das süße Aroma der Heckenrosen und dann und wieder die fast schon vergessenen Bilder von Menschen. Aber ich war allein hier oben wie der Jäger Glahn, und nicht einmal ein Hund erwartete mich auf der Schwelle des Hauses. Dem Wolkenzug konnte ich nachträumen und dem Nachtwind lauschen, der sich behutsam in meinen Garten wühlte. Ganz aus der Ferne kamen der Klang der Glocken und das Gebraus der Stadt; aber all das lief wie der Schall über einen großen See und kam reiner zu mir und gemindert. Eine Stille war um mich, eine dichte Ruhe, durch die allein der schwarze Kater des Weingärtners von nebenan zitronengelben Auges ging. Langsam kam auch schon der Herbst, erst mit milden Regengüssen, dann mit einer süßen, späten Sonne. Der November endlich bedeckte rings alles mit Schnee.

Mein Elternhaus in Frankfurt

Wir siedelten 1908 – im Todesjahr meiner Großmutter – von Heidelberg nach Frankfurt über. Mein Großvater hatte meinem Vater in der Schubertstraße 16, einer stillen Frankfurter Westendstraße, ein Haus gekauft, ein Zwillingshaus mit zwölf Zimmern und einem hübschen, etwas allzu schattigen Garten. 1914 dann hat sich mein Vater in Sachsenhausen, Vogelweidstraße 21, nahe der Forsthausstraße, selbst ein Haus gebaut. Es war räumlich keineswegs so opulent wie das der Großeltern. Obwohl mein Vater durch seinen Heidelberger Studienfreund Eberhard von Bodenhausen Beziehungen zu Henry van de Velde hatte, war sein Denken konservativ und lokalpatriotisch. Ihm wäre nie der Gedanke gekommen, van de Velde oder einen Architekten seiner Art mit dem

Das Elternhaus des Autors in der Vogelweidstraße 21 in Frankfurt,
aufgenommen 1938; im Zweiten Weltkrieg zerstört

Hausbau zu beauftragen, und Berliner Baumeister gar wie
Peter Behrens, Bruno Paul oder Schultze-Naumburg erschienen dem Frankfurter Patriziat nicht tragbar. Wohl aber die
Frankfurter Architekten G. und W. Lönholdt, die damals zu
den Renommiertesten ihres Faches zählten. G. Lönholdt
baute für meine Eltern eine Art modernes Rokokohaus mit
hellen Mainsandsteinpilastern und einem schiefergedeckten
Mansardendach. Was da entstand, war eine vollendete Einheit. Die Hauptrolle bei diesem Neubau fiel meiner Mutter
zu. Mit dem ihr eigenen praktischen Sinn nahm sie die Zügel

in die Hand, das neue Haus wurde in erster Linie ihr Haus. Mein Vater ließ sie gewähren aus dem Wunsch heraus, möglichst nicht behelligt zu werden. So wurde das Haus, seine Einrichtung, seine Organisation, dies auch im Hinblick auf Küche, Waschküche, Wäschekammer im Souterrain und auf den Weinkeller, ganz und gar die Sache meiner Mutter. Es lag ein Zauber, der Zauber eines exquisit guten Geschmacks, der nicht altertümelte, über dem Haus. Und dieser Geschmack gehörte durchaus zum Wesensbild meiner Mutter. Sie besaß den untrüglichen Sinn für das Richtige, für Farbharmonie, Qualität der Materialien, für das Arrangement von Mobiliar sowohl wie für das von Blumen, für die Effekte echter, sparsam aufgelegter Teppiche und für die Akzente, die man in einem Raum etwa durch paarweise aufgestellte alte chinesische Vasen setzen kann. Das Haus mit den silbrig tickenden französischen Pendulen unter Pariser Glasstürzen, den Empirelüstern und den von feuervergoldeten Haltern gerafften, moosgrünen oder himbeerroten Damastvorhängen war die Inkarnation des Begriffs süddeutscher Großbürgerkultur. Im Parterre gab es eine Halle mit Marmorfußboden. Einzurichten waren ein Damenzimmer mit blaugelb-gestreifter Seidenbespannung, ein Eßzimmer, das durch eine barocke Seidentapete sich festlich gab; der Empiresalon mit eierschalenfarbenen Stuckwänden und grünen Vorhängen hatte wahre Noblesse. In den antiken, von Bernheimer in München bezogenen Kaminen verbargen sich die Heizkörper. Obwohl mit allem erdenklichen Komfort jener Jahre ausgestattet, war das ganze Interieur bestimmt durch das schmiedeeisene Treppengeländer – jenem des Goethe-Hauses frei nachgebildet –, durch die Bilder jener, denen endlich auch dieses Haus verdankt wurde, und durch das von meinen Großeltern ererbte, liebevoll gepflegte Louis-XVI- und Empiremobiliar. Alte Sekretäre bargen in Schubladen und Geheimfächern, die öffnen zu dürfen, dem Kind Herzklopfen machte, Schriftstücke und Miniaturen, Rokokofächer und biedermeierliche Reiseandenken; jener löwenkopf-

Die Pallas Athene im elterlichen Garten
in der Frankfurter Vogelweidstraße

geschmückte Empiresessel wurde auf dem Porträt der
Urgroßmutter ebenso wiedererkannt wie der persische Schal
oder die Kameebrosche, die heute meine Schwiegertochter
trägt. Die Bibliothek mit den drei hohen Bogenfenstern
öffnete sich in den nicht eben großen Garten, der an seinen
drei Seiten von Nachbargärten eingegrenzt war und in dem
ein hölzernes tempelartiges Gartenhäuschen stand. Eine
grüne Welt tat sich auf. In diesem kleinen Garten hinter dem
Haus, den man durch ein filigrangeschmiedetes antikes Git-
tertörchen betrat, stand eine steinerne behelmte Pallas
Athene, die Kopie einer jener heiteren mythologischen
Gestalten, die den Garten der Würzburger Residenz beleben.
Ich sehe sie noch vor mir, im Winter manchmal eingeschneit,
ein liebliches frierendes Ding, Liebling meines Vaters. Die
Bibliothek ist untrennbar mit der Erinnerung an meinen
Vater verbunden, an unsere einfachen, warmherzig geführten
Unterhaltungen, etwa über eine Frankfurter Theaterkritik

von Geck oder Diebold, über ein Museumskonzert unter Mengelberg oder über die neuesten Hefte des sehr geliebten *Zwiebelfischs* Hans von Webers oder der französischen Zeitschrift *L'Illustration*. Wir sprachen über Fontane, Spielhagen, Hackländer oder Wilhelm Raabe – Autoren, die mein Vater gern zur Entspannung abends las. Er versuchte erfolgreich, mir den Pückler-Muskau nahezubringen oder den Fallmerayer. Sie alle standen wohlgeordnet und gebunden an den Wänden bis zur Decke hinauf. Als ich im Frühjahr 1914 nach dem Einzug in das neugebaute, so sehr frankfurterische Haus half, die englischen, französischen und deutschen Schriftsteller aufzustellen, erhielt ich so einen sehr praktischen, nachhaltigen Literaturgeschichtsunterricht. Aber es gab auch Bücher über Kunst, es gab die erste vierbändige Originalausgabe der *Physiognomischen Fragmente* Lavaters und es gab die Sophienausgabe, mit Ausnahme der naturwissenschaftlichen Schriften, und schöne Frankfurtensien. Zwischen den beiden linken Fenstern der Bibliothek, über einer handlichen Stellage mit Nachschlagewerken, hingen zwei Bilder: ein kleines anonymes Aquarell aus dem Jahre 1740, die Stadt Frankfurt darstellend, von Südosten gesehen, die Mainfront mit der Alten Brücke. Und darüber P. Schmutzers radiertes Josef-Kainz-Porträt in schwarzem Ebenholzrahmen. Auf rätselhafte Weise hat das kleine Frankfurter Bild Kriegs- und Nachkriegswirren überstanden, und ich kann mich täglich seiner freuen. Den Kainz jedoch hat das Feuer vernichtet. Aber ein neues Exemplar hängt heute in München wieder meinem Schreibtisch gegenüber. Ich habe Josef Kainz nie gesehen, mein Vater hat mir von ihm, den er aufs höchste verehrte, erzählt. Ich kenne ihn nur von einer alten knarrenden Schallplatte, die *Gascogner Kadetten* aus Rostands *Cyrano de Bergerac* rezitierend. Davon und von der Schmutzer-Radierung habe ich einmal Fritz Kortner und seiner Frau erzählt. Kortner hatte Kainz noch in dessen großer Burgtheaterzeit erlebt. Man muß Johanna Kortner kennen – die in Frankfurt als blonde Johanna Hofer meine erste *Jungfrau von*

Orleans, meine erste *Julia* gewesen ist –, um von der Tatsache nicht überrascht zu sein, daß sie eines Tags aus Wien die Kainz-Radierung als Geschenk für mich mitbrachte.

Mein Elternhaus war ein gepflegtes Haus, pedantisch geordnet, mit einem Kinderfräulein und drei Dienstboten – der Köchin, erstem und zweitem Hausmädchen –, der Waschfrau und der Büglerin. Bei den seltenen größeren Einladungen wurde die Köchin von einer Kochfrau unterstützt, die – sehr zum Entsetzen meiner Mutter – Butter in das Herdfeuer warf, wenn die Zubereitung eines bestimmten Gerichts schnell ein starkes Feuer erforderte. Um sieben Uhr in der Frühe mußte das häusliche Ballett beginnen abzurollen. Vom Bett meiner Mutter – die elterlichen Schlafzimmer und die drei Kinderzimmer lagen im ersten Stock – gab es eine eigene elektrische Klingelleitung in das Dachgeschoß, wo die Mädchen hausten, stets kontrolliert im Hinblick auf Ordnung, Reinlichkeit der Fingernägel und der Kleidung, auf Fleiß und Pünktlichkeit. Mir lag dieses Reglement nicht, ich fand es inhuman, zumal nach meinem Aufenthalt in Weimar Anfang der zwanziger Jahre, wo wir so liberal wie nur möglich lebten und anderen die gleiche Freiheit zugestanden. Meine Mutter hielt streng darauf, daß das erste Hausmädchen ab zwölf Uhr im schwarzen Kleid und weißer gestärkter Schürze bereit war, die Besucher zu empfangen, die höchst selten kamen, um ihre Visitenkarten auf ein silbernes Tablett zu legen.

Vor einigen Jahren ging das Telefon in München, und nach Jahrzehnten meldet sich Rosa. Sie war durch Jahre hin dieses erste Hausmädchen im Hause meiner Eltern, sagen wir zwischen 1918 und 1928, gewesen. Rosa sprach wie ein Wasserfall, ohne Interpunktion, unüberhörbar ihr badischer Dialekt. Tags darauf kam sie zu mir. Niemals hätte ich dieses so herzliche, alt gewordene Gesicht mit den frischen Augen wiedererkannt. Aber sie machte keine Umstände und sagte wie eh und je »Herr Erich« zu mir, hatte einen selbstgebackenen Kuchen für mich in der Tasche und ein Päckchen voller Erinnerungen an das elterliche Haus.

Nach dem Tod meines Vaters hat meine Mutter das Haus an einen Bankier verkauft. Der Krieg hat dieser kultivierten Idylle in der Frankfurter Vogelweidstraße für immer ein Ende gemacht. So lebt das Elternhaus nur noch in der Erinnerung, ein Stück strahlender Vergangenheit. Von hier aus war ich nach Weimar zum Bauhaus, nach Königsberg zur *Hartung-schen Zeitung* und nach Stuttgart zum *Stuttgarter Neuen Tagblatt* ausgezogen; das Elternhaus war ein sicherer Hafen, der den Unrastigen immer wieder gern und herzerwärmend aufgenommen hat.

Die erste eigene Wohnung in Frankfurt und als »möblierter Herr« in Weimar und Königsberg

1926 bezog ich – schon verheiratet mit Lotti Stern – meine erste eigene Wohnung. Von den vier Zimmern im zweiten Stock des Hauses der Schwiegereltern, Guiollettstraße 1, gingen drei zur Anlage mit dem kleinen künstlichen Weiher, der von mächtigen Bäumen umstanden war. Auf ihre Kronen fiel der Blick von meinem Schreibtisch im Wohnzimmer, einem Riesenmöbel aus dem großväterlichen Nachlaß. Wir schliefen in den Empirebetten meiner Urgroßeltern, den »Gondeln« aus Mahagoni mit den Bronzebeschlägen. In das Gastzimmer, das einmal das Kinderzimmer meiner 1928 geborenen Tochter Silvia werden sollte, zog eines Tages für eine kurz befristete Zeit die baltische Baronesse Marie-Louise von Wolff. Ihre Kusine Alice Alexandra von Wolff wurde 1932 die Frau des Autors der *Sirene* und des *Leoparden*, des sizilianischen Fürsten Giuseppe Tomasi di Lampedusa. Marie-Louise widmete ich 1928 meine Erzählung *Diana in Florenz*. Lotti hatte sich mit ihr während eines Dalcroze-Sommerkurses – eine Art rhythmischer Tanzgymnastik – in Laxenburg bei Wien angefreundet.
Die Idylle an der Frankfurter Taunusanlage war der Auftakt zu einer Reihe von buntscheckigen Behausungen, die ich seit

252

den zwanziger Jahren, privaten und beruflichen Zwängen folgend, in einer Art zivilisierten Nomadenlebens bewohnt habe.

Vorausgegangen waren meine ersten Erfahrungen als Untermieter während meiner Studienzeit am Bauhaus in Weimar. Meine Frankfurter Freundin Lene Wulf hatte mir im Haus am Schwansee in Weimar, dessen Dachgeschoß sie bewohnte, ein Zimmer im ersten Stock gemietet. Es war reinlich, hatte einen Eingang vom Stiegenhaus, roch nach Kampfer, Winteräpfeln und wenig gelüfteten Sonntagskleidern und wurde mit Badbenutzung vergeben, eine Seltenheit in einem mitteldeutschen Städtchen, durch dessen Straßen einmal im Monat gewisse Tonnenwagen fuhren, deren arger Duft anzeigte, daß die Senkgruben hinter den Häusern ausgehoben wurden, und wo die Badewannen ganz allgemein dazu dienten, das Eingemachte, das möglichst ruhig stehen sollte, aufzunehmen. Beim ersten Bad stellten wir fest, daß wir uns durch das Entlüftungsrohr des Gasofens unterhalten konnten, ungestört übrigens, da die Badezimmer der anderen Stockwerke fast nie betreten wurden. So sangen wir uns des Morgens an, unterhielten uns in Versen und priesen den neuzeitlichen Komfort, der uns so freundlich diente. Mir war bald das kleine Zimmer zu eng geworden, ich wollte umziehen und nach Möglichkeit näher bei der Kunstschule wohnen. Auf dem Weg zum Bauhaus mußte ich die breite baumbestandene Kaiserin-Augusta-Straße entlanggehen, an deren Ende eine von uns respektlos »katholischer Bahnhof« genannte häßliche Kirche stand. An einem Vormittag – ich ging zum Kolleg (über Kants *Ewigen Frieden*) – stieß ich auf ein Fuhrwerk, das vor einem älteren großbürgerlichen Wohnhaus ablud. Ein Kerl in rosarotem beschmutztem Hemd warf mit riesigen Pranken Brennholz, lange Scheite und knollige Wurzelstöcke, aufs Pflaster. Vor dem Kellerfenster war eine weißhaarige Dame – schwarzes Kleid, lange goldene Uhrkette und weiße Rüsche am Hals – damit beschäftigt, den brennbaren Wintervorrat mit kleinen zarten Händen in den Keller zu räumen. Ohne viel zu fragen, zog ich die Jacke aus und half. Nach dem ersten Erstaunen und nachdem wir alles Holz geborgen hatten, bat mich die Dame zum Händewaschen in ihre Wohnung. Einige Wochen später war ich Untermieter bei Frau von Lepel. Das Bad barg gleichfalls Marmeladegläser, dafür schickte man mir von daheim ein Gummitub, in dem ich morgens pritschelte und dabei das Zimmer oft genug unter Wasser setzte. Ich schlief unter einer vollendeten Reproduktion von Fragonards *Le verrou*, diesem bezaubernden, graziös-temperamentvollen Bild zweier Liebender. Ich wurde ein Freund des Hauses, nicht aber der Hausfreund der reizenden Tochter Alix, die abends auf dem Flügel hinreißend Mozart spielte.

In Königsberg, wo ich erste Gehversuche als Dramaturg unter Fritz Jessner und als Theaterkritiker und Redakteur an der *Hartungschen Zeitung* machte – meine Ehe war inzwischen getrennt –, waren es neue Erfahrungen als »möblierter Herr«. Dem spießbürgerlichen Zimmer in der Brahmsstraße, nahe beim Neuen Schauspielhaus – vom Intendanten Jessner freundlich vermittelt – und dem kargen Zimmer in der Leostraße bei den Zwillingsteichen folgte eine bequemere Unterkunft bei Friedl und Philipp Meyer, sie, halbjüdisch, war Kinderärztin, er, Kommunist, praktizierte als Hautarzt. Hier in der Körte-Allee, in dem vom NS-Gauleiter Koch regierten Königsberg, hatte ich meine ersten unangenehmen Begegnungen mit der rüden Welt des Nationalsozialismus, zu nachtschlafender Zeit etwa, wenn es an der Türe polterte und ein SA-Mann, »legalisiert« durch den ihn begleitenden Polizisten, ins Zimmer drang, um eine Hausdurchsuchung zu veranstalten. Ein Katalog, dessen Umschlag Hindenburg, »den Sieger von Tannenberg«, zeigte, der von den ungebildeten Eindringlingen jedoch nicht als die Heartfieldsche Karikatur, die sie war, erkannt wurde, rettete mich vom Verhör. Oder, als es galt, den politisch verfolgten Philipp Meyer bei Nacht und Nebel mit dem Wagen nach Braunsberg zu fahren, von wo es sicherer war, den D-Zug nach Hannover, dem

Der Autor an der Ostsee bei Königsberg, 1932

ersten Ziel seiner Flucht, unerkannt zu erreichen. Später dann bezog ich im Villenviertel Auf den Hufen ein behagliches Zimmer im Haus einer alten Dame an der Harbrücker Straße, mit dem ich die freundliche Erinnerung an ein bildhübsches ostpreußisches Bauernmädchen verbinde, das an noch dunklen Wintermorgen den zimmerhohen dunkelroten Kachelofen schürte, und die sehr viel weniger freundliche Erinnerung an den Sohn des Hauses, der nachts, betrunken und randalierend, mich im Hausflur bedrängte oder mich von seinen zweifelhaften NS-Parteifreunden, die mit einer schwarzen Limousine das Haus beobachteten, bespitzeln ließ. Als die *Hartungsche Zeitung* unter dem Druck der Nazis Ende 1933 ihr Erscheinen für immer einstellte, war auch meine Zeit in Königsberg zu Ende.

Feuilletonchef am Stuttgarter Neuen Tagblatt *und am* Berliner Tageblatt

Nach einem kurzen Zwischenaufenthalt im Frankfurter Elternhaus verschlug es mich dann nach Stuttgart. Vom Gartenhaus über der Stadt war schon die Rede. Als ich im Januar 1935 wieder geheiratet hatte, bezog ich mit meiner zweiten Frau Lili eine kleine Dachwohnung droben im Grünen. Heute noch erinnere ich mich belustigt des eifrigen Möbelschreiners, der beim Abliefern eines wirklich vollendet gearbeiteten Schreibtisches befriedigt feststellte: »Das ist ein Musikstück!« Freundlich in der Erinnerung bleibt auch der abendliche Heimweg von der Redaktion des *Stuttgarter Neuen Tagblatts*, der regelmäßig über das Posthörnle führte, wo ich bei einem Glas Strümpfelbacher und einer Laugenbrezel meinen Arbeitstag als Feuilletonchef angenehm ausklingen ließ. Diese Position, die mich ohne Rest befriedigte, verdankte ich Dr. Hans Wolf, meinem ehemaligen Chef in Königsberg, der nach der Schließung der *Hartungschen Zeitung* als Verlagsdirektor zum *Stuttgarter Neuen Tagblatt* gegangen war.
Die Tätigkeit an dieser Zeitung brachte mir einen Freund fürs Leben: Dr. Anton Dieterich, der damals Mitglied der Lokalredaktion war und nun seit Jahrzehnten in Madrid lebt. Bis zu seiner Pensionierung war er der vielseitigste Korrespondent großer deutscher Zeitungen, auf den Gebieten der Literatur, des Theaters und der bildenden Kunst ebenso zu Hause wie in der Stierkampfarena. Die kunsthistorischen Publikationen

256

Anton Dieterichs, der ein profunder Goya-Kenner ist, weisen ihn als einen hochgebildeten Schriftsteller aus, dessen feinnerviger Stil als unübertroffen gelten kann. Dieser Stil ist es, aber noch mehr die Warmherzigkeit des Freundes, die Inge und mir die Briefe an das »liebe Paar« immer wieder zu einem Fest werden lassen.

Der andere Gewinn in der Redaktion des *Stuttgarter Neuen Tagblatts* war der Journalist und Dichter Emil Belzner. Wir haben uns ein Leben lang nicht aus den Augen verloren. Was charakterisierte ihn und seine Auffassung vom Wesen des Kritikers und Schriftstellers mehr als folgende Zeilen aus seinem freundschaftlichen Brief an mich vom 2. März 1976: »Besieht man den Lauf der Zeiten des näheren, so weiß man wohl, daß alle Kunst und alles Schreiben (hinsichtlich einer Besserungsfähigkeit der Menschheit) vergeblich ist. Doch das lähmt uns nicht, sondern beflügelt uns: immer wieder (kraft eigener Schöpfung) zu erleben, daß wir mit Zwecken und Absichten nichts zu tun haben. Das ist keineswegs eine frivole, sondern eine positive Position. Wenigstens empfinde ich das so, obgleich ich natürlich auch einem besseren Menschentum dienen möchte. Für mich bleibt aller Tendenz-Rummel eine barbarische Angelegenheit.«

Die nächste Station auf meinem Berufsweg hieß – 1935 – Berlin. Von der kleinen, nach rückwärts gelegenen Wohnung in einem altmodischen »Herrschaftshaus« der Carmerstraße ist nicht viel zu berichten. Noch beleidigen in der Erinnerung die grellen falschen Geigentöne eines alten Mannes mein Ohr, die über den sonnenlosen Hinterhof quälend in unsere Zimmer drangen.

Ich war der Leiter des Feuilletons am *Berliner Tageblatt* geworden, dem Paul Scheffer, ein großer deutscher Journalist von internationaler Bedeutung, als Chefredakteur vorstand. Er war ein schwerer, dicker Mann von außerordentlicher Begabung. Äußerlich glich er Brockmann, dem Darsteller des Hamlet auf dem berühmten Kupferstich Chodowieckis. Scheffer suchte sein Blatt von der Politik des Dritten Reichs im Rahmen des Möglichen zu distanzieren, bis er eines Tags einsehen mußte, daß er in Berlin nichts mehr verloren hatte. Er ging in die Vereinigten Staaten, wo er 1963 starb. Sein von Gestalt hagerer Nachfolger am *Berliner Tageblatt*, Schwarzer, war von monströser Borniertheit und Unbildung. In der Meinung, sich Autorität zu verschaffen, ließ er aus seinem Büro alle Sitzgelegenheiten – mit Ausnahme seines Schreibtischsessels – entfernen. Man hatte also mit dem ausgemergelten Holzkopf stehend zu sprechen. Ich betrat sein Zimmer nur einmal, ging zurück ins Vorzimmer und holte mir einen Stuhl, setzte mich vor ihn hin und überreichte meine Kündigung. Auch ich hatte unter diesem als SS-Mann dem Hitler-Regime ergebenen Chefredakteur nichts mehr am *Berliner Tageblatt* verloren, auch dann nicht, als mich Schwarzer am nächsten Morgen bat, meine Kündigung zurückzunehmen. Der Grund stellte sich schnell heraus: Göring hatte Schwarzer durch seinen Adjutanten Gritzbach wissen lassen, wie sehr ihm meine Theaterkritik über eine Jürgen-Fehling-Inszenierung, die am Vortag im Blatt gestanden hatte, gefallen habe.

Als Kulturkorrespondent der Frankfurter Zeitung in Düsseldorf

Noch einmal – 1938 – kehrte der Frankfurter für einige Jahre zurück in die Vaterstadt. Von Benno Reifenberg war ich in die Lokalredaktion der *Frankfurter Zeitung* gerufen worden. Der Krieg hatte noch nicht begonnen, Lili und ich machten uns in der Dürerstraße 13 seßhaft, gleich beim Städelgarten, in dem nachts die Nachtigallen herzbewegend schlugen. Das Haus gehörte der alten Frau Andreae-Kirsch, die den imponierenden Ausspruch getan hatte: »Wenn der liebe Gott weiter zuläßt, was die Nazis mit den Juden treiben, dann ist der Mann für mich erledigt.« Unsere gefällige, sehr altfrankfurterische Wohnung war köstlich durch das von meiner

Mutter übernommene Empiremobiliar. Das ganze war so »herrschaftlich«, daß ich, noch nicht vierzigjährig, das Gefühl hatte, bei Eltern oder Großeltern zu Gast zu sein. Später, als bereits Verdunkelung befohlen war, ließ ich abends die Fenster zur ahornbestandenen Straße und zum Garten der Städelschule geöffnet und spielte auf dem Koffer-grammophon Mozarts *Kleine Nachtmusik*, in deren Melo-dien die Nachtigallen hineinsangen.

Im April 1940 war unser Sohn Christian in der Klinik an der Schifferstraße in Sachsenhausen zur Welt gekommen. Er wurde in der Klinik durch den prächtigen, nazihassenden, wie ein Luther daherkommenden Pastor Martin Schmidt von der Dreikönigskirche auf den Namen meines Großvaters väterlicherseits getauft. Eine der drei Pastorentöchter, von mir beraten und darin bestärkt, Kunstgeschichte zu studieren und sich dann dem Journalismus zuzuwenden, ist heute meine Kollegin im Feuilleton der *Süddeutschen Zeitung*: Doris Schmidt, die mir stets Hilfreiche, in der Sache Kämpfe-rische und mit hohem kritischem Kunstverstand Begabte. Christian hatte nicht weniger als drei Taufpaten: Soledad Korthaus, den mein Leben bis heute begleitenden Freund Erik Graf Wickenburg – seinen Wappenspruch »solem tole-rabit et imbres« übernahm ich in einen eckigen Goldreif, den ich noch heute zusammen mit einem Siegelring meines Groß-vaters trage – und Helmut Küpper, den Stefan-George-Verleger, mit uns seit Berlin in Freundschaft verbunden. So heißt also Christian auch Helmut und Erik. Der kleine, stets vergnügte Sohn bezog das Zimmer neben dem meinen, und es ergab sich mit einer seltsamen Selbstverständlichkeit, daß ich mich des Wichtelchens annahm: Es galt, die Fläschlein zu wärmen, und ich lernte rasch und gern das Wickeln. Als Lili zur Erholung auf die Elmau ging und mich mit dem Kind und einer betulichen, keineswegs sehr sympathischen Kinderfrau zurückließ, kamen herrliche, noch bedingt sorglose Wochen. Vormittags schrieb ich zu Hause und wachte gleichzeitig über den kleinen Sohn in seinem Wägelchen neben meinem

Schreibtisch; nachmittags und häufig abends war ich »auf der Zeitung«.

1941 mietete ich aus Furcht vor den bald einsetzenden Luftangriffen eine kleine Sommerwohnung in Kronberg, wo wir am Radio schaudernd von Hitlers Angriff auf Rußland erfuhren. Im Herbst des gleichen Jahres schickten mich Benno Reifenberg und der Verlagsleiter Dr. Wendelin Hecht als Kulturkorrespondent der *Frankfurter Zeitung* ins Rheinland nach Düsseldorf. Das Parkhotel wurde für etwa zwei Jahre während der Woche mein Zuhause. Das Hotelzimmer, komfortabel-konventionell eingerichtet, war für mich, der ich viele Stunden am Schreibtisch oder lesend im Sessel verbrachte, die beste, weil völlig neutrale Umgebung. In dem hellen Speisesaal wurde ein Tisch ein für allemal belegt und jene Hotelgast-Freundschaft mit zwei älteren Oberkellnern geschlossen, deren einer – der Ähnlichkeit halber – Thomas Mann getauft wurde; der andere, »Hähnchen« mit Namen, zeichnete sich durch schmallippige Ironie, besonders den braunen Zeitläuften gegenüber, aus. Beide Männer waren diskret und wahrten völlig Distanz. Das Essen war noch relativ gut, eine alle Gerichte umkleidende rotbraune Soße ließ in dem seßhaft gewordenen Reisenden den Verdacht aufkommen, das Hotel stehe auf einer Soßenader, die es beliebig anzapfen könne. Bald stellte sich heraus, daß in diesem Haus eigentlich nur Stammgäste verkehrten. Der Industrie-Club war hier heimisch, und Carl Haniel wohnte oben im eigenen Mobiliar und mit eigenem Rotweinkeller, ein freundlicher, hilfsbereiter Weltmann, der von der angestrebten Weltherrschaft Hitlers nichts hielt. Ohne große Zeremonien wurde ich in den Mikrokosmos des Hotels als ständiger Gast gleichberechtigt aufgenommen und hatte an gewissen Vergünstigungen teil. Nach einiger Zeit gehörte ich sozusagen zum Inventar und durfte sogar, als der trunkenboldische KdF-Chef Dr. Robert Ley einige Tage im Haus residierte, in der Beletage bleiben, nachdem man meine Personalien und meinen Beruf flüchtig überprüft hatte. Den

260

»Goldfasanen« war das Hotel aber offenbar nicht sonderlich lieb, sie stiegen selten hier ab, und die Gauleitung feierte nur gelegentlich fragwürdige Siege mit fragwürdigen Diners, deren Einzelheiten am nächsten Tag die Runde machten.

Oft stieg ich des Nachts, wenn die Sirenen heulten und die Geschütze feuerten, während die Scheinwerfer den entgötterten Himmel abtasteten, mit einem vom Gesinde aufs Dach des Hauses, das gefährliche Schauspiel genauer zu betrachten; oft auch saß ich im Keller, etwa im Gespräch mit der Tänzerin Grit Palucca, die eines ihrer rheinischen Gastspiele von Düsseldorf aus absolvierte. Daran wurde ich im Frühjahr 1982 freundlich erinnert, als ich auf meine Gratulation zu ihrem achtzigsten Geburtstag einen liebenswürdigen Dank von der in Dresden lebenden großen Tänzerin und Tanzpädagogin erhielt. Klein und giftig, ein bartloser Gartengnom, erschien der stets zum Kritteln aufgelegte Hans Pfitzner oder der begabte österreichische Opernregisseur Walter Felsenstein, der in Louise Dumonts Theater als Gast inszenierte. Doch war Künstlerbesuch hier nicht gerade häufig, im Gegensatz zur Industrie. Die Hotelbar galt den Machthabern als politische Giftküche, und das furchtbare Debakel von Stalingrad im Winter 1942/43 war der Anlaß, das sehr bescheidene alkoholische Paradiesgärtchen beim Hoteleingang zu schließen. Die Nächte, und später auch die Tage, wurden unruhiger, Fensterscheiben mußten ersetzt werden, einmal brannte es im Dachgeschoß. Die Stadt begann ihren Weg in immer tieferes Leid. Köln bekam die Macht der schweren Luftangriffe zu spüren, Aachen brannte, Krefeld, Duisburg und Essen waren nächtelang das Ziel der Angriffe. Zu den Nachthimmeln lohte es furchtbar empor. Pfingsten 1943 schlug Düsseldorfs Stunde. Ich erfuhr von ihr am Bodensee und eilte zurück. Das Hotel glich einer riesigen verrußten Ruine. Im Durcheinander des ersten Stockwerks hauste das ältere Stubenmädchen. Lösch- und Rettungsmannschaften hatten völlig planlos, da die oberen Stockwerke brannten, die Beletage ausgeräumt, den Inhalt der

Schränke auf die Straße geworfen und so vandalisch »gerettet«, was der Rettung nicht bedurft hätte. Meine treuanhängliche Sekretärin Hildegard Friedrich hatte ein paar Gegenstände aus dem Chaos der Feuersnacht ins Sichere ihrer elterlichen Wohnung gebracht. In der Frankfurter Dürerstraße ereilte Bilder und Bücher 1944 dann doch das feurige Schicksal. In der Erinnerung an das Düsseldorfer Parkhotel bleibt eine große schwarze Höhlenarchitektur, winddurchzogen und regendurchweint. Von diesem Parkhotel galt es Abschied zu nehmen, zugleich von der Stadt, dem ganzen Revier und von den befreundeten und den freundlichen Menschen allen.

Mein Freund, der Zwerg

In Düsseldorf galt es auch Abschied zu nehmen von Mariele Westendorp und meinem Freund, dem Zwerg. Mariele Westendorp war die Besitzerin des Antiquitätengeschäfts im Parterre des Parkhotels. Am ersten Morgen meines Düsseldorfer Aufenthalts hatte ich – nach einem unalltäglichen Frühstück – den Hotelbau mit dem quadratischen Grundriß umschritten und war vor Marieles Schaufenster stehengeblieben: Qualitätvolles war ausgestellt, durch die Scheibe sah ich eine jüngere rotblonde Frau, sie sprach mit einem für mich unsichtbaren Kunden. Vorn am Schaufenster stand in einer Kristallvase eine Orchidee, ein weißer kleiner Hund näherte sich und begann, mit Geschick aus dem Glasgefäß zu trinken. Es war nicht der große Hund des Struwwelpeter-Hoffmann, der »mit seinem Mund« Wasser schlürfte, aber es war ein friedliches, kriegsfernes Genrebildchen, wohl wert, aufgezeichnet zu werden. Die Skizze erschien in der *Frankfurter Zeitung* des nächsten Tages auf der dritten Seite. Hier standen regelmäßig Redaktionsbeiträge anonym, nur hatte jeder Korrespondent ein Signet, dem Text vorangestellt. Das meinige zeigte ein Dampfschiff en miniature. Wenige Tage später machte ich Mariele Westendorp einen Besuch und gab mich als jenen Schreiber zu erkennen. In Mariele Westendorps Laden habe ich die Bekanntschaft mit einem klugen und höchst sympathischen Zwerg gemacht, einer heiter-hoffmannesken Gestalt aus der Underberg-Familie, die seit Generationen viel Geld mit der Herstellung des berühmten Magenbitters macht. Als ich wieder einmal bei Mariele eintrat, saß mein »Klein-Zaches« auf einem antiken Louis-XVI-Sessel, er konnte die Beinchen nicht auf den Boden bringen, aber daran war ich schon gewöhnt, hingegen erschreckte mich ein weißer Mullverband, der seinen Kopf umspannte und gerade noch die Augen freiließ. Das Männlein, etwa fünfundvierzig Jahre alt und Doktor der Jurisprudenz, mit dem Gesicht eines schrumpelig gewordenen Apfels, hatte wieder einmal über den Durst getrunken und war mit der Stirn auf die Kante der Badewanne gefallen. Von seiner Klugheit abgesehen, war alles winzig an ihm, eine Kumulierung von lauter Diminutiven: ein fast kahles Köpfchen, Äugelchen, kugelig wie die eines Vogels, ein gebogenes Näschen, kleinkleine Händchen und Füße so winzig, daß man sich fast schämte hinzuschauen, man dachte an eine Puppenausstattung und daß zu kleine männliche Füße in jedem Fall Abwehrgefühle hervorrufen. Wenn der kleine Mann lachte, glich er einer jener Puppen, die Bauchredner auf dem Arm tragen und die scheinbar mit eigener Stimme sprechen. Gekleidet vom besten Londoner Schneider, die Hemden von Jaquet in Zürich, die Schuhe Kunstwerke von Breitsprecher in Berlin, und vor der Türe ein riesiger Maybach, Zwölfzylinder, später, nach der afrikanischen Jagdreise ein Düsenberg, lang wie ein Schleppkahn. Und Underberg am Steuer dieser mächtigen Wagen, deren Schalt- und Steuermechanik, Fußgashebel eigens umgebaut waren; trotzdem war nicht zu vermeiden, daß solch ein Auto daherkam, wie mit Geisterhand gesteuert: man gewahrte Underberg erst im letzten Augenblick, so winzig war er hinter dem Volant. Er bevorzugte den rubensischen Frauentypus, die üppig breithüftigen Rotblonden. Ich entsinne mich einer: In schuppiger Brünne hätte man sie, unbemerkt vom Land ringsum, mit der Bronzegermania des Niederwalds vertauschen können. »Ein Tausendsassa«, sagten die Leute von ihm. Aber sie kannten ihn nicht. Sein gütiges Herz, besonders für Kinder und Tiere schlagend, seinen Sinn für Freundschaft, seinen politischen Verstand, auf mancher Weltreise geschärft, sein Faible für Kunstgegenstände und Blumen, Gärten und Bäume, da schien er wie ein uneheliches Kind Pucks, und man glaubte ihm, wenn er sagte, er könne mit Vögeln, Schmetterlingen und Rosen leicht ins Gespräch kommen. Einmal war das ererbte Wasserschloß an der niederländischen Grenze das Ziel einer Einladung. Umsponnen von Rosen, der Garten ein Rosenmeer. Neben der Auffahrtsrampe blanke, bronzene Miniaturgeschütze, in deren Umgebung Underberg sich gern fotografieren ließ, die Größenunterschiede zu verwischen. Ein Ponygespann, von ihm kutschiert, an der Bahn. Die Abende bei schweren Rheingauweinen im wohnlichen Keller, während droben die Amerikaner und Engländer südwärts flogen. Er haßte abgründig, nicht die Flieger droben, sondern jene, denen man diese Flüge zu danken hatte. Er prophezeite, zumal nach langen durchtrunkenen Nächten, wie ein Hellseher, doch wußte er tags darauf nichts mehr. Er trank wie ein Pandur aus dem Dreißigjährigen Krieg, krähte im Trunk und vertrug mehr als die meisten. Als es einmal doch zuviel war – zu zweit neun Flaschen 1911er Hattenheimer Nußbrunn Spätlese – und er, Underberg, ein wenig nur taumelte, riß er sich die Kleider vom Leib und lief nachts bei acht Grad Kälte dreimal um das schneebedeckte Rasenrondell des Gartens: »Strafe muß sein«, sagte er, als er völlig klaren Kopfes zurückkehrte und in seinen winzigen Pelzmantel schlüpfte, der an einer Reihe von Haken in der Garderobe unterhalb der Mäntel der »Großen« hing; die Garderobe war sozusagen zweistöckig. Der Zwerg gab Geld mit der Largeheit eines Fürsten aus, aber nirgends spürte man die Absicht, durch irgend etwas die Umgebung von seiner Zwergengestalt abzulenken oder durch Überkompensation, wie das Modewort wohl heißt, die Mißbildung vergessen zu machen. Er las kaum je ein Buch, jedenfalls gab es keine Bibliothek in seinem Haus, noch habe ich ihn je lesend angetroffen; trotzdem hatte man das Gefühl, er wisse unendlich viel, vielleicht sogar alles. Auf magischen Wegen mochte es ihm zufließen. Underberg starb auf furchtbare Weise. Kanadische Kampftruppen eroberten das Wasserschloß, in dem sich ein paar Wahnsinnige verbarrikadiert hatten und Widerstand zu leisten suchten. Am Abend, am riesigen Tisch im Keller, zwangen die Sieger den winzigen Hausherrn, vor ihnen zu tanzen: auf der Tischplatte, zwischen Weinflaschen, Maschinenpistolen waren auf ihn gerichtet. Er machte zwei oder drei groteske Schritte und schlug dann – zutiefst erniedrigt – entseelt, als habe er seinem Herzen befohlen, zu schlagen aufzuhören, rückwärts in die Gläser und Weinlachen. Der Krieg, sagt man, sei der Vater aller Dinge. Auf Underbergs Grabhügel lagen winzige Kränze, von den Dorfkindern für ihn geflochten. Kinder ahnen leicht, mit wem sie es zu tun haben; auch gehörte er auf eine ganz bestimmte Weise zu ihnen – mein Freund, der Zwerg.

Eine friedliche Allgäuer Idylle mitten im Krieg

Die Bombenhölle blieb nicht auf das Rheinland beschränkt; sie wälzte sich mit furchtbarer Konsequenz südwärts, und es galt, den kleinen Christian und seine Mutter in Sicherheit zu bringen. Mit meiner Hilfe war es gelungen, die halbjüdische Kinderärztin Friedl Meyer, die in Königsberg von den Nazis lebensbedrohliche Schwierigkeiten zu erwarten hatte, nach Wildpoldsried, einem kleinen Dorf im »bayerischen Sibirien«, dem Allgäu, als Landärztin dienstverpflichten zu lassen. So hatte sie eine Chance, dem weiteren Zugriff der Nazis zu entkommen. Mit Käthe, ihrem alten, treuen ostpreußischen Dienstmädchen, bezog sie das leerstehende

»Doktorhaus« und lebte dort, bis sie nach dem Krieg zu ihrer Schwester nach Mailand zog. Das Haus war so geräumig, daß wir es für den Anfang gemeinsam mit Friedl bewohnen und mit einem Teil unseres Frankfurter Mobiliars ausstatten konnten. Im Doktorhaus hörten wir am Radio – erst hoffend, dann tief deprimiert – die Nachricht vom Stauffenberg-Attentat auf Hitler. Später fanden wir dann eine eigene kleine Zweieinhalb-Zimmer-Wohnung im Erdgeschoß eines ein-stöckigen Arbeiterhäuschens in der Wildpoldsrieder Post-straße. Die niedrigen Zimmer waren eher Stuben, deren Enge unsere Frankfurter Schränke und Kommoden wohl gesprengt hätten. Sie überdauerten den Krieg in Friedl Mey-ers Obhut. Wir begnügten uns mit dem Nötigsten und Einfachsten. Wichtig war vor allem, daß unser kleiner Sohn in diesem ländlichen Refugium fast unberührt von den Schrecknissen des Krieges heranwachsen konnte, in einer Landschaft, die von Kuhglocken durchläutet war und wo die Schwalben mit spitzen Schreien ums Haus jagten. Langsam wurde uns diese Allgäuer Welt vertraut, die voller Melodien ist, sehr starken und sehr zarten, voller Intimität und beladen fast mit Weite. Hier konnte ich an den Wochenenden Atem schöpfen nach den Münchner Bombennächten.

Abschied von Frankfurt für immer, Dienstverpflichtung an die Münchner Neuesten Nachrichten *und an eine Munitionsfabrik in Nördlingen*

Als die Nationalsozialisten die *Frankfurter Zeitung* 1943 schlossen – sie hatte bis zu ihrem Ende versucht, inmitten der »gleichgeschalteten Presse« ihr liberales Eigenleben zu bewahren –, wurde ich an die *Münchner Neuesten Nachrich-ten* dienstverpflichtet. Nur dank deren mehr oder weniger neutral sich gebenden Feuilletons war es mir möglich, die kommende Zeit mit Anstand zu überstehen. Mit den meisten der Redaktionskollegen konnte ich mich politisch relativ

266

einig wissen. Ich war wieder ein Wanderer zwischen zwei Welten. Während der Woche lebte ich in einem gefällig möblierten Zimmer im Dachgeschoß einer altmodischen Villa in Großhesselohe. Das seit Kindertagen geliebte Fahrrad, das mich täglich auf dem romantischen Weg entlang der Isar zur Redaktion und wieder zurück brachte, machte mich unabhängig von den immer unregelmäßiger verkehrenden Straßenbahnen. In den *Münchner Neuesten Nachrichten* erreichte mich dann eines Tags die telefonische Nachricht von der Zerstörung unserer Wohnung und ihres restlichen Inhalts in der Frankfurter Dürerstraße. Mit wehem Herzen ahnte ich, daß dies den Abschied für immer von meiner Vaterstadt bedeutete.

Die nächste Zwischenstation war ein nüchternes Gasthauszimmer in Nördlingen, wo ich im Winter 1944/45 gezwungenermaßen in den Collis-Werken, einer Munitionsfabrik, gelandet war. Die »totale Mobilmachung« hatte endlich auch mich erreicht. Eine schützende Hand bewahrte mich jedoch davor, mich aktiv an der Herstellung der dort zum größten Teil mit Kriegsgefangenen produzierten Geschoßhülsen beteiligen zu müssen. Mit dem absurden Auftrag, die Möbel der Verwaltungsräume der im Osten demontierten und am Rande von Nördlingen wiederaufgebauten Fabrikanlage zu inventarisieren, verbrachte ich sinn-, aber gefahrlos die letzten Kriegsmonate, bis mich kurz vor dem Zusammenbruch im Mai 1945 – wie schon geschildert – der einsichtige Nördlinger Arzt meiner Migränen wegen in die Münchener Universitätsklinik »entkommen« ließ, in die schützende Obhut von Dr. Diehl erst, dann von Professor Stepp und seiner Ausweichklinik am Schliersee.

Vom Schliersee aus ist es mir nach der Kapitulation gelungen, mit dem Fahrrad auf abenteuerlichen Umwegen wieder zu meiner Familie in die dörfliche Idylle von Wildpoldsried zurückzukehren. Wildpoldsried lag in der amerikanischen Besatzungszone. Ich erinnere mich heute noch mit Rührung daran, wie der fünfjährige Christian, dem wir es untersagt hatten, zusammen mit den Dorfkindern bei den amerikanischen Soldaten um Schokolade und andere diesen Kriegskindern kaum bekannte Leckereien zu betteln, mich traurig fragte, ob er denn nicht wenigstens mit einem leeren Säcklein an der von den US-Soldaten als Hauptquartier besetzten Schule vorbeigehen dürfe; vielleicht würde man ihm dann doch – auch ohne besondere Bitte – die eine oder andere der ersehnten Leckereien zustecken.

Fünf Jahre wanderte ich zwischen Wildpoldsried und München hin und her; die Arbeit bei der amerikanischen Press Control, die die neuen Lizenzen an deutsche Verleger vergab, später bei der von den Amerikanern gegründeten *Neuen Zeitung* war ein neuer Anfang. Während der Woche wohnte ich, wieder möbliert, in dem schon erwähnten Gartenhaus in der Amalienstraße 15. Der extrem bürgerlich eingerichtete Raum, der tagsüber meiner Wirtin, der frühverwitweten Frau Dr. Bauer, als Wohnzimmer diente, wurde abends zum Schlafzimmer für mich umgewandelt. Welcher Schreck für das ganze Haus, als eines Nachts – Folge noch des Bombenkriegs – die Mitte der Zimmerdecke, donnernd und dichten Staub aufwirbelnd, zu Boden krachte und Tisch und Büffet unter sich begrub. Solange ich dort wohnte, wurde der Schaden nicht behoben. In diesem italienisch wirkenden, von Bäumen umstandenen Gartenhaus – das Vorderhaus war zerstört – hatte Frau Dr. Bauers Vater, der Fotograf Müller-Hilsdorf, sein Atelier und im Keller das Depot für ungezählte fotografische Platten gehabt. An der Ecke Theresien-/Ludwigstraße hing ein Schaukasten mit allerlei konventionellen

Porträtaufnahmen, zwischen ihnen aber das imposante Porträt Stefan Georges. Wie der Dichter, stammte auch der Fotograf aus Bingen, und Müller-Hilsdorf war zu einer Art Hoffotograf Georges geworden mit dem Monopol, das mächtige Haupt auf eher zierlichem Körper zu fotografieren, wenn der Dichter des *Maximin* zu Besuch bei Karl Wolfskehl in München war. Ein Abglanz dieser Jahre war auf meine Wirtin gefallen; sie mußte sich allerdings mit den Besuchen von Melchior Lechter, dem Georgeschen Buchkünstler, begnügen, der sich in späteren Jahren Rilke zuwandte, was von den George-Jüngern als Abfall empfunden wurde. Frau Bauer, eine wahrhaft gute Seele, die sich meiner beiden Patenonkel am Ende ihrer Flucht beim Eintreffen in München so sorgend angenommen hatte, wußte von Lechters letzten Monaten im Wallis zu berichten. Sein Wunsch, auf dem kleinen Friedhof in Raron in der Nähe Rainer Maria Rilkes beerdigt zu werden, wurde erfüllt.

Während dieser ersten Nachkriegsjahre konnte ich meist nur die Wochenenden bei meiner Familie verbringen. Samstags ging es in aller Herrgottsfrühe mit dem Bummelzug nach Wildpoldsried; dem heranwachsenden Sohn, inzwischen ein Dorfschulkind, galt meine Liebe. Silvia, meine Tochter aus erster Ehe, war meinem Einfluß völlig entrückt. Seit mehr als einem Jahrzehnt schon lebte sie mit ihrer Mutter in den Vereinigten Staaten. Der Dirigent William Steinberg war ihr zum zweiten Vater geworden. Heute ist Silvia aus meinem Leben nicht mehr fortzudenken. In den fünfziger Jahren kam sie als junge Frau – verheiratet mit Lloyd Tennenbaum, einem liberalen Rabbiner – zum erstenmal wieder nach Europa. Viele Besuche in München – ein-, zweimal im Jahr – und gemeinsame Reisen nach Italien sind gefolgt. Silvia hat drei Buben großgezogen – Jeremy, David und Raphael – und lebt als erfolgreiche amerikanische Romanschriftstellerin in New York und auf Long Island. Ihr viel beachteter Roman einer jüdischen Frankfurter Familie *Straßen von gestern* ist 1983 auch in Deutsch erschienen. Als Fünfzigjährige hat sie das

Die Tochter des Autors, Silvia Tennenbaum,
mit ihren Söhnen David, Raphael und Jeremy (v.l.n.r.)
in East Hampton, Long Island, um 1965

durch die Heirat unterbrochene Studium der Kunstgeschichte an der Columbia University in New York wieder-
aufgenommen und im Alter von vierundfünfzig Jahren mit
dem Master of Arts abgeschlossen, in ihren musischen Neigungen auch ganz mein Kind. Das uns verbindende innige
Gefühl der Zuneigung und des ernsthaftesten Einverständ-
nisses – ganz so, als wären wir nie getrennt gewesen –, Silvias
Heitersinn und Gelassenheit sind eine beglückende und
segensreiche Erfahrung, für die ich im hohen Alter dem
Leben dankbar bin, um so mehr, als zwischen Silvia und Inge,
den fast Gleichaltrigen, eine herzliche, schwesterlich zu
nennende Beziehung besteht.
Christian hat sich eher von mir fortentwickelt; er ist der
Praktische, mehr dem Materiellen Zugewandte, darin seiner

Mutter näher als mir. Damals in Wildpoldsried hatten Christian und ich den innigsten Umgang miteinander, den zu pflegen mir die frühen Morgenstunden am günstigsten erschienen. Er war, ganz wie ich, ein matinaler Typ; da das Zimmer, in dem er schlief, durch ein kleines Fenster mit dem meinen in Verbindung stand, tauchte er – gutgelaunt und ausgeschlafen – dort auf wie Kasperl Larifari, um – zusammengefaltet wie ein Postpaket – von mir in Empfang genommen zu werden. Dann lagen wir beide im frühen Dämmerlicht nebeneinander auf dem Rücken, die Arme unter dem Kopf verschränkt, zu nicht endenwollenden Gesprächen bereit. Aufmerksam lauschte ich oder stellte meine Fragen, etwa nach den Schulaufgaben. »Ach, weißt du, ich muß immer so viel arbeiten und ich bin doch noch so klein. Mammi sagt, sie hat als Kind auch so viel arbeiten müssen, weil ihre Mutter sehr streng mit ihr war. Aber das kann ich dir sagen, wenn ich in den Himmel komme, frage ich die Großmutter, ob das wirklich stimmt, was Mammi sagt!« Oder im Hinblick auf eine in Scherben gegangene Freundschaft: »Ach, weißt du, Pappi, den Lechleitner-Peter habe ich abgefreundet.« Mit Bezug auf einen Satz päpstlicher Briefmarken, den ich ihm geschenkt hatte, auf denen man einige Kardinäle abgebildet fand, im Anschluß an meinen Bericht über die Papstwahlen und das Konklave: »Sind die Kardinäler alle Kinderchen vom Papst?« Irgendwann war der Schirmständer aus Porzellan, ein Familienerbstück, Christians Ungestüm zum Opfer gefallen. Das Ding war äußerst bunt, ein rechtes Stück chinesischen Exportporzellans. In hundert Scherben zerschlagen, lag es am Wege, am Wege Christians ins Leben. Christian teilte es mir in einem ihm von der Mutter als Strafe aufgegebenen Brief nach München mit: »Lieber Papi! Ich habe den Schirmständer umgeschmissen. Mammi ist sehr ärgerlich und du sollst dich erkundigen, ob der Antiquar jemand hat, der das leimen kann. Es sind aber so viele Stücke. Viele Grüße vom Christian.« In meinen Augen konnte sich die Unversehrtheit des Schirmständers mit dem kleinen menschlichen Dokument, frühes Dokument auch von Christians nur widerwillig erlernten Schreibkünsten, nicht messen. Mir schien es wesentlicher, ein solch köstliches Brieflein in der Brieftasche zu tragen.

Meine Wahlheimat München

1950 hat mein Vagabundenleben zwischen München und Wildpoldsried – nirgendwo war ich eigentlich mehr richtig zu Hause – mit dem Finden und Beziehen einer Wohnung in der Münchener Waisenhausstraße 38 im Stadtteil Gern ein Ende gefunden. Es war das München, das sich aus müden Augen den Staub und den Schmutz der Trümmerberge rieb, das an Aufbau, an Wiederaufbau dachte. Die Menschen hatten sich einigermaßen zusammengefunden, aus Notgemeinschaften waren normale Gemeinschaften geworden, die an früher, an die Zeit vor dem Krieg denken ließen. Jeder ging wieder seinen Weg, das Gemeinsame der ersten Monate und der ersten paar Jahre nach Kriegsende war zerronnen, naturgegebene Egoismen beherrschten den Tag. Und Christian, das Dorfkind, sollte ein Stadtkind werden, die Volksschule besuchen, und auf Freiheiten, die Wildpoldsried in so weitem Maß gewährte, mußte verzichtet werden. Das war arg und schmerzte den Vater ebensosehr wie das Kind, das schon in der Dorfschule kein guter, williger Schüler gewesen war. Mit leisem Schaudern erinnere ich mich des Umzugs vom Allgäu nach München im ersten Vorfrühling des Jahres 1950, wo die neue Tätigkeit als Korrespondent des *Berliner Tagesspiegel*s meine ständige Anwesenheit erforderte. Im grellen Tageslicht erschienen die liebsten und hübschesten Dinge, die von bärenstarken Männern auf den Wagen vor der Tür getragen wurden, jeden Glanzes entkleidet. Die Bücher und Teppiche, die wenigen antiken Möbelstücke, die wir im Doktorhaus eingestellt hatten, mit allen Ankündigungen künftigen oder schon vollzogenen Verfalls standen sie vor uns ausgebreitet.

Dazwischen das Aquarell, das in der zierlichern Malweise des späten achtzehnten Jahrhunderts die Hauptwache und Katharinen-Kirche und das Belli-Gontardsche Haus in Frankfurt am Main zeigt, justament so, wie Goethes Mutter diesen reizvollen Straßenprospekt mit der in die Tiefe des Bildes führenden Zeil von ihrer Stube aus gesehen haben mag, oder der gerahmte Brief Paul Klees an mich vom 12. Januar 1937 mit der aufgeklebten Zeichnung eines »Eichhörn«. So wenigstens bezeichnete der Malerpoet das seltsame skelettierte Wesen mit transparentem Puschelschwanz, dem er Grüße und Dank zu übermitteln auftrug. Es dauerte nicht lange, so war der Umzug vergessen wie ein nicht allzu böser Traum, und etwas Neues begann. Die Rokoko- und Empire-Großmamas und -papas zierten die hellgetünchten Wände der vier Zimmer, die auf zwei Etagen verteilt waren. Wir waren wieder einmal angekommen. Zum wievielten Male schon? Und wie oft noch? Ich liebte meine Dachkammer in der Waisenhausstraße – Christians Zimmer lag gleich daneben –, das Lager, ein Mahagonibett, der Schreibtisch am Fenster war ein aufklappbares kleines englisches Mahagonimöbel, die Wände tapeziert mit Büchern. Vor dem Fenster eine mächtige, herrliche Pappel. Wenn man genau hinsah, gewahrte man, wie rasch die Knospenknoten dicker wurden und wie sehr es sie drängte aufzuspringen und mit ihren Blätterhändchen nach dem Licht, dem fächelnden Wind und dem rinnend raunenden Regen spielerisch zu greifen. Die enge Mansarde war meine und Christians Fluchtburg.

Fast alles ließ ich zurück, als ich mich 1962 von Lili zumindest räumlich trennte und mich in eine möblierte Einzimmerwohnung unter dem Dach des Eckhauses Leopold-/Trautenwolfstraße in Schwabing zurückzog. Nach dem Tod seiner Mutter im Jahr 1969 hat Christian mit seiner jungen Frau das meiste des von meinen Großeltern auf die Eltern und von den Eltern auf mich Überkommenen, von Frankfurt über Wildpoldsried nach München Geretteten mit Lilis Wohnung übernommen. Meine drei Enkelkinder – Michael, Benjamin

Der Autor in seiner Schwabinger Mansarde, 1968

und Lilli – wachsen heute in dieser Bellischen Umwelt auf. Ich fing noch einmal von vorne an. In Schwabing war ich wieder einmal Untermieter, wenn auch mein eigener Herr unter der Mansarde. Gelegentlich erreichte mich durch die offenen Fenster, davon das eine nach Süden, das andere nach Westen lag, der bedrängende Geruch von deftigen Gulaschsuppen, die man in der Gaststätte Leopold an der Ecke

Christian Pfeiffer-Belli, der Sohn des Autors, an seinem Schreibtisch
im Callwey Verlag, München, 1978

gegenüber kochte, »breite Suppen« für hungrige Studenten-
mägen. Hier trank mit einiger Regelmäßigkeit an den Nachmittagen Erich Kästner seine Flasche Sekt; jeder zweite
Münchner Taxifahrer kannte, wenn er nachmittags in die
Flemingstraße in Bogenhausen gerufen wurde, mit Selbstverständlichkeit von vornherein Kästners Ziel. Bäume vor
meinen Fenstern fehlten, das heißt drunten auf der Leopoldstraße standen sie, im Winter etwas mager und frierend.
Wenn ich mich sehr, sehr weit aus dem Fenster lehnte, konnte
ich fern im Süden die Silhouette von St. Kajetan erkennen.
Das Zimmer aber war weiträumig und der blaue chinesische
Teppich in der Mitte wirkte, wenn die Sonne schien, als
spiegle er das föhnige Himmelsblau Bayerns. Eine Kinderfo-
tografie im ovalen Silberrähmchen und ein etwas abgenutzter
weißfelliger Spielbär, der sein müdes Kreuz auf dem Bücher-
gestell gegen die festen roten Bände der *Großen Deutschen*
lehnte, zauberten mir Christians erwünschte Gegenwart in

meine Junggesellenwohnung. Der Sohn wurde erwachsen. Er hatte glückliche, schulisch jedoch nicht erfolgreiche Jahre in der Christophorus-Schule, einem Landschulheim über Berchtesgaden, verbracht. Wie der Vater, brach er die Schule kurz vor dem Abitur ab und lernte, wie man schöne Bücher macht. Seine Karriere als wohlangesehener Hersteller im Callwey-Verlag bestätigt heute die Richtigkeit dieser Berufswahl.

In Schwabing eröffnete sich mir der Blick in die Welt junger Menschen wie kaum an einem anderen Ort in München, denn das Alter, die Alten spielen in Schwabing keine Rolle, die Jugend beherrscht das Pflaster zu jeder Tages- und Nachtstunde; sie sitzt auf den bunten Stühlchen der Eisdielen und Caféterien von morgens bis Mitternacht. Nur wenn es Katzen regnet oder schwerer Schnee fällt, verzieht man sich in die rauchigen Räume der Dielen und Espressos. Dort hängen Zigaretten- und Pfeifendunst wie die Teppiche in orientalischen Basaren dicht und bedrängend in der Luft und verwischen alle Konturen. Dort sitzt man stundenlang bei einem Mädchen und einer Tasse Kaffee, oder, wenn man allein und Maler ist und Glück hat, dann ist der eine Fensterplatz frei, genau dort, wo die Passanten ungehindert auf den Zeichenblock schauen können, darauf ein Pastellbildchen entsteht, das man abends auf der Leopoldstraße zu verhökern hofft. Die Lieblingsfarbe der Jugend damals Mitte der sechziger Jahre war – so schien es – Schiefergrau bis Schwarz, ihr äußeres Ideal das des absichtlichen Heruntergekommenseins, des Abgerissenseins. Jeder soziale Unterschied wurde verwischt. Im Grunde war es eine liebenswerte Generation, liebenswert darum, weil sie eben jung war, offensichtlich direktionslos, ohne Leitbilder, ohne Vorbilder, ohne Menschen, denen sie sich anvertrauen konnte. Die gewisse Uniformierung in der Kleidung schien mir Unsicherheit und Angst zu bedeuten, Angst vor der Zukunft. Diese von der Schulbank ins Leben geratene Nachkriegsgeneration wußte den Standort nicht, von dem aus sie die Welt aus den Angeln

Der Autor mit seiner Frau Inge in seiner Schwabinger Mansarde, 1968

heben wollte, um sie nach ihren Idealen zu gestalten, wie es die Absicht aller jungen Leute ist. In Schwabing nahmen die Studentenunruhen der sechziger Jahre ihren Anfang. Von meinem Dachfenster in der Leopoldstraße wurde ich erschütterter Zeuge der ersten Krawalle, Zeuge des Aufbegehrens dieser Jugend gegen die sogenannte etablierte, wirtschaftswunder-gesättigte Gesellschaft, die ihr keine in ihren Augen erstrebenswerten Zukunftsperspektiven eröffnete. Ich wurde Zeuge auch brutaler Übergriffe einer prügelnden Polizei, die eine der neuen Situation anfangs hilflos gegenüberstehende Staatsmacht verkörperte, eine Staatsmacht, der Besonnenheit und psychologisches Einfühlungsvermögen dieser ersten Nachkriegsgeneration gegenüber wohl angestanden hätte.

An Inges Seite, die – fast dreißig Jahre jünger als ich – eine »lupenreine« Münchnerin ist, fühlte ich mich in jenen Jahren immer mehr zu Hause in München; Frankfurt war für mich eine Art Fata morgana geworden. Wie schon in meiner Jugend und später dann mit meiner ersten Frau Lotti in Frankfurt, habe ich auch München, die »leuchtende« Stadt, mit dem Fahrrad erforscht, seine Brunnen und Gärten am liebsten im Morgenlicht besucht. Denn frühmorgens, wenn die Plätze noch keine Parkplätze, die Straßen noch keine vom Benzindampf durchwölkten Schluchten sind – dann, in aller Herrgottsfrühe, ist München am schönsten und auch am stillsten. An strahlenden Sommersonntagen morgens um sechs bestiegen Inge und ich die Fahrräder, fuhren die pappelgesäumte Leopold- und dann die Ludwigstraße hinab, grüßten die einzigartig strahlende Theatinerkirche – zuletzt doch Münchens herrlichste Fassade – und bogen in den stillen Gartenhof der Maxburg ein. Fern rauschen hier die wilden Wasser des Wittelsbacher Brunnens, der wie eine römische Leihgabe seine Monumentalität gegen den Riesenkubus der Maxburg behaupten muß. Dort im Gartenrechteck steht – schwankend, wie es scheinen will – ein zottig gekleideter Moses, Wasser aus dem ihn tragenden Monolith schlagend. Dabei gleicht die Gestalt eher einem Älpler, der sein Horn bläst, denn einer alttestamentarischen Figur mit dem überdimensionierten Schofár, dem synagogalen Widderhorn. Ich liebe das eisige Wasser der Bergbäche, liebe die bunten Kiesel, über die es hinstrudelt, so jung, so frisch, so ewig, veränderlich-unveränderlich. Von solcher Stimmung lebt der Brunnen, und ihn so sich ausgedacht zu haben, dankt man dem

Bildhauer Josef Henselmann, der ihn 1954 geschaffen hat:
Wasser nicht nur aus dem Fels, sondern auch aus Moses'
Hand rinnen zu lassen, aus der Linken, als sei es das Herzblut
des mächtigen Mannes. Der Wittelsbacher Brunnen von
Adolf von Hildebrand kann nur in München stehen, nicht
anders Hildebrands Hubertusbrunnen mit dem kräftig-zier-
lichen Pavillon und dem hinter Gittern geborgenen stolzen
Hirsch, draußen am Nymphenburger Kanal. Hans Wimmers
Richard-Strauss-Brunnen, der Salomé-Brunnen, diese hohe
Bronzesäule, auf deren Haupt die mächtige überfließende
Schale ruht, steht auf einem genial ausgesuchten Platz: Das
sogenannte »Kolleg von 1590« mit seiner edlen Fassadenglie-
derung, der rechte Winkel, den der in die Straße vorsprin-
gende Gebäudetrakt bildet, gibt dem Brunnen einen noblen
Hintergrund nahe bei St. Michael; drüber der herbstblaue
klare Himmel, bald von ein paar Föhnwolken überzogen, die
wie mit Reisigbesenstrichen in den Äther gezeichnet sind –
münchnerischer geht's kaum. Das Wasser schleiert um die
Säule, belebt die an sich schon lebendigen Figuren, deren
Gestaltung nach Hildesheim hinübergrüßt, zur Trajanssäule,
und nach San Zeno in Verona. Es ist, als stünde gerade dieser
Brunnen auf der Wasserscheide zwischen dem Norden und
dem Süden Europas. Merkwürdig zu denken, daß Textstellen
aus Wildes *Salome* hier aufgeschrieben sind, stolz daherkom-
mend, wie Bibelzitate, so daß die herrliche, brünstige Musik
von Richard Strauss im Weben des Wassers sich kühl zu
vergeistigen scheint und daß dieser wunderlich schöne Brunnen palmenhaft emporwächst und etwas vom Gelobten Land
der Hebräer zu erzählen weiß. Ist dieser Brunnen ein patheti-
sches und zugleich fast intimes Ausrufezeichen an einer heftig
pulsierenden Arterie der Innenstadt, so ist das intime Hein-
rich-Heine-Denkmal im Salettl des Finanzgärtchens eine
hingeträumte Idylle, wie sie nur einem reinen Toren vom
hohen künstlerischen Rang Toni Stadlers einfallen konnte.
Wie sehr hatte er doch für sein prallschenkliges Mädchen auf
der Bank in der Brunnenstube gekämpft! Heute ist ihr

melodiöser Quell versiegt, ein wenig Traklscher Verfall umgibt das Ganze wie ein wisperndes Geheimnis.

An einer Stelle, nächst der Isar, hat München etwas schwer definierbar Pariserisches: am Ende der Prinzregentenbrücke nämlich, wo die Doppeltreppe sich so nobel, tuffsteinig grau zum Friedensengel erhebt. Ein etwas unordentlich sprudelnder Springbrunnen ist nahebei, und in einer künstlichen grünbemoosten Tropfsteinhöhlung sintert Wasser melodisch herab. Die Laternen tragen goldene Krönchen auf ihren Häuptern, und rechts und links vom Hauptweg liegt jeweils ein auf Symmetrie bedachtes Gartenstück mit gestutzten Hecken und kugelig geschnittenen Bäumen. Hier läßt sich die Stadtwelt vergessen, obwohl auf verbreiterter gekurvter Straße die Autos ununterbrochen bergan und bergab strömen: ein Platz zum Träumen oder Lesen oder zu verliebtem Plaudern.

München, so hat jemand behauptet, sei Deutschlands brunnenreichste Stadt. Der Chor ihrer singenden Wasser ist beglückend und untermalt lauter und leiser das, was mit »Münchner Gloria« andeutend umschrieben werden mag. Auch die Gärten haben ihre Stunde. Wenn wir frühmorgens losradelten, kehrten graue Männer mit rotweißen Gürteln und ebensolchen Kappen die Straßen. Knechte, vor denen ich Hochachtung verspüre, waren in den Schwabinger Vorgartencafés bereits tätig: Sie räumten auf, schafften fort, was die Menschheit vom Abend zuvor dort achtlos auf den Boden geworfen hatte. Meine Eindrücke von einem solchen morgendlichen Ausflug hielt ich damals in meinem Tagebuch fest: »Der Himmel ist lichtblau, als habe Tiepolo gerade seine Pinsel für ein großes Deckenfresko beiseite gelegt; Wolken mit rötlichen Bäuchen schwimmen einher, die Sonne strahlt sie an, sie verändern sich rasch. Die Straßen sind leer, auch die wenigen Trambahnen sind es, die uns überholen. In die Nymphenburger Straße wachsen von beiden Seiten Bäume herein. Ganz still ist es am Nymphenburger Kanal, auf dem die braunen Federschiffchen der noch schlafenden Enten schaukeln, man sieht die Karpfen und das wehende Grün auf dem Grund. Wie bald wird hier eine dicke Eisschicht alles zudecken, und schwere Männer, Spielkarten am Hutband, werden bedächtig dem Eisstockschießen obliegen. Im Nymphenburger Park immer wieder das gleiche Gefühl: In grüngoldenem Licht öffnet er weit die Arme; innig empfängt er den Gast bei jedem Wetter, zu jeder Stunde. Aber der frühe Morgen und der Abend mit den unsäglichen Bränden seines Sonnenuntergangs sind die Zeiten, in denen der Park genau so sich gibt, wie er wohl einmal erdacht wurde: großartig sich weitend und auf den Nebenwegen intim, lauschig, versonnen. Die Bänke sind mit Tautropfen geschmeidehaft übersät, aus dem Buschwerk weht nächtliche Kühle, es riecht frühherbstlich nach Pilzen und nassem, müdem Gras. Ein Specht hämmert, Waldtauben gurren, und hinter der lieblichen Senke, dem idyllischen Tälchen an der Rückseite der Badenburg, ist es plötzlich kein Garten, kein Park mehr, sondern reine Landschaft. In weiten, raumgreifenden Sprüngen überquert ein Reh die mit kniehohem Gras bedeckte Lichtung.«

Im November 1969 bezogen Inge und ich – seit Juni verheiratet – eine Wohnung nahe beim Nymphenburger Schloß in einem wohl elegant zu nennenden, kubisch geformten schneeweißen Neubau an der Hirschgartenallee, einer mit alten Ahornbäumen bestandenen Wohnzeile. Das große Fenster der mit Büchern tapezierten Schreibstube blickte auf die Reste eines altmodischen Gartens auf der Rückseite des Hauses. Endlich gab es wieder Bäume vor den Fenstern; sie hauchten ihren kühlen schwermütigen Duft in die Wohnung. Und es gab einen Balkon, auf dem ich gegen Abend Ausschau hielt nach Inge, die von ihrer Arbeit – zuerst im Lektorat der Nymphenburger Verlagshandlung, ab 1970 dann als Mitarbeiterin des Präsidenten des Goethe-Instituts – heimkehrte. Es waren glückliche, friedliche zehn Jahre in unserem harmonischen und kultivierten Zuhause, in dem uns Freunde gern besuchten, die Inge, soweit es ihre Zeit zuließ, ebensogern

Der Autor vor dem Standesamt in der
Münchener Mandlstraße mit Inge Pfeiffer-Belli,
seiner dritten Frau, am 19. Juni 1969

und aufs schönste bewirtete. In Gesellschaft von Fritz Kortner und seiner Frau etwa, von Walter von Cube, Johnnie von
Herwarth oder Max Peiffer Watenphul verbrachten wir hier
anregende Abende. Die Wohnung war uns so lieb geworden,
daß wir uns nichts vorstellen konnten, was uns veranlassen
würde, sie je wieder gegen eine andere einzutauschen. Und
doch kam es anders. Inges Elternhaus in München-Gern
wurde nach dem Tod ihrer Mutter nach komplizierten
Umbauten 1980 unser Domizil.

Das Haus in der Sachsenhauser Dürerstraße in Frankfurt trug
die Nummer 13. Das Haus in der Münchner Simeonistraße,
in dem ich dies hier schreibe, führt gleichfalls die Nummer
13. Gern ist ein Stadtteil Münchens, dessen Bewohner sagen:
Wir wohnen gern in Gern. Ich übertreibe nicht, wenn ich
sage, die Nummer 13 mit der mächtigen Birke am Eingang ist
das schönste Haus der kleinen Straße, und ich überrasche
mich manchmal, wenn ich das Gittertor zum Vorgarten
aufschließe, daß mich das Gefühl wahren heimischen Glück-
lichseins überkommt. Das Haus hat einen guten, einen

Inge Pfeiffer-Belli, die Frau des Autors,
an ihrem Schreibtisch im Goethe-Institut, 1974

angenehmen braunen Anstrich. Die Fenster sind von weißer
Farbe, ebenso weiß sind die Fensterstöcke eingefaßt, und am
weißen, dem Biedermeier nachempfundenen Spalier ranken
duftende weiße Rosen bis in meine Schreibstube im ersten
Stock. Geht mein Blick vom Schreibtisch über die kleine
Bronze einer zierlichen Liegenden des Bildhauers Hans
Wimmer hinweg, so trifft er auf eine der schönsten Wimmer-
schen Federzeichnungen, ein Baummotiv aus Südtirol. Darauf hat Wimmer, der die Eichen am 22. August 1962 zeichnete, vermerkt: »Dreikirchen am Todestag Rudolf Alexander
Schröders.« Seltsam genug: Im Februar 1982 erreichte mich
ein Brief von Marie Luise Borchardt, der Nichte von

Der Autor und seine Frau Inge in ihrem Haus
in München-Gern, 1986

»R. A. S.« und Witwe des Dichters Rudolf Borchardt, aus
Bergen im Chiemgau, in dem sie schrieb: »Dieses Gedicht
fand ich im Archiv Schröder, es gehört Ihnen.« Den folgenden Vierzeiler hatte Schröder am 21. September 1918 in Den
Haag für mich niedergeschrieben: »Wort geredet, Ton gesun-
gen / Sind vergessen, wie verklungen. / Stummes Zeichen,
wirst du's schreiben, / Wort und Ton wird ewig bleiben.
Schröder - Haag 21. IX. 18.« Als Siebzehnjähriger hatte ich
eine Reihe von Schriftstellern und Künstlern, die mir etwas
bedeuteten, gebeten, mir einen, wenn auch noch so knappen
Beitrag für meine kleine Autografensammlung zuzuschicken.
Einen feinsäuberlich an mich selbst in die Frankfurter Vogelweidstraße 21 adressierten und mit einer Briefmarke im Wert
von fünfzehn Reichspfennigen versehenen Umschlag gab ich
meiner Bitte mit auf den Weg. In einem solchen Umschlag,
den Schröder noch handschriftlich mit seinem damaligen
Absender – »R. A. Schröder, Kaiserl. Deutsche Gesandt-

Blick vom Wohn- in das Arbeitszimmer des Autors in der Simeonistraße 13
in München-Gern, 1984

schaft Haag. R. A. S.« beschriftet, aber wohl der gerade
fehlenden niederländischen Briefmarke wegen nicht abgesandt hatte, fand Marie Luise Borchardt das für mich
bestimmte Autograf. So hat das kurz vor dem Ende des
Ersten Weltkriegs für den Knaben verfaßte Gedicht siebenunddreißig Jahre nach Beendigung des Zweiten Weltkrieges
mich als alten Mann doch noch erreicht. Das gefällige Käst-
chen, das mir mein verständiger Vater damals, 1918, vom
Buchbinder Ludwig in der Frankfurter Hochstraße zur Auf-
bewahrung meiner kleinen Sammlung hatte anfertigen lassen,
ist wie sein Inhalt längst verlorengegangen.
In meinem »Schreibgehäus«, dessen geöffnete Schiebetür den
Blick frei gibt in den lichten Wohnraum, fühle ich mich – wie
in der ganzen Wohnung – behaust. Sie ist in einem guten Sinn
durchaus von heute; ein paar wenige antike Möbel und
Gegenstände schlagen die Brücke hinüber ins Frankfurter
Elternhaus. Vom Schlafzimmerfenster aus fällt der erste Blick

Der Autor und seine Frau Inge
in ihrem Wohnzimmer in der Simeonistraße 13
in München-Gern

am Morgen und der späte vor dem Schlafengehen auf den zu allen Jahreszeiten so geliebten Garten, der mir Brentanos Verse immer wieder in den Sinn ruft: »Kaiserkronen und Päonien rot, die müssen verzaubert sein.« Die Gärten in der Frankfurter Schubertstraße und in der Vogelweidstraße hatten, so klein sie waren, etwas Zauberisches auch ohne Blumen. Die stämmige, rundgewachsene Kastanie dort und die kleine Pallas Athene in der Vogelweidstraße bleiben mir unvergessen. Dort gab es eigentlich keine wirklich zu pflegenden Blumen, etwa Hochstammrosen; nur mitten im großen Rasenrondell wuchsen, farbig abgestuft, Hortensien, die meiner Mutter gefielen, die wir aber »Metzgerblumen« nannten, weil sie in den Metzgerläden in Töpfen ein unwürdiges Dasein auf durchbrochenen Papierdeckchen führten. In unserem Garten in München-Gern gibt es Rosen »zu Hauf«, wie in jenem der Großeltern in Frankfurt. Auch sie haben poetische Namen. Die Gärten der Kindheit sind bis in die

286

kleinsten Kleinigkeiten in mein Herz eingegraben. Heute, da ich Mitte achtzig bin, ist wieder ein Garten ein Stück meiner späten Existenz. Und ich möchte das sich auf den Phlox beziehende Wort Karl Foersters variieren: »Ein Leben ohne Garten ist ein Irrtum.« Der Garten, unser Garten, ist der geliebte, wohltätige Schlußschnörkel, den eine doch wohl göttliche Hand unter mein Dasein zieht. Er sei gesegnet: dankbar sein heißt doch wohl auch glücklich sein. Am Abend meines Lebens nimmt mich unser Garten in seine Arme. Jetzt, da ich dies niederschreibe, grüßt er mich mit seiner bunten Dahlienpracht, mit Astern, japanischen Anemonen, Chrysanthemen und gelbem Sonnenhut. Ich liebe diesen Garten nicht nur als ein Stück atmender Natur, sondern auch weil er ein Herzstück der ihn planenden und pflegenden Inge ist. In einer Gartenecke entstand eine Art Zelt. Wenn das Wetter es zuläßt, ist das ein buon retiro. Hier spreche ich, wenn ich allein bin, mit den Jahreszeiten oder lasse träumend die Gedanken rückwärts laufen. Wenn es Herbst ist, klopfen fallende Früchte, mal leise, mal kräftiger auf die Wiese. Ich sitze so, daß ich dieses kleine Paradies, das Walter von Cube den schönsten Stadtgarten, den er kannte, genannt hat, überblicken kann. Wir können Äpfel ernten, Birnen und Zwetschgen. Mir erscheint dieser kleine Garten ohne Grenzen, wie ein impressionistisches Bild etwa von Liebermann oder Slevogt. Die immer wieder wechselnde blumige Farbigkeit stimmt heiter, manchmal auch traurig, ebenso traurig, wie uns ein Gedicht von Trakl oder Eichendorff traurig machen kann. Schwermut gehört in jeden liebevoll gepflegten Garten. Der unsrige ist nicht übermütig, das heißt nicht grellfarbig, aber bunt wie ein Stück des Lebens, unseres Lebens. Vom Nymphenburger Park kommt gelegentlich ein Buntspecht zu Besuch. Der Dompfaff freut mich, Meisen und Finken gibt es, Amseln und Spatzen sind sozusagen das alltägliche Fußvolk der kleinen Federbällchen am Vogelbad; die Singdrossel, gelegentlich auch schillernde Stare beleben die stille Gartenwelt, durch die dann und wann Katzen

Teil des Gartens des Autors in der Simeonistraße 13 in München-Gern

streichen. Zu ihnen gesellt sich seit einiger Zeit unsere Katze, meine kleine Gefährtin, während ich tagsüber allein bin. Sie hat keinen Katzennamen – oder hundert –, heißt einfach Katze oder Katzl und wird von der Tierärztin, der wir sie verdanken, die Schöne genannt. Da wir im ersten Stock wohnen, haben wir ihr entlang der Fenster zum Garten einen hölzernen Laufsteg und ein ebensolches Treppchen in den Garten bauen lassen, die sie durch Klapptürchen in den Fenstern nach Lust und Laune ungehindert betreten kann. Der Schönen war ein prächtiger kohlschwarzer Kater mit weißen Pfoten vorausgegangen, der dem während der herbstlichen Bachauskehr im Nymphenburger Kanal ausgelegten Rattengift kläglich zum Opfer fiel. Unsere Herzen bluteten, nun sorgen wir uns täglich um das Leben der Schönen, die »nur« eine weißgrau getigerte Hauskatze ist. Manchmal treffe ich sie auf einem der Gartensessel. Dort liegt sie, klein und zierlich, mit spitzen warmen Öhrchen, vollendet in sich; sie

Der Autor mit seiner Katze in seinem Garten, 1986

läßt sich streicheln und schnurrt, geht aber, wenn es ihr paßt. Wenn das Wetter es gut meint, trinken wir im Gartenzelt den sonnenhaft gelben Tee. Auch kommen abends Freunde, die auf Stunden dem Staub und Lärm der großen Stadt entfliehen wollen, der Münchner Stadt, die mir, dem Frankfurter, seit mehr als vier Jahrzehnten, nach vielfältigem Orts- und Wohnungwechsel, zur zweiten Heimat geworden ist.

Kann eine Stadt, eine Großstadt, überhaupt Heimat sein? Mein Beruf hat mich durch viele deutsche Städte getrieben: Überall war ich letztlich Passant. Durch ein rätselvolles Schicksal geführt, habe ich vor vierzig Jahren in München Fuß gefaßt, mir die Stadt, ihre liebenswerten Menschen langsam erobert. Heimat – das sind auch Menschen, Freunde. Und die habe ich hier in München.

Im Leben eines Menschen gibt es wohl viele vielfältig geprägte »Heimate«, wenn dieser Plural erlaubt ist. Brixen in seiner südtirolerischen Eigenart gehört für mich hierher oder

das kleine italienische Asolo, wo Eleonora Duse begraben
liegt und die Brownings lebten und dichteten in einer Villa,
die später in ein kleines Hotel umgewandelt worden ist.
Bedenke ich die Frage – etwa spät heimkehrend aus jenem
Asolo in unser Haus in München-Gern –, und frage mich, wo
– nach einer langen Lebensreise – mein Zuhause sei, dann ist
es München, das mir lange schon zur wahren Heimat geworden ist. »Es ist gar schön, an einem Ort fremd zu sein, und
doch so notwendig, eine Heimat zu haben«, hat Goethe an
Frau von Stein geschrieben, wohl wissend, daß die Stadt an
der Ilm seine Heimat geworden war. Es ist notwendig,
irgendeinen Ort auf dieser Welt aus Herzensgrund Heimat
nennen zu können, und sei es eine Großstadt wie München,
und während bei unserer abendlichen Heimkehr hinter uns
diese Großstadt im Dunkel der Nacht verschwindet, fällt mir
ein Gedicht ein, das ich als Fünfundzwanzigjähriger in der
Vaterstadt am Main geschrieben habe:

> Ich stand vor deinem dunklen Haus,
> am Himmel war nicht Licht noch Stern.
> Aus einer Pappel schmal und fern,
> vom Wind bewegt, klang leis ein Vogellied,
> im Schlaf gesagt, in diese Nacht hinaus.
>
> Sind wir nicht selbst ein träumerisches Lied,
> einsam in dieser Welt, vom Wind bewegt,
> und stehn vor einem großen dunklen Haus,
> für das auch noch im tiefsten Traum
> das Herz uns schlägt?

Kunterbunte Pfade führen endlich zum Beruf
und
Von Künstlern und Sammlern, Literaten,
Regisseuren und anderen

Vergebliche Versuche,
einen Kaufmann aus mir zu machen

Im November 1918 hatte ich, angerührt von den revolutionären Vorgängen im Land, meinen wohl etwas verstörten Vater dazu bewogen, mich aus dem lästigen und mir nun völlig sinnlos erscheinenden Gymnasium fortzunehmen. Damit begann für mich ein langer Weg voller Irrungen und Wirrungen im Hinblick auf einen Beruf, den ich früher oder später ergreifen mußte. Meine eigene Ratlosigkeit spiegelte sich in der mir heute rührend erscheinenden Ratlosigkeit meines Vaters wider, dem zuerst nichts Sinnvolleres einfiel, als mich, den eher musisch Veranlagten, in eine kaufmännische Lehre bei der Frankfurter Seidenfirma Passavant am Roßmarkt zu stecken, zu der eine ferne verwandtschaftliche Beziehung bestand. Bei Passavant regierte diktatorisch Konsul Karl Kotzenberg, Schwiegersohn des Kommerzienrats Passavant-Gontard, der, alt und müde, die Zügel seines Geschäfts beinahe ganz aus der Hand gegeben hatte. Da es einzig die in der Lyoner Filiale hergestellten festlichen Seidenbänder jedweder Farbe und Breite in Deutschland vertrieb, wollte es nicht mehr recht florieren. Meine Tätigkeit erschöpfte sich darin, allmorgendlich pünktlich um sieben Uhr das Kontor aufzuschließen und dann bis sechs Uhr abends an meinem Stehpult handschriftlich Adressen zu schreiben und handschriftliche Briefe zu kopieren, und das sechs Tage die Woche, sechs Tage voller Ödnis, denn freie Samstage gab es nicht, weder für die Angestellten noch für die Chefs. Nach wenigen Wochen schon war mir klar, daß das Leben eines Kaufmanns nicht das meine sein könne. Die graue Monotonie – »des Dienstes ewig gleichgestellte Uhr« –, die Zwangsjacke eines Zehnstundentags im Kontor, die mich nicht frei atmen ließ, erfüllte mich bald mit jugendlicher Schwermut.

Wieso mein ebenso verständnisvoller wie liebenswert unpraktischer Vater dann glaubte, das Wissen um die Geheimnisse eines Bankhauses würde mir eher das Tor für meine berufliche Zukunft öffnen, bleibt mir ebenfalls noch heute schwer begreiflich. Ich selbst war noch ganz ohne Ziel, in mir lebte ein Stück Eichendorffschen *Taugenichts*. Widerspruchslos nahm ich also den Wechsel vom Passavantschen Seidenhandel zum Privatbankhaus Hohenemser hin, dessen Inhaber mein Vater vom Reiten im Stadtwald her kannte. Meine Aufgaben als Volontär in einer Bank erschienen mir nicht weniger langweilig als die des kaufmännischen Lehrlings im Seidenhandel, selbst der Blick aus den rückwärtigen Fenstern im dritten Stock auf Kaiserstraße, Bahnhof und die zum Träumen einladende Silhouette des Taunus änderte daran nichts. Der Bankier kümmerte sich begreiflicherweise nicht um den »Stift«. Ein riesiger ungeordneter Haufen unsauberer, zerknüllter rumänischer Lei-Noten auf meinem Schreibtisch, die zu ordnen und zu zählen waren, ist wohl alles, was mir als Erinnerung an ein paar Monate unnützer Tätigkeit als Volontär im Bankhaus Hohenemser geblieben ist, in dem mir die Stunden und Tage endlos erscheinen wollten. Nichts erwartete ich sehnlicher als den Glockenschlag sechs Uhr. Dann erst begann für mich das wirkliche Leben, dann sah ich Freunde und die Freundin, bevölkerte mit ihnen die Stehgalerie der Oper oder das dritte Parkett im Schauspielhaus, las bis tief in die Nacht hinein, während die Sonntage den Museen gehörten, den Radtouren oder den Wanderungen in den Taunus. Lene Wulf war der menschliche Pol, um den mein Innerstes kreiste, ich stand in Flammen. Lene, ein kluges, hellwaches jüdisches Mädchen, war ein wenig älter als ich an Jahren, und das bedeutete, reicher an Einsichten, fertiger als Mensch. Ich war neunzehn Jahre alt, mehr ahnend als wissend dem sich langsam entfaltenden Leben gegenüber, ein Jüngling eben, der lange Zeit brauchen sollte, bis er ein Mann sein würde, eine Erkenntnis, die mir erst sehr spät zuteil wurde.

Leben am Bauhaus in Weimar
und
Erinnerungen an Henry van de Velde, Walter Gropius, Johannes Itten und Paul Klee

Lene Wulf, die sich mit dem Gedanken trug, das Weben zu erlernen, nahm damals Privatstunden im Zeichnen bei dem Schweizer Hodler-Schüler August Babbeger, einem begabten Wand- und Dekorationsmaler, dessen Frau reizvolle Stickereien verfertigte. Ich erinnere mich noch genau des Novemberabends 1919, an dem Lene den berühmt gewordenen Aufruf des Bauhauses in Weimar mitbrachte. Das Faltblatt zeigte einen Holzschnitt von Lyonel Feininger und entwickelte den etwas romantischen Plan, an der Ilm eine Art Bauhütte ins Leben zu rufen, in der Kunst und Handwerk gleichermaßen gepflegt und geübt werden sollten. Hinter allem stand die Idee des Gesamtkunstwerks, des »Doms«, den auch Feininger mit seinem schön komponierten Holzschnitt gemeint hatte. Manifest und Programm stammten vom Leiter der Anstalt, dem Berliner Architekten Walter Gropius, der bereits einen ausgezeichneten programmatischen Namen hatte. Am Schluß heißt es darin: »Bilden wir also eine neue Zunft der Handwerker, ohne die klassentrennende Anmaßung, die eine hochmütige Mauer zwischen Handwerkern und Künstlern errichten wollte! Wollen, erdenken, erschaffen wir gemeinsam den neuen Bau der Zukunft, der alles in einer Gestalt sein wird: Architektur und Plastik und Malerei, der aus Millionen Händen der Handwerker einst gen Himmel steigen wird als kristallenes Sinnbild eines neuen kommenden Glaubens.« Die Zeit war solchen Absichten günstig, sie schmeckte nach »Menschheitsdämmerung«, der Krieg und seine Greuel sollten ausgelöscht werden, das Leben einen neuen Sinn bekommen, denn »der Mensch ist gut«, und Kants Abhandlung *Vom ewigen Frieden* war in den Händen vieler. Der Boden schien aufgelockert und der neuen Saat zu harren, die nicht aus Blut und Tränen gemischt war.

Genauso wie heute junge Leute, so pflegten auch wir damals, wenn wir abends beieinander waren, nicht auf Stühlen oder Sesseln zu sitzen, sondern die Unterhaltung ging sozusagen parterre vor sich: Wir stellten die elektrische Lampe auf den Boden und lagerten in ihrem Schein. Das Bauhausmanifest machte sowohl bei Lene wie auch bei mir Epoche. Lene war ernsthaft entschlossen, eine künstlerische Laufbahn einzuschlagen. Sie hatte in Frankfurt mit dem Weben bereits begonnen, konnte also – wie in dem Faltblatt gefordert wurde – Probearbeiten nach Weimar einsenden, Entwürfe für Webereien und auch locker und talentiert zu Papier gebrachte Zeichnungen, denen man den stark ornamentalen Stil ihres Lehrers Babberger anmerkte. Nach gar nicht langer Zeit bekam sie aus Weimar die Nachricht, sie sei am Bauhaus in die neu eingerichtete Weberei aufgenommen. Ich entschied mich augenblicklich, der Freundin zu folgen, obwohl ich bis dahin nicht einmal entfernt mit dem Gedanken gespielt hatte, mein Lebensschiffchen in die Gefilde der bildenden Kunst als Ausübender zu lenken, wohl aber träumte ich von einer späteren Betätigung als belletristischer Verleger, so daß der Lehrplan am Bauhaus mir gelegen kam: Ich würde in der Werkstatt für Buchbinderei und Grafik die handwerklichen Grundlagen für den Verlegerberuf zu erwerben und auch meine künstlerische Begabung auszubilden suchen. Ich besaß ein kleines zeichnerisches Talent, das zu überschätzen ich gerne bereit war, so daß mir mein Vater bei Wittmann, einem alten liebenswürdigen Zeichenlehrer des Frankfurter Philantropins, privaten Zeichenunterricht geben ließ. Dort mußte ich nach antiken Gipsbüsten zeichnen, gelegentlich nach der Natur, auch aquarellierte ich nach farbigen Abbildungen aus der Zeitschrift *Jugend.* Meiner Zähigkeit im Verfolgen einer

Absicht, eines Planes gelang es, die Eltern zu überzeugen und ihre Erlaubnis, nach Weimar zu gehen, zu erlangen, nicht aber die Genehmigung der Schule. Meine eingesandten Arbeiten genügten begreiflicherweise dem prüfenden Bauhauskollegium nicht. Dickschädel, der ich war, schlug ich einen Haken, verschwieg daheim die Ablehnung und fuhr in der Osterzeit des Jahres 1920 nach Weimar, ausgestattet mit einem allerdings recht schmalen Wechsel und begleitet von einem Brief meines Vaters, darin er mir die Ratschläge des Polonius aus Shakespeares *Hamlet* mit auf den Weg gab: »Dies über alles, sei dir selber treu. / Und daraus folgt, so wie die Nacht dem Tage, / du kannst nicht falsch sein gegen irgendwen!« Ich hatte das geheime Gefühl, die feste Überzeugung, daß nun und hier das Leben, das eigentliche Leben für mich beginne. Es würde ein unbürgerliches Leben sein, völlig entgegengesetzt dem, was ich bisher von zu Hause kannte und gewöhnt war. Aber Jugend lebt aus dem Gegensätzlichen, sie ist gern bereit, das Gepäck, das Eltern und Voreltern ihr mitgegeben haben, über Bord zu werfen und von neuem möglichst dort anzufangen, wo keine Familientradition Gültigkeit hat.

Es war an einem hellen Frühlingsmorgen, als ich zum erstenmal von meinem von Lene besorgten Domizil am Schwansee über die Coudraystraße, die man mit Recht »Kuhdreckstraße« nannte, zum Bauhaus ging. Der Gebäudekomplex beherbergte ehemals die Großherzogliche Hochschule für bildende Kunst und ab 1901 das von Henry van de Velde gegründete Kunstgewerbliche Seminar. Das Bauhaus stand also in einer gewissen künstlerischen Tradition, die ehrwürdig war im Hinblick auf die klassische Zeit des Ackerstädtchens und fortschrittlich, dachte man an Maler wie Leopold Graf von Kalckreuth und Fritz Mackensen, an Henry van de Velde, der zusammen mit Gleichgesinnten in Deutschland den Jugendstil zum Leben erweckt und in Weimar hoffähig gemacht hat. Großherzog Wilhelm-Ernst von Sachsen und Weimar hatte ihn zu seinem künstlerischen Berater ernannt.

Die Gebäude, in denen das Bauhaus sich niederließ, zeigten die Herkunft aus zwei wesentlichen Kunstepochen. Es gab da das alte rümpelige Atelierhaus, nach dem Maler Preller Prellerhaus genannt, und den Neubau van de Veldes aus dem Jahr 1906/07 mit dem Aktsaal, der Aula und den Meisterateliers. Dem Architekten van de Velde ging es nicht so sehr darum, die Funktion eines Hauses klar herauszuarbeiten oder diese Funktionen mit greller Härte in Erscheinung treten zu lassen, sondern sie behutsam abzumildern und durch das Hinzufügen nicht sinnloser, aber vielleicht da und dort unnötiger geringfügiger Zutaten, einem Haus, einem Palais, einer Schule den Stempel einer angenehmen Konvention, einer gewissen Verbindlichkeit aufzudrücken. Dies wird ohne Zweifel beispielhaft deutlich an dem Neubau des Ateliergebäudes der Kunstgewerbeschule in Weimar, in die dann später das Gropiussche Bauhaus einzog. Wie hier im Hinblick auf die Außenarchitektur die riesigen, nach Norden gelegenen Atelierfenster zwischen stark hervorspringenden Risaliten souverän verteilt wurden, wie die Dachlösung sich dem Ganzen harmonisch einfügte, all dies ist meisterhaft und weit vorausblickend gestaltet, gar nicht erst zu reden von dem Vestibül mit der breiten Treppenspirale, die den Mittelpunkt des Gebäudes abgab und die, in Verbindung mit Rodins für die damalige Zeit in Deutschland sensationeller bronzener *Eva* aus dem Jahre 1880 jedem unvergeßlich sein wird, der in diesem Bau van de Veldes ein- und ausging. Durch die Straße getrennt, lag dem Hauptgebäude, um einen Gartenschmuckhof gefällig gruppiert, der Werkstättentrakt gegenüber, der durch ein schicklich angebrachtes Mansardendach und durch die gelbliche Farbe seines Verputzes gewisse stilistische Verbindungen zur Architektur des klassischen Weimars herstellte. Van de Veldes Architektur – man könnte sie beseelten Funktionalismus nennen – bedeutete eine revolutionierende, radikale Absage an den Historismus des neunzehnten Jahrhunderts. Er war ein Wegbereiter, ein Reformator, ein wortgewaltiger Prediger. In Gesprächen mit ihm wurde immer wieder deutlich, mit welchem Enthusiasmus er gelebt, gekämpft und Barrikaden gegen den Ungeist errichtet hat.

Im Werkstattgebäude des Bauhauses befanden sich die Bildhauerei, die Buchbinderei, die Druckerei, die Weberei, die Goldschmiedewerkstätte und – bis zu ihrer Übersiedlung nach Dornburg – die Töpferei. In der Mitte des Gartenhofes ragte die weiße Marmorplastik einer nackten Frau empor, die von dem Bildhauer Adolf Brütt stammte und von den Bauhausschülern wohl mit Recht über die Schulter angesehen wurde. Dafür besaß sie aber die Sympathien der Weimarer Bürger, und die Empörung war groß, als man eines Maimorgens diese Brüttsche Nudität über und über picassohaft angemalt fand wie einen barbarischen Totempfahl; die Farben waren allerdings abwaschbar.

Henry van de Velde war es innerhalb der kürzesten Zeit gelungen, aus dem verschlafenen Acker- und Garnisonsstädtchen an der Ilm einen geistigen Mittelpunkt zu machen, an dem der großherzogliche Hof allerdings wenig Anteil hatte. Der Großherzog ist es dann auch gewesen, der, ein amusischer Militär, die Landesverweisung van de Veldes anordnete, und den Künstler, der seine Familie in Deutschland zurücklassen mußte, in das neutrale Ausland trieb. Die Rückkehr aus der Schweiz nach Kriegsende in seine belgische Heimat war ihm lange Zeit verwehrt, da auch die Belgier in Henry van de Velde, ohne jeden Grund, einen Abtrünnigen sahen, der mit Nazi-Deutschland paktiert hatte. Auf dem Weg über Holland (Kröller-Müller-Museum) fand der Architekt später wieder Zugang in sein Vaterland. Der im Patriarchenalter Stehende suchte – nach einem an Enttäuschungen, aber auch an Erfolgen reichen Leben – ländliche Stille, die ihm und seiner Tochter Nele die Schweizer Freunde in Oberägeri bei Zug schufen. Dieser Mann mit dem großartigen Renaissanceprofil, der fünfzig Jahre zuvor die Gedankenwelt des Jugendstils so stark befruchtet hatte, war im Umgang mit der Jugend gläubig und jung geblieben. Ich habe den mehr als neunzigjährigen Henry van de Velde ein paar

Monate vor seinem Tod 1957 in Oberägeri besucht. Hier wurde mir besonders deutlich, daß dieses durch das Alter nur wenig reduzierte künstlerische Temperament ein Promotor ohnegleichen gewesen sein mußte; van de Velde war eine allein durch seine Gegenwart überzeugende Figur. Er war ein Fackelträger, ein Mensch größter persönlicher Autorität und von natürlicher Würde. Damals schon, als er in rührender Schlichtheit vor mir saß, erzählend oder schweigend an ferne Dinge verloren, war er für mich das, was er heute ist: ein Unsterblicher, dem so spät noch begegnet zu sein, für mich wirkliches Glück bedeutet.

Kehren wir zurück zu dem Frühlingsmorgen 1920 in Weimar. Es war während der Frühstückspause, die Straße vor dem Bauhaus wimmelte von bunt zusammengewürfelten, heiteren jungen Menschen, alles Bauhausschüler. Auf einem niedrigen Tuffsteinmäuerchen, das die Gartenanlage von der Straße trennte, saßen einige in der Sonne. Sie kauten trockenes Brot oder verzehrten fad schmeckende Mohnkuchen aus der nahen Bäckerei. Das Bild war ungewohnt, die »Bauhäusler«, in der kleinen Stadt als wilde, extrem politisierte Sozialisten verschrien, taten gern alles, um in ihrem Äußeren als veritabler Bürgerschreck zu erscheinen: lange Haare, alte feldgraue Monturen, Schillerkragen, das alles erinnerte an Zupfgeigenhansl, an Wandervogelgestalten. Die Mädchen trugen Selbstgenähtes, Sandalen und eigenwillige Schneckenfrisuren. Die Szene erinnerte eher an Wallensteins Lager und hatte nichts mit sittsamen Kunstschülern in Sammetjacken und breitrandigen Filzhüten zu tun. Unter den jungen Männern überwogen wohl die Kriegsteilnehmer, doch war von irgendwelchen nationalistischen Nachwehen der vier militanten Jahre keine Spur zu entdecken, es sei denn ein gewisser politischer Radikalismus und jenes »épater les bourgeois«, das die Weimaraner durch ihre geistige Muffigkeit herausforderten. Mochte dieser Eindruck zuerst auf ein Bürgerkind vom Main zwar nicht erschreckend, aber erstaunlich wirken, so wurde dieses Staunen wettgemacht durch die herzliche

Natürlichkeit, mit der diese munteren jungen Leute miteinander verkehrten. Walter Gropius ging vorüber in Begleitung
des Architekten Adolf Meyer auf dem Weg vom Werkstätten-
zum Hauptgebäude, das neben den Meisterateliers und dem
großen Aktsaal sowie dem Oberlichtsaal für Vorträge und
Ausstellungen auch die Verwaltung beherbergte, und wurde
achtungsvoll gegrüßt. Er war damals siebenunddreißig Jahre
alt, ein großer schlanker Herr mit schmalem, hohem Schädel,
den man sich gut in der Rittmeisteruniform seines Husarenre-
gimentes vorstellen konnte, mit dem er in den Krieg gezogen
war. Barhäuptig, das dunkle Haar glatt aus der klaren Stirn
nach hinten gekämmt, nahm Gropius lächelnd die respekt-
vollen Sympathiekundgebungen entgegen, ohne sie eigentlich zu erwidern. Er wußte sich mit einer kühl-distanzieren-
den Aura ganz selbstverständlich zu umgeben. Schon damals
fiel mir ein seltsames Entrücktsein, eine Art skeptischer
Melancholie und menschlicher Einsamkeit an diesem noch
jungen Mann auf. Bei George Augustus Moore, dem bedeutenden englisch-irischen Schriftsteller, las ich einmal den
Satz: »In jedem von uns ist ein unwandelbares, verschwiege-
nes Leben, um das keiner weiß als wir selber«, dabei dachte
ich an Walter Gropius und das Charakterbild, das ich von ihm
habe. Damals in Weimar wußte ich, daß es auch vom Votum
dieses Mannes abhängen würde, ob ich doch noch ein Schüler
am Bauhaus werden könne oder ob ich an den schöngedeck-
ten Familientisch am Main zurückkehren müsse. Ich machte
mich also auf, die Gropiussche Sprechstunde in seinem
Arbeitszimmer im Hauptgebäude nützend. Die Begegnung
war kurz, sehr kühl, betont höflich und bestand in der
Wiederholung der bereits schriftlich niedergelegten Mitteilung, daß ich mit den von mir eingesandten Arbeiten die
Anforderungen nicht erfülle, die die Schule stellen müsse. Ich
hatte obendrein das Gefühl, daß Gropius das halbgare,
gutangezogene Großbürgersöhnchen aus Frankfurt nicht
recht gefiel; zufällig trug ich auch noch den gleichen blausei-
denen Querbinder, und es schien mir, als verwundere das den

eleganten Mann, dem ein gewisser Salonkommunismus nach-
gesagt wurde.

Walter Gropius hatte sich bereits 1914 auf der so berühmt
gewordenen Kölner Werkbund-Ausstellung einen guten
Namen gemacht. Von 1907 bis 1910 arbeitete er im Atelier
von Peter Behrens in Berlin. Es waren das die Jahre einer
gewissen Schinkelrenaissance, die sich an den Bauten von
Peter Behrens, Grenander und Tessenow und dem Mobiliar
Bruno Pauls leicht ablesen läßt. Diese Entwicklung lief
parallel zu den Jugendstiltendenzen, deren Exponent Henry
van de Velde gewesen ist. Bei Peter Behrens begegneten sich
Mies van der Rohe und Walter Gropius; Mies hatte zuvor bei
Bruno Paul gearbeitet. Allein diese Namen genügen, den
geistigen Reichtum einer Epoche zu bezeichnen, die ihr Ende
– und ihren Neubeginn – mit den Kriegsjahren 1914 bis 1918
erlebte. Henry van de Velde war es dann schließlich, der dem
Großherzog von Weimar Walter Gropius als Nachfolger in
der Direktion der Großherzoglichen Hochschule für bildende Kunst vorschlug, aus der, vereinigt mit der Kunstgewerbeschule, dann 1919 das Bauhaus geboren wurde. Zum
Wesen von Walter Gropius gehörten Bescheidenheit und der
Wunsch, hinter der eigenen Sache zurückzustehen. Etwas
vom Geist der mittelalterlichen Bauhüttengesinnung lebte
damals in der Gropiusschen Bauhausidee. Gropius ist immer
ein dialogisches Temperament gewesen. Er bedurfte stets des
Ideenaustausches mit Gleichgesinnten, der Diskussion mit
den Auffassungen anderer. In Weimar trat der Künstler
Walter Gropius, der Architekt, zugunsten des Lehrers, Anre-
gers und »Nachdenkers« zurück. Seine Autorität war außerordentlich, er war ein großartiger Pädagoge, ein wirklicher
Führer, ein Pionier, mit dem ausgeprägten Sinn für Qualität,
ein kraftvoller Magnet, der mit seinen Zeitgenossen in innig-
stem Kontakt lebte. Musiker, Regisseure, Dichter kamen
nach Weimar: aus russischer Kriegsgefangenschaft war Hermann Scherchen, der avantgardistische Dirigent, nach Berlin
zu seinen Arbeiterchören zurückgekehrt; er fuhr nach Wei-

mar und berichtete uns von seinem Erlebnis der russischen Revolution von 1917. Däublers neptunisches Riesenhaupt erscheint wieder vor meinen Augen, die kluge Schauspielerin Anna Höllering; der Pianist Steuermann spielte Schönberg; Ernst Hardt konnte man in der Stadt begegnen. In einem Hotelsälchen las Thomas Mann präzis und ein bißchen preziös unter anderem das *Eisenbahnunglück*, aber die meisten der Bauhäusler blieben diesem Abend fern, der Autor war ihnen zu bürgerlich saturiert.

Ob Gropius wohl Humor besäße, habe ich mich oft gefragt. Er machte einen zerquälten, zergrübelten Eindruck, er war immer hochgespannt, immer sprungbereit, angreifend und abwehrend. Heiter habe ich ihn kaum gesehen, niemals lachend, selten lächelnd. Wer aber Gropius in Weimar öffentlich sprechen hörte, ihn, der das Wort wie ein Florett gebrauchte und der ein Meister der abschließenden Sätze war, die seine Reden hinreißend überhöhten, der mußte sich sagen, daß eigentlich keine Brücke bestand zu denen, um deren Beifall, um deren Ja es hier ging, um das Ja von engstirnigen Kleinbürgern jeder politischen Färbung. Es war der alte Gegensatz zwischen dem geistigen Menschen, dem Edelmann, der eine Elite vertrat, und der ihn verhöhnenden mißtrauischen Menge, mit der er sich herumschlagen mußte. Blättert man in alten Aufzeichnungen, dann findet man unter der Adresse, mit der später gegen die Schließung des Bauhauses protestiert wurde, die Namen Albert Einstein, Gerhart Hauptmann, Hugo von Hofmannsthal und Max Reinhardt, die Namen von Arnold Schönberg, Josef Strzygowski und Franz Werfel. Einzig Menschen solcher Artung waren die rechten Partner für Walter Gropius. Heute will es mir scheinen, als sei Gropius in Weimar ein Fremder gewesen, nicht völlig verstanden, aber auch nicht ganz verstehend. Aus diesem Abgerücktsein ergab sich für ihn aber auch die Möglichkeit, aus den gegensätzlichsten Elementen einen lebendig-wirksamen Lehrkörper zu bilden und schöpferisch werden zu lassen.

Wiederbegegnung des Autors mit dem Leiter des Bauhauses in Weimar, Walter Gropius, nach dem Zweiten Weltkrieg in München, v.l.n.r.: Walter Gropius, der Autor, Philip Rosenthal

Bei der Eröffnung der Hochschule für Gestaltung in Ulm 1951 und später in München, als er für Rosenthal in Selb baute, bin ich Walter Gropius wiederbegegnet. 1937 hatten ihn die politischen Spannungen aus Europa vertrieben. In den Vereinigten Staaten konnte er damals als Professor für Architektur an der Havard University jene Lebendigkeit des Geistes wiederfinden, die ihm die alte Heimat hatte streitig machen wollen. In Ulm stand ich gemeinsam mit dem Ehepaar Itten aus Zürich, Wilhelm Wagenfeld aus Stuttgart und Dr. Bruno Adler aus London – wir waren durch gemeinsame Bauhaus-Jahre in Weimar verbunden – im hellen Vormittagslicht auf der weiten Terrasse der Schule. Gleich sollte der Festakt beginnen. Walter Gropius, neben Henry van de Velde der andere Leitstern der neuen Schule, hatte die Rede zu halten. Der Erwartete trat auf die Terrasse, groß und schlank, kaum gebeugt, eilig und mit einer Ausstrahlung, die mir wie einst Herzklopfen machte. Da war wieder die Überlegenheit, das Selbstsichere, durch Skepsis gemildert, die hohe, überwache Intelligenz, hinter der nun eine Kleinigkeit an Resignation, ja von Verbitterung zu stehen schien, ein innerstes Beschäftigtsein mit Dingen jenseits von Tag und Stunde. Und die Distanz, das unausgesprochene, bemüht verborgene Odi profanum vulgus. Für einen Augenblick spürte ich die große männliche Hand in der meinen, sah die ernsten Augen auf mich gerichtet – jenes Unwandelbare, Verschwiegene im Blick, von dem George Augustus Moore gesprochen hat – und sogleich spürte ich die altvertraute Kühle und die Distanz, die gläserne Wand, die auch in Weimar aufgerichtet war und die zu durchbrechen schon dem halben Knaben nicht hatte gelingen wollen.

Ziemlich niedergeschmettert hatte ich damals Walter Gropius verlassen. Ich sah mich schon wie einen Schiffbrüchigen in den heimatlichen Hafen des Elternhauses zurückkehren. Hoffnungslos stand ich auf der Straße. Lene hatte sich bereits gut zurechtgefunden, sie hatte ihren Webstuhl und schon ein paar Freunde am Bauhaus. Dazu gehörte Karl Umlauf, ein Buchbindermeisterssohn aus dem nahen Apolda, Kriegsteilnehmer, selber Meister im väterlichen Geschäft, der sich nun bei Otto Dorfner den letzten formalen Schliff zu holen trachtete. Dorfners berühmte Buchbinderei, in der er auch für die *Cranach-Presse* des mäzenatischen Harry Graf Kessler arbeitete, genoß das höchste Ansehen aller Bücherfreunde. Karl Umlauf, dieser votreffliche, hilfsbereite Freund, mir zu früh gestorben – kaum sechzig Jahre alt –, wurde von meiner mißlichen Lage unterrichtet. Der einzige, der mir in dieser Not helfen könne, sei Johannes Itten. Der aus dem Bernischen stammende Bauhausmeister – wie Schlemmer Schüler und Mitstreiter von Adolf Hölzel in Stuttgart – leitete den Vorkurs, er war das pädagogische Ingenium der Schule. Er kam aus dem Wien der Sezession, wo er unter schwierigen materiellen Verhältnissen eine fruchtbare private Lehrtätigkeit ausgeübt hatte. Aus Wien brachte Itten einen Schwarm meist überdurchschnittlich begabter Schüler mit, die jüngerhaft an ihm hingen. Ungewollt war Itten sogleich der andere Pol gegenüber Gropius, sein Antipode, keinesfalls sein Gegner, aber der andere starke Kristallisationspunkt des Bauhauses. Ein Fanatiker seiner Ideen, erregt und ständig beschäftigt mit asiatischen Philosophien, vital-sinnlich und zugleich franziskanischen Idealen zugewandt, eine dämonische geniale Persönlichkeit, die ihrer Anlage durch harte Forderungen im Künstlerischen entgegenzuwirken versuchte und die auch von den Schülern letzte Hingabe verlangte.

Ich entsinne mich noch, als wäre es gestern gewesen, meines Gangs durch den Weimarer Park zum sogenannten Tempelherrenhaus, einem pseudogotischen Gebäude aus dem Ende des achtzehnten Jahrhunderts, in dem Johannes Itten sich eingerichtet hatte. Ich traf den Bauhausmeister in einem Faltstuhl vor der verglasten Tür seines unalltäglichen Ateliers. Auf den Knien hielt er den ersten Band von Spenglers *Untergang des Abendlandes,* in den er mit weichem Stift Marginalien einschrieb. Itten trug eine dunkelfarbige, bis zum Hals geschlossene Jacke, die an einen Uniformrock erinnerte und seine eigene Erfindung war. Hinter runden nickelgefaßten Gläsern sahen mich zwei ernste Augen durchdringend und prüfend, aber nicht unfreundlich an. Der hohe Schädel war vollkommen glattrasiert, und so erinnerte der ganze Mann an einen Mönch aus Tibet oder vom Ganges. Möglich, daß Itten damals Wert darauf legte, einen derart eigentümlich exotischen Eindruck zu erwecken, denn er lebte nach der Lehre des Mazdaznan, die eine Welt des Friedens anstrebt, und kultivierte seine bedeutenden Kenntnisse buddhistischer Literatur. Ich schilderte ihm meine Situation, Itten nahm meine Zeichenhefte vor und betrachtete meine faden akademischen Versuche, die ich da zusammengetragen hatte. Dann und wann blickte er auf, und ich sah ein skeptisches, leicht ironisches Lächeln in seinem Gesicht. Plötzlich aber wandelte sich dieser Ausdruck. Itten hatte eine Reihe von kleinen zufälligen, vielleicht naiven, aber fantasievollen Zeichnungen und Krakeleien entdeckt – groteske Männlein, fantastische Tiere und traumwirre Architekturen –, die sich auf der Rückseite einiger der Blätter befanden. Nun wurde er teilnehmend. Er erkundigte sich genau nach meinen häuslichen Verhältnissen, erfragte mein Alter und die Bedingungen, unter denen ich in Weimar würde leben können. Dann klappte er das Skizzenheft zu. »Auf diese Zeichnungen hin«, sagte er, »würde ich Sie wohl in absehbarer Zeit in meinen Vorkurs aufnehmen können.« Für mich eröffnete sich bei diesen Worten ein Himmel. Meine Existenz in Weimar war auf diese Weise legal geworden. Seit jenem Vormittag gehörte ich diesem Johannes Itten sozusagen mit Haut und Haaren; dabei übernahm der Vielbeschäftigte meine Weiterbildung keineswegs persönlich. Er riet mir, bei seinem Meisterschüler Carl Auböck zweimal in der Woche Privatstunden zu nehmen. Ich würde dann sicher innerhalb eines Vierteljahres so weit sein, daß man mich am Bauhaus aufnehmen könne. Glücklich und dankbar verließ ich das Tempelherrenhaus und seinen Bewohner und eilte durch den in hellem Frühlingsglanz erstrahlenden Park zur Kantine, um dem Buchbinderfreund Karl Umlauf und der Weberfreundin Lene von meiner Begegnung zu berichten.

Nicht weniger deutlich steht vor meinen Augen der düstere, wie mit Spinnweben überzogene Eingang zum Prellerhaus, dem alten Ateliergebäude des Bauhauses, den ich am übernächsten Tag durchschritt. An der ersten Türe linker Hand war ein weißes Papierschild angebracht, auf dem in kühner kurviger Schrift die Namen Auböck und Lipovec standen. Auböck und Lipovec waren Wiener, die wohl zu den Ärmsten der Armen, aber auch zu den Talentiertesten der Schule gehörten; sie waren ein Freundespaar, Kriegskameraden, die schon im Feld alles miteinander geteilt hatten und nun im Prellerhaus ein gemeinsames Atelier bewohnten. Dieses bemerkenswerte Dioskurenpaar – der eine trug die österreichische Leutnantsuniform, der andere die eines österreichischen Unteroffiziers – besaß, so wurde erzählt, zusammen nur ein Paar Schuhe; wenn der eine ausging, mußte der andere daheim bleiben oder barfuß gehen. Die beiden hatten ziemlich üppige Vollbärte, was in merkwürdigem Gegensatz zu der Jugendlichkeit ihrer Gesichter stand, und trugen völlig deformierte, oben spitz zulaufende Filzhüte, so daß sie eher wie Wegelagerer aus den Abruzzen aussahen denn wie Schüler des Staatlichen Bauhauses in Weimar. Sie hielten sich, wahrscheinlich weil sie so bettelarm waren, außerhalb des großen Kreises der Bauhäusler. Bei meinem ersten Besuch lag Lipovec auf einem unordentlichen Bett hingestreckt und las, während Auböck auf der gegenüberliegenden Bettstatt saß, einen Zeichenblock auf den Knien, damit beschäftigt, wie in Trance irgendein Fabeltier, einen Drachen oder ähnliches grafische Wirklichkeit werden zu lassen. Es war wohl die armseligste Behausung, die ich bis dahin gesehen hatte: Das feucht-dunkle Atelier ließ mich an dostojewskijsche Milieuschilderungen denken, irgendwo hing ein pelzgefütterter schäbiger Offiziersmantel, stand das legendäre Paar Schuhe, während die beiden Insassen selbstgebastelte Pantoffeln an den Füßen trugen. Ich kam mit Auböck überein, daß ich gegen ein Honorar von zwei Mark fünfzig pro Doppelstunde zweimal in der Woche zu ihm kommen würde, um die Grundlagen dessen zu erlernen, was Johannes Itten in seinem Vorkurs lehrte. Wie man arbeitet, wie man alles ringsherum um sich vergessen muß, um eine gestellte Aufgabe zu lösen, das erfuhr ich durch Auböck, der sich nun meiner annahm und mich im Geist seines Lehrers unterrichtete. Dann und wann ging ich mit meinen Arbeiten zu Itten, erfuhr kritische Ermunterung und wurde im Herbst aufgrund meiner neu eingereichten Arbeiten als Lehrling in das Bauhaus aufgenommen und dem Itten-Vorkurs zugeteilt. Am Bauhaus hießen die Schüler Lehrlinge, die Fortgeschrittenen Gesellen, und die Lehrer führten den Titel Meister.

Über den Vorkurs ist viel gesprochen und viel geschrieben worden. Auch Itten hat sich in mehreren Publikationen über seine pädagogischen Methoden geäußert. Es war etwas Einzigartiges und in seinem Kern so Überzeugendes, daß es heute – zumindest in Deutschland – wohl kaum eine Kunstschule gibt, die auf eine moderierte Form dieses Vorkurses verzichtet, der eine allgemeine Gestaltungslehre, Form- und Farblehre sowie Analysenkurse umfaßt. In ihm werden die Begabungen der einzelnen Schüler unter die Lupe genommen, es wird die Spreu vom Weizen gesondert, und es wird jedem einzelnen, gleichgültig, wohin er sich einmal entwickelt, ein künstlerisches Grundgefühl vermittelt, eine Beziehung zu den verschiedenartigen Materialien erschlossen, mit denen er unter Umständen künftighin wird arbeiten müssen. Die Analysen nach alten Meistern haben mir das innerste Wesen großer Kunst erschlossen. Wir arbeiteten nach Reproduktionen und analysierten Bilder von Greco, Meister Franke, Giotto oder Grünewald auf ihre Hell-Dunkel-Wirkungen, auf die sie beseelenden Rhythmen, auf Farbwerte, konstruktive Grundlagen und was dergleichen Dinge mehr sind. In keinem Universitätskolleg bin ich der bildenden Kunst in ihren bedeutendsten Dokumenten nähergekommen als in dem Analysenunterricht von Johannes Itten. Die Analysen, die er selber im Atelier anfertigte, und die heute, mit viel Instinkt und aufopfernd betreut von seiner Witwe und früheren Schülerin Anneliese Itten, mit Ausstellungen seines Gesamtwerkes durch die Museen und Kunstvereine Europas wandern, diese Analysen sind fast selbständige Kunstwerke mit eigenem Gewicht und Gesicht, sie sind sozusagen Paraphrasen über Bilder großer Meister. Von diesem Unterricht abgesehen, war Itten für viele von uns in der Art, sich mit dem Leben auseinanderzusetzen, ein Vorbild. Er las schwierige philosophische Bücher: Platon, die Nachsokratiker, Plotin und die deutschen Mystiker bis hin zu Jakob Böhme. Die kleinen Schriften von Immanuel Kant wurden uns vertraut, weil Itten sie las und uns ihre Lektüre empfahl. Itten hat uns in die Gedankenwelt des Ostens, in die Werke der großen chinesischen Philosophen und bildenden Künstler eingeführt. Itten war in allen seinen Schaffensperioden immer ein Mann von heute und morgen, äußerst wandlungsfähig, experimentierfreudig und häufig bereit, sich plötzlich einer in ihm wachwerdenden neuen Strömung anzuvertrauen. So fehlt bei oberflächlicher Betrachtung im Gesamtwerk Ittens nur scheinbar der einheitliche Zug, die organische Entwicklung, die man in Deutschland so gern bei jedem Künstler feststellen möchte. Irgendwann später einmal, als ich eine Reihe von Aquarellen Ittens gesehen hatte, wußte ich, daß seine verschiedenen Entwicklungsstadien einzig dazu gedient hatten, ihn innerlich gelöster, leichter, lyrischer, sein schweres Schweizer Blut flüssiger, seine Hand gelenker zu machen und sein Auge von der Problematik seines Inneren fortzuführen, es der Größe, Schönheit und Einfachheit der Natur zu öffnen, von der seine Blätter hinreißend aussagen. Daß Ittens künstlerische Äußerungen aus einem einzigen Wesenskern erwuchsen, sich von diesem Kern aus verzweigten und ausbreiteten, spürte jeder seiner Schüler, und jeder von uns nahm sich von dem in diesem Lehrer aufgestauten Reichtum, was ihm richtig dünkte.

Nie mehr später habe ich eine solche Arbeitsbegeisterung, eine solche Intensität des Arbeitens und des Unterrichtetwerdens erlebt wie in Ittens Analysenstunden alter Meister. Aber es waren nicht nur diese Stunden, es war auch das, was man aus den Stunden mit nach Hause brachte, und die Tatsache, daß einen das nicht losließ, so daß man abende- und nächtelang daheim über dem Reißbrett oder dem Zeichenblock saß und versuchte, das Realität werden zu lassen, was Itten uns in der Theorie beizubringen versuchte. Ich muß gestehen, daß ich keinen elementareren Lehrer gekannt habe, als dies Johannes Itten in seiner Weimarer Zeit gewesen ist. In meiner 1964 erschienenen Klee-Bildbiografie habe ich ihm gleich zu Anfang eine halbe Seite gewidmet. Er schrieb mir: »Du hast mich zwar sehr als Diktator dargestellt. Ich war vielleicht mit meinen dreißig Jahren sehr in Gegenwehr und Selbstbehauptung und nach meinem Streben aber doch sehr bemüht, meine Schüler zu fördern und zu stützen, daß sie selbstbewußter wurden, und nicht war ich machthungrig – vielleicht nur vitaler als üblich. Aber Du hast vielleicht doch das Rechte gesagt.« Das »Du« hatte mir Itten nach der Vernissage seiner Ausstellung im Züricher Kunsthaus aus Anlaß seines fünfundsiebzigsten Geburtstages angeboten, wobei er plötzlich seine Arme freundschaftlich um meine Schultern legte, beglückende Bestätigung niemals getrübter Beziehungen.

Die Begegnung mit diesem Bauhauslehrer in Weimar gehört zu den wahrhaft entscheidenden Erfahrungen in meinem Leben. Nicht nur, daß ich in diesen zwei Jahren durch ihn, dank seiner Analysenkurse alter Meister, überhaupt erst ein Bild, eine Zeichnung sehen gelernt habe, er weckte in mir das Gefühl für die absoluten Werte eines Kunstwerks, weckte Selbstkritik, und den nimmer ruhenden Wunsch, es dem Lehrer gleichzutun, und die Absicht, sich selber immer wieder aufs neue zu bewähren. Das Leben führte mich dann andere Wege, ich kam zur Kunst-, Theater- und Literaturkritik, zur Schriftstellerei. Immer aber war dieser priesterlich zugeknöpfte brennende Mann unsichtbar um mich.

Als es mich 1929 an die *Königsberger Hartungsche Zeitung* verschlug, an der ich Kunst- und Theaterkritik zu schreiben hatte, war eine der ersten mir dort erwachsenen Aufgaben, über eine Ausstellung Johannes Ittens, der damals in Berlin seine eigene Schule gegründet hatte, zu berichten. Königsberg war zu dieser Zeit eine kulturell nicht gerade fortschrittliche Stadt, und mein Aufsatz in der Zeitung erzeugte heftige Reaktionen, weil ich mich bedingungslos für die Malerei des verehrten Bauhausmeisters und seine Lehrmethoden einsetzte.

War die Person meines ersten Lehrers in Weimar von seltener geheimnisvoller Faszination, so waren es die Mitschüler, denen ich mich näherte und verband, kaum weniger. Über meinen Nachhilfelehrer Auböck und seinen Freund Lipovec bekam ich Zugang auch zu den anderen Wiener Itten-Trabanten, die wie ihr Meister eine Aura von Distanz um sich zu verbreiten wußten. Diese Handvoll Wiener brachte in die

sehr deutsche, eher schwerblütige Welt des Bauhauses einen
Schuß musischer Heiterkeit, ein Gran Literatur und gar nicht
wenig graziösen Wiener Humor. Sie waren ohne Zweifel eine
große Bereicherung, auch zogen sie, in Weimar heimisch
geworden, andere Künstler nach. Mit Recht galten sie als
höchst talentiert und gaben sich als eine etwas hochmütige
Elite. Ich erinnere mich an den begabten Architekten Franz
Singer, seine nicht weniger begabte Freundin Friedl Dicker,
die in der Nazizeit aus politischen Gründen im Gefängnis
umkam, erinnere mich an den literarisch hochgebildeten
Soma Morgenstern, der so wunderlich hinreißend Nestroy
und Altenberg vorzulesen verstand, der nicht höher als Karl
Kraus schwor und ein enragierter *Fackel*-Leser und Trakl-
Kenner war. Ihm verdanke ich die mich prägende Begegnung
mit der kritischen Geistigkeit des Wiener Satirikers Karl
Kraus. Da waren der mönchische Franz Scala und Anni
Wotiz, eine eigenartig spukhafte Person, der »Aschenkasten«
genannt, weil sie immer in voluminösen Beuteln nebst ihrer
gesamten Habe Farben, Kohlestifte, Papierfetzen, Materialien aller Art für sehr schöne Materialstudien mit sich herum-
schleppte und diesen ganzen Plunder ständig an die kurzsich-
tigen Augen führte. Zeitweise war sie ohne feste Wohnung
und nächtigte dann angeblich in Hausfluren. Zum Wiener
Kreis gehörte auch der Kunst- und Literaturhistoriker Bruno
Adler, der später als Urban Rödl mit einer Stifter-Biografie
von sich reden machte, und dessen schöne schlanke, von uns
allen bewunderte Frau Margit Téry-Adler eine Itten-Schüle-
rin war. Die Wiener beeinflußten dank ihrer ganz unalltäglichen Begabungen den gesamten Schulbetrieb; mit ihren
Ausstellungen machten sie stets Furore. Sie hatten merkwürdige Ideen nach Weimar mitgebracht, unter anderem die, daß
wir Bauhäusler Beziehungen zu Arbeiterfamilien in Weimar
aufnehmen sollten, um sie näher an das Wesen von Kunst und
Literatur heranzuführen. Ich weiß noch, daß ich eines
Abends mit einem Band Gedichte unter dem Arm in den
vierten Stock eines schlechterleuchteten Hinterhauses stieg

und dort an einem Küchentisch, der mit abgeschabtem Wachstuch bezogen war, einer stumm lauschenden sechsköpfigen Arbeiterfamilie Hölderlin-Gedichte vorlas. Ich tat dies mit großer Scheu und Verlegenheit, zumal ich merkte, daß Scheu und Verlegenheit auch auf der anderen Seite vorhanden waren. Es blieb bei diesem einzigen Versuch, im Sinne der Wiener Freunde zu handeln, die ihrerseits ähnliche Erfahrungen machten und den Plan endlich fallenließen.

Der ständige Austausch mit den Wienern war für mein späteres Dasein nicht weniger bestimmend als das Erlebnis Johannes Itten. Aber da waren noch andere Schüler, die zu meiner Zeit eine beispielhafte Rolle am Bauhaus spielten. Ich denke zuerst einmal an den Meisterschüler und späteren Bauhausmeister Josef Albers, der dann im amerikanischen Kunstleben hoch angesehen war. Er hatte etwas von einem jugendlichen Volksschullehrer bester Prägung an sich, und wir Jüngeren empfanden es als eine gewisse Ehre, von ihm angesprochen und von ihm in seinen Kreis gezogen zu werden. Wichtig, aber in aller Bescheidenheit wichtig, ist Herbert Bayer gewesen, der später ebenfalls in den Vereinigten Staaten wirkte. Wie Albers auch er erst Schüler, dann Meister am Bauhaus. Auffallend war der noch jugendliche Werner Gilles, ernst und versonnen, offenbar damals schon seines Weges sicher; ihm nahe Scheper und seine spätere Frau Lou Berkenkamp. Dann war da der große, kräftige Peter Röhl, der wilde malerische Gebilde zutage förderte. Röhl war später Lehrer an der Städel-Schule in Frankfurt. Den stärksten Gegensatz zu ihm bildete der dann ab 1956 bis zu seinem Tod im Jahre 1976 in Rom lebende Maler Max Peiffer Watenphul. Wir waren in späteren Jahren aufs herzlichste befreundet. Gemessen an den zum Teil wahrhaft Bassermannschen Gestalten, die die Korridore des Bauhauses bevölkerten, war dieser Max Peiffer Watenphul, der seinen juristischen Doktor in Kirchenrecht gemacht hatte, eine äußerst angenehme, elegante Erscheinung. Man merkte dem blonden, zart wirkenden jungen Mann nicht nur das gute Herkommen an, sondern auch einen gewissen Hang, sich als gepflegten Bohémien zu geben. Er lebte am Rande unserer Kunstschule, eigenbrötlerisch und – wie mir scheinen will – durchaus selbstbewußt und selbständig und nicht bereit, sich allzusehr in den großen Sog zu begeben, der doch etwa um die Gestalt von Johannes Itten wogte. Max Peiffer Watenphul wurde ein farblich delikater, höchst kultivierter Landschafter, der wie kaum ein zweiter das Wesen etwa Venedigs, der Toskana oder Salzburgs in melodisch gedämpften Farben und andeutenden Formen wiederzugeben wußte.

Nur wenige der Bauhäusler kamen aus behütetem Haus, kaum einer von einer anderen Kunstschule, alle waren aus Überzeugung unbürgerlich, dabei aber nicht undiszipliniert, im Gegenteil, es wurde energisch gearbeitet, auch waren wir keine blassen Stubenhocker. Hin und wieder wurden großartige Feste gefeiert, die lang in aller Mund waren und die Gemüter der konservativen neugierigen Weimarer heftig erregten. Mit welch kindlicher Heiterkeit und mit welch sympathischem Freimut und Kunstverstand wurden diese höchst bunten und heiteren Laternen-, Drachen- oder Faschingsfeste gestaltet, je nach Jahreszeit im gemieteten Saal, draußen in Tiefurt oder sonstwo, nicht nur mit Freimut, sondern auch mit einer alles überbietenden kühnen Fantasie. Itten legte einmal mit einem eineinhalb Meter hohen Kopfschmuck aus Draht, Federn und Glas, wie eine chinesische Pagode klingelnd, auf abendlicher Straße den Weg von seiner Wohnung zum Festlokal zu Fuß zurück, halb tibetanischer Priester, halb Inka-Medizinmann. Einige seiner Schüler begleiteten ihn, um mit Stöcken entweder den Kopfputz zu stützen oder aber die johlenden Weimarer Gassenbuben abzuhalten, sich dem großen Mann, der wie eine wandelnde Traumarchitektur einherschritt, zu nähern. Voller Charme war ein kleines Sommerfest der Itten- Schüler und -Anhänger im Tempelherrenhaus und im Park davor. Hier agierten die schöne Wienerin Téry-Adler und der Maler Peiffer Watenphul als Schäferpaar des achtzehnten Jahrhunderts, dem sich

Friedl Dicker, in ein Heidschnuckenfell eingenäht, als roko-
kohaftes Lämmlein angeschlossen hatte. Spät las dann Soma
Morgenstern, eigentlich Lehrer für geistesbehinderte Kinder
in Wien, Nestroys Parodie auf Hebbels *Judith*. Einmal in der
Woche wurde getanzt. Die grell ausgemalte Kantine, in der es
mittags laut, herzlich und ungezwungen zuging, obwohl das
mehr als armselige Essen, der Hungerzeit entsprechend,
meist nur aus Kohl und Kartoffeln bestand oder aus der von
Johannes Itten eingeführten kargen Mazdaznan-Kost, die
Kantine öffnete Samstag abend noch einmal ihr Tor. Erinnerte die Szene mittags gelegentlich an intellektuelle Bettler-
konvente, so tobte in dem ausgeräumten Speisesaal eine wilde
Bande, ein für mich als staunend beobachtender Nichttänzer
unentwirrbarer Knäuel, der sich in freien Rhythmen
bewegte, sich an den Händen hielt, bescheiden glücklich. Es
wurde zu den alltäglichsten oder zu ausgefallenen Melodien
besessen bis zum Niedersinken getanzt, getanzt in einem Stil,
der einiges von den Tänzen von heute vorwegnahm. Es war
ein entfesseltes, elementares Sichaustoben ohne jedweden
erotischen Beigeschmack, es war nur lustig, nur temperamentvoll, war eine Ausgleichshandlung, ein Ventil. Man
freute sich des Daseins, das im Grunde wenig materielle
Freuden anzubieten hatte. In allererster Linie aber galt das
Interesse der am Bauhaus versammelten Jugend der Arbeit.
Wir lebten nicht in den Tag hinein, aber wir erlebten den Tag,
die Stunde, jeden Augenblick. Man konnte in jenen Nachkriegsjahren meinen, es bräche nun eine glückliche Zeit
herein, in der sich bald der »Dom«, das Gesamtkunstwerk,
erheben würde, wie es Gropius so deutsch-romantisch in
seinem Bauhausprogramm vorgeschwebt hatte. Und wirklich, im Rückblick wird deutlich, wie vielfältig die Möglichkeiten waren, aber auch, wie wenig im ganzen realisiert
worden ist, ausgenommen vielleicht die Weimarer Jahre. Die
Zeit war materiell arm, ihre geistigen Bestände jedoch groß
und unangetastet, der Glaube an die Zukunft echt und stark,
das spirituelle Moment überwog ganz allgemein. Wir lebten

wie in einem hellen Traum, wach und zugleich jenseits aller Realität. Wir malten, zeichneten, liebten platonisch, und wenn wir nicht arbeiteten, saßen wir im kleinen Kreis bei Tee und billigem Gebäck zusammen und besprachen, was der Tag uns gebracht hatte. Auch die zeitgenössische Literatur spielte für uns eine große Rolle. Man gab sich nicht mit läppischen Zehn-Pfennig-Zeitungen oder illustrierten Blättern ab. Ich war dabei, so glaube ich heute, kein schlechter Interpret Thomas Mannscher Prosa, etwa des *Tonio Kröger*. Andere pflegten mit Spengler oder mit Kants Schriften oder mit Le Corbusiers *Esprit Nouveau* Umgang; kurz und gut, wir führten eine geistige Existenz, ohne uns in den Ruf zu bringen, überkandidelte Esoteriker zu sein. Wir debattierten, glaubten an Gott und den Satan, waren parteiisch in künstlerischen Dingen, waren gegen den Leiter der Graphischen Werkstätten Walter Klemm, gegen dessen *Erbsünde*, eine Serie erotischer Radierungen, und waren gegen den klassizistischen Richard Engelmann, der als Bildhauer lehrte. In Weimar waren wir weitgehend unpolitisch, alles in allem vielleicht sozialistisch, in Dessau zwischen 1925 und 1933 war man politisch, weil die Zeitumstände das forderten. In beiden Städten aber wurden Einsichten und Maßstäbe vermittelt, die eine Annäherung an den Nationalsozialismus von vorneherein ausschlossen. Auch dafür haben wir dem Bauhaus dankbar zu sein. Darum ist es gar nicht erstaunlich, daß mir einmal die Witwe Oskar Schlemmers, die es als ihre Aufgabe betrachtete, die Verbindung unter den ehemaligen Bauhäuslern aufrechtzuerhalten, erzählte, ihr sei kein einziger Fall bekanntgeworden, daß ein Meister, ein Geselle oder ein Lehrling des Weimarer oder Dessauer Bauhauses jemals mit dem Dritten Reich paktiert habe.

Die Welt hat sich immer wieder den Kopf darüber zerbrochen, wodurch dieses Bauhaus überhaupt im Geistigen möglich geworden sei. Die Unvoreingenommenheit von Walter Gropius, die keineswegs Indifferenz bedeutete, hat es ermöglicht, in Weimar und später auch noch in Dessau eine ganze

Reihe von künstlerischen Temperamenten der Schule zu verbinden, von Temperamenten, die so ausgesprochen, oft einander so völlig entgegengesetzt waren, daß eben dieses Entgegengesetztsein eine Zusammenarbeit gewährleistete. Man denke an Johannes Itten, Schlemmer, Klee, Feininger, an Moholy-Nagy, Kandinsky und Gerhard Marcks, denke aber auch an Schüler vom Rang Marcel Breuers, Hirschfelds und Herbert Bayers und unzählige andere. An Gropius' »Antennennatur« wurde das schöne Wort des Novalis wahr, daß, welcher Geist rufe, ein solcher erscheine. Neben Gropius, der feurig seine Idee der innigen Verknüpfung von Handwerk und Kunst entwickelte und vertrat, ging Lyonel Feininger, der aus New York Stammende, etwas scheu und an der Politik uninteressiert durch die Räume der Schule. Aus dem Werkstättenbetrieb machte er sich nicht viel. Der herkömmlicher Tradition und Konvention verhaftete Bildhauer Richard Engelmann, gegen dessen salzlosen Akademismus wir protestierten, wurde später von Gerhard Marcks, einem persönlichen Freund von Gropius, abgelöst. Auch Walter Klemm in den grafischen Werkstätten konnte sein künstlerisches Temperament dem fortschrittlichen Geist der Schule nicht einfügen. Erst als Oskar Schlemmer, Paul Klee und Johannes Itten dem Bauhaus als Meister verpflichtet wurden, erst mit Theo van Doesburg und Laszlo Moholy-Nagy prägte sich das Wesen dieser Schule so eindeutig, wie es dann in die europäische Kunst- und Kulturgeschichte eingegangen ist. Am Bauhaus ging es zuerst um die handwerklichen Grundlagen. In der Töpferei war einer der tonangebenden Gesellen Otto Lindig, ein junger, ein wenig verträumter Mensch, der wirklich nichts anderes wollte, als in seiner Werkstatt vollendet geformte Gefäße herzustellen, mit besonders schönen Glasuren und farbigen Effekten. Das Ornament galt, unter selbstverständlicher und stummer Anlehnung an Adolf Loos, als ein Verbrechen. In der Buchbinderei wurde das Handwerk geübt, genauso, wie man es zwei und drei Jahrhunderte zuvor betrieben hatte, als reines Handwerk. Auch die Weberei konnte mit Neuerungen, die bei ihr gleichfalls auf maschinellem Gebiet gelegen hätten, nicht aufwarten. Wagemutig waren eher die Goldschmiede, die von dem intelligenten, aus Wien gekommenen Goldschmied Naum Slutzki angeführt wurden. Die Druckerei beschäftigte sich mit allerlei Experimenten, die aber meist auf gezeichneten Lösungen fußten; zum Beispiel war der Titel einer von Itten ins Leben gerufenen Zeitschrift *Utopia* nicht, wie man vielleicht vermutet hätte, aus Satzmaterial, aus verschiedenartigen Lettern typografisch komponiert, vielmehr war er gezeichnet und dann klischiert worden. Auch die Dekorationsmaler, die Oskar Schlemmer, der Hochbegabte und Liebenswerte, um sich versammelt hatte, konnten wohl eigenartige Relieflösungen für Treppenhäuser und Foyers erfinden und anbringen, die Technik ihres Handwerks jedoch blieb unverändert, sie war eben Stukkateurarbeit und nicht mehr und nicht weniger. Schlemmers Bruder, ein einfacher Handwerker, stand dem Meister Oskar in technicis hilfreich zur Seite. Man reiste also auf zwei parallel laufenden Gleisen, ohne sich in den ersten Jahren darüber klarzuwerden, daß man in der Rechenstunde den unglaubhaften, aber unerschütterlichen Lehrsatz in sein Heft geschrieben hatte: Parallelen schneiden sich im Unendlichen. Dieses Unendliche war, wie 1923 die große Bauhaus-Ausstellung in Weimar bewies, so fern nicht. Hier fanden sich Lösungen, bei denen Kunst und Handwerk in eine Einheit verschmolzen. Damals bereits begann Gropius ahnungsvoll auf das hinzusteuern, was heute Teamarbeit heißt. Das, was unsere Zeit mit dem Begriff Industrial Design umschreibt, erblickte in der Weimarer Endphase des Bauhauses das Licht der Welt. Das Pendel schwang in eine extreme Richtung, eine Richtung, in der es radikal zuging. Der nächste Pendelausschlag mußte zwangsläufig das Gegenteil des Weimarer und Dessauer Funktionalismus berühren. Wir haben dieses Gegenteil zur Genüge im Dritten Reich kennengelernt.

Der Respekt, den wir Lehrlinge und Gesellen den Meistern

und jeder Leistung gegenüber an den Tag legten, war etwas ganz Selbstverständliches. Die Autorität des Direktors, der ihm gleichgestellten Lehrer, war in jedem Fall von vornherein gesichert, was natürlich nicht ausschloß, daß sich die persönlichen Sympathien mehr dem einen oder anderen zuwandten. Das Bauhaus, seine Lehrerschaft und seine Schüler bildeten das, was man beim Theater ein Ensemble nennt, eine Arbeitsgemeinschaft, in der es viel Freundschaft und Hilfsbereitschaft, wenig Kabalen und Intrigen gab und die durch zwei Dinge zusammengehalten wurde, durch den Druck von außen, der die Existenz der Schule mindestens zweimal im Jahr – bei den Etatberatungen – in Frage stellte, und durch die innerste Überzeugung, daß dieses Bauhaus Einmaliges hervorbringen werde, daß es seine Aufgabe sei, an die Spitze zumindest aller deutschen Kunstschulen zu treten. Jeder hatte seine Arbeit, seine Sorgen, er lebte im Hinblick auf die Aufgaben, die ihm der Kunstunterricht oder die Werkstatt stellten. Bei allem besaßen wir das Gefühl, unendlich frei zu sein und darum im letzten eigentlich sorglos. Ein kaltes Atelier im Winter, mangelhafte Kleidung bei vielen spielten keine Rolle, einer wußte bald vom anderen, was er konnte und was nicht, und die Schule reinigte sich von unbegabten oder ungeeigneten Elementen auf natürliche Weise, so wie ein strömendes Gewässer mit Verunreinigungen fertig wird. Wer nicht ständig in der Kantine für, wie ich glaube, fünfzig Pfennige essen wollte, aß in der Volks- oder Mittelstandsküche für dreißig oder zwanzig Pfennige. Bevorzugte Schüler lebten in den Ateliers des Prellerhauses, die anderen hatten Buden und Kammern von einer Primitivität, wie sie nur eine Kleinstadt aufbringen konnte, die zum größten Teil noch nicht kanalisiert war. Ich hatte Glück, als ich bald von dem einfachen Haus am Schwansee in das große, gelbtapezierte Fremdenzimmer mit den weißen Möbeln der Frau von Lepel in der Kaiserin-Augusta-Straße umziehen konnte.

Bei von Lepels verkehrte Helmut von Erffa, Sproß aus fränkischem Uradel, dessen Stammschloß in Ahorn bei

Coburg steht. Der junge sympathische Aristokrat trachtete am Bauhaus bei van Doesburg sich im Zeichnen zu vervollkommnen. Ich war ihm schon während seiner früheren Tätigkeit in der Thelemannschen Buchhandlung begegnet, die ich besuchte, so oft mein schmales Budget es zuließ. Zwischen dem phantasievollen und gelegentlich exzentrischen Helmut von Erffa und der pastellzarten, Klavierstunden gebenden Tochter der Frau von Lepel, die so beglückend Mozart spielte, webte eine spannungsreiche Beziehung, bis Helmut, der sich noch nicht fest binden wollte, vor Alix' liebender Intensität die Flucht ergriff. Auf abenteuerliche Weise gelangte er in die Vereinigten Staaten, schlug sich als Tellerwäscher, später als Wärter in einer Nervenheilanstalt durch, heiratete eine Amerikanerin irischer Abstammung, mit der er seine Neigung, lyrische Gedichte zu verfassen, teilte, und erhielt endlich, nach langem dornenreichen Weg, eine Professur für Kunstgeschichte an der kleinen Rutgers University in New Brunswick, New Jersey. Hier lebte er seinen Studenten und seinem Lebenswerk, einer Monografie mit Gesamtwerkverzeichnis über den amerikanischen Historien- und Landschaftsmaler Benjamin West, das heute noch – Helmut von Erffa ist Ende der siebziger Jahre gestorben – seiner kostspieligen Veröffentlichung harrt. Mehr als ein halbes Jahrhundert hat unsere Freundschaft die Kluft über den Ozean hinweg überdauert. Alle paar Jahre sah man sich in München oder in Ahorn, wo es etwa einmal galt, das dreihundertjährige Jubiläum einer architektonisch einmaligen, gemauerten Schneckenspindel im Treppenturm des Familienschlosses der Erffa zu feiern. Ein unbequem hartes, viel zu kurzes, dafür aber »echt« gotisches Kastenbett mit bemaltem Holzhimmel im Turm des Schlößchens war Inges und mein Nachtquartier. Eine andere, höchst kuriose »Begegnung« mit dem Freund gab es 1972 im Münchener Lenbachhaus, dessen noch jugendlicher, den neuen Strömungen geöffneter Leiter, Michael Petzet, die Münchener mit einer Ausstellung Segalscher Gipsmenschen provozierte. Für eine dieser lebensgetreuen, letztlich aber doch unbeseelten Figuren hatte Helmut von Erffa sich von George Segal in New York »abgipsen« lassen – eine seiner spontanen Capricen, mit denen er seine Umgebung gelegentlich überraschte, überraschte wie damals vor fünfzig Jahren, als er – sans dire adieu – aus Weimar verschwand.

Ich hatte mir in jenen Jahren noch nicht allzuviele Gedanken über meine Zukunft gemacht. Der Beruf eines belletristischen Verlegers schien mir, der ich in einer Welt voll von Büchern aufgewachsen war, immer noch ein verlockendes Ziel. Karl Umlauf hat mich in der Idee bestärkt, das Buchbinderhandwerk zu erlernen, das ja auch zum Bereich eines Verlegers gehört. Während die Nachmittage dem Ittenschen Vorkurs, seinen Analysenstunden und dem Aktzeichnen gehörten, stand ich den Morgen über in Dorfners Buchbinderei, angeleitet von Karl Umlauf, und versuchte, mich mit Schere, Kleister und dem Buchbindermesser als Buchbinder vorwärts zu entwickeln. Die künstlerische Leitung dieser Werkstätte hatte Paul Klee inne, der damals als anderer Leitstern neben Johannes Itten nicht nur über der Geisteslandschaft des Weimarer Bauhauses zu strahlen begann. Paul Klee, dessen kleinformatige fantastische Aquarelle uns längst vertraut waren, trat – nachdem ihm konservative Kräfte die Nachfolge Adolf Hölzels in Stuttgart versagt hatten – im Herbst 1920 ins Bauhaus ein. In meiner Klee-Bildbiografie habe ich sein Erscheinen in Weimar, seine Erscheinung geschildert. »Diesmal schritt zu seiner (Gropius') Rechten in dunklem Mantel mit einer hohen schwarzen Pelzmütze auf dem Kopf, ein zierlicher, fast kleiner, schmaler Herr mit knappem Spitzbart und den wunderlichsten dunklen Augen, ernsten, ja melancholischen Augen; Augen eines Nordafrikaners? Eines Dostojewskij-Menschen? fragten wir uns. Daß dies Paul Klee sei, den die Gestalt Gropius' um einiges überragte, wußten wir. Er weckte unser Interesse, mehr noch, er nahm unsere Herzen sogleich gefangen... Der Einfluß Paul Klees auf die Schülerschaft war von sehr viel leiserer, indirekterer Art (als der Ittens). Daß er, versponnen in seine Phantasmagorien und sein Violinspiel, eigentlich kein Lehrer im entscheidenden Sinn, aber doch ein Lenker und Führer gewesen ist, scheint festzustehen. Scheu und recht eigentlich ein Träumer, konnte er allenfalls sich selber vermitteln, nicht aber eine Theorie. Das Absolute im pädagogischen Anspruch, das bei Itten so faszinierte, uns belebte, aber auch zu ›töten‹ vermochte, besaß Klee nicht, er schien auf höchst sympathische Weise gehemmt vor einer Klasse, einem Kurs; vielleicht, weil er zu sehr er selbst, eben Klee war, während Itten eine Art künstlerisches Weltgebäude eigener Art errichtet hat... Damit soll nun keineswegs eine Art liebenswerter Hilflosigkeit Klees vor der Schülerschaft gemeint sein; allein seine menschlich-künstlerische Autorität schloß dergleichen vollständig aus... Bald gab es in Weimar Legendäres über Klee... Die Familie wohnte, benachbart dem Dichter und Theaterintendanten Ernst Hardt, in einer Art Villenviertel, Am Horn geheißen, über dem Park und der Ilm. Nicht wenige der Bauhausschüler wanderten abends dort hinauf, wo im Sommer bei geöffneten Fenstern das Ehepaar Klee musizierte; mir sind die Mozart-Sonaten unvergeßlich geblieben, denen man, auf einem Feldweg unter den Fenstern stehend, lauschte, und mit deren Melodien im Herzen man zur schlafenden Kleinstadt zurückkehrte...« Es war rührend, wie sehr Klee sich um jeden einzelnen von uns kümmerte, gleichgültig, ob man nun ein Schüler von ihm war, oder ob man ihn im Atelier besuchte. Er zeigte mit unendlicher Freude, aber auch sozusagen mit angehaltenem Atem, seine Arbeiten. Paul Klee kam einmal in der Woche in die Buchbinderei, stand ein paar Minuten neben dem Lehrling, schaute ihm zu und ließ sich von ihm und dem Buchbindermeister Dorfner den Vorgang erklären, der gerade an der Reihe war – ein versponnener Zauberer, so sanft und gütig, wie sein Geigenspiel rein und nach den Sternen greifend. Unvergeßlich auch sind mir die großen, orientalisch wirkenden Traumaugen, die doch klar und scharf blicken konnten und dabei ganz offenbar irgendein Geheimnis hinter den Dingen und Menschen zu suchen und zu finden schienen. Es waren die Augen eines gütigen und humorvollen Hexenmeisters, der es ungeheuer ernst mit seiner Kunst meinte. Klee hat – Trökes vielleicht ausgenommen – keinen Schüler im Sinne eines Fortsetzers gehabt. Wichtig aber war doch, daß er den jungen Leuten, die um ihn herum waren, einen Begriff von seiner persönlichen Eigenart, seiner künstlerischen Lauterkeit vermittelte, daß er ihnen von seinen Fantasien sprach oder sie an seinem Violinspiel teilnehmen ließ. Malen und Geigespielen gingen bei ihm nahtlos ineinander über, es war, als hole er sich aus der Musik die Anregung für seine Bilder, oder als färbe seine Malerei ab auf die Art, wie er eine Mozart-Sonate spielte. Sein Unterricht war scheinbar ohne erdachtes und erprobtes System, Korrektur im Sinne von Eingriff gab er mehr oder minder überhaupt nicht. Seine oft belustigten Anregungen und ironischen Hinweise machten ihn besonders liebenswert. Aus den kleinen Aufsätzen in Klees *Schöpferischen Konfessionen* wird man leicht erkennen, wie er das Schiller-Wort wahrmachte, demzufolge der Mensch dann am meisten er selber, am meisten Mensch sei, wenn er spiele. 1926, ein Jahr nach der Übersiedlung des Bauhauses nach Dessau in den exemplarischen Neubau, den Gropius errichtet hatte, zog es auch Klee dorthin. 1931 folgte seine Berufung an die Akademie in Düsseldorf unter Kaesbachs Leitung; nach seiner Entlassung durch die Nationalsozialisten ging er 1933 nach Bern zurück, und dort habe ich ihn einige Jahre vor seinem Tod noch einmal besucht. Ich traf ihn in einer Dreizimmerwohnung, in deren Wohnzimmer er sich ein Atelier eingerichtet hatte. Hier malte er seine relativ großformatigen späten Bilder, diese geheimnisvollen Hieroglyphen auf brandfarbigem oder grauem Grund, von denen er mir unaufgefordert und sichtlich gern eine ganze Reihe zeigte. Dann bat er mich, zum Essen zu bleiben, und während seine freundliche, mütterlich-gütige und aktive Frau sich mit mir unterhielt, ein wenig besorgt um den Gesundheitszustand ihres Mannes, band Klee sich eine Schürze um und kochte ein einfaches, aber delikates Abendessen. Das Gespräch bewegte sich um die barbarischen politischen und kulturellen Zustände in Deutschland, und wir tauschten Erinnerungen an die gemeinsame Weimarer Zeit aus, die uns mit Recht paradiesisch erschien. Sehr spät brach ich auf. Klee begleitete mich noch durch den Vorgarten auf die Straße. Der Himmel war mit Sternen bestickt, die Laternen brannten gelb und friedlich in einem Land, das politischen Haß und Unmenschlichkeit nicht kennt. Als der Wagen abfuhr, winkte Paul Klee mit rührend wirkender Freundlichkeit noch lange. So ist Paul Klee in meiner Erinnerung geblieben: im Schein der Straßenlaterne, unter sommerlich leuchtenden Sternen, klug, gütig und bescheiden. Etwas Magisches ging von ihm aus, etwas, das den Alltag fernhielt. Wo er war, schien die Luft reiner und das Licht heller. 1940 erhielt ich aus Locarno die Nachricht, daß Paul Klee nach langem, schwerem Leiden gestorben sei und daß er im Tessin sein Grab gefunden habe.

Bei den künstlerisch und charakterlich so verschiedenartigen Temperamenten auch noch so hoher Qualität der Bauhausmeister blieben naturgemäß Spannungen innerhalb des Lehrkörpers nicht aus. So konnten zwei Antipoden wie Walter Gropius und Johannes Itten nicht lange nebeneinander existieren. Eigentlich beanspruchten beide unausgesprochen die Führung, was zu immer heftigeren Zusammenstößen führte und zu einer endlichen Trennung. 1922 verließ Itten das Bauhaus. Mit ihm war ich meines Mittelpunkts, des Magnets, der mich vor allem an Weimar gefesselt hatte, verlustig gegangen. Schweren Herzens, aber doch auch meiner gewiß, kehrte ich nach Frankfurt zurück.
Noch heute besitzt die Erinnerung an die aufregende und bewegte Zeit am Staatlichen Bauhaus in Weimar für mich eine aktive Wirklichkeit und Wirksamkeit, obwohl sie sich nach und nach in eine Art legendenumsponnener Phantasmagorie aufzulösen beginnt. Es war eine köstliche, kostbare, reiche

und franziskanisch arme Zeit, ein Geistesfrühling und endlich doch so hoffungslos, daß mich auch noch nach sechzig
Jahren Wehmut, Melancholie überkommt, wenn ich, mich
erinnernd, einen Satz mit den Worten beginne: »Damals in
Weimar...« Eine Art goldenes Zeitalter war 1922 für mich zu
Ende gegangen. Es folgten Jahre mit ganz anderen Beschäfti-
gungen, ohne daß ich jemals die Bereicherung vergessen
hätte, die mir der charakter- und persönlichkeitsbildende
Umgang mit Itten und den Seinen und die vielfältigen Anregungen durch die Gespräche mit Paul Klee gebracht hatten.
Sie war bestimmend für mein ganzes späteres Dasein. Ohne
die mir am Bauhaus vermittelte Fähigkeit, das Gute vom
Schlechten nicht nur instinktiv, sondern auch wissend zu
unterscheiden, hätte ich meinen Weg als Publizist, vor allem
aber als Kritiker auf den Gebieten der bildenden Kunst, der
Literatur und des Theaters nicht gemacht.

Von der Kunst, über Künstler zu schreiben

Mein Beruf als Kunstschriftsteller und -kritiker brachte es mit
sich, daß ich mich gleichermaßen mit Vergangenheit und
Gegenwart beschäftigte, den Kosmos der Kunst in all seinen
Erscheinungsformen zu deuten und kritisch zu beurteilen
versuchte. Ich bin unzähligen Malern, Grafikern, Bildhauern, Architekten begegnet. Auch die Kunsthandwerker –
Silber- und Goldschmiede, Keramiker und Buchkünstler –,
Industrieform- und Modegestalter gaben mir Anlaß zu kritischen Betrachtungen.
Aber nicht nur die Künstler, auch deren Deuter und Heger
ihrer Werke – Museumsleute und Kunsthändler, Sammler
und Kunsthistoriker – kreuzten meinen Weg. Sie standen
nicht immer im mehr oder weniger spektakulären Licht der
Öffentlichkeit: Es sind viele Stille darunter, die nur ihrer
Kunst und den Idealen, die sie damit verfolgten, lebten und
die ich darum nicht weniger – oder gerade deshalb – wahre

Künstler nenne. Oft blieb es bei flüchtigen Begegnungen, manchmal, wenn es mit Wesensverwandten zum Gleichklang kam, entstanden Freundschaften. Von allen zu erzählen, würde den Rahmen eines Buches sprengen, einiger weniger aber sei hier gedacht.

Wenn gesagt wird, es sei eine Kunst, über Künstler zu schreiben, so bedarf diese Behauptung einer Einschränkung. Man kann über einen Künstler schreiben, wie ein Katasterbeamter über sein Tagewerk schreibt, kunstlos, also leidenschaftslos, nur sachlich, mit Daten, Maßangaben, Archivhinweisen und anderem Dokumentarischem. Jedoch entsteht so kaum etwas Lebendiges, allenfalls ein Fundament, ein Gerüst, eine Voraussetzung sozusagen der Leidenschaft zum Gegenstand und der Zärtlichkeit für die Gebilde des Künstlers. Die Kunst, über Künstler zu schreiben, bedeutet nie Abkehr vom Substantiellen, niemals Anstimmen von vagen Hymnen oder Niederschrift von Fantastereien. Die Kunst, über Künstler zu schreiben, setzt einen künstlerisch geprägten Betrachter, jedoch keinen Artisten voraus, einen Menschen, der über die Tatsachen ebenso Bescheid weiß wie über die Ideen, der die Wirklichkeit unverzerrt, aber durch den Filter seines Temperaments sieht und die Dinge und Räume hinter der Wirklichkeit ahnend erfaßt, ohne hierbei zum Schmock zu werden. Können und Wissen machen den Künstler, wie sie auch jeden formen, dessen Aufgabe es ist, über den Künstler zu schreiben, ihn zu interpretieren. Wie es, genau betrachtet, nur wenige echte Künstler gibt – Maler, Dichter, Schauspieler –, so gibt es in jeder Epoche auch nur ein paar berufene Deuter.

Hermann Uhde-Bernays,
ein Leben »im Lichte der Freiheit«

In Hermann Uhde-Bernays bin ich nach dem Krieg in
München einem der berufenen Deuter der Kunst begegnet.
An zwei, drei Nachmittagen im Monat trafen wir uns im Café
Luitpold, als es noch etwas von dem altmodischen Flair des
Münchener Literatentreffpunkts hatte, der es einmal gewesen
war. Uhde-Bernays blickte damals bereits auf ein mehr als
achtzigjähriges reiches, oft glückhaftes Leben zurück, in dem
sich Leid und Freud in jenem Maß gemischt haben, das dem
Dasein den tieferen Sinn gibt. Hermann Uhde, in Weimar
1873 geboren, hat den Namen des verehrten Stiefvaters
Bernays dem eigenen angefügt. Bernays war ein wortgewaltiger, bedeutender Lehrer an der Münchener Universität, ganz
verpflichtet der Welt der deutschen Klassiker, vor allem der
Welt Goethes. Dem Stiefsohn ist diese Welt wahrer Humani-
tät immer nahegewesen: Ganz für sich hat er jahraus, jahrein
Goethes Geburtstag gefeiert, als gelte es, einen Lebendigen
zu grüßen. Hermann Uhde hat das Münchener Wilhelms-
gymnasium absolviert, in Heidelberg, wo damals Kuno
Fischer, Alfred Neumann und Henry Thode lehrten, den
Doktor gemacht, und ist dann aufgebrochen, unseren alten
Kontinent bereisend kennenzulernen. Er war Assistent am
Germanischen Nationalmuseum in Nürnberg, literarisch,
musikalisch aufs höchste interessiert, ein Kenner des Theaters
in Deutschland, Frankreich und England. Mit Uhde-Bernays
begegnete mir der wahre Weltmann, universell gebildet,
gelehrt, ohne Stubenhockertum, denn er war ein trefflicher
Alpinist, der in den Lechtaler Alpen manche Erstbesteigung
vorgenommen hat. Ihm zu Ehren hat man einen Weg nach
ihm benannt. Durch umfängliche Werke über Carl Spitzweg
und die *Geschichte der Münchener Malerei 1850–1900* ist
Uhde-Bernays einer breiteren Öffentlichkeit bekannt geworden. Er hat die aufschlußreiche Publikation *Künstlerbriefe
über Kunst* herausgegeben, die von Leon Battista Alberti bis

zu Kandinsky reicht. Auch der Autobiograf hat sich zu Wort gemeldet: 1947 hat Uhde-Bernays im Insel-Verlag seine Lebensbeschreibung *Im Lichte der Freiheit* erscheinen lassen, ein köstliches, lebensvolles Buch, das nicht nur die Lehr- und Wanderjahre des Verfassers wiedererstehen läßt, sondern auch eine Schattenbeschwörung bedeutender Menschen darstellt, die Uhde-Bernays kennengelernt hat und denen er sich verbunden fühlen konnte. Aufgrund seiner freiheitlichen Gesinnung, seines steten Drangs nach innerer und äußerer Unabhängigkeit wurde 1937 über ihn Schreibverbot verhängt. Er ist immer allen Fragen des Künstlerischen und Politischen mit unalltäglicher Lebhaftigkeit nahe gewesen. Er lebte – bis er im zweiundneunzigsten Lebensjahr in Starnberg starb – sein Leben im Lichte der Freiheit. Für mich hat der intensive Austausch mit diesem imponierenden und soviel älteren gelehrten Mann, diesem *Mittler und Meister,* wie der Titel einer seiner Sammlungen von Aufsätzen und Studien aus dem Jahre 1948 heißt, immer Bereicherung und Ansporn bedeutet.

Wilhelm Hausenstein, Botschafter des Geistes

Ein Kunstinterpret völlig anderer Wesensart trat mir in der Gestalt Wilhelm Hausensteins entgegen. War Hermann Uhde-Bernays von männlich-vitaler Statur, wie auch seine Handschrift eminent kraftvoll seine Persönlichkeit charakterisierte, stellte sich der vielseitige Wilhelm Hausenstein in Gestalt und Schrift eher zart dar. Darum wohl hat seine Frau Margot, eine intellektuelle belgische Jüdin, die auch noch nach Jahrzehnten mit einem in Wortwahl und Klang französisch eingefärbten Deutsch kokettierte, ihn Gilles genannt, in Anlehnung an Watteaus weißen Pierrot und dessen fragilen Charme. Aufmerksam wurde ich auf Wilhelm Hausenstein schon damals am Bauhaus, als 1921 bei Kurt Wolff sein Buch *Kairuan, oder eine Geschichte vom Maler Klee und von der*

Kunst dieses Zeitalters erschien. Diese Art fantasievoller Deutung eines Künstlers und seines Werks hat Hausenstein in meinen Augen in späteren Veröffentlichungen kaum je wieder erreicht. *Kairuan* – Paul Klee war seit einem halben Jahr am Bauhaus in Weimar – gehörte vom ersten Tag seines Erscheinens an meine ganze Liebe. In dieser heute längst vergriffenen Arbeit verquicken sich persönliche Beziehungen zwischen Hausenstein und Klee höchst wunderlich mit der Fähigkeit, die künstlerischen Äußerungen jener Zeit aus dem Blickwinkel von Paul Klee zu erfassen und zu analysieren. Wilhelm Hausensteins behutsame, ebenfalls kurz nach dem Ersten Weltkrieg erschienene Publikation über den *Geist des Barock* hat damals dem lesenden Jüngling die Augen und das Herz für die Kunst der Gegenreformation geöffnet. Der Literaturkritiker war es dann, den der erste Band von Hausensteins autobiografischem Roman *Mitgeteilt von Johannes Armbruster*, 1947 erschienen unter dem Titel *Lux Perpetua*, tief berührte. »Herrn Erich Pfeiffer-Belli, der das erste Wort zu diesem Buch geschrieben hat (und welches Wort!)«, so beginnt die Widmung des Verfassers in zierlicher Schrift mit lila Tinte auf dem gilbenden Nachkriegspapier, auf dem seine *Geschichte einer deutschen Jugend aus des neunzehnten Jahrhunderts Ende* gedruckt ist. Unsere erste persönliche Begegnung – auf der Redaktion der *Frankfurter Zeitung* – lag schon Jahre zurück. Als leitender Redakteur im Feuilleton arbeitete Wilhelm Hausenstein vor dem Zweiten Weltkrieg zusammen mit Benno Reifenberg stetig am Gesicht dieser bedeutendsten deutschen Tageszeitung, ein in der Sache streng wägender Erzieher. Mit Beiträgen in Hausensteins Sparten erscheinen zu dürfen – in der Literaturbeilage und in den *Blättern für die Frau* –, erfüllte mich mehr noch mit Stolz, als sonst irgendwo im Blatt gedruckt zu werden. Wie pfleglich, mit wieviel schöpferischer Pedanterie wurde da nicht jedes Manuskript, jeder Satz behandelt und damit eine Einheitlichkeit, eine Höhe des Stils, aber keine Uniformiertheit erzielt und ein weithin sichtbares und bemühtes Beispiel gegeben. Schreiben, hat er einmal gesagt, sei wohl die schwerste Kunst, und es ist bezeichnend, daß das Leben sie gerade von Hausenstein verlangte, und daß er diese Wahl widerspruchslos, gehorsam angenommen hat. Hausenstein hat wie eine liebenswürdige, aber sehr ernsthafte Spielerei – neben seinen wissenschaftlichen Arbeiten – zwei literarischen Formen gehuldigt: der Erzählung, der Novelle, und der Übertragung poetischer Werke aus dem Französischen – vor allem Baudelaires –, und dies in eminent ernster Art. Seine Intensität im Hinblick auf das Verdeutschen und Verdeutlichen der fremden Sprache entläßt den Einsichtigen kaum aus dem Staunen. Die Korrekturen, die er an seinen eigenen Manuskripten vornahm, gleichen fast jenen berühmt gewordenen von Balzac.

Als erster deutscher Nachkriegsbotschafter von 1950 bis 1955 in Paris war Wilhelm Hausenstein für die Aufgabe, die sich ihm dort stellte, wie kein anderer geeignet. Sie war weniger eine politische, als eine geistige und menschliche. Es galt, das völlig ins Wanken geratene Vertrauen eines von Natur keineswegs vertrauensseligen Volkes wiederzugewinnen, dessen Nationalgefühl nach den Jahren nationalsozialistischer Gewaltherrschaft in Europa, nach Krieg, Besatzungszeit und Résistance wild aufloderte. Dieser Aufgabe hat sich Hausenstein mit unalltäglichem diplomatischem Takt und Zähigkeit gestellt und sie in subtiler Pionierarbeit bewältigt. Daß es dieser Botschafter des Geistes dabei mit Bonn, mit der Bonner Berufsdiplomatie nicht immer leicht hatte, erfahren wir – trotz Hausensteins gewisser Verbundenheit mit Konrad Adenauer – ganz offen aus seinen *Pariser Erinnerungen*, die – unvollendet geblieben – erst nach seinem Tod erschienen.

Wilhelm Hausenstein, aus dem Schwarzwald gebürtig, war ein echtes Kind aus dem Land und der Geisteslandschaft Johann Peter Hebels. Seit über fünfzig Jahren war er in oder bei München seßhaft. Durch Jahre hin lebte er in Tutzing über dem Starnberger See: ein wenig stifterisch stilisiert das gelbe Haus vor der Kulisse mächtiger Buchen mit dem Blick über das Wasser zu den bayerischen Bergen. Als ich ein Jahr vor dem Zweiten Weltkrieg an Paul Valéry dessen Buch über Degas mit der Bitte um eine Widmung sandte, schrieb er mir hinein »L'homme complet s'en meure« – das traf auf Degas zu, wie es auf die allgemeine Situation zutraf, weiterhin zutrifft und es schien prophetisch übers ganze Europa gesagt. Mit dem »L'homme complet« verband ich seitdem den Namen Hausensteins. Er hat aber auch etwas vom »honnête homme« des französischen siebzehnten Jahrhunderts, über den, Teil einer Elite, Carl Jacob Burckhardt geschrieben hat. Burckhardt war gleichzeitig mit Hausenstein Botschafter der Schweiz in Paris. Honnête homme, Ehrenmann, Edelmann, so zeigt sich in meiner Vorstellung das Bild vom Wesen Wilhelm Hausensteins: der anhängliche, schützende, fördernde Freund, der heitere, stets etwas zur Strenge der Konvention hin stilisierte Gastgeber, schlicht im Auftreten. Der elegante, im Alter nur zierlicher gewordene Körper trug einen zart und klar modellierten Kopf mit klarer Stirn und zerbrechlich sich muldenden Schläfen. Die Nase, scharf gebogen, doch ohne Härte, hatte etwas Witterndes. Ein süddeutsch-alemannisches Haupt, aristokratisch, doch nicht ohne Bezug zum Ländlichen; auch Mittelmeerluft war um dieses Gesicht und damit Gefühl für die Sinnlichkeit einer Sprache, eines Kunstwerks, eines Menschen. Diese Sinnlichkeit war vom Geistigen her bestimmt, gelegentlich auch vom Religiösen in sehr dezidierter Weise. Wilhelm Hausenstein war ein Europäer von Natur, vom Blut und vom Geist her.

Gotthard Jedlicka und die Zürcher Kronenhalle

Einen Kunstwissenschaftler par excellence habe ich in dem Züricher Professor für Kunstgeschichte Gotthard Jedlicka kennengelernt. Meine Besprechung seines Bonnard-Buches im Berliner *Tagesspiegel* im Mai 1949 war Anlaß unserer ersten denkwürdigen Begegnung, denkwürdig vor allem wegen des Ambientes, in dem unser Gespräch stattfand. Wer Zürich kennt, kennt das Herz der Stadt jenseits der See- brücke, »'s Bellevue«, und wer das Bellevue kennt, kennt das Restaurant Kronenhalle. Diese Kronenhalle ist ein Kuriosum, denn sie ist im Schatten der Kunsthalle zwischen Schauspielhaus und Opernhaus gelegen, selber auch eine Kunsthalle. Das wurde mir zum erstenmal in voller Bedeu- tung klar, als ich mit Gotthard Jedlicka den Zwischenstock der Kronenhalle betrat, um dort mit ihm zu Abend zu essen und Burgunder zu trinken. Der Raum im Zwischenstock des Restaurants, der nur Stammgästen offensteht, hat ein leicht französisches, pariserisches »Air«, er wirkt auf das ange- nehmste leicht antiquiert mit seinen roten Plüschbänken und allerlei Messingzierat an Lampen und Garderobeständern. Der langgestreckte Raum ist wohl der Küche, dem Herzstück des Hauses, benachbart, auch dies mag französisch anmuten, was mich aber besonders verblüffte – und der Züricher Kunsthistoriker weidete sich offensichtlich an meiner Ver- blüffung –, das war ein großes, farbenprächtiges Bild, ein Blumenstück unter Glas, dem immer wieder meine Aufmerk- samkeit galt. Ganz nebenbei sagte Jedlicka: »Ein Chagall.« Aber was für ein Chagall! Ein großartiges frühes Bild dieses heiligen Clowns, wie er einmal genannt wurde, mit seinen Farben den Rahmen fast sprengend. Andernorts gab es dann eine Landschaft von Braque und an der nächsten Wand einen großen prächtigen Bonnard zu bestaunen. Die Kronenhalle ist, wie gesagt, eine Kunsthalle, eine private Galerie. In ihrem vortrefflichen Restaurant hängte die Besitzerin, Hulda Zum- steg, nicht nur die Bilder ihrer Sammlung auf, um die sich ihr Sohn Gustav Zumsteg, ein Mann bester Geschmackskultur, kümmerte, dort lud sie ihre Freunde ein. Frau Zumsteg, eine auch mit ihrem überreichen Schmuck imponierende Gestalt, war nicht nur eine vorbildliche Patronne, die – von ihrem Platz neben dem Eingang zum Küchentrakt das kulinarische Geschehen überblickend – kritisch-unauffällig das Restau- rant allabendlich als ein guter Geist regierte, bis der letzte

Gast gegangen war. Treffender als Jedlicka kann man es nicht ausdrücken: Die Kronenhalle ist ein Ort, dessen Atmosphäre Weite und Geborgenheit zugleich vermittelt.

Dieser Gotthard Jedlicka war für mich immer ein Phänomen, eine Legendengestalt, die überall mit Augen ausgestattet war. Er sah alles, notierte innerlich alles, glich einer beseelten Kamera und vermochte dem Geschauten, Gehörten, Empfundenen unmittelbar gültigen Ausdruck zu geben. Er erlebte mit allen Sinnen und schrieb als Künstler, der mit dem fachlichen Rüstzeug des Kunsthistorikers ausgestattet war. Sein Bonnard-Buch legt beredt Zeugnis davon ab. Man kann vielleicht darüber streiten, ob Bonnard, diesem Maler aus der Generation von Toulouse-Lautrec, Vuillard, Matisse oder Slevogt, die außergewöhnliche Bedeutung zukommt, die in Jedlicka eine solche persönliche Erschütterung hervorgerufen hat. Das liebenswerte Buch ist sehr subjektiv, seine Lektüre ein reiner Genuß. Jedlicka beschreibt mit der gleichen Leidenschaftlichkeit und geistigen Anmut, mit der Dürer seine Gräser, seine Veilchen, Holbein seine Vogelbälge gezeichnet hat. Bei Jedlicka ist oft von Zärtlichkeit die Rede, die zwischen geistigen Männern, zwischen Schriftstellern oder Künstlern einen großgearteten Sinn erhält. Denn diese Zärtlichkeit umfaßt auch Diskretion des Gefühls, Verehrung und Kritikfähigkeit, in der zugleich ein platonisches Moment mitspielt; ohne Echo nämlich ist jeder noch so leidenschaftliche Anruf eines Künstlers sinnlos.

Halldor Soehner
und
Mein Rundgang durch die Alte Pinakothek München

Mit Bonnard verbinde ich noch ein anderes, weniger denkwürdiges als amüsantes Erlebnis. Der Generaldirektor der Bayerischen Staatsgemäldesammlungen, Halldor Soehner, während dessen Amtszeit ich auf seinen Vorschlag angefangen hatte, meinen *Rundgang durch die Alte Pinakothek München* zu schreiben, bat mich eines Tags – es war im Jahr 1966 – ihn in seinem Büro an der Arcisstraße zu besuchen. Er gab sich dabei recht geheimnisvoll. Den neugierigen Besuchern – Inge, die mich bei der Arbeit an dem Pinakothekführer unterstützte, hatte mich begleitet – verriet er dann die Neuerwerbung eines Bonnard-Gemäldes aus dem Jahre 1890 für die Neue Pinakothek, das er der Presse noch nicht vorgestellt hatte. Mit kindlicher Freude zeigte er uns die hinter einer Schiebewand verborgene riesige Leinwand (242×337 cm), eine *Braunkohlengrube in Terrenoire* darstellend. Einen Vertrauensbeweis gleicher Art hatte mir Halldor Soehner, dessen Ankaufspolitik nicht immer unumstritten war, entgegengebracht, als er Picassos frühes Bild der *Madame Soler* für die Neue Pinakothek erworben hatte. Ein jäher Tod beendete 1968 das Leben dieses passionierten Museumsmannes – als solcher ebenso pragmatisch wie wissenschaftlich gewichtig –, dessen Liebe vor allem den Spaniern galt. Mich hat mit ihm eine Kunstbetrachtungsweise verbunden, die für meine Person nicht zuletzt auf Johannes Ittens Analysen alter Meister zu einer sicheren Deutung eines Kunstwerks zurückzuführen ist. Mein Pinakothekführer mußte nun – im Sommer 1969 – ohne das geplante Geleitwort von Halldor Soehner erscheinen. Sein Nachfolger Erich Steingräber hat dann diese Aufgabe übernommen. Dies Buch zu schreiben, war um so ehrenvoller für mich, als Halldor Soehner ursprünglich an Benno Reifenberg, den »grand old man« unter den deutschen Journalisten, als Verfasser gedacht hatte, der aber aus zeitlichen Gründen keine Möglichkeit sah, den Wunsch zu erfüllen. Als ich bei der Jahrestagung der Beckmann-Gesellschaft 1969 im Bayerischen Rundfunk Benno Reifenberg zum letztenmal begegnete, versprach er mir, meinen *Rundgang* in der *Frankfurter Allgemeinen Zeitung* zu besprechen. Ich war beglückt und zugleich beklommen, ob ich mit meiner Arbeit, die mehr intuitiv, aus dem Herzen, denn mit den Augen eines Kunstwissenschaftlers

geschrieben ist, vor Benno Reifenberg würde bestehen können. Es vergingen Wochen. Eines Tages läutete das Telefon:
Reifenberg rief aus Kronberg an und entschuldigte sich,
zuviel sei ihm dazwischengekommen, etwa sein erster (!)
Rom-Besuch, und er versprach, Wort zu halten. Am
24. Dezember 1969 erschien dann Benno Reifenbergs umfängliche Besprechung in der *FAZ*. Sie war genau gearbeitet, er hatte Zeile für Zeile gelesen, sich mit dem »Galerie-
Wanderer« aufs schönste identifiziert. Erst nach dieser
Besprechung, wohl der letzten größeren Rezension aus Reifenbergs Feder – Benno Reifenberg ist am 8. Februar 1970
gestorben –, glaubte ich an mein kleines Buch, denn es hatte
das Plazet des großen Freundes bekommen.

Eberhard Hanfstaengl,
Grandseigneur in der Museumswelt

Ein anderer Typus von Museumsmann als Halldor Soehner
war der erste Generaldirektor der Bayerischen Gemäldesammlungen nach dem Zweiten Weltkrieg, Eberhard Hanfstaengl, der noch in der legitimen Nachfolge von Tschudis,
von Falkes und Wilhelm von Bodes stand, ein Herr, ein
Gentleman, klug und herzlich, hochgebildet, ohne hochmütig zu sein, eine internationale Autorität, seines Urteils
sicher, gütig, aber unbeirrbar im Hinblick auf sein Qualitätsgefühl. Sein hohes Verdienst für München war, den Weg zu
bereiten für die Wiedereröffnung der Alten und der Neuen
Pinakothek nach dem Zweiten Weltkrieg.
Es muß im Jahr 1936 gewesen sein, während ich als Feuilletonchef am *Berliner Tageblatt* arbeitete, daß ich Eberhard
Hanfstaengl – seit 1933 Direktor der Nationalgalerie in Berlin
– im Berliner Kronprinzenpalais aufsuchte. Der nationalsozialistische Bildersturm hatte gerade seinen Anfang genommen, noch wirkte indes die bevorstehende Olympiade vorübergehend besänftigend, aber man spürte, woher der Wind

wehte, wohin der entfesselte Sturm dann die Dinge treiben würde. Wir kamen ohne Umschweife zur kritischen Betrachtung der Zeitumstände, miteinander übereinstimmend. Mich faszinierten die süddeutsche Urbanität seines Wesens, seine bürgerlich-aristokratische Erscheinung und der Gleichmut, mit dem er über die noch unterirdischen Anfeindungen sprach, denen er sich bald nach seiner Abreise von München, wo er von 1925 bis 1933 die Städtischen Kunstsammlungen geleitet hatte, in Berlin ausgesetzt sah. Sein ganzer Stil, die ruhige, leise und bedächtige Sicherheit seiner Sprache, seines Wesens und eine gewisse humane Eleganz der Erscheinung gewannen mich im Handumdrehen. Aber es mußten Jahre vergehen, bis wir uns in München wiederbegegneten. Der Krieg hatte die *Frankfurter Zeitung* zerschlagen, die Redaktion in alle Richtungen der Windrose geführt, und ich war froh, bei den *Münchner Neuesten Nachrichten* einen unpolitischen Tätigkeitsbereich im Feuilleton zu erhalten, anstatt – wie es Frankfurter Freunden geschah – beim *Völkischen Beobachter* oder beim *Reich* arbeiten zu müssen. Damals hatte ich viel veröffentlicht – lauter Texte, deren ich mich nicht zu schämen brauche und die mir allerlei Ärger, aber auch manch freundliches Echo einbrachten. Daß Eberhard Hanfstaengl damals zu meinen Lesern gehörte, erzählte er mir später. Eberhard Hanfstaengl hat 1937 sein Amt in Berlin aus politischem Protest niedergelegt. Es ist das Jahr, da in schäbigen Räumen der Münchner Hofgartenarkaden die für die betroffenen Museen und Künstler so folgenschwere Ausstellung *Entartete Kunst* stattfand. Hanfstaengl ging nach München und trat in das kunsthistorische Lektorat des Bruckmann-Verlags ein. Er hat nicht nur diesem Verlagssektor erweiterte Bedeutung verliehen, sondern man kann sagen, daß er dem gesamten Verlagsprogramm seine spätere Richtung gegeben hat. Auch während Eberhard Hanfstaengl als Generaldirektor der Bayerischen Gemäldesammlungen wirkte, hat er dem Verlag beratend zur Seite gestanden, bis er nach seiner Pensionierung 1956 eine leitende Funktion im

336

Bruckmann-Verlag übernahm und auch den dort erscheinenden Zeitschriften *Die Kunst und das schöne Heim* und *Pantheon* als Chefredakteur seinen unverwechselbaren Stempel aufdrückte. In jenen Nachkriegsjahren, deren materielle Armut und deren Hunger nach geistiger Nahrung mit den Zeitläuften unserer Gegenwart so kraß kontrastierten, bin ich Eberhard Hanfstaengl in seinem so ganz unbüromäßigen Verlagsbüro an der Nymphenburger Straße unter den biedermeierlichen Bildern seiner Großeltern immer wieder begegnet oder bei Ausstellungseröffnungen und wenn er der Presse Neuerwerbungen vorstellte. Stets war der Eindruck der gleiche wie damals in Berlin. Er hatte seinen Stil da zu sein, Repräsentant zu sein, und das ohne jede Anmaßung, unverändert beibehalten. Diese Art dazustehen, hatte für mich etwas Vorbildliches; das lag im Maßhalten und in der Distanz zu den Menschen und künstlerischen Ereignissen in einer Stadt, in der so viel Vorbildliches, aber auch so viel unwahrscheinlich Groteskes, Schildbürgerhaftes immer wieder zu geschehen pflegt. Seinem Fürspruch hatte ich später den Auftrag zu danken, 1958 die Festschrift zum hundertjährigen Jubiläum des Bruckmann-Verlags zu schreiben.

Von den mancherlei Briefen, die mir meine publizistische Tätigkeit immer wieder einbrachte, ist mir einer von Eberhard Hanfstaengls Hand als freundliches Kuriosum besonders lieb. Ich veröffentlichte einmal eine Betrachtung über das Radfahren, dem ich – hochgefährliches Unterfangen in einer Großstadt – mit Freude frönte. Damals schrieb er mir ein Briefchen mit seiner jungen gestochenen Schrift als freundlichen spontanen Zuruf: «Mutatis mutandibus habe ich das auch so erlebt – freilich einiges früher: auf dem Hochrad mit häufigen Kopfstürzen nach vorne! Außerdem waren meine älteren Brüder die rauhen Fahrlehrer, und mein erstes Niederrad 1896 war das meiner Mutter, da ich ein Herrenrad nicht ›dertreten‹ konnte usw. – bis 1947, wo ich ins Auto umgestiegen bin. Aber mein ›Adler-Rad‹ hängt noch in der Garage – wer weiß!!» ein Velozipedist grüßte den anderen. Auch unsere Liebe zum Schweizer Fextal hoch über Sils-Maria, wo Inge und ich Eberhard Hanfstaengl und seiner Frau im Sommer 1960 auf einem mittäglich besonnten Weg einmal begegneten, verband uns. Ein zartfarbiges, künstlerisch sicher gegebenes Landschaftsaquarell mit Widmung seines Schöpfers Eberhard Hanfstaengl erinnert mich an diese zufällige Begegnung in den Engadiner Bergen, erinnert mich an einen liebenswerten Menschen, einen unalltäglichen Kenner und Liebhaber der Künste und an einen großen Museumsleiter von der Art, wie sie heute so selten geworden sind.

Oskar Reinhart und seine Sammlung in Winterthur

An großen Sammlern europäischer Kunst hatte ich das Glück, neben Robert von Hirsch – dem Onkel meiner ersten Frau, von dem in diesem Buch bereits gehandelt ist – Oskar Reinhart in Winterthur zu begegnen. Trotz der räumlichen Nähe – Robert von Hirschs Schatzhaus stand in Basel – pflegte man keine engen gegenseitigen Beziehungen, ein Sammler respektierte den andern und seine unter anderen Gesichtspunkten zusammengetragenen Schätze mehr aus der Distanz. In meiner Besprechung der elf Jahre nach Oskar Reinharts Tod erschienenen Monografie seiner Sammlung stellte ich einen Vergleich zu der Robert von Hirschs an. Als ich wenig später, im Sommer 1976, Robert von Hirsch in Basel besuchte, zeigte er sich amüsiert über die »Reklame« für seine Sammlung in dieser Buchkritik, die »der selige Herr O. R.« wohl kaum goutieren würde, und er betonte dabei, daß Reinhart und er sich nie »Konkurrenz« gemacht hätten, weil ihre Sammlerinteressen auf völlig verschiedenen Gebieten lagen. Wie Robert von Hirsch war auch Oskar Reinhart Großkaufmann von Beruf, zwei verschiedene Sammlernaturen, doch beide Sammler aus Leidenschaft. Sammeln setzt Instinkt und gründliches Wissen, aber auch Jagdglück voraus. Man braucht selbst kein Künstler zu sein, um Qualität zu spüren, Bildung indes gehört dazu. So bedeutende Sammlungen vom Range der Robert von Hirschs oder Oskar Reinharts sind aber auch dank großer finanzieller Möglichkeiten zustande gekommen, dank der Beratung durch Fachleute, in den seltensten Fällen dank allein des Ingeniums des Sammelnden.

Ich bin Oskar Reinhart und seinen Bildern über der Stadt Winterthur in dem stattlichen, licht wirkenden Haus Am Römerholz, das dem breit hingelagerten Bau den Namen gegeben hat, zum erstenmal im Oktober 1941 begegnet, in jenem Augenblick, da die Sammlung in das sogenannte Reduit im Innern der Schweiz evakuiert werden sollte, denn es ging das Gerücht, daß Teile der deutschen Armee in die Schweiz einzumarschieren die Absicht hatten, um von dort aus – unter Umgehung der Maginotlinie – nach Frankreich einzudringen. Ich war im Auftrag der *Frankfurter Zeitung* nach Zürich gefahren, um über die in der Kunsthalle gezeigte, mit einem farblich delikaten Plakat angekündigte Ausstellung *Alte Meister und französische Malerei des neunzehnten Jahrhunderts aus der Sammlung Oskar Reinharts* zu berichten. Einige dieser Kostbarkeiten der Sammlung waren bereits zu Beginn des Krieges ausgelagert und schon im Winter 1939/40 innerhalb der gesamten Sammlung Oskar Reinhart in Bern gezeigt worden, ehe man sie wieder in ihre Schutzunterkunft zurückbrachte. Auf der Suche nach dem von Leibl gemalten Familienbild der Alwine Belli erbat ich mir Oskar Reinharts Erlaubnis zu einem Besuch Am Römerholz. Ich war von der Gesamtanlage, von dem großen schönen Garten, an einem leicht zum Tal sich hinabwellenden Hang gelegen, diskret akzentuiert von einem strotzenden Frauentorso Aristide Maillols und seiner Plastik *Die Kauernde* gemeinsam mit Renoirs *Großer knienden Wäscherin*, von dem Haus, schlicht und ohne jede Ambition beeindruckt. Die Bilder im Ausstellungsraum standen bereits im wirren Durcheinander ein wenig verloren und unsicher geworden an den Wänden herum, was den Vorteil hatte, daß man sie aus unmittelbarer Nähe betrachten konnte. Ich durfte, niederkniend, das gesuchte Leibl-Bild der Alwine Belli bestaunen, diesen strengen und straffen und zugleich streichelnden Pinselstrich, der das Gesicht modelliert, wie mit einer lebendigen Haut überzieht und aus dem Dunkel des Hintergrunds hervorhebt. Der *Hl. Martin mit dem Bettler,* von Hans von Marées gemalt, stand dunkelglosend wie ein niedergebranntes Kaminfeuer am Boden. Feuerbachs *Gebirgsbach bei Torbole* ist wundervolle Malerei, ein köstliches, einfaches Bild mit seidig blauem Himmel und silbrig niederrieselndem Wasserfall; kein monumentaler Feuerbach, ein intimes Bild, das glücklich macht wie ein südlicher Sommertag. Nicht der Historienmaler Menzel, nicht der Maler des *Eisenwalzwerks* hängt in Winterthur, sondern der frühe Menzel, den zu lieben und zu verehren nicht jedermanns Sache ist. Und dann ist da Hans Thoma, der frühe Thoma vorzüglich: der Blick auf die Holzhausensche Öd in Frankfurt am Main, der im Abend sich verdunkelnde Obstgarten bei Säckingen und das große Neckar-Bild, voll von jener romantischen Welttrauer und lyrischen Düsternis, die in dem Gedicht *Zwielicht* ihren Ausdruck fand. In einem kleineren Nebenraum, dem Garten zugekehrt, auf dessen Wegen zwei dem Hause gehörende Katzen wanderten oder spielten, gab es eine besondere Überraschung: Eine Reihe kleinformatiger Bilder lag dort auf einem Tisch. Man konnte eines nach dem anderen in die Hand nehmen: Wilhelm von Kobells *Reiter am Tegernsee,* zwei rein gemalte, strahlende Bilder, über denen ein kristallklarer Himmel steht, Caspar David Friedrichs märchenhaft anmutende Ansicht von *Greifswald bei Mondschein.* Unvergeßlich dann Böcklins *Pan im Schilf.* Reinharts Franzosen des neunzehnten Jahrhunderts, seine alten Meister – bei diesem ersten Besuch 1941 nach Zürich ausgeliehen –, seine Goyas sind von einer Qualität, die den Beschauer für Stunden glücklich machen kann. Den Deutschen des vergangenen Jahrhunderts brach die Sammlung Oskar Reinhart eine

Gasse, plötzlich zählten sie mit, ihren absoluten Werten entsprechend. Wer würde damals »draußen« Louis Eysen, wer Viktor Müller gekannt, geschätzt und endlich gar gekauft haben? So ist besonders dieser Teil der Sammlung eine Manifestation ihres Besitzers gewesen, ein Herzensbekenntnis und zugleich ein Beweis für die seelische Weite dieses Mannes.

Meinem ersten Besuch in Winterthur mitten im letzten Krieg sind noch viele gefolgt. Ich besuchte die im alten umgebauten Gymnasium untergebrachte Stiftung, die der Mäzen Oskar Reinhart seiner Vaterstadt Winterthur übereignet hatte. Sie umfaßt schweizerische (Jean-Etienne Liotard), deutsche und österreichische Maler des achtzehnten bis zwanzigsten Jahrhunderts. Ich besuchte die Sammlung Am Römerholz, als Oskar Reinhart noch lebte und später dann nach seinem Tod im September 1965, als durch das wahrhaft großzügige Vermächtnis Oskar Reinharts der vielleicht noch gewichtigere Teil seiner Sammlung – vom Meister des (Frankfurter) *Paradiesgärtleins* über Goya bis zu Toulouse-Lautrecs *Clownesse* – in den Besitz der Eidgenossenschaft übergegangen war. Einzige Bedingung: daß das gesamte Anwesen Am Römerholz in der bestehenden Form erhalten bliebe, die Sammlung dort der Öffentlichkeit zugänglich gemacht und die Bilder nie ausgeliehen würden. Zu Lebzeiten des großen Sammlers war das Haus Am Römerholz einmal in der Woche – donnerstagnachmittags – schriftlich oder mündlich angemeldeten Besuchern, die Empfehlungen vorweisen oder sich in irgendeiner Form legitimieren konnten, geöffnet. Nicht selten geschah es dann, daß die Besucher von einem stattlichen Mann mit Portiersmütze auf dem Kopf, die ein Band mit der Aufschrift »Am Römerholz« zierte, empfangen wurden und daß der gleiche Mann kurz darauf neben ihnen vor einem Bild stand und sich als der Hausherr erwies.

Oskar Reinhart hatte sich mit vierzig Jahren bereits von der väterlichen Firma, die Faktoreien von Indien hinauf bis nach China unterhielt, zurückgezogen und ganz seiner Sammlerleidenschaft gelebt. Er erzählte gern die Geschichte seines Vaters von der Zusage an die Söhne, nach der Ausbildung zum Importkaufmann im Ausland ein ganzes Jahr nach eigenem Wunsch und Willen leben zu dürfen. Oskar wollte Schauspieler werden, wollte nach Berlin zu Max Reinhardt, der damals dem europäischen Theater seinen Stempel aufprägte. Kurz vor der Abreise aus London nach Berlin erreichte den jungen Oskar Reinhart ein Telegramm seines Vaters, das ihn dringlichst nach Indien beorderte, wo an einer entlegenen, aber wichtigen Station der leitende Vertreter des Hauses gestorben war. Das Telegramm ließ keinen Widerspruch zu, Oskar reiste nach Indien, wo er erfuhr, das Telegramm sei eine väterliche Finte gewesen, um ihn von Berlin fernzuhalten. Damals entschloß sich der zu Recht Empörte, die Leitung der Firma den Brüdern zu überlassen, so daß er sich seitdem, völlig frei und Herr über große Mittel, ganz seiner vom Vater ererbten Sammlerleidenschaft widmen konnte. Es war etwas Weltläufiges, Internationales um den Sammler. Das sichere, weltgewandte Auftreten war gepaart mit spontaner Herzlichkeit, mit Güte, mit menschlicher Wärme und einem Heitersinn, der sich auch angesichts der schönsten seiner Bilder niemals in Pathos oder in ebenso unerquicklichen Besitzerstolz verwandelte. Diese Bilder zu besitzen, gleichgültig, ob es sich um eine Grünewald-Zeichnung handelte, um ein Kabinett, angefüllt mit den herrlichsten Blättern Daumiers, um den *Großinquisitor* Grecos, um Bilder von Goya, von Chardin oder van Gogh, war für Oskar Reinhart kein Grund, stolz oder überheblich zu sein. Sie waren die selbstverständlichen Begleiter seiner Existenz, lautlose Partner, auf geheimnisvolle Weise Ergänzungen dieser komplexen Persönlichkeit. Ging man mit dem Hausherrn durch die Sammlung, so wiederholte sich jedesmal das Merkwürdige, daß er vor einem seiner Bilder, die alle seine Lieblinge zu sein schienen, versunken stehenblieb, ganz so, als habe er das Wesen, den Kern gerade dieses Bildes zum erstenmal vollkommen wahrgenommen. Bei einem meiner letzten Besuche ging Oskar Reinhart mit mir durch jene Zimmer, in denen unter anderem *Die Anbetung der Hl. Drei Könige im Schnee* von Pieter Bruegel d. Ä. (einen Privatdruck dieses liebenswerten Bildchens hat er mir einmal als Neujahrsgruß gesandt), der herrliche Gerard David *Maria mit dem Leichnam Christi* und die überwältigende *Klagende Frau mit gefalteten Händen* von Grünewald hängen. Bei den schönen Rembrandt-Zeichnungen – *Das Opfer des Manoah* und *Der zwölfjährige Jesus im Tempel* – verabschiedete der Sammler sich von mir, und als ich eine halbe Stunde später in den Sommerabend hinaustrat, saß Oskar Reinhart hemdsärmlig mit dem Hausgesinde zusammen, das an einem kräftigen Tisch unter dem Küchenfenster dabei war, Bohnen zu brechen. Er unterhielt sich mit den beiden Frauen auf eine herzliche unprätentiöse Art. Jemand, der die Gruppe betrachtet hätte, ohne zu wissen, wer der stattliche Mann an der Küchentür war, wäre niemals auf den Gedanken gekommen, es könne dies Oskar Reinhart sein, dem die Stadt Winterthur, dem die heimatliche Schweiz, dem alle Kunstfreunde der Welt dankbar sein müssen, daß er in seinem Haus der großen europäischen Kunst eine bleibende Heimstatt errichtet hat.

Der Münchner Sammler und Kunsthändler Günther Franke, ein Phänomen

Eine völlig andere Art von Sammler war der Münchner Kunsthändler Günther Franke, der sich der Malerei und Plastik des zwanzigsten Jahrhunderts verschrieben hatte. Er verstand es wie kein anderer, mit Instinkt künstlerische Talente zu erkennen und ihnen mit der ganzen Intensität seines Einsatzes ans Licht, zum Erfolg zu verhelfen. Er war immer ein tapferer Mann, einer der sich für seine Gesinnung schlug und bereit war, Gefahren auf sich zu nehmen in einer Zeit, da ignorante Machthaber die von ihm vorwiegend vertretene Kunst als »entartet« verdammten.

343

Immer wenn ich bei meinen Besuchen in der Villa Stuck an der Prinzregentenstraße und später in der Galerie an der Maximilianstraße mit Günther Franke in ein anfänglich stets zögerndes Gespräch kam und während dieses Gesprächs erfuhr, dieses oder jenes Bild sei verkauft worden, wollte es mir scheinen, als mischte sich in die Freude des Verkaufs eine leise Betrübnis darüber, daß der »Händler« sich von seiner »Ware« hatte trennen müssen. Dann fiel es mir nicht schwer, an E. T. A. Hoffmanns Pariser Goldschmied Cardillac zu denken, der, von einem inneren Zwang getrieben, seine Schmuckstücke, die Kinder seiner künstlerischen Fantasie, zurückholte, und wenn er sich dazu eines Dolches bedienen mußte. Ich sehe Günther Franke noch vor mir: ein wenig Bohemien, gar nicht glatter Weltmann, gar nicht Snob, gar nicht Alfred Flechtheim, nicht Buchholz oder Valentin. Was mir bestimmend an Frankes Gesicht erschien, das waren seine Augen. Der Mann mochte sich in all den Jahren verwandelt haben, aus der Schlankheit und Schmalheit, die Xaver Fuhr noch festgehalten hatte, war behutsame Schwere, Ponderiert-heit geworden, die Augen aber, der Blick, waren geblieben, sie bestimmten das Gesicht. Es waren suchende, erkennende Augen, in denen Enthusiasmus leuchtete. Das Wort kam Günther Franke nicht behend über die Zunge, er war eher scheu und verhalten, was ihn mir besonders sympathisch machte.

An den Bildern der Privatsammlung Günther Frankes sind Jahrzehnte europäischer Kunstentwicklungen mühelos ablesbar, wie auch an vielen privaten Sammlungen, die sich mit seiner Hilfe etablierten oder vervollständigten. Seine Sammlung ist ebenso ein Lebenswerk wie ein vollendetes Kunstwerk. Die zentrale Rolle spielen Wilhelm Nay und mehr noch Max Beckmann, dessen kraftvolle und divinatori-sche Persönlichkeit an der Frankeschen Wesenssubstanz ent-scheidend mitgebildet hat und dem Frankes verehrende Liebe und Leidenschaft gehörten. Wenn ich mich auch dem künst-lerischen Elementarereignis Max Beckmann nicht immer zu beugen vermag, der Mensch Beckmann, mit dem ich mich als junger Mann in Frankfurt unterhalten konnte, in irgendeinem stillen Winkel einer Westendvilla – aus einem Salon nebenan kamen die Klänge einer Tanzkapelle –, unterhalten konnte im Restaurant des Frankfurter Hauptbahnhofs, dieser Max Beckmann hat für mich eine außerordentliche, bezwingende, Respekt gebietende intellektuelle Kraft besessen.

Überwältigend war die Figur Max Beckmanns für den Gast in Günther Frankes eher engem Privathaus in Nymphenburg, das vor allem angefüllt war mit Werken des von ihm so sehr verehrten Künstlers. Inge und mich haben diese ausdrucksstarken Bilder, wenn wir um die festliche Abendtafel saßen, beklommen gemacht. Wir fühlten uns bedrängt durch ihre Fülle in der Enge. Heute – in der Neuen Staatsgalerie in München – haben diese Bilder aus der Sammlung Günther Frankes, die auf seinen Wunsch nach seinem Tod – er starb im Oktober 1976 – als Stiftung an die Bayerischen Staatsgemäldesammlungen gelangt waren, die Weite und den Raum um sich, den sie beanspruchen, um volle Wirkung zu tun.

Günther Franke war ein großer, beispielhafter Kunsthändler, Kunstfreund und Freund vieler Künstler, er war ein Phänomen, ein Mann mit dem untrüglichen Blick für Qualität, ein Leidenschaftlicher, vielleicht gar ein Besessener und doch sich selber Grenzen abfordernd.

Der universelle Emil Preetorius

Unter den Sammlern, deren ich rückblickend gedenke, nimmt Emil Preetorius einen besonderen Platz ein. Nicht nur hat er durch mehr als fünfzig Jahre eine Sammlung köstlicher Ostasiatika – Porzellane, Keramiken, Wandbilder, Plastiken, Farbholzschnitte – zusammengetragen, er selbst war ein Künstler von hohem Rang, sei es als Grafiker, Bühnenbildner oder Plakat- und Buchkünstler. Emil Preetorius war ein Kenner und Könner auf dem weiten Gebiet der Künste. Er

hatte Jura studiert, war von Darmstadt nach München aufgebrochen und hatte an der Isar eines seiner Talente entdeckt.
Er begann zu zeichnen und zu illustrieren in einem sehr
lockeren lustigen und orginellen Stil, zärtlich dem *Taugenichts* Eichendorffs gegenüber, drastisch und grotesk-
komisch beim *Datterich* von Niebergall, elegant erotisch
gegenüber französischen Texten. Musikalischen Naturells,
gab er dem Dirigenten Bruno Walter keine Absage, als dieser
ihm vorschlug, Bühnenbilder für die Oper zu entwerfen.
Noch relativ jung an Jahren, war Emil Preetorius im geistigen
Leben der Münchener Stadt bereits eine unübersehbare
Gestalt, befreundet mit Thomas Mann, der ihm im *Doktor
Faustus* ein Denkmal setzte und der mit ihm unmittelbar nach
Kriegsende Briefe zur deutschen Situation gewechselt hat.
Als Bühnenbildner in Bayreuth hat Preetorius ganz neue,
großgeartete Wege eingeschlagen und den Wagner-Opern
vom Bild her eine neue Dimension hinzugefügt. Das Bay-
reuther Dreigestirn hieß durch Jahre hin Furtwängler, Tietjen
und Preetorius. An der Münchener Akademie der bildenden
Künste hat Preetorius eine Klasse für Bühnenbildner geschaffen; daß er ein Schreibkünstler von Graden war, sei angemerkt, aber auch ein Schriftsteller (*Geheimnis des Sichtba-
ren*), der klug und maßvoll, gelegentlich auch aggressiv und
vehement in die Arena der Künste trat. Seine Vorträge in der
von ihm gegründeten Bayerischen Akademie der Schönen
Künste, deren Präsident er wurde, waren so klug wie form-
vollendet. Er war ein Kind der hohen Geistigkeit des Jahrhunderts Goethes und zugleich ein Mann des Hier und
Heute. Eher klein von Statur, war Preetorius bis ins hohe
Alter ein vorzüglicher Schwimmer, Athlet, der sich auf seine
physischen Kräfte etwas zugute tun konnte. Man wußte, daß
Emil Preetorius in jungen Jahren imstande war, einen Stuhl,
auf dem ein Mann saß, an einem Bein mühelos mit ausge-
strecktem Arm vom Boden hochzustemmen. In der Kunst-
stadt München war er, der gebürtige Mainzer, einer jener
Assimilierten, jener »Zugereisten«, die dazu ausersehen sind,

die Vorstellung vom geistigen Wesen dieser Stadt wach und rein zu halten. Sie erliegen dem Zauber Münchens, für den sie offenbar empfindlichere Organe mitbringen als die Altbayern; sie sind die mit Mißtrauen und sehr stummem Respekt betrachteten Hechte im gern etwas versumpfenden Karpfenteich eines Wimmelplatzes, in dem Stammtischgemeinschaften, Zugehörige zur gleichen Schule, zum gleichen studentischen Korps und ähnlichem die ausschlaggebende Rolle spielen. Der Ausspruch eines kritischen Altbayern, dieses Land werde durch Kegelbruderschaften regiert, trifft, indem er über das Ziel hinausschießt, doch ins Schwarze. Ein solcher Hecht im Karpfenteich war Emil Preetorius, der Sammler, Künstler, Akademieprofessor und Akademiepräsident, Ehrendoktor, Ehrenbürger und Freund des Kronprinzen: eine geistige Energie, international und zugleich vertraut mit allen kulturpolitischen Praktiken des Riesendorfes, aufrecht und kultiviert, ja gelegentlich kühn – und nicht nur in München eine Rarität. Seiner Vermittlung verdanke ich unvergessene Besuche beim bayerischen Kronprinzen Rupprecht und bei König Gustav VI. Adolf von Schweden in Stockholm. Mit dem königlichen Archäologen und Sammler großer ostasiatischer Kunst verband Preetorius eine lebenslange Freundschaft.

Emil Preetorius hat neunzig Jahre alt werden wollen, auch wenn er zuletzt unzufrieden war mit der Zeit, die begonnen hatte, an ihm vorbeizugehen. Aber der Tod, dem er in den letzten Jahren mit Beklommenheit entgegensah, hat ihn im Januar 1973, ein paar Monate vor seinem neunzigsten Geburtstag, fortgeführt. Mit inniger Wehmut erinnere ich mich an unsere letzte Begegnung mit »Pree« in seiner weiträumigen Bogenhausener Wohnung, die angefüllt war mit Kostbarkeiten aus seiner Ostasiatika-Sammlung, dazwischen – quasi ein Memento mori – eine Reihe kunsthandwerklich wertvoller schmiedeeiserner Grabkreuze aus bayerischen Dorffriedhöfen. Herzbewegend in seiner körperlichen Hinfälligkeit saß er, von Krönchen, seiner Frau, liebevoll in eine

Decke eingehüllt, auf der Terrasse im milchigen Licht der letzten Herbstsonne, überschattet von einer großen Melancholie, nur noch ein Hauch seiner selbst. Als wir Emil Preetorius verließen und er uns mit müder Handbewegung leise lächelnd nachwinkte, wußten Inge und ich, daß es ein Abschied für immer war.

Hans Wimmer
und
Ein pantagruelisches Fest in Pfarrkirchen

Die Künstler, mit denen ich mich seit mehr als einem halben Jahrhundert kritisch auseinandersetze, mit denen ich in ihren Ausstellungen, seltener in ihren Ateliers Gespräche führte, sind Legion. Freundschaften mit Künstlern, Besuche vor allem in Ateliers habe ich immer nach Möglichkeit gemieden. Sie bergen die Gefahr der Beeinflussung der Objektivität des Kritikers in sich. Im allgemeinen ist der neutrale Ausstellungsraum dem ungetrübten Blick des zur Beurteilung von Kunstwerken aufgerufenen Betrachters weit mehr förderlich, was nicht ausschließt, daß das Erlebnis der Entstehung eines Bildes, einer Plastik durchaus Einsichten in ihr Wesen vermitteln kann. Hin und wieder konnte auch ich mich der Faszination nicht entziehen, Bildhauern wie Hans Wimmer oder Fritz Koenig über die Schulter zu schauen und den Entstehungsprozeß einer ihrer Schöpfungen zu verfolgen. Unvergessen der Eindruck, Fritz Koenig an der »Haut« seiner bronzenen Kugelkaryatide für das New Yorker World Trade Center arbeiten zu sehen, für die er, ihrer gewaltigen Ausmaße wegen – die Gesamthöhe der Brunnenplastik beträgt sieben Meter sechzig – eigens eine »Arbeitsscheune« nahe seinem schönen Anwesen mit dem Arabergestüt in Ganslberg bei Landshut errichtete.

Hans Wimmer und das künstlerische Tun des in München lebenden großen Bildhauers aus Niederbayern begleite ich

seit langer Zeit aus nächster Nähe. Ein Erlebnis, das ich ihm
und seiner Kunst verdanke, ist mir vor allem in heiter-lieber
Erinnerung: Ein Brief kam. Aus Pfarrkirchen in Niederbayern. Er enthielt die Einladung des Ersten Bürgermeisters,
Franz Stelzenberger: »Die Stadt Pfarrkirchen gibt sich die
Ehre, Sie zu der Enthüllung des Bildwerkes eines überlebensgroßen Bronzepferdes von Professor Hans Wimmer einzula-
den.« Man werde gleichzeitig Ehrengast zum Mittagessen
sein und es stehe dem Eingeladenen frei, Familienangehörige
und Freunde mitzubringen. Das Bronzeroß – eine frühe
Arbeit des Bildhauers – war ein Geschenk Hans Wimmers an
seine Vaterstadt. So fuhren Inge und ich an einem strahlend-
klaren Frühsommertag des Jahres 1966 gen Mühldorf und
Altötting durch eine weich sich hinbreitende Landschaft auf
kurvenreichen, fast leeren Straßen nach Pfarrkirchen. Prächtig wuchs das Getreide, Waldstücke, tiefdunkel und feucht-
kühl, wurden durchquert, Kapellen standen am Wegrand,
Kirchen mit Zwiebeltürmen in den reichen und reinlichen
Ortschaften. Das ist die Kornkammer Bayerns, Heuduft
überall, wolkenlos der Himmel, wie eine kristallene Schale
über die Landschaft gestülpt. Im Rottal liegt an einem Hang
die uralte Ortschaft Pfarrkirchen, Stadt erst seit etwa hundert
Jahren, überragt von der Wallfahrtskirche Gartlberg, deren
zweitürmige barocke Silhouette von fern an eine von Auszeh-
rung befallene Münchener Frauenkirche denken läßt. Von
droben geht der Blick weit über das gesegnete Land, das in
mittäglichem Sonnenglast ruht. Hier ist 1907 Hans Wimmer
geboren, hier wurde ihm damals im Juni 1966 das Ehrenbür-
gerrecht im niedrigen Rathaussaal, dem ehemaligen Gerichts-
saal von 1500, verliehen. Er ist ein schlanker Mann mit
natürlich stolzer, aber nicht abwehrender Haltung, von Kind
auf schon ein Pferdenarr und guter Reiter wie die meisten
Pfarrkirchener, denn das weite Rottal ist ein Roß-Tal von
altersher. Eigentlich hatte der aufgeweckte Knabe Priester
werden sollen, doch kam dem Gymnasiasten die Musik
dazwischen und endlich die Begegnung mit dem Werk des

Grafikers Willi Geiger; sie löste die wartenden Kräfte in Wimmer aus. Dann wurde Bernhard Bleeker der Lehrer des angehenden Bildhauers, und es begann eine erfolgreiche, unalltägliche künstlerische Laufbahn mit Villa-Massimo-Preis, akademischem Lehramt in Nürnberg, mit der Ehrenmitgliedschaft der Kunstakademie in München und dem Pour le mérite für Wissenschaft und Künste. Weiterhin spielten die Musik, die klassische Kunst und Literatur eine Rolle in diesem Leben: Homo faber und Homo ludens in einem. Es entstanden herrliche Porträts von Wimmers Hand, entstanden in München das Reiterstandbild Kaiser Ludwigs des Bayern im Alten Hof, der Richard-Strauss-Brunnen an der Alten Akademie, diese von Wasserstürzen stets halb verschleierte, reliefgezierte Säule, und für die Kathedrale der englischen Stadt Coventry das von Todesgeheimnis umwitterte Gefallenen-Denkmal. Wimmer ist einer der wenigen in großer Tradition stehenden Bildhauer unserer Zeit, der unbeirrbar seinen Weg gegangen ist, gleichmütig betrachtend, was die sogenannte Moderne in rascher Folge an Neuem und Pseudoneuem anzubieten hat. 1966 also schenkte der damals noch nicht Sechzigjährige seiner Vaterstadt für deren Stadtplatz das überlebensgroße Bronzeroß. Das war Grund genug zu feiern; und wie zu feiern! Zur Enthüllung sprach der Regensburger Kunsthistoriker und Sammler Franz Winzinger, und der wortgewaltige, offensichtlich sehr populäre Stadtpfarrer nahm die Weihe vor. Und jetzt steht es da, schreitet in den Tag hinein, das mächtige Roß, das seine Ahnen in den Pferden von San Marco wiedererkennt und in jenen des Mark Aurel und des Colleoni. Ein prachtvolles pralles Tier – »Das Volumen ist für die Plastik alles. Wo das Volumen aufhört«, hat Wimmer, der auch ein vorzüglicher Schriftsteller ist, geschrieben, »da hört die Plastik auf.« Da schreitet es also stolz einher, herrscherlich, zart gefesselt, obwohl es keinen Kaiser, keinen Condottiere trägt. Es geht im Paßgang mit geweiteten Nüstern, erregt und verhalten zugleich; den Schweif geknotet, steht es auf gemauertem

Sockel, den rechten Vorderhuf auf ein Bronzetäfelchen gestellt, in das der Billingersche Vers eingraviert ist: »Mit dem Roß und Pferde / Gott gelobet werde.« Es scheint, als habe dieser Platz gerade auf ein solches Monument gewartet, das mehr ist als nur ein Schmuck; es ist ein Symbol, ein exemplarischer Kunstgegenstand im Zentrum der regsamen kleinen Stadt mit ihren Häusern, deren Fassaden farbig angemalt sind: verblaßtes Gelb, Pistaziengrün, Waschblau und Kremweiß. Mit diesen Häusern, mit dem Alten Rathaus, auf dessen schmaler Front ein bayerisches Staatswappen von 1787 angebracht ist, bildet das Wimmer-Roß heute eine kostbare Einheit; etwas, das bislang hier gefehlt hatte, hat endlich seinen Platz eingenommen. Kann man, soll man von einem künstlerischen Protest gegen das Maschinenzeitalter sprechen, das die Pferde allmählich aus der Welt drängt, oder ist dieses kraftstrotzende, dennoch leicht daherkommende Roß »nur« die leidenschaftlich liebende Darstellung einer edlen Kreatur, der Gegenpol der vom Blitz getroffenen Rosse und Reiter Marino Marinis? Wimmer ist alles andere als ein Protestierender, er will zeigen, was er sieht, wie er es sieht, was noch ist in der Welt der Tiere und der Menschen. Und weil er einen klaren und klugen Blick hat, gelingen auch seine Porträts mit lebensvoller Selbstverständlichkeit: Buschor, Furtwängler, Ludwig Curtius, Knappertsbusch, Heidegger, Rudolf Alexander Schröder, Annette Kolb und Fritz Kortner.

Auf dem fahnengeschmückten Stadtplatz in Pfarrkirchen im Juni 1966 waren für die zweihundert Ehrengäste lange weißgedeckte Tische aufgestellt. An ihnen begann im brennenden Licht der Mittagssonne ein pantagruelisches Schmausen. Das Einladungsblatt verzeichnete: »Geriebenen Radi, Bauerngselchts mit Kraut und Toagknödel«; es folgten Kaffee »mit Küachl, Schuxen und Hasenöhrl«. Der kunsthistorisch Gebildete mochte, während flinke und hübsche Mädchen auftrugen, an Bruegelsche Bauernszenen denken. Zwischenhinein tanzte mit rokokohaftem Charme, kindlicher Ernsthaftigkeit und einstudierter Präzision die Jugendgruppe des Heimat- und Volkstrachtenerhaltungsvereins Pfarrkirchen in farbenfrohen Kostümen. Die Buben trugen breitkrempige schwarze Rundhüte, als seien sie halbverkleidete Pfäfflein. *Über's Mahl* sang der Männergesangverein Harmonie, sangen die Sulzbachtaler Sänger. All dies war herzerfreuend. Später, nach dem Besuch der Stadtpfarrkirche St. Simon und Judas Thaddäus und der Wallfahrtskirche Gartlberg, vor der eine uralte, mächtige Linde sich von himmlischem Licht umschmeicheln läßt, später ging es noch hinaus zur Pfarrkirchner Trab- und Galopprennbahn. Es ist ein seltsames Land, dieses niederbayrische Thessalien, das rossereiche, fern von Großstädten und dennoch lebensvoll aufgeschlossen, gläubig und musisch, eine weiträumige Heimat so vieler Künstler: Erasmus Grasser, Johann Michael Fischer, Joseph Effner und Ignaz Günther, dem Wimmer in der Pfarrkirche von Altmannstein, dem Geburtsort des Rokokobildhauers, eine Gedenkstätte errichtet hat. Im niederbayerischen Pfarrkirchen gibt es nichts Hinterwäldlerisches, hier scheint unsere Welt noch intakt, so in sich geschlossen, gesichert und in sich ruhend wie der Mann, der seiner Vaterstadt das Pferd, das mächtige Roß geschenkt hat und dem man aufs Wort glaubt, wenn er seine *Erinnerungen an eine niederbayerische Kindheit und Jugend* mit dem Satz schließt: »Nicht angemalt möchte ich etwas anderes sein als ein Bildhauer.«

Oskar Kokoschka und seine Spur im Treibsand

Im Herbst 1958 habe ich in Villeneuve über dem Genfer See den seit 1953 dort seßhaft gewordenen Oskar Kokoschka besucht. Zuletzt hatten wir uns fünf Jahre zuvor im Tomaselli-Caféhausgarten unter sommermüden Kastanien gesehen, in dem Jahr, da Oskar Kokoschka in Salzburg seine Sommerakademie »Schule des Sehens« gegründet hatte. Er war ein strenger Lenker und Anleiter, der jedem seine

Eigenart zu erhalten bestrebt blieb. In England und Amerika hatte er Ähnliches erfolgreich unternommen. Die Radikalen unter den jungen Leuten protestierten und debattierten mit Kokoschka, auch das war fruchtbar. Kokoschka hatte schon als sehr junger Mensch, vor 1914 in Wien, an einer Schule gelehrt, später an der Dresdener Akademie. In England und Amerika (dort besonders) war er immer von Schülern umgeben; einmal hatte er einen Kurs vor nur Farbigen aus der ganzen Welt gehalten. Wahrscheinlich war es nicht das Formale, Kokoschkas Stil, die Vermittlung seiner Handschrift, was jungen Menschen bedeutungsvoll werden konnte, sondern der Ernst, der des Malers Verhältnis zur Kunst bestimmte, das Absolute, für das er immer eingetreten ist, und das einer malenden Jugend auch dann eine Hilfe bedeutet, wenn andere Formprobleme sie beschäftigen.

Damals während unseres Gesprächs in Salzburg polemisierte Oskar Kokoschka gegen Picasso, gegen das Wechselnde, Modische moderner Malerei, gegen jede Art von Unkunst und politisierter Malerei. Er redete dem Sehenkönnen, dem Sehenlernen das Wort und Jedlickas Ausspruch: »Auch unser Auge ist nur so viel wert, als wir selber wert sind«, hätte von ihm stammen können.

Das kleine anspruchslose Haus Kokoschkas in Villeneuve hatte bei klarem Wetter den Mont Blanc als enormes, den Atem raubendes Gegenüber. Im Spätjahr 1958 hielt er sich in Wolken. Um Kokoschkas Garten, darin noch ein paar späte Rosen grüßten, während ein langes silbriggraues Lavendelbeet an des Malers Aufenthalt in England erinnerte, um den Garten bemühte sich Frau Olda Kokoschka, schlank, jugendlich, von liebenswürdiger klarer Intelligenz. Als Mädchen hieß sie Olda Palkovska, eine Tschechin, die der Maler 1934 in Prag kennengelernt hatte. Sie hatte mich im Volkswagen an der Bahn abgeholt. Der bereits abgesagte Besuch war zuletzt doch noch möglich geworden, weil das amerikanische Einreisevisum auf sich warten ließ: Kokoschka sollte in den Vereinigten Staaten zwei Porträts malen. »O. K.«, zu dem seine Frau »Sie« sagte, kam mir im kleinen Flur des Hauses entgegen: groß und schlank und aufrecht, mit Bewegungen von lässiger, herrenhafter Selbstverständlichkeit, herzlich und natürlich. Ohne die Allüre des berühmten Mannes, ohne die Koketterie eines jung sich gebenden Siebzigers. Das Österreichische und zugleich Weltläufige seines Wesens war überall spürbar: im Tonfall, in der angeborenen Artigkeit seines Volkes. Im Rembrandt-Jahr (1956) war Kokoschka aufgefordert worden, in der Amsterdamer Oude Kerk, von der Kanzel herab im Namen der europäischen Künstler die Festlichkeiten zu eröffnen. Er hatte sich nicht vorbereitet, er wußte nicht einmal, in welcher Sprache er seine Rede halten sollte. »Werden Sie deutsch sprechen?« hatte ihn Marc Chagall, der einzige zeitgenössische Maler, den Kokoschka vorbehaltlos gelten ließ, gefragt. »Sprechen Sie ruhig deutsch«, hatte der englische Bildhauer Henry Moore geraten, »alle Welt versteht Sie hier, die Engländer vielleicht nicht, aber das schadet nichts«, und Kokoschka hatte die Begrüßungsworte englisch gesprochen und dann gebeten, deutsch weitersprechen zu dürfen. Sein Bekenntnis zur Kunst Rembrandts, zu Kokoschkas eigener Kunstauffassung war gefolgt. Man weiß, wie eigenwillig sie ist, wie entgegengesetzt etwa zur Malerei Pablo Picassos und zu allem, was danach kommt und was heute vielfach Geltung hat. »Lemurenkunst« nannte er das, eine Malerei und Bildhauerei, die es sich allzu leicht mache. »Noch nie gab es so viele künstlerische Dilettanten.« Die Schwierigkeiten einer gestellten Aufgabe zu erkennen, ihnen nicht auszuweichen, ihrer Herr zu werden, und dabei immer noch zu lernen, nie auszulernen, das erregte, beschäftigte ihn. »Ich bin kein ›Berufsmaler‹, ich liebe nur das Malen«, und »ich habe Respekt.« Respekt vermißte er bei den meisten Zeitgenossen. Daß ein so sich selbst Darstellender in allen Jahrzehnten seines Daseins auch politisch engagiert war, versteht sich von selbst. Körperliche, seelische und politische Freiheit gehörte zu Oskar Kokoschkas Wesensbild. Jedes Gespräch mit ihm hatte denn auch diese Freiheit zum Thema.

Den Raum in seinem Haus in Villeneuve, der sich mit seinen englischen Mahagonimöbeln an das Wohnzimmer anschloß, ebenerdig beide, nannte O. K. Bibliothek, keinesfalls Atelier. Er ging sprechend auf und ab, rauchte eine Zigarette – Players Medium – nach der anderen. Das Auffallendste in diesem großgebildeten Gesicht? »Ein rechtes, ein gutes Gesicht«, hatte es Rudolf Kassner genannt. Das Bemerkenswerteste waren die hellen blauen Augen, Knabenaugen, lebhaft sprechende, eindringlich blickende Augen, Augen eines Malers. Das Jahr zuvor war O. K. nach Griechenland gereist, nicht um dort zu malen, sondern um in den Museen die Skulpturen zu studieren, stundenlang, mit farbigen Kreiden zeichnend vor den Bildwerken zu stehen. »Zeichnend sehe ich.« Genauso hielt er sich immer wieder in Florenz auf, vor den Sklaven Michelangelos, vor den Gestalten der Medici-Gräber.

Ob er in Villeneuve nicht sehr einsam sei, fragte ich. Nein, er vermisse hier nichts. Man kann am Genfer See die beste Musik, von den besten Orchestern gespielt, hören. In Sierre hatte er den Cellisten Pablo Casals porträtiert und Rilkes Mäzen Werner Reinhart. Nur Museen gab es keine in der Nähe, Museen, die immer wieder Oskar Kokoschkas Ziel waren, »um die Maßstäbe nicht zu verlieren«. Seine *Zauberflöte*-Ausstattung in der Salzburger Felsenreitschule ist unvergessen: östliche Märchenwelt mit einem Einschuß wienerischen Vorstadttheaters. Die Erfolge der »Schule des Sehens« beschäftigten ihn auf das lebhafteste. »Wer sehen gelernt hat, der kann auch malen«, sagte der Maler. Kokoschka hatte wohl eine eingeborene Lehrbegabung. Noch als Schüler der Wiener Kunstgewerbeschule hielt er dort bereits Zeichenkurse ab. In Wien war O. K. befreundet mit dem Architekten Adolf Loos, dem Dichter Peter Altenberg, dem dichtenden Kritiker Karl Kraus und mit Max Reinhardt. 1912 lernte er Alma Mahler kennen, die Witwe Gustav Mahlers, mit der ihn bis 1914 eine ebenso ungestüme wie letztlich unglückliche Liebe verband. Nur eine antaeische

Natur, wie er sie dargelebt hatte, konnte die fast mystische Union mit Alma Mahler bewältigen, im Alltagsleben und in der Kunst. Die heute im Baseler Kunstmuseum ausgestellte *Windsbraut* legt Zeugnis davon ab. Hier beschwört ein malender Orlando furioso das Bild seiner Liebenden voll dahinströmender Musik. Mit dem Fetisch einer lebensgroßen Puppe, die Alma Mahler verkörpern sollte und mit der er sich auch öffentlich zeigte, befreite er sich Jahre später endgültig von der quälenden Erinnerung an diese Zeit. Im Ersten Weltkrieg, auf einem galizischen Schlachtfeld, wurde der Dragoner O. K. durch einen Kopfschuß schwer verwundet. Später war er Professor an der Dresdener Akademie geworden. Dazwischen liegen die Jahre des Kampfes, der Armut und des Hoffens in Berlin, glückliche Jahre, trotz Hunger und Kälte, denn oft reichte es kaum zum trockenen Brot, kaum zu einer Schaufel Kohle. Als 1938 über vierhundert Werke Oskar Kokoschkas als »entartete« Kunst beschlagnahmt wurden, ging er ins Exil nach London.

Um den alterslosen Mann war noch und wieder eine geheimnisvolle Aura, ihr entzog sich der nicht, der dem eigenartig monologisch geführten Gespräch folgte, in dem jeder Gegenstand, jedes Thema Platz hatte. Oskar Kokoschka kannte seine Stellung in der Gegenwartskunst. Sie ist die des Beendenden einer reinen, optisch-sinnlichen spirituellen Malerei. Expressionist besonderer, solitärer Eigenart, stand er im Kampf gegen die Abstrakten, Surrealen, selbst ein geborener Überwirklicher, voller Geschichte, voller Hintergrund. Seine Bilder, besonders die Porträts, sind angefüllt mit echter Magie, mit Geheimnis ohne Effekthascherei.

Nach der Teestunde in Villeneuve mit Olda und Oskar Kokoschka und dem Besuch der Frau Wilhelm Furtwänglers – einer entfernten Nachbarin – war es dämmrig geworden. Das Gold herbstlich gefärbter Bäume leuchtete matt durch die Scheiben herein, durch das hohe schmale Ostfenster sah man das himmelan ragende Mont-Blanc-Massiv mit schneebedeckter Flanke. Auf der Staffelei stand ein wohl zwei Meter

356

hohes Bild: Penthesilea in den Armen Achills sucht sich seiner zu erwehren, umgeben von Kämpfenden vor einer griechischen Landschaftskulisse. Seit bald einem Jahr hatte Kokoschka täglich in den Vormittagsstunden an diesem Bild gemalt, hatte er gekämpft um die Realisierung seiner Phantasie. Er kam immer wieder auf die Bewältigung der selbstgestellten Aufgabe zu sprechen. Unermüdlich kontrollierte er jeden Quadratzentimeter aufs neue. Er wußte genau, was er wollte, wie am Ende alles sein mußte: Die von unten nach oben drängende spiralige Bewegung des in Haß und Liebe ringenden Paares, das Auf und Ab des Kampfes im Hintergrund, dessen Tiefe entscheidend für die Wirkung der ganzen Komposition ist. Kokoschka nahm seine Arbeit so ernst, wie das nur ein leidenschaftlich Liebender tut. Aber ohne die angeborene Heiterkeit, ohne das spürbare innerste Gleichgewicht seines Wesens, wäre er nicht ganz er selbst gewesen. Hier kam etwas naturhaft Kindliches zum Vorschein, das ihn alterslos erscheinen ließ und wahrhaft liebenswert. Da stand auf einem Holzbrett über dem Kamin ein genial erdachtes japanisches Spielzeug, eine aus Papier gefaltete Schlange von der Größe einer Kreuzotter. Sie hing an einem dünnen Schnürchen, das an einem Bambusstäbchen befestigt war. Drehte man den Stab, so begann die Schlange zu leben. Kokoschka beherrschte den primitiven Mechanismus meisterlich. Die Schlange gehorchte ihm genau. Am Schluß schien sie in den Ärmel von Kokoschkas Jacke gleiten zu wollen. Wie den Mann dies zauberische Spiel erfreute, darin war sein ganzes Wesen beispielhaft vorhanden: Das konzentrierte Spielen mit den sicher beherrschten Mitteln, das Zaubernkönnen und das Verzaubern durch die Kunst, heiter und ernsthaft zugleich, nichts wurde dem Zufall überlassen, alles dem Können und dem immer neu Sicherproben.
Am nächtlichen Bahnof von Bex-les-Bains, wohin mich das Ehepaar gebracht hatte, nahmen wir Abschied. Es war kalt geworden. Im Süden stand ein einzelner großer Stern silberweiß am Himmel. Wir gaben uns die Hand: »Setzen Sie

schnell den Hut wieder auf, es ist sehr frisch und die Luft gefährlich feucht«, sagte der Maler zu mir in Erinnerung an meine ewigen Kopfschmerzen, von denen ich gesprochen hatte. Er war gütig und besorgt, und er lächelte und winkte mir noch einmal zu, als mein Zug nach Sierre abfuhr, wo mich Rudolf Kassner erwartete. Am 22. Februar 1980 ist Oskar Kokoschka, dreiundneunzig Jahre alt, in seinem Haus in Villeneuve gestorben. Er hatte sein Leben voll ausgelebt mit jener Mächtigkeit, als wirkten mehrere Menschen in ihm. Ein Geschichtenbuch von Oskar Kokoschka – seiner Frau Olda gewidmet – hat den Titel *Spur im Treibsand*. Dieser Mann, der Maler, Grafiker und Zeichner, der Dichter und Schriftsteller, er hinterließ Spuren im Treibsand der Zeit, der Zeiten.

Paul Flora und der Brixener »Elefant«

Eines im Wesen völlig anders gearteten Künstlers, dem ich mich besonders verbunden fühle, soll noch gedacht werden: des in Tirol heimischen Paul Flora, ernst-heiterer, ironischer Meister der delikaten Federzeichnung, die wie Spinnweben über das Blatt gelegt sind. Auf einer Reise zur großen Mantegna-Ausstellung des Jahres 1961 in Mantua habe ich ihn auf der Hungerburg über Innsbruck zum erstenmal besucht, den Homo ludens, den Rabenfreund, der gern lacht. Paul Flora verdanke ich die Bekanntschaft mit einem der schönsten, behäbigsten Gasthöfe des so gastfreundlichen Südtirols, dem Elefanten in Brixen, und damit den Beginn einer großen Liebe für dieses Land und seine Menschen. Unvergeßlich an jenem ersten Abend auf der Zwischenstation nach Mantua der weiß-gelbe Speisesaal und dann im Nebenhaus, in der «Villa», in der mein Zimmer lag, der Duft der frisch eingekellerten Äpfel aus dem riesigen hoteleigenen Garten, der sanft ins Zimmer drang. Seitdem ist dieser Elefant immer wieder das Ziel unserer Ferien oder wenigstens einer Zwischenstation, wenn es weiter nach Süden geht.

Der Autor im Garten des Brixener Hotels Elefant, 1968,
bei der Arbeit an seiner Klee-Bildbiografie

Das paradiesische Asolo: eine Kunstreise und ihre Folgen

1973 war es die große Palladio-Ausstellung in Vicenza, über
die ich für die *Süddeutsche Zeitung* berichten sollte. Jahre
zuvor hatten uns Freunde ihre Entdeckung des damals noch
kaum bekannten mittelalterlichen Städtchens Asolo inmitten
der verträumten Hügelwelt südlich des Monte Grappa verraten. Von Brixen aus fuhren Inge und ich mit dem örtlichen
Taxiunternehmer Walter Kastlunger – für uns immer noch
der beste Chauffeur der Welt – über Trient und die Valsugana
auf Nebenstraßen nach Asolo. In den Hügeln, die der kleine
Ort krönt, gedeihen Wein und Oliven, Zypressen stehen
schlank und schwarz wie Schwerter oder Lanzenspitzen. Die
Alpenkette im Norden ist die Kulisse. Asolo ist ein rühriges
Städtchen, eine Römergründung, mit gefälligem Marktplatz
um einen Brunnen, über dessen ausgetrocknetem Becken ein

Der Autor im »paradiesischen Asolo«, 1974;
im Hintergrund die Villa Contari

Markus-Löwe mit merkwürdig zerrupften Flügeln nach
Osten, nach Venedig, schaut. Im Schloß von Asolo hielt
Caterina Cornaro, die Witwe des letzten Königs von Zypern,
im siebzehnten Jahrhundert glanzvoll Hof. Als wir den
Gasthof Sole durch die Küche mit dem offenen Herdfeuer
betraten, schoß eine Ratte in der offenen Regenrinne am
Haus entlang. Grund genug für unseren ob unserer Hotel-
wahl verwunderten Fahrer, sich ein anderes Nachtquartier zu
suchen. Die Küche glich eher dem Laboratorium eines
Alchimisten: Pfannen und Pfännchen, Kupfer, Porzellan und
Glas bedeckten die rußgeschwärzten Wände. Der Gasthof
Sole, nun seit Jahren geschlossen, gehörte damals eigentlich
schon ins Museum; achtzig bis hundert Jahre alt mochte seine
Einrichtung gewesen sein, abgelebt und müde, aber alles von
gewinnender Reinlichkeit. Die zeitlos alte Besitzerin mit

Nickelbrille auf kräftiger Nase verstand nur Italienisch, die Kenntnis anderer Sprachen ersetzte sie durch mütterliche Freundlichkeit. Zwei Fenster des Zimmers gingen auf den Garten einer breit hingelagerten noblen Villa aus dem Ende des achtzehnten Jahrhunderts. Ihre Fassade ist gelb wie Eidotter; viele Topfpflanzen, Zitronenbäume, Blühendes auf den drei übereinanderliegenden tiefen Terrassen des Gartens. Das dritte Fenster des Zimmers öffnete sich zur Straße und zu dem großen Platz, auf dem Kastanien ihre Äste mit tiefdunklem Laub über Bänke und parkende Automobile halten; vor den Trattorien spielende Kinder, alte, die Ruhe genießende Männer. Es war sehr warm, tausendfältiger Schwalbenschrei, Duft von Oleander, weiß und rosarot, auf dem geräumigen Balkon des Gasthofs. Im Wohnzimmer, durch das man gehen mußte, um in unser Zimmer zu gelangen, hing ein Bild der Duse, eine etwas bräunlich gewordene Fotografie. Eleonora Duse hat hier gewohnt, bevor sie, die tief melancholisch Heimgekehrte, sich in Asolo seßhaft machte. Die Fotografie im Gasthof zeigte sie als Hedda Gabler, geneigten Kopfes, den sie in die Hände stützt, den Blick in geheimnisvolle Fernen gerichtet. Welch seltsame Frau, bis zur Raserei und Verzweiflung verliebt in Gabriele d'Annunzio, in diese lateinisch-rhetorisch talentierte, eitle Nullität. Der Dichter trug Eleonora gleich einer Rose im Knopfloch und er trennte sich von ihr, als sie scheinbar zu welken begann. Sie, die Rudolf Kassner »die letzte Mänade« genannt hat, war von einer kaum vorstellbaren Empfindlichkeit der Nerven: Der Rauch einer Zigarette vertrieb sie aus dem Speisesaal eines venezianischen Hotels, der jähe Schrei eines Pfaus schreckte und ängstigte sie so sehr, daß sie die Mahlzeit mit Rilke in Torcello jäh abbrach, floh und nicht zurückkehrte. Die Duse, von d'Annunzio als »dalle belli mani« angesprochen, muß, wie mein Vater mir immer wieder schwärmerisch berichtete, eine unvergleichliche Darstellerin gewesen sein. In Asolo, wo die Kirchen stündlich ein machtvolles Glockenkonzert veranstalten, steht das Haus der Duse, die Fenster zur Straße und in den Garten hermetisch verschlossen, wenn der heutige Besitzer, ein texanischer Ölmillionär, seinen transatlantischen Geschäften nachgeht. Am ersten Jahrestag des Todes der Duse hat man eine Bronzetafel am Haus angebracht, auf der es heißt, dies Haus sei der »tranquillo riposo della grande attrice« gewesen, eine gewiß tränenreiche Zufluchtsstätte. Der der »Figlia ultimo genita di San Marco« gewidmete Text klingt stark nach der pathetischen Posaune d'Annunzios, doch haben die Worte auch Wahrheit und Würde. Das Grab der herrlichen Tragödin und großartigen Frau auf dem Friedhof von Asolo – in einem Gebüsch von Lorbeer – deckt eine Bronzeplatte, die nur den Namen meldet und den Tag der Geburt und jenen des einsamen Todes in Amerika, wo Eleonora Duse in einem etwas schäbig gewordenen Hotel in Pittsburgh, nahezu siebzig Jahre alt, vermögenslos starb. Sie hatte sich gewünscht, daß auf der Grabplatte stünde: »Fortunata, disperata, fidente.« Dieser Wunsch hat sich nicht erfüllt. Ein schönes Grab, sagt man wohl, eines »mit Aussicht« in die friedliche vergilische Hügellandschaft dieser gesegneten Gebreiten. Am Fußende der Grabtafel steht eine Schale mit nicht verwelkenden Zweigen. Der glasklare Sommerhimmel über den Zypressen des kleinen, sehr italienischen Friedhofs ist immer angefüllt mit den schrillen Rufen der ruhelosen Schwalben. Bei unserem ersten Besuch auf dem Friedhof Sant' Anna saß eine Eidechse, schlank und knapp wie aus Metall gebildet, ein kleines kostbares Monument, auf dem Rand der Grabplatte. Nur die zarte gelbliche Kehle bewegte sich hastig. Als sich Schritte näherten, verschwand das schöne Tier raschelnd in Lidschlagschnelle zwischen den Lorbeerbüschen.

Auf einem abendlichen Rundgang durch das Städtchen entdeckten wir – dem Duse-Haus benachbart – die Villa Cipriani, einen schlichten Bau aus dem sechzehnten Jahrhundert. Von diesem kleinen Luxushotel aus besuchten wir im Juni 1973 die Palladio-Villen zwischen Vicenza und Venedig. Einst war die Villa Cipriani das Domizil des englischen

Der Autor mit seiner Tochter Silvia Tennenbaum
im Garten der Villa Cipriani in Asolo, 1976

Dichterehepaars Robert und Elizabeth Browning. Elizabeth
Barret-Brownings *Sonette aus dem Portugiesischen* bezeichnete Rudolf Kassner als »die schönste Dichtung, die je ein
Weib nach Sappho geschrieben« habe. Robert Brownings
Spiel von der armen Arbeiterin aus der asolanischen Seiden-
spinnerei *Pippa geht vorüber* ist in der Villa Cipriani, der
Casa dei poeti, entstanden. Für Inge und mich wurde dieses
kleine Hotel mit seinem liebevoll angelegten Garten, in dem
Granatäpfel wachsen, himmelblauer Plumbago das Auge
beglückt und der vom betörenden Duft rankender Gloria-
dei-Rosen erfüllt ist, zu einer Art ewig lockenden irdischen

Paradieses, dessen dichterische Zauberwelt zu erleben, ich nicht zuletzt meinem Beruf als Kunstkritiker verdanke.

Student, Volontär im Frankfurter Buch- und Antiquitätenhandel und Setzerlehrling

Damals, 1922, als ich das Weimarer Bauhaus als Buchbinderlehrling verließ und wieder ins Frankfurter Elternhaus zurückkehrte, war immer noch die Verlagslaufbahn mein, wenn auch etwas undeutliches, Berufsziel. Ich träumte unbestimmte Träume von einem Leben als erfolgreicher Verlagsbuchhändler im Stil Kippenbergs vom Insel-Verlag, ich schielte hin zu Georg Müller in München, und wenn ich mich in Phantastereien verlor, dachte ich an den Grafen Kessler und seine Cranach-Presse, für die mein handwerklicher Bauhausmeister Dorfner die Ledereinbände schuf. Wie jedoch wird man Verleger, wenn man nicht Walter Heymels Millionen – aus denen der Insel-Verlag erwuchs –, nicht Samuel Fischers literarische Spürnase und bedenkenlosen Wagemut hat? Außer der Fähigkeit, ein Buch artig in Pappe mit Pergamentecken zu binden, hatte ich in Weimar nichts Praktisches gelernt. Aber ich hatte etwas anderes, letztlich sehr Nützliches erfahren: den Umgang mit Dingen der Kunst und des Kunsthandwerks. Mein Bruder studierte Literaturgeschichte, trieb Kompositionslehre und hatte Klavierunterricht; ein Stutzflügel wurde ihm zum Geschenk gemacht. Er würde als Doktor der Philosophie die Frankfurter Universität verlassen. Eine andere Hochschule kam nicht in Betracht für den im Leben völlig Untüchtigen, dem die Eltern, besonders meine Mutter, ein einsiedlerisches Dasein am häuslichen Herd wünschten. Dieser Herd war wohl ohne mich, nicht aber ohne Wolfgang denkbar. Ich beschloß, zuerst einmal ein paar Semester Kunstgeschichte zu studieren. Heute noch bewundere ich dankbar die Geduld meines Vaters mit mir, seinem Jüngsten, der sich so schwertat, seinen

Weg zu finden. So hatte er nichts einzuwenden dagegen, daß ich Vorlesungen bei Rudolf Kautzsch, Otto Schmidt, Leo Bruhns und Edmund Schilling hörte und nichts gegen mein gleichzeitiges dürftiges Dilettieren im Kunsthandel, denn ich wollte nicht vollständig abhängig von zu Hause sein. Otto Schmidt – sein Fach war gotische Plastik am Rhein – hatte mich an Eduard Goetzschel empfohlen, der ein Antiquitätenlädchen in guter Lage gegenüber dem Schauspielhaus-Restaurant in der Neuen Mainzer Straße unterhielt. Ich hatte es nicht schlecht, aber für eine wie immer geartete Selbständigkeit ließ mir Goetzschel kaum Raum, und so war es für den tüchtigen Innenarchitekten Karl-Heinrich Becker nicht schwer, mich in sein Goetzschel gegenüberliegendes nobles Einrichtungshaus wegzuengagieren. Auch die Erhöhung meines Gehalts von zweihundert auf zweihundertfünfzig Mark war eine Verlockung. Doch blieben meine dilettantischen Unternehmungen als Kunsthändler und Einrichtungsberater Episoden.

Ein weiteres Universitätsstudium konnte wegen des fehlenden Abiturs zu keinem Abschluß führen. Weit sinnvoller schien es mir dann, das lesende Publikum, für das ich einmal schöne Bücher machen wollte, von Angesicht zu Angesicht kennenzulernen. Etwa ein Jahr lang volontierte ich in der Neumannschen Buchhandlung. Sie lag mit vier großen Schaufenstern gleich rechts zu Beginn der Goethestraße. Ich tauchte in eine altmodisch liebenswürdig eingestaubte Welt ein, in eine Gustav-Freytag-Welt, mit hohen Stehpulten, ständig brennenden elektrischen Lampen unter grünen Blechschirmen. Dem Prokuristen, einem alten grauen Männlein mit Korkzieherhosen und Nickelbrille, standen eine ältliche Sortimenterin und ein just ausgelernter Gehilfe mit dem freundlich dämonischen Gesicht eines Provinz-Mephistos zur Seite. Ihre Kenntnisse stellten mein Wissen mühelos in den Schatten. Vielleicht wußten sie nicht genau, was in den Büchern der schöngeistigen Literatur zu lesen stand, die sie verkauften, aber sie kannten die Verlage, deren Tendenzen, kannten den eisernen Bestand, über den jede Buchhandlung verfügte, und sie lächelten nicht, wenn ein junges Mädchen, das Bindings *Keuschheitslegende* kaufen wollte, leicht errötend »Keuschheit ist eine Legende« forderte. Der Besitzer der Neumannschen Buchhandlung war Eduard von Meyer, ein poltriger, aber gutmütiger Mann schweren niederdeutschen Schlags, ein guter Kaufmann. Er verkaufte gern, aber eben nur das, was »ging«. Darin bestand vorzüglich der Unterschied zwischen einem Sortimenter vom Schlag Tiedemanns oder Zinglers, die ein hochliterarisches Programm vertraten, während bei Neumann Trivialromane von Rudolf Herzog etwa oder von Rudolf Stratz verkauft wurden. Mit dieser bequemen Tradition des Hauses machte ich für meine Person ein Ende. Ich empfahl nur, was ich kannte und hoch bewertete, und mancher, der mit der Absicht gekommen war, einen Band Ganghofer heimzubringen, trug völlig anders Geartetes fort, kam gar wieder und ließ sich erneut von mir beraten. Das Neumannsche Sortiment entsprach dem Begriff der Laufkundschaft-Buchhandlung. Der ganze Stil war nicht hochmütig, jeder konnte eintreten. Dennoch mangelte es nicht an treuer Kundschaft, besonders an Damen aus dem Westend, die viel und etwas wahllos lasen und periodisch erscheinende Blätter wie *Die Dame* und *Die elegante Welt* meist schon einen Tag vor dem offiziellen Erscheinen erhielten, was sie freute. Sie ließen sich aber, zumal wenn es sich um Jüdinnen handelte, gern beraten, wandten sich besserer Literatur zu und blieben bei ihr. Die Bücherflut hielt sich damals in Grenzen: Der Insel-Verlag, S. Fischer oder Georg Müller produzierten maßvoll, und es gab Standardautoren wie Thomas Mann oder Knut Hamsun, die durch Jahre hin verlangt wurden. Mit der altmodischen inneren Organisation des Bestell- und Abrechnungswesens hatte ich nichts zu tun. Ich war eine Art Edel-Jungsortimenter gepflegten Auftretens, der um sieben Uhr am Abend sein Fahrrad bestieg und ohne Sorgen ins Haus der Eltern fuhr. Es war ein schönes Jahr. Das Elternhaus empfing mich mit Wärme, meine Schwester hatte geheiratet, der Bruder lebte sein eigenbrötlerisches Dasein, und die Splendid isolation, die offenbar meinen Eltern genehm war, störte auch mich nicht, im Gegenteil, nach dem sehr lebhaften Tag, den vielen Gesprächen mit vielen verschiedenartigen Menschen empfand ich die Stille und Harmonie meines Zimmers mit dem Schreibtisch und den Bücherschränken als wohltuend.

Ein weiterer ernsthafter Abschnitt in der beabsichtigten Verlegerlaufbahn war meine eineinhalbjährige Volontärzeit als Schriftsetzer bei der großen Schriftgießerei Gebrüder Klingspor in Offenbach, für die Rudolf Koch seine damals epochemachenden Schriften *Frühling* und *Maximilian* entwarf. Längst war ich mit Lotti Stern verheiratet; ihr Onkel Paul Hirsch hatte mir den Zugang zur Versuchssetzerei und -druckerei bei Klingspor ermöglicht. So fuhr ich denn jeden Morgen um sieben Uhr mit der Straßenbahn nach Offenbach. Max Dorn, der Leiter der Haussetzerei, hatte mich dem erfahrenen, fachlich hochqualifizierten Paul Pfauder anvertraut, der mich ebenso geduldig und heiter wie kenntnisreich in die Geheimnisse der schwarzen Kunst einführte. Unsere Mittagspausen verbrachten wir gemeinsam auf Pfauders möbliertem Zimmer im vergnüglichen Gespräch bei Freiburger Brezeln und uns einen Gervais teilend. Der Lehrmeister ist mir zum Freund geworden. Heute betreut der ehemalige Schüler des an der Leipziger Akademie für grafische Künste und Buchgewerbe lehrenden Schrift- und Buchkünstlers Walter Tiemann, der der deutschen Buchkunst zu Beginn dieses Jahrhunderts neue Impulse gab, als Pensionär von Darmstadt aus typografisch vollendet die Editionen des Musikverlags Henle.

Mit der Zeremonie des Gautschens, wobei man glimpflich mit mir verfuhr, fand meine Offenbacher Volontärzeit ihr Ende. Das Bändchen *Meine Gedichte aus den Jahren 1922 bis 1927*, das den Druckvermerk trägt: »Gedichte, Satz und Druck von Erich Pfeiffer-Belli. Für Freunde in 35 Stunden hergestellt im Spätherbst 1927«, war etwas wie mein Gesellenstück. Noch konnte ich nicht ahnen, daß das Ende der Offenbacher Epoche zugleich ein radikaler Schlußstrich unter meine Verlagspläne war und daß mein Beruf einmal das Schreiben und nicht das Verlegen von Geschriebenem sein würde.

Lehrjahre
an der Königsberger Hartungschen Zeitung

Im Sommer 1929 hat Hermann Scherchen, Dirigent der Frankfurter Museumskonzerte, der damals einem Ruf nach Königsberg als Generalmusikdirektor des Ostpreußischen Rundfunks gefolgt war, so etwas wie Schicksal bei mir gespielt. Mit ihm und seiner blonden ersten Frau, die einmal Sekretärin bei dem Revolutionär Karl Radek gewesen ist, verband Lotti und mich in Frankfurt eine sehr herzliche Freundschaft derart, daß die beiden Einblick in unsere zu früh geschlossene Ehe tun konnten. Wohl um diese Ehe zu retten, hatte mich »Onkel Hermann«, ein Mann rascher Entschlüsse, der sich einiger Gespräche mit mir über in Frankfurt aufgeführte Theaterstücke, etwa Claudels *Mittagswende*, entsann, als Damaturg an das Neue Schauspielhaus in Königsberg empfohlen. So wurde ich also mit Beginn der Spielzeit 1929/30 Dramaturg bei Fritz Jessner, einem Neffen des großen Leopold Jessner in Berlin. Meinen Vater, den geliebten Theaterenthusiasten, freute die Berufung an ein Theater, das seit langem als Sprungbrett für talentierte junge Schauspieler und Schauspielerinnen galt. An einem Spätsommermorgen des Jahres 1929 stieg ich nach einer Tag- und einer Nachtfahrt aus dem Schlafwagen des D-Zugs Berlin – Königsberg. Der »Korridor« – polnisches Hoheitsgebiet –, der die Republik von der Ostmark trennte, war im plombierten Waggon durchfahren worden. Der Bahnhof, auf dessen altmodischem Perron ich zuerst etwas ratlos stand, war der alte, abbruchreife; ein neuer, moderner war im Entstehen. Auf dem alten war ich angekommen, ein einziges Mal, abgereist und wieder angekommen bin ich dann später unzählige Male auf dem neuen weiträumigen, luftigen, mit Osthilfe-Geldern errichteten am Rande der Stadt. Verwundert gewahrte ich die Mannschaft eines Ruder-Achters mit dem Boot auf den Schultern; die jungen Männer in quergestreiften Trikots sahen so altmodisch aus, als kämen sie aus einem Bild des Zöllners Rousseau; der Dienstmann war grob, aber nett, ein uraltes Taxi brachte mich in die gleich beim Theater gelegene, vom Theater für den Anfang besorgte Unterkunft in der Brahmsstraße: ein möbliertes Zimmer mit Badbenutzung, bei bemühten, stillen jüdischen Leuten, die ihr Fremdenzimmer vermieteten, einen großen Raum mit Metallbett, einem ovalen Nußbaumtisch mit Spitzendeckchen und einem gekurvten Plüschsofa von der Art, die man merkwürdigerweise »Hirsch« nennt. Hier hielt es mich wenige Tage, dann zog ich in ein eher steriles Zimmer im Häuschen eines Eisenbahners an der Leostraße, wo mich dann gleich zwei Nachrichten Jessners erreichten, die mir – ungewohnterweise – zeigten, daß ich mit Zweihundertfünfzig Mark Monatsgehalt ein Abhängiger geworden war. Die erste Nachricht beorderte mich nach dem Ostseebad Cranz, wo Fritz Jessner und der Spielleiter Hans Carl Müller Arbeitsurlaub machten. Hermann Scherchen wohnte zu dieser Zeit mit seiner zweiten Frau, der Schauspielerin Gerda Müller, in der Nähe von Cranz und fuhr täglich mit dem Badezüglein nach Königsberg in die dürftige Baracke des Ostmarken-Rundfunks. Im Sand von Cranz – die Unterbringung war denkbar primitiv, das Essen arg – wurde die erste Premiere – *Sommernachtstraum*, dem Zuckmayers *Katharina Knie* folgte – besprochen. Hans Carl Müller kam aus der Schule von Otto Falckenberg in München, er war gebildet, intelligent, gelegentlich als Darsteller – Charakterbonvivant – auf der Bühne zu betrachten. Jessners zweite Nachricht, die mich bei meiner Ankunft in Königsberg erwartete, besagte, ich hätte bei einer Matinee zu Ehren des am 15. Juli 1929 gestorbenen Hugo von Hofmannsthal die Gedächtnisrede im

Neuen Schauspielhaus zu halten. Ich liebte Hofmannsthals Werk, aber Liebe allein bringt noch keinen öffentlich gültigen Vortrag zustande. Ich konnte nicht Schreibmaschine schreiben und füllte Seite um Seite mit möglichst großen leserlichen Buchstaben. Als ich an dem gefahrdrohenden Sonntagvormittag das Neue Schauspielhaus, einen hübschen, erst ein paar Jahre alten Bau, betrat, wußte ich, daß meine Zuhörerschaft ein literarisch interessiertes Publikum – vor allem jüdische Königsberger – sein würde. Der beflissene Inspizient hatte nicht ganz in die Bühnenmitte einen altväterischen gobelinbezogenen Sessel, flankiert von einer abscheulichen seidebehangenen Stehlampe, gestellt. Als es dunkel im ausverkauften Haus wurde, trat ich, innerlich gefaßt und zugleich beklommen, in die Nähe der Rampe und machte dem hundertäugigen Moloch Publikum eine artige Verbeugung. Wahrscheinlich war man drunten im Parkett etwas erstaunt, einen noch so jungen, etwas scheu wirkenden Dramaturgen zu sehen. Ich war knapp achtundzwanzig Jahre alt, blondhaarig und blanken Gesichts. Dann fand ich zu meinem Sessel bei der garstigen Lampe, von wo ich nicht geradeaus in den Zuschauerraum blicken konnte, man sah mich also nur im Profil. Mein Organ ist eher schwach, doch war die Akustik des relativ kleinen Theaters besonders gut. Ich kam ganz gut über die Rampe und über die Runden. Knapp dreiviertel Stunden hatte der Vortrag gedauert. Ich schob meine Papiere zusammen, stand auf und trat mit einer kleinen Abschiedsverbeugung vor, und es gab Beifall, ziemlich herzlichen sogar. Später, viel später, habe ich den Vortrag, meine Premierenarbeit auf den Brettern, noch einmal gelesen; er schien mir passabel, nicht mehr als das, aber Karl Herbert Kühn, der Theaterkritiker des *Königsberger Tageblatts*, fand knappe Worte des Lobs, was allerdings später, als ich den Braven persönlich kennenlernte, kein großes Gewicht mehr hatte. Ich verließ die Bühne und sah mir von der letzten Parterrereihe die folgende Aufführung von Hofmannsthals *Der Tod des Tizian* an, ein schwaches

Stück, dargeboten von einer Reihe sehr junger Darsteller, mit denen der tüchtige und erfahrene Regisseur Hans Carl Müller besonders gern arbeitete. Auf dem Heimweg, vorbei am Zoologischen Garten und über die Hufen, dem zwar nicht gerade eleganten, aber weiträumigen, mit Gärten durchsetzten Wohnviertel der Halbmillionenstadt am Pregel, hatte ich diese Matinee und meine Gedächtnisrede noch einmal überdacht, kritisch, wie man nach solch einem ersten Erlebnis wohl sein darf. Tief innerlich hatte ich das Gefühl, dem Thema, der melodienreichen Gestalt des verehrten Dichters kaum gerecht geworden zu sein. Das breite Fenster meines schlichten Zimmers ging auf die öffentliche Anlage der sogenannten Zwillingsteiche, das Laub der Bäume fing an sich zu färben. Eine Musikkapelle spielte *An der schönen blauen Donau* – es war wie ein banaler Gruß an den toten Hugo von Hofmannsthal. Ich sah in den klaren Himmel, hinüber zum Wasser der Teiche und ihren Enten und war sehr allein und sehr traurig. Nach diesem Debüt habe ich nie mehr den Fuß auf die bedeutungsvollen Bretter gesetzt, weder als Nachrufredner, noch als Rezitator alberner, gutgemeinter Knittelverse wie einst als kindlicher Amor auf dem Polterabend meines Vetters Georg in Frankfurt. Aber ich konnte sie doch nicht loswerden, diese bedeutungsträchtigen Bretter, wie sich bald erweisen sollte. Jenes buntfarbene oder düstere Feenreich, das schlechthin Theater heißt, spielte doch noch seine Rolle in meinem Leben.

Dem Intendanten des Neuen Schauspielhauses, das etwa achthundert Menschen faßte, war ein Aufsichtsrat zur Seite gegeben, dem ein reicher und intelligenter Getreidehändler vorstand. Er betrachtete sich als Jessners »Kulturbeauftragter«; wie viele Königsberger fuhr er immer wieder nach Berlin, den Hauch des Provinziellen an der Spree abzustreifen. So konnte es leicht sein, daß Jessners Spielplan mit Schauspielen bestückt war, die dem nach Berlin reisenden Aufsichtsratsmitglied – und natürlich auch der Berliner Kritik – besonders gefallen hatten. Eine kritische Dramaturgenarbeit erübrigte sich so von vornherein. Dem Begriff Dramaturg hatte Lessing würdigen Glanz verliehen; zu meiner Zeit war der Dramaturg ein junger Mann, der Theaterstücke las und empfahl, die nicht aufgeführt wurden, der in den Blättern seiner Bühne Abhandlungen veröffentlichte, die der Theaterbesucher meist nicht oder flüchtig nur las, und der gegen Ende der Spielzeit irgendein hübsches, belangloses Stück inszenieren durfte. Diese Erfahrungen zu machen, war in Königsberg für mich ausgiebige Gelegenheit gegeben. Auch trat ich in nahe Berührung mit dem eigenartigen Volk der Schauspieler, wurde desillusioniert, wieder eingefangen, verblüfft, begeistert, erneut in Zweifel gestürzt, sah einmal mich, dann wieder Andersmeinende bestätigt, kurz, ich erfuhr die Faszination und all jene kleinen Enttäuschungen, die untrennbar mit dem Begriff Theater verbunden sind. Ich wußte sehr bald, daß das Experiment, mich als Dramaturg mit Jessner zusammenzuspannen, nicht gelingen konnte. Um so weniger, als mich meine Erfahrungen mit dem Theater hinter der Bühne bald abstießen. Theater vom Parkett aus hingegen hat mich auch weiterhin gefesselt.

Noch einmal hat Hermann Scherchen, der Einsichtige, den Deus ex machina gespielt, da er erkennen mußte, daß unter den gegebenen Umständen aus mir kein Dramaturg, kein Königsberger Lessing werden konnte. Er rief mich bald nach der Hofmannsthal-Matinee an und riet mir, bei dem Feuilletonchef und Theaterkritiker der *Königsberger Hartungschen Zeitung*, E. Kurt Fischer, vorzusprechen. Die *Königsberger Hartungsche Zeitung*, in einem weiträumigen alten Haus in der Altstadt angesiedelt, befand sich in technischer Union mit dem *Königsberger Tageblatt*, einer farblosen, aber geschickt aufgemachten Morgenzeitung. Die *Hartungsche*, eine der ältesten deutschen Zeitungen überhaupt – gegründet 1640 –, sehr liberal und durchaus ebenso kritisch, erschien zweimal am Tag. Sie war das Intelligenzblatt der Stadt, die Auflage war gering, das Defizit trug das *Tageblatt*. Über beiden saß als Direktor und Herausgeber der Regensburger Dr. Hans Wolf,

Sohn eines Pflasterers, der liebenswert stolz darauf war, daß sein Vater den Platz vor dem Regensburger Postamt gepflastert hatte. Er war ein Genie des Zeitungsmachens, von umfänglicher Körpergestalt, etwa vierzig Jahre alt, blond, sehr bayrisch und von der saubersten, tapfersten Gesinnung, was spätere Jahre immer wieder bewiesen. In E. Kurt Fischer, etwa ein gutes Dutzend Jahre älter als ich, begegnete ich einem wohlwollenden gebildeten Mann. Er wirkte wie ein Oberlehrer mit Embonpoint, auch er blond mit hoher Stirn, schütterem Haar und freundlichem, als Kritiker oft allzu freundlichem Wesen. Fischer war um einen Nachfolger besorgt, da ihn eine schöne Position »im Reich« erwartete. Es drängte ihn, Königsberg mit Leipzig, dessen Radiosender ihm ein sehr lukratives Angebot gemacht hatte, möglichst bald zu vertauschen. Ich kam ihm also gelegen. Er bat mich, ihm bis zum nächsten Mittag zwei kurze Kritiken über die beiden Premieren der Spielzeit zu schreiben, über *Katharina Knie* und über den *Sommernachtstraum*. Es war das erste Mal, daß ich mich schreibend mit dem Theater beschäftigte. Wohl, ich hatte Bernhard Diebold, den Starkritiker der *Frankfurter Zeitung*, zum Vorbild, weniger Rudolf Geck, Max Geisenheyner oder Werner Deubel, einen Klages-Schüler, von den *Frankfurter Nachrichten*, der mich manchmal schon Vortragsreferate hatte schreiben lassen. Am nächsten Tag erklärte mir Dr. Hans Wolf herzlich und ohne Umschweife, Fischer habe meine Kritiken gelobt und auf seine Frage, ob ich denn auch zusammen mit dem neuen Feuilletonchef und Musikkritiker Erwin Kroll ein »flottes Feuilleton« machen könne, war ich bereit, dieses Abenteuer zu wagen, warf mein Herz über die Hürde und vollzog ohne Zögern von einem Tag auf den andern den Wechsel von der Bühne ins Parkett. Mit einem monatlichen Gehalt von vierhundertfünfzig Mark war ich Kulturkritiker der *Königsberger Hartungschen Zeitung* geworden. Das waren zweihundert Mark mehr, als Jessner mir bezahlte. Er, dem ein wohlgesinnter Theaterkritiker an der wichtigsten Zeitung am

Ort gelegener kam, als ein unlustiger Dramaturg, für den es eigentlich kaum viel zu tun gab, ließ mich ziehen. Mein Nachfolger am Neuen Schauspielhaus, der liebenswerte Martin Borrmann, Bruder Martinus genannt, hat dann den Posten bis zu Jessners Fortgang 1933 sehr sympathisch und viel einfallsreicher als ich verwaltet. Er war ein ausgezeichneter, viel zu wenig bekannter Schriftsteller, weltläufig und doch wieder seiner ostpreußischen Heimat ganz stark verbunden. Die Premieren fanden immer an einem Samstag statt. Meine Kritiken erschienen in der Montagnachmittagsausgabe der *Hartungschen Zeitung*, etwa gleichzeitig mit jenen der *Königsberger Allgemeinen* und der *Ostpreußischen Zeitung*, das *Tageblatt* veröffentlichte die Rezensionen von Karl Herbert Kühn schon mittags; Kühn numerierte die Absätze in seinen Texten wie Alfred Kerr, der Kritiker vom *Berliner Tageblatt*. An einem Montagabend rief mich Scherchens Frau, die großartige und intelligente Schauspielerin Gerda Müller, an und bat mich um meinen Besuch. Am Nachmittag war meine Kritik über die Premiere eines Lustspiels erschienen, in dem eine Debütantin, knabenhafter blonder Typ, eine Soloszene auf der Couch mit einem riesigen Teddybären aus Plüsch hatte. Die Sache war albern und degoutierlich, die Kleine machte Babytalk, und ich hatte auf sie nicht eben mit silbernen Pfeilen geschossen. Daß ich auf dem Gebiet der Theaterkritik ein Greenhorn war, wußte ich genau, es gab Unsicherheiten mancher Art, weniger in der Bewertung der Stücke, häufiger in der der Darsteller. Ich hatte Sympathien und Antipathien – was bei einem Rezensenten immer von Übel ist –, und um dies zu verdecken, war ich oft härter in der Ablehnung, besonders von Darstellerinnen, deren Typus mir lag. Ich respektierte Gerda Müllers große künstlerische Erfahrung. Sie hatte zusammen mit Heinrich George bei Hellmer am Frankfurter Neuen Theater begonnen und war dann zu Zeiss ans Frankfurter Schauspielhaus hinübergewechselt; ein elementares Gretchen, später eine herrliche Penthesilea, in all den Jahren habe ich keine bessere gesehen;

die hochgepriesene Maria Becker wirkte unnatürlich und blaß neben Gerda Müller. Von Frankfurt war Gerda Müller nach Berlin ans Staatliche Schauspielhaus gegangen, höher hinauf ging es damals nicht. Sie stammte aus dem Masurischen, hatte die hochangesetzten Backenknochen von Thomas Manns Madame Chauchat und hätte nach ihrer imposant kraftvollen Erscheinung eine Schwester von Paul Wegener sein können, der auch aus Ostpreußen stammte. Unser Thema an jenem Montagabend war die kleine Schauspielerin, die ich in meiner Kritik attackiert hatte. In der Beurteilung gab mir Gerda Müller recht, nicht in der Form, die sei herzlos, bitter und verletzend, inhuman, und gerade das dürfe ein Kritiker niemals sein. Ich schrieb es mir zur dauernden Beherzigung hinter die Ohren. Wir nahmen uns vor, jeden Montag nach der Veröffentlichung meiner Schauspielkritik meine Texte kritisch zu durchleuchten. Dabei habe ich unendlich viel gelernt. Ich wurde achtsam, scharfsichtig, ohne bösartig zu werden. Diese Stunden der »Nachkritik« dauerten fast eine ganze Spielzeit bis zu jenem Nachmittag, da Gerda Müller nach der Besprechung der Uraufführung eines amerikanischen Dramas mich anrief und sagte: »Erich, von heute an brauchen Sie nicht mehr zu mir zu kommen, Sie haben sich freigeschwommen.« Daß ich in Königsberg ihre Maria Stuart, ihre Elisabeth und endlich ihre Penthesilea mit Herzklopfen besprochen habe, weiß ich heute noch.

Die Arbeit an der *Königsberger Hartungschen Zeitung* war für den Anfänger eine heilsame Schule. Ich hatte jede Freiheit der Meinungsäußerung, und guter Stil verstand sich von selbst. Vorbild war immer noch der bereits halb zur Legende gewordene Dr. Ludwig Goldstein, der Vorgänger von E. Kurt Fischer im Feuilleton der *Hartungschen Zeitung*. Längst pensioniert, war Goldstein der Vorsitzende des langsam einschlafenden, einst sehr tätigen und weithin in die Provinz wirkenden Goethebundes, den es auch in den Großstädten des Reichs gab. Ich schrieb über Theater, über Kunst, auch über Bücher. Eine Art literarische Institution, die es

Der Autor in der Redaktion der *Königsberger Hartungschen Zeitung*, 1932

anfänglich zu respektieren galt, war der Schriftsteller Ernst Wiechert, Lehrer am Hufengymnasium und erfolgreicher Romanautor. Sein Roman *Die Magd des Jürgen Doskocil*, 1932 erschienen und in Hamsuntradition stehend, war von mir besprochen worden. Wiechert kam auf die Redaktion, um sich zu bedanken, schmalgesichtig, mit Sektiereraugen. Er hielt den Kopf mit einer ständigen Leidensmiene schräg und gab sich fast devot. Daß er das letztlich nicht war, zeigte sich wenig später, als ich eine Wiechertsche Veröffentlichung wegen gewisser Eitelkeiten und des Anspruchs, eine Art Praeceptor Germaniae im engen Provinzkreis zu sein, etwas zerzauste. Wiechert mobilisierte Goldstein – immer noch eine Königsberger Autorität –, der mich zur Rede stellte. Höflich verbat ich mir die von Wiechert inspirierte Intervention. Goldstein schied cholerisch und gekränkt. Jahre später versöhnten wir uns wortlos, und einen der schönsten, herzlichsten und mich im Rückblick auf meine Königsberger Zeit ehrenden Brief bekam ich nach 1933 von ihm. Goldstein, sehr national gesinnt, war Reserveoffizier gewesen. Den Gang der Unzeiten nicht mehr begreifend, zog er nach Berlin, wo den alten, geistig rüstigen Mann der Tod davor bewahrte, ein deutsches Judenschicksal zu erleiden.

Die nicht eben stark besetzte Redaktion der Zeitung brachte es mit sich, daß ich als das jüngste Feuilletonmitglied mich hin und wieder auch als Lokalreporter zur Verfügung stellte. Neben meinen Hauptgebieten Kunst, Literatur, Theater und Film mußte ich mich also mit kunterbunten Themen befassen wie zum Beispiel dem Ostpreußenflug des 1929 am Bodensee aus der Taufe gehobenen Flugboots Do-X, das damals als das größte Flugzeug der Welt Sensation machte. Noch heute erinnere ich mich dieses aufregenden ersten Fluges meines Lebens Anfang Juli 1930, der bei einer Höchstgeschwindigkeit von einhundertachtzig Kilometern manchmal nur zehn bis zwanzig Meter über dem Wasser von Stettin nach Königsberg führte, eine nationale Demonstration.

Mit der Zeit konnte ich Erfahrungen auf allen Gebieten der Kulturkritik und des Journalismus schlechthin sammeln, fühlte mich in meinem Metier immer sicherer und wurde von der Redaktion anerkannt. Die Freiheit, mit der in jenen Jahren das Amt des kritischen Journalismus gehandhabt werden konnte, war schrankenlos. Es gab weder Rücksichten noch Einengungen irgendwelcher Art. Manchenorts feierte die Eitelkeit Triumphe über einen gewiß klugen Geist, wie etwa den des Berliner Theaterkritikers Alfred Kerr. Die

Eitelkeit machte sich breit, nachzuahmen und sich nachahmend wichtig zu machen. Aber es gab auch manchen, dessen herbe Milde und gütige Strenge in der kritischen Betrachtung es ihm ermöglichte, rein alles zu sagen, ohne je mißverstanden zu werden und stets der menschlichen und beruflichen Achtung sicher zu sein. Die so arbeiten gelernt hatten, brauchten nicht umzulernen, als das Jahr 1933 anbrach. Ein drohendes Wetterleuchten hatte bereits die politische und geitstige Wandlung jener Jahre angekündigt. Mein am 18. Juni 1932 in der *Hartungschen Zeitung* erschienener Leitartikel *Kultur im Umbau* gibt in großen Zügen die kulturpolitische Situation, wie sie sich mir im Anfang der dreißiger Jahre in Deutschland darstellte wieder:

»Man wird gut daran tun, sich mit Geduld zu wappnen, die Geduld nicht zu verlieren, nicht resigniert, nicht ermüdet oder angeekelt die Augen von einem Schauspiel zu wenden, das sich wieder einmal in Deutschland begibt: Es sind jetzt auf der politischen Bühne die Enkelkinder jener Akteure, die einst unter der Regie Metternichs das Stück von der deutschen Reaktion erfolgreich uraufgeführt haben. Der Kritiker, in dessen Rolle wir gedrängt sind, kann die Bühne, deren Taten ihm verdächtig erscheinen, nicht schließen; seine Aufgabe ist es, die Gelegenheiten abzuwarten, bei denen er seine Ansichten beweisen kann.

Wir erkennen: Verdunkelung und gewollte Unwissenheit auf der ganzen Linie dieses Kulturchauvinismus, der das Panier gegen den Kulturbolschewismus erhebt; Ahnungslosigkeit in kulturellen Dingen als Vorbedingung, zweifelhafte ›Klarheit‹ in den Fragen der Kunst. Das alles liegt bereits länger zurück: der Weimarer Bildersturm, die Filmverbote, die Öffnung und Schließung des ›Deutschen Nationaltheaters‹ in Berlin; das beklagenswerte Durchschnittsniveau der Kunst- und Literaturkritik in den meisten Blättern der Rechten, die Minderwertigkeit des Stils, die völlige geistige Traditionslosigkeit. Dies alles wird nur um so auffälliger, betrachtet man etwa jene wenigen, ganz ernstzunehmenden Zeitschriften, in denen eine kleine Elite zu Wort kommt, deren Wirkungskreis aber gering ist. Zwar, der wirkliche Gegner, mit dem zu kämpfen es verlohnt, sitzt dort, aber das Gestrüpp, Disteln und Dornen, die das Feld zwischen ihm und uns decken, sind zu dicht; man nebelt sich ein. In Bereitschaft sein, ist jetzt alles...

In Kassel hat die Nationalsozialistische Partei es fertiggebracht, daß Sherwoods ›Waterloobrücke‹ nach der zweiten Aufführung abgesetzt wurde, da man einem Theater, das solche ›Saustücke‹ spiele, den schärfsten Kampf ansagte. Was bleibt der Leitung übrig, wenn sie sieht, daß nicht mehr der Geist, mächtig aber die Gewalt in den Theaterräumen Regie führt? Der neue Geist der ›nationalen und sozialistischen‹ Lebensauffassung findet sich niedergeschlagen in einem traurigen, pathetischen Wildenbruch-Epigonentum auf der Bühne, in biedermeierlich-treuherziger Romantik, in der Architektur und in der Malerei (Rückkehr auch hier zu den ideellen Werten der ›Scholle‹), in der Geschichtsklitterung durch Hugenberg-Filme.

Denkt nun Herr von Gayl, der neue Innenminister – phrenologisch und physiognomisch der beste Kopf des Papen-Kabinetts –, an diese Dinge, wenn er das Wort zur Kulturpolitik neudeutscher Observanz ergreift? Kennt er das überhaupt, was sich so ungemein billig ›marxistisch, artfremd, pazifistisch‹ nennen läßt? Weiß er etwas von der tiefinnerlichen Verknüpfung der Künste ohne Rücksicht auf politische Grenzen? Indem man die Einflüsse fremder Geistigkeit ausschaltet und Deutschland zu einer geistigen Autarkie bringen will, wird man den Deutschen wieder zu dem machen, was er vor 1848 sein sollte, ein Pfahlbürger, ein Troglodyt, ein ängstlich-engstirniges Wesen, ein Klein- und kein Weltbürger mehr.

Dem Kulturliberalismus wird der Kampf angesagt. Man läßt nur ›urdeutsche, vaterländische‹ Maler und Bildhauer bei Ausstellungen und Wettbewerben zu, nur von Schultze-Naumburg geeichte Architekten erhalten Aufträge; man degradiert die deutsche Geistigkeit durch Zwangsakte langsam zur unzeitgemäßen Spitzweg-Idylle, denn man wird sich auf die genannten Gebiete nicht beschränken und bald der Literatur, der Philosophie und Philologie die spanischen Stiefel solchen Ungeistes anziehen. Man wird bald Filme wie ›Kameradschaft‹ und ›Mädchen in Uniform‹ unmöglich machen, Filme, die im Ausland starke und nachhaltige Wirkung taten. Man nimmt dadurch dem Film, der in der letzten Zeit seine Produktion ohnehin bereits um fünfzig Prozent hat kürzen müssen, den Sauerteig, und so wird dieses großartige Mittel zur Volksaufklärung versanden, wie jenes andere Mittel – der Rundfunk –, seiner Mission längst nicht mehr eingedenk, mit allzu häufigen schmetternden Militärmusiken, qualitätsarmen Reportagen und nur zu oft höchst trauriger ›deutscher‹ Literatur ein immer blinderer, verzerrender Spiegel des Zeitgeschehens wird. Ist, was im Rundfunk an manchen Orten seit Jahren geschieht, ungehört an jenen vorübergegangen, die nun als Forderung aufstellen: ›Wir erwarten die sofortige Abberufung aller marxistischen und artfremden sowie pazifistischen und internationalen Persönlichkeiten und die Neubesetzung der Kulturbeiräte mit Männern, die als rundfunkkundige Vorkämpfer der deutschen Erneuerungsbewegung die volle Gewähr bieten, daß auch der Rundfunk als die stärkste Waffe rückhaltlos in den Dienst der geistigen und seelischen Wiedergeburt unseres Volkes gestellt wird.‹ Die Rundfunkprogramme sind seit Monaten bereits auf den Kurswechsel abgestimmt, man wußte längst, was die Uhr geschlagen hatte. Viel bleibt der Reaktion hier nicht zu tun. ›Rückwärts‹ steht nur allzu deutlich auf dem Schild der Regierung, Mittelalterliches wird angestrebt. Wo ist der Mann, der diesen Männern sagt, daß ein Zurückstellen des Zeigers auf der Uhr ›Kultur‹ ein Frevel ist, der sich selbst einmal vorzüglich zu rächen weiß? ›Jetzt‹, schrieb Ludwig Börne in seinen *Fragmenten und Aphorismen*, ›sind Schuldentilgungen von tausend Millionen anzuordnen, die Rechte der Völker zu bestimmen, Millionen Bettler zu befriedigen... und zu alledem ist euer Konzept- und Stempelpapier viel zu klein!‹ Das Konzept- und Stempelpapier des Herrn von Papen trägt zu deutlich die Zeichen eines Ungeistes, den Optimisten längst entschwunden glaubten, der aber neuerdings wieder über das deutsche Volk ausgegossen wird. Man wird großen Kreisen des deutschen Volkes, die an der kulturellen Entwicklung der letzten Jahre praktisch Anteil hatten oder theoretisch nahmen (jeder Leser, jeder Kinobesucher, jeder Theater- oder Rundfunkabonnent), den Vorwurf nicht ersparen können, die Hände zu lange im Schoß gelassen zu haben, und die meisten merken auch heute noch nichts. Wir sprechen mahnend zum Schluß Fichtes schöne Worte: ›Du hast kein Recht, unsere Denkfreiheit zu unterdrücken: und wozu du kein Recht hast, das mußt du nie tun, und wenn um dich herum die Welt untergehen und du mit deinem Volke unter den Trümmern begraben werden solltest.‹«

Wie ich dachte die ganze Redaktion der *Königsberger Hartungschen Zeitung*. Niemand nahm sich ein Blatt vor den Mund, wenn es galt, die gefährlichen politischen und kulturpolitischen Tendenzen und Machenschaften jener aufzuzeigen und anzuprangern, die den Nationalsozialisten den Weg ebneten. So konnte es nach dem 30. Januar 1933 nicht lange ausbleiben, daß Gauleiter Koch die Schließung der *Königsberger Hartungschen Zeitung* anordnete. Am 31. Dezember 1933 erschien sie zum letzten Mal. In der von mir betreuten Beilage *Schaffen und Schauen* konnte ich so bedeutende Freunde der Zeitung wie den Literaturhistoriker Paul Hankamer, den Theaterkritiker der *Frankfurter Zeitung* Bernhard Diebold, den Kunsthistoriker Wilhelm Worringer, Ernst Wiechert, den Poeten Alfred Brust und Thomas Mann zu einem Abschiedsgruß versammeln. In einem Brief an mich, den ich in Auszügen abdruckte, schrieb Thomas Mann, der der *Königsberger Hartungschen Zeitung* schon in den *Buddenbrooks* ein Denkmal gesetzt hatte: »Von jung auf ist mir der Name der *Königsberger Hartungschen Zeitung* vertraut... und nicht ohne ehrfürchtigen Schrecken vor der rasanten Übergewalt der neuen Mächte, denen hier fast dreihundert Jahre publizistisch-kultureller Arbeit weichen müssen, wird die Welt die Einstellungsnachricht empfangen... Das Verschwinden Ihres altehrwürdigen Papiers ist nur ein Einzelvorkommnis im Rahmen eines großen, äußeren und inneren Reduktions- und Vereinfachungsprozesses...« Für mich ging einer der entscheidenden Lebensabschnitte zu Ende, und ich schrieb an gleicher Stelle: »Dies Wort des Abschieds hat füglich ein Wort des Dankes zu sein. Dank für fast vier Jahre erfüllenden Tätig-sein-Dürfens in Ostpreußen; Dank an Königsberg: an bekannte und unbekannte Menschen. Dank an diese Zeitung und alle, die in ihr wirkten, an diese wahre Gemeinschaft ernsthafter und freundschaftlich gesinnter Männer. Hier im alten und reichen Boden lag beschlossen, was einer jungen Entwicklung förderlich war: Kritik und Ansporn. Dies Wort des Abschieds, das ein Wort des Dankes ist, gilt auch dieser Landschaft, ihrem weiten Himmel, ihrem Wald und der See; Wehmut ist in dieser Landschaft und bittere Süße und der Glaube an eine schöne Zukunft.« Diese Hoffnung trog; aber in meiner Erinnerung lebt die Liebe zu Ostpreußen und Königsberg, wie es einmal war, unverändert weiter fort, die Liebe zu Felix Dahns »Ultima Thule«. Königsberg ist Seestadt. Das spürte man gleich, wenn man nach einer Nachtfahrt den Berliner D-Zug verließ. Die Luft ist Seeluft, der stetige Wind, der durch die Straßen streicht, ist Wind von der See, hart, frisch. Es war keine »schöne« Stadt; das heutige Kaliningrad wird kaum anders sein. Man spürte auf Schritt und Tritt das Vorpostenmäßige, fast Improvisatorische dieser Gründung, die weniger auf Kultur- und Lebensgenuß ausgerichtet war als vielmehr auf Kolonisation, Verteidigung und Kampf. Das Gefühl des Auf-sich-selbst-gestellt-Seins hat den Lebensstil der Ostpreußen gemodelt, ihn strenger, einfacher werden lassen, knapper, ja sogar kärglicher als sonstwo im Reich. Die Königsberger waren konservativ wie die behäbigen wohlsituierten Gutsherren im Land ringsum. Die Gelder aus dem

Reich begannen damals langsam zu strömen, langsam modernisierte man Straßen und Häuser der in ihrem Kern altmodischen, intimen Innenstadt, deren Mittelpunkt das mächtige Schloß mit dem weithin bekannten Blutgericht bildete, einem Weinlokal, in dem ebenso wie in den zwei traditionellen Hotels – Berliner Hof und Centralhotel – ungeheuer gegessen und noch mehr getrunken wurde. Die Ostpreußen lebten ihr Leben viel intensiver, viel hingegebener an Tag und Stunde. Sie wußten viel stärker von dem widerrufbaren Geschenk des Daseins, weil ihr Kampf um dieses Dasein viel härter war als anderswo. Sie genossen darum auch anders, feierten tollere Feste, gingen mit dem Alkohol recht großzügig um, und ihre Mahlzeiten waren ausgedehnt. Von dem Grenzort Pilkallen ging der Vers um: »Es trinkt der Mensch, es säuft das Pferd, in Pilkallen ist's umgekehrt.« Der Reim paßte endlich auf jede ostpreußische Stadt, man war weit fort von allem, von Berlin zumal, lebte in Isolation, die in manchem Punkt splendid, in vielen anderen Punkten das Gegenteil davon war. In Ostpreußen konnte man lernen, was vaterländisch fühlen heißt. Die Stadt ließ einen die Nähe Rußlands besonders stark empfinden, vor allem an den Winterabenden, wenn hoher Schnee lag, der Wind ohne Unterbrechung aus Nordosten blies und den sternenübersäten Himmel von Wolken reinhielt. Der Ostpreuße sagt, er habe sieben Winter in einem: jeder ist durch eine kurze Tauwetterperiode vom nächsten, noch härteren getrennt, und so kann es kommen, daß Weihnachten fast warm, Ostern aber von krachender Kälte eingehüllt sich zeigt. Der Frühling ist dann meist schon ein verfrühter Hochsommer, und der Herbst oft noch wunderbar warm und lange andauernd. Am schönsten war Königsberg im Sommer. Dann spürte man die nahe See, und das bunte glückliche Treiben auf den Bahnsteigen, von denen aus man an den Strand fuhr, war von unbeschwerter Jugendlichkeit. Königsberg genoß seinen Sommer mit den hellen Nächten, die der laute Schlag des Sprossers quälend-sehnsüchtig durchlärmte. Einem Reisenden fiel einmal auf, daß die beiden schmalen Schlitze im Doppelbriefkasten am Königsberger Hauptpostamt die einzige Verbindung dieser Stadt mit der Welt gewesen seien. Hatte der Berliner Nachtschnellzug Verspätung, dann war die Geschäftswelt der Stadt in all ihren Handlungen und Unternehmungen um ein, zwei Stunden am Vormittag verspätet, denn dieser Zug schuf sozusagen erst alle Voraussetzungen für das geschäftliche Leben, weil er die Post aus dem Reich brachte. Das mächtige Nachtflugzeug der Post hatte zwar etwas Wandel geschaffen, aber wenn die russischen Stürme wehten, die Start- und Landebahnen vereisten, konnte auch die Junkers nicht immer pünktlich sein. Die Verschlossenheit eines schweren Menschenschlags und die Herbheit der herrlichen weiten Landschaft machten es dem Fremden nicht leicht, in Königsberg, in Ostpreußen Fuß zu fassen, in diesem Land der Ordensritter, der schwarzen Wälder und geheimnisvollen Masurischen Seen, an der Küste des herb-lieblichen Samlandes, bei den Fischern der Nehrung oder in den niedrigen Dorfkrügen der müdegearbeiteten Scharwerker, in der Stadt der preußischen Königskrönungen, der Stadt Hamanns und Kants, dem Reich Herders. Beim Abendwerden vor dem schmalen Giebelhaus der Löbenicht- schen Langgasse zu stehen, in dem Kleist die *Penthesilea* begann, das gehörte zu dem Seltsamsten, was man in Deutschland erleben konnte: Dann war plötzlich diese »Ultima Thule« in das Herz des Vaterlands gerückt.

Thomas Mann
und »der kleine Pfeiffer-Belli aus Nidden«

»Wer nicht geschunden wird, wird nicht erzogen.« Dieses von Goethe gebrauchte Wort des attischen Dichters Menan- der hätte auch als Motto über meinen vier Königsberger Jahren stehen können. Und doch war es eine gute Zeit. Indem ich mich nicht nur als Kulturkritiker zu bewähren hatte, sondern mich auch in freien Feuilletons und kurzen Erzäh-

lungen schreibend darzustellen versuchte, hatte ich endlich
den Weg zu mir selber und damit zu meinem Beruf gefunden.
Jetzt konnte ich alles, was die Zeit mir bis dahin gebracht
hatte, in Anwendung bringen: die im Vaterhaus und weiterhin erworbene Bildung, vor allem auf den Gebieten der
Literatur, der bildenden Kunst und des Theaters, die Summe
aus einem Studium am Bauhaus und an der Frankfurter
Universität, die Praxis als Sortimenter und Setzer und die
Erfahrung aus der Begegnung mit den verschiedenartigsten
Menschen. Ich kehrte also gereift ins Frankfurter Elternhaus
zurück. Wenn ich auch meinen Beruf bereits sehr liebte, war
ich doch nicht stolz auf das Erreichte, eher entsprach es
meinem Naturell, mich immer wieder in Frage zu stellen, eine
Anlage, die sich nicht verloren hat.
Hätte ich damals schon die freundlich zustimmende Eintragung in Thomas Manns Tagebuch vom 9. Dezember 1933
gekannt: »Bermann... schickt eine gar nicht dumme Besprechung (*Die Geschichten Jaakobs*) aus der *Königsberger Hartungschen Zeitung* (vom 6. 12. 1933) von dem kleinen
Pfeiffer-Belli aus Nidden«, diese Eintragung wäre sicher
hilfreich gewesen, mein nicht eben ausgeprägtes Selbstver-
trauen zu stärken. Zu meiner »gar nicht dummen« Besprechung des ersten Bandes der Joseph-Trilogie schrieb mir
Thomas Mann am 21. Dezember 1933 aus Küsnacht:
»... Gewiß, Sie haben mir eine Freude damit gemacht, denn
kaum sonst ist innerhalb Deutschlands mit so freier Sympathie von diesem Buch gesprochen worden, das teilweise der
Welt von gestern, zum anderen Teil auch wohl der von
morgen angehört, so daß fast ein Wunder ist, daß es auch
heute Freunde findet. Es muß sich da um Menschen handeln,
die sich gleichfalls im Heute nicht ganz wohl und zu Hause
fühlen...«
Im Hochsommer 1931 war es zu meiner ersten Begegnung
mit Thomas Mann in seinem kleinen Ferienhaus in Nidden
auf der Kurischen Nehrung gekommen. Für meine Zeitung
hatte ich ein Porträt des großen Schriftstellers zu skizzieren.

Seinen Dank vom 24. August für meinen Bericht (»... indem sich ihre saubere, gelassene Persönlichkeit sehr glücklich spiegelt, und der auch von der meinen eine anständige Vorstellung gibt...«) schließt Thomas Mann mit den für mich ermunternden Worten: »Auf Wiedersehen nächstens.« Im September 1934 besuchte ich Thomas Mann in seinem Schweizer Exil. Dort zeigte er mir die großen Empire-Leuchter, *Buddenbrook*-Mobiliar, den verglasten Bücherschrank aus dem Elternhaus. Wie in Nidden, war auch hier das Gespräch ruhig, aufmerksam und intelligent vom Gastgeber geführt, maßvoll noch in der Beurteilung der politischen Ereignisse. Krieg und Nachkriegszeit kamen. Ich sah Thomas Mann 1949 bei einem Empfang im Münchener Prinz-Carl-Palais wieder. Er fuhr am gleichen Tag nach Weimar, und die Leute schüttelten darüber die Köpfe. 1952 dann in Salzburg saßen wir im Hotelgarten zusammen, bis es Zeit wurde, zu einer von Thomas Manns ersten Lesungen aus dem nie vollendeten *Felix Krull* zu gehen. Die große Faszination, die für mich von Thomas Mann und seinem Werk ausgeht, beruht darauf, daß sich Werk und Leben in einzigartiger Weise decken, daß eigentlich das Werk die Form seines Daseins bestimmt hat. »Als Lust und Plage, als Lust und Laster«, habe er seine Arbeit an diesem Werk empfunden, eine größere Dichtung – den *Zauberberg* etwa oder den *Doktor Faustus* – durchzuhalten, habe ihn Stunden der Verzweiflung gekostet, gestand mir Thomas Mann bei unserem Gespräch in Kilchberg, wo ich den Achtzigjährigen in der kleinen weinumrankten Villa an der Alten Landstraße über dem silbernen Spiegel des Zürichsees besuchte. Das sei das Hauptproblem seines Schreibens: die tägliche Erneuerung der Lust und der Energie aus den nervösen Reserven und aus dem Ethos des Fertigmachens. Thomas Mann war der artigste Mensch, der sich denken läßt, Distanz haltend bei aller angenehm konventionellen Freundschaftlichkeit dem so viel Jüngeren gegenüber. Ich habe viele Karten und manchen Brief von ihm bekommen; jeder dieser knappen Grüße oder ausführlichen zeitkritischen Reflexionen enthielt irgendwo eine herzliche Wendung, eine Ermunterung, ein andeutendes Vertraulichsein, in wohltuende Kühle gebettet. Durch Jahrzehnte habe ich es als Beglückung empfunden, daß es diesen Mann gab. Er starb am 12. August 1955 im Bewußtsein, weit mehr als nur die »Forderung des Tages« erfüllt zu haben. Ich erinnere mich eines weiten, leicht verschleierten Sommerhimmels über dem wundersam schön gelegenen Kilchberger Friedhof, als ich respektvoll trauernd an der Bahre eines welthaltigen großen deutschen Dichters und Essayisten stand, eines literarischen Weltmannes und politischen Weltbürgers, eines Vollenders unserer Sprache. Astern und Dahlien verloderten ihr erstes Abschiedsfeuer, und dem noch satten Grün der Bäume war ein erstes herbstliches Braun zugemischt. Ich erinnere mich an die vollbesetzte Kirche, in der der Sarg stand. Man hatte auf Theodor Heuss gewartet, der in Lörrach bei seinem Sohn Urlaub machte und nicht kam; keineswegs als Redner, wohl aber als Freund aus Deutschland hätte man Heuss gerne dabei gesehen. Und auf einmal betrat die Familie vorn links beim Chor den Raum, eine schwarze, geballte Menschenmasse, eine fast finster wirkende Gemeinschaft, Golo Mann, der finsterste, düsterste von allen. Einen Augenblick verschlug's mir den Atem. Es war ungewollt ein theatralisch wirkender Aufzug wie aus einer antiken Tragödie.

A. C. Kensik, ein schwarzer Prinz aus Bohemien

In meiner Bibliothek steht ein schwarzer Leinenband mit Essays von Georg von Lukács, *Die Seele und die Formen* (Berlin 1911), den ich 1927 in Frankfurt erstanden habe. Dieses von mir besonders geliebte Buch, dem ich auch meine große Zuneigung zu Charles Louis Philippe verdanke, hat mich als eine Art Vademecum ein Leben lang begleitet. Zarte Bleistiftmarginalien von fremder Hand – eine steilgestellte

Schrift, verschnörkelt wie Violinschlüssel, deren ineinander-geschlungene Schwänzchen in den Unterlängen durch Quer-striche akzentuiert sind – rufen mir eine der seltsamsten Gestalten wieder vor Augen, die je meinen Weg gekreuzt haben. Es mag 1930 gewesen sein: Der freundliche kleine Redaktionsbote der *Königsberger Hartungschen Zeitung* meldete mir einen Besuch. Das hellblau getünchte Zimmer verdunkelte sich für Augenblicke, ein schwarzer masurischer Theodor Körner in Räuberzivil, knapp dreißig Jahre alt, hatte den Raum betreten. Ich hielt seine nicht ganz reinliche Visitenkarte in der Hand und las darauf den Namen Alphons Clemens Kensik. Das Rabenhafte der Erscheinung wurde gemildert durch zwei braune, sehr ergeben blickende Augen und den Celloklang einer etwas harten Sprache. Der Besucher gab sich offensichtliche Mühe, das, was er dachte und vorzubringen hatte und womit er mich für sich einnehmen wollte, druckreif an mein Ohr zu liefern. Alphons Clemens Kensik, da saß er, in fadenscheinigen Kleidern, in die ein penetranter Geruch von Armsein sich eingenistet hatte, schlemihl- und unglücksvogelhaft, und zum Leichenbitter fehlten nur noch die schwarzen Baumwollhandschuhe und die Zitrone, dieser Reichsapfel des Klagemanns. Student ohne Geld, der Vater, Dorfschulmeister in Masuren, gestor-ben, ein unerkannt gebliebenes musikalisches Genie; die Mutter zart, hinfällig, verwöhnt, aus heruntergekommenem polnischem Adel. Und eine Schwester, hier am gleichen Ort, Jadwiga – Jadscha gerufen –, ein Geschöpf aus dem Märchen, eher aus der antiken Mythologie. Wenn mein düsterer Gast von ihr sprach, und er sprach mit eindringlicher Heftigkeit, die keinerlei Unterbrechung duldete, noch den Hinweis darauf, daß meine Zeit für ihn leider bemessen sei, dann bebte alles an ihm. Offenbar hatte er lange nicht gesprochen, nun öffneten sich seine Schleusen. Er versprach sich von mir die Möglichkeit gelegentlichen Gedankenaustausches, versprach sich's mit der Hysterie des Verdurstenden, der glaubt, das Aufbrechen einer Quelle erzwingen zu können. Das Dunkel ein wenig aufgelichtet, so verschwand der Schwarze, ein paar Bücher zur Rezension unter dem Arm. Ich habe die Bücher nicht wieder und Rezensionen nie zu Gesicht bekommen, um so häufiger und dringlicher kam Kensik auf die Redaktion. Er ging, jeweils ausgestattet mit Freikarten für Theater und Konzerte, mit Büchern, die nicht besprochen werden mußten, mit geliehenen Büchern, die dann spät und hundertfach gemahnt zurückkehrten. Ich fand in ihnen Anmerkungen in der Violinschlüsselschrift eingetragen, so im *Egoisten* von Meredith, im *Ulysses* von James Joyce. Kensik bewegte sich nur auf den schmalsten, schwindelerregenden Graten der Literatur, holte die Maßstäbe bei Proust und Valéry bei Kassner, Musil oder in dem schmalen Bändchen, darin Georg von Lukács von der *Theorie des Romans* gehandelt hat. Kensiks Welt waren die esoterischen Outsider, und mit ihnen bewegte er sich mit einer unnachahmlichen tänzerischen Grazie seines ungewöhnlichen Verstandes. Aber er fixierte nichts schriftlich, weder für die Seminarübungen, die er als reiner Trappist mitmachte, noch für das Literaturblatt meiner Zeitung. Dann entschwand mir der schwarze Prinz aus Bohemien für einige Jahre. Aber verschollen sollte er nicht bleiben. Im ersten Kriegsjahr traf ich ihn wieder unter den Platanen am Frankfurter Mainufer. Schwarz schlich er an mir vorüber, offensichtlich voll schlechten Gewissens, was mir grundlos erschien. Wenig später, nach einem Furtwängler-Konzert, stand er mir gegenüber: schwarz eingerahmt das schmale wachsbleiche Gesicht von den Bartkoteletten, die mich an Roßhaar denken ließen. Wir gingen ein Stück Wegs zusammen, durch die verdunkelte, hoffnungslos öde Stadt. Und da war es, daß er zu weinen begann. Die Mutter war gestorben, und das Schwesterchen beim Baden in der Ostsee ertrunken. Es gibt eine Form der Indiskretion, die nicht den Versuch macht, in die Geheimnisse des anderen einzudringen, wohl aber von den eigenen Geheimnissen, sei es in Andeutungen, sei es in aller Deutlichkeit zu sprechen. Diese Form des Indiskreten schien mir Kensik in ständig wachsendem Maße und immer vollendeter zu beherrschen. Es machte ihm Freude, sein Innerstes zu entblößen, von seinen letzten Nöten, von allen tausend Schwierigkeiten seiner geistigen Existenz zu sprechen. Nach dem Krieg meldete sich Kensik eines Tages in München mit drei an aufeinander folgenden Tagen einlaufenden Postkarten bei mir zu einem Besuch an. Verlegen lächelnd und auf eine höchst rätselhafte Art Beistand fordernd, erzählte er mit rückhaltloser Offenheit von seinen Gängen zu den Küchen der Heilsarmee oder zu den Kleiderdepots wohltätiger Organisationen, bei denen er sich hier einen Mantel, dort Hosen oder Schuhe auswählen durfte. Er verließ mich mit einer Reihe von Empfehlungen an Stellen in der Stadt, denen ich seine vielfältigen literarischen Kenntnisse, seine ungewöhnlich umfassende Bildung, besonders auf dem Gebiet der Philosophie, lebhaft darstellte. Überall war er freundlich aufgenommen worden, hatte überall Zusagen gemacht, Zusagen erhalten und verschwand nach drei Tagen wortlos, ohne je wieder etwas von sich hören zu lassen. Es muß dann Anfang der fünfziger Jahre gewesen sein, ich stand am Fenster meines Zimmers im Züricher Hotel Florhof. Die Straße drunten war reinlich und zu dieser frühen Morgenstunde noch kaum begangen. Es war Mai, und die Sonne schien. Da kam es mir plötzlich vor, als schiebe sich etwas Dunkles vor die Sonne. Drunten, die Institutsmauer entlang, ging – es war eher ein Schleichen – eine schwarze Gestalt. Schuhe, Hose, der lange biedermeierhafte Mantel, auf Taille geschnitten, mit Sammetkragen – wie gut ich das alles plötzlich kannte! –, waren schwarz, ebenso Hemd und Krawatte. Schwarz das krause Haar und die dickpolstrigen Bartkoteletten. Alphons C. Kensik, da ging er dahin, Schwarz in Schwarz, knabenhaft auf billige Dämonie stilisiert, absichtslos schwebend auf einer Wolke von Einsamkeit, etwas Chopin, etwas E. T. A. Hoffmann, etwas Kafka und junger Rilke und eine ziemlich massive Andeutung von schwerem Schicksal auf schwarz verhängtem Präsentierteller vor sich hertragend, eine Erscheinung, die eine Schattenwelt anzuführen schien. Ich erfuhr, daß Kensik durch die Vermittlung einflußreicher Gönner in Zürich eine Unterkunft gefunden hatte, daß er, von jeglichen Gebühren der Universität befreit, dort die philosophischen und literatur-historischen Vorlesungen und Seminare besuchte, argwöhnisch betrachtet von einem Studentenvölkchen, dem Gestalten solcher Artung fremd, allenfalls belustigend erscheinen mußten. Nebenher versah er die Stelle eines Korrepetitors an der Städtischen Oper und verdiente sich so einen mageren Zuschuß zu dem kleinen Betrag, den ihm seine Gönner monatlich ausgesetzt hatten. Am Abend lief ich ihm im Züricher Schauspielhaus in die Arme. Es gab weder für ihn, noch für mich ein Ausweichen. Wenige Tager später erwartete ich – auf dem Bahnsteig auf und ab gehend – den Gepäckträger mit meinem Koffer. Wie aus der Erde hervorgezaubert, stand plötzlich Kensik vor mir. Wieder Schwarz in Schwarz. Er wollte mir Lebewohl sagen und sich für all die Wohltaten bedanken, die ich ihm immer wieder und unverdrossen habe angedeihen lassen. Ich reichte ihm zum Abschied die Hand, die er ungewöhnlich stürmisch ergriff, so daß ich einen Augenblick fürchtete, er werde sie nicht eher loslassen, bis er sie geküßt hätte, und bestieg meinen Zug. Wie ein Revenant aus der Schattenwelt stand er dunkel und bei aller Ergebenheit fordernd, ja drohend in der sonnendurchfluteten Bahnhofshalle. Kurz darauf erfuhr ich, daß Kensik eine innige Arbeitsbeziehung mit dem im Wallis lebenden Rudolf Kassner verband. Er war dem Philosophen und Schriftsteller eine Art Eckermann geworden. Gelegentlich interpretierte er in der *Neuen Zürcher Zeitung* mit außerordentlichem Geschick und einer stupenden Fachkenntnis eines von Kassners jüngsten Werken. Man erkannte mühelos die etwas stelzige und wohl auch ein wenig anmaßende Diktion unseres düsteren Freundes. Nur einmal ist es auch zwischen Alphons Clemens Kensik und mir zu einer wirklichen Zusammenarbeit gekommen: Als Mitherausgeber des im Eugen Rentsch Verlag 1953 erschienenen *Gedenk-*

buchs zu Rudolf Kassners achtzigstem Geburtstag hat er mich in die Reihe der Gratulanten aufgenommen. Anfang Mai 1955 kam auf Umwegen die Nachricht zu mir, daß Kensik unerwartet und durch einen tragischen Unfall ums Leben gekommen sei. Ich forschte nicht nach, welcher Tod hier die Hand im Spiel gehabt hatte. Nachdenklich stimmte es mich, daß kaum einen Monat zuvor Rudolf Kassner gestorben war, Kensiks Freund und Gönner und sein wohl einziger wahrer Partner im Geiste.

Der Schweizer Mäzen Werner Reinhart und Rudolf Kassner, ein zweiter Vater

Zwischen Rudolf Kassner und mir waren seit 1935 – damals war ich Feuilletonchef am *Berliner Tageblatt* – ein paar Briefe hin und her gegangen. Der in jenen Jahren in Wien lebende Philosoph und Schriftsteller war mir durch Beiträge in der Zeitschrift *Corona* und durch Lebenserinnerungen, die im Insel Verlag erschienen, ein verehrungswürdiger Begriff geworden. Schon 1919 in Weimar ist mir Kassners Name als bedeutungsvoll aufgefallen: Die kleine Schar der aus Wien ans Bauhaus gekommenen Ittenschüler führte die Kassnerschen Platon-Übertragungen mit sich. Ich lese diese sehr schönen kleinen Texte heute noch lieber als jede andere Übersetzung. Den persönlichen Zugang zu Rudolf Kassner verdanke ich dem Winterthurer Kaufherrn und Musikmäzen Werner Reinhart, bei dem wiederum Hermann Scherchen mich eingeführt hat. Scherchen leitete seit Beginn der zwanziger Jahre das Orchester des Musikcollegiums Winterthur, das Werner Reinhart nicht nur mitsubventionierte, er saß auch als Flötist im Orchester. Scherchen also öffnete mir – es war während des Kriegs – mit einer sehr herzlichen Empfehlung das Reinhartsche Haus, das der Bruder des Sammlers Oskar Reinhart in der Nähe der die Stadt querenden Eisenbahnlinie bewohnte. Ich begegnete einem stillen, freundlich-bedächtigen Junggesellen mittleren Alters. Wir saßen, von einer grauhaarigen Bedienung umsorgt, an einem riesengroßen Eßtisch einander gegenüber; ein schneeweißer Spitz spielte am Boden. Wir sprachen von Rilke, der mir damals unendlich viel bedeutete und dessen Werk ich genau kannte. Als langjähriger Gast Reinharts hatte der Dichter im Schlößchen Muzot über Sierre im Wallis bis zu seinem Tod gelebt und gearbeitet. Die *Quatrains Valaisans* geben davon Zeugnis, auch ein Teil der *Duineser Elegien* und die *Sonette an Orpheus* sind im Turm von Muzot entstanden. In seinem Arbeitszimmer zeigte mir Werner Reinhart dann eine in Pergament gebundene Reinschrift der *Elegien*. Die barocke Kanzleischrift Rilkes, sehr ästhetisierend, machte einen wunderlichen, verzaubernden Eindruck auf mich. Das tun Handschriften bedeutender Menschen leicht, diese aber, so absichtsvoll stilisiert und von fern, in ihrem Wechsel von lateinischen und deutschen Buchstaben, mich an die Schrift meines Vaters erinnernd, faszinierte mich besonders, ihr lyrischer Habitus hatte es mir angetan. Das schwungvoll emporgezogene Schluß-s finde ich gelegentlich in meiner eigenen Schrift wieder. Mir fiel die natürliche Artigkeit, die Höflichkeit meines doch viel älteren Gastgebers auf, aus ihr sprachen Güte, Großmut, eine tief verborgene, zur Stummheit verurteilte Herzlichkeit, die ich später bei jeder neuen Begegnung, jedem Abschied wieder spürte. Man hat die beiden Brüder Oskar und Werner Reinhart wohl nicht zu Unrecht Mäzene von der Art der Medici genannt. Die Zahl jener, die den Reinharts Unendliches zu verdanken haben, ist Legion. Auch Rudolf Kassner, der bald nach Kriegsende von seiner im russischen Sektor gelegenen Wiener Wohnung durch Vermittlung Carl J. Burckhardts in die Schweiz übergesiedelt war, hatte es Reinharts Großzügigkeit zu danken, daß er sorgenfrei als Dauergast im Hotel Château Bellevue in dem unterhalb Schloß Muzot gelegenen Sierre im milden Klima des Rhônetals leben und arbeiten konnte. Ob ich

Rudolf Kassner kennenlernen wolle, fragte mich Werner Reinhart eines Tags. Es kommt selten vor, daß mich das Werk eines Menschen dazu verleitet, ihn persönlich kennenlernen zu wollen. Im allgemeinen bin ich genügsam genug, das Werk vor den Autor zu stellen. Im Fall Kassner war es anders. Ich entsinne mich noch genau des Abends, da ich bei der Lektüre des Kapitels *Freundschaft* im noch vor dem Krieg erschienenen *Buch der Erinnerungen* den Wunsch empfunden hatte, Kassner zu begegnen.

Im Spätherbst 1948 fuhr ich also, eingeladen von Werner Reinhart, mit dem Lötschberg-Expreß ins Wallis. Auf dem kleinen Bahnhof von Sierre hält der Zug nur eine Minute. Es war um die Mittagszeit. Ein Hausknecht mit grüner Schürze kam mir auf dem Bahnsteig entgegen und brachte mich zum Hotel Château Bellevue, das einmal ein Adelssitz gewesen ist, breit hingelagert, eher gleichgültig die Front zum Bahnhofsplatz, reizvoll hingegen die Gartenfront. Rilke hat oft hier gewohnt und seine Gäste hier wohnen lassen: Valéry, die Fürstin Thurn und Taxis, die Passanten durch die Mitte und am Rande seines Daseins hin. Der Garten mit seinen drollig beschnittenen Buchsbäumen, in dem man sommers gern Tee trank, lag wie ein Balkon über der Eisenbahnlinie Paris – Simplon – Mailand. Nach den vorbeidonnernden Zügen kontrollierte Kassner immer seine Uhr. Am Ende der Freitreppe erwarteten mich Werner Reinhart, der mich vorstellte, und Rudolf Kassner. Mit Augen, die mich an die eines Adlers erinnerten, betrachtete er den Ankömmling, der die vielen Stufen zu ersteigen hatte und sich so – schutzlos – dem Blick dessen ausgesetzt fand, der als Physiognomiker hundertmal mehr sah als der gescheiteste Betrachter. (Später sagte er mir einmal: »Sie haben einen deutschen Kopf, man merkt, daß Sie aus Goethes Heimat kommen.«) Mich beglückte aber zuallererst die Artigkeit des ums Doppelte Älteren, mich hier, sozusagen an der Grenze seines Besitzes, so herzlich willkommen zu heißen, wie es geschah. Daß Rudolf Kassner mich so in Empfang nahm, ist mir ebenso unvergeßlich wie der Druck seiner starken, trockenen Hand und der mich ganz umfassende Blick seiner gütigen kritischen Augen. Kassners Beine waren seit seinem ersten Lebensjahr gelähmt. Mit einer bewunderungswürdigen Energie hat er sich dieser Benachteiligung gestellt, und es dürfte kaum ein Märchen sein, wenn mir erzählt wurde, er habe noch als Siebzigjähriger einmal jeden Monat den Stephansdom in Wien erstiegen. Vor 1914 ist er kreuz und quer durch Rußland, später Nordafrika und Indien, im kaum erst erschlossenen Spanien wochen- und monatelang gereist – nicht selten auf Pferde- oder Maultierrücken –, einzig auf sich selbst und seine Energie angewiesen, die ihn nie verraten hat. Ebenso rührend wie sinnbildlichbedeutungsvoll erschien mir immer, daß jede Manuskriptseite, jeder Brief Kassners nicht auf einer Schreibtischplatte geschrieben worden ist, sondern auf den Knien, die ihm das Pult ersetzten. Kassner bewohnte ein geräumiges, zum Garten gelegenes holzgetäfeltes Parterrezimmer mit einem großen Walliser Steinofen. Er schrieb jeden Morgen ein paar Stunden, ganz konzentriert und völlig unabgelenkt von den Äußerlichkeiten des Wetters, großer politischer Ereignisse, persönlichen Befindens. »Wenn man das durch fünfzig Jahre hin getan hat, kommt eine ganz schöne Leistung zustande«, meinte er einmal. Als ich Kassner kennenlernte, ging er noch an zwei Stöcken. Später ließ er sich mit dem Rollstuhl, einem eleganten Fahrzeug mit viel Nickel, in den Speisesaal fahren. Alles geschah absichtsvoll unauffällig. Der kleine Tisch, an dem wir mittags und abends aßen, stand gleich am Eingang zu der verglasten Veranda, so mußte Kassner nicht an den anderen Gästen vorbei. Da konnte er sie alle Revue passieren lassen: Der baumlange Stratosphären- und Tiefseeforscher Auguste Piccard mit dem birnenförmigen Kopf ging grüßend an unserem Tisch vorbei und Oskar Kokoschka, über dessen merkwürdige Schädelbildung (kein Hinterkopf), die mich immer an die steinernen Monumente der Osterinseln denken ließ, Kassner mit seiner dunkel tönenden, sehr männlichen Stimme meditierte. Er war sich

Der Philosoph und Schriftsteller Rudolf Kassner im Garten des Hotels
Château Bellevue in Sierre, 1958

oft nicht darüber klar, daß man ihn weithin hören konnte. Zu
den Saaltöchtern hatte Rudolf Kassner ein herzliches Verhältnis, mit einigen sprach er ein einwandfreies Französisch, sein
Englisch war perfekt, lateinische und griechische Klassiker
las er ohne Wörterbuch, auf russisch, italienisch und spanisch
konnte er sich gut verständigen, seinem Deutsch hörte man
die österreichische Herkunft an. Er hatte die Fakten und
Zahlen der Weltgeschichte parat und machte von alledem
nichts, gar nichts her. Er war Europäer, an dem England, das
große England des neunzehnten Jahrhunderts, mitgeformt
hatte. Man hat gesagt, daß Kassner Laurence Sterne ähnlich
gewesen sei, dessen herrlichen *Tristram Shandy* er ins Deutsche übertragen und mit einem essentiellen Begleitwort versehen und den er ebenso verehrt und geliebt hat wie Max Picard
oder Bertrand Russell, dessen zerknittertes Gelehrtengesicht

Das Zimmer Rudolf Kassners im Hotel Château Bellevue in Sierre

es ihm angetan hatte. Der physiognomische Vergleich Kass-
ners mit Sterne mochte zutreffen: Der Kopf war klein, das
Haar zart, im Alter schütter, groß und lauschend die Ohren.
An Gesicht und Körper war kein Gran Fleisch zuviel, um den
großen ausdrucksvollen Mund war ein Zug von Güte und
Resignation. Die Augen, von hellem Braun, lagen tief in den
Höhlen, die Nase war scharf gebogen, das Profil raubvogel-
haft. Etwas Zustoßendes war in diesem Gesicht und auch
wieder etwas still Abwartendes, ganz nach innen Gewandtes.
Seine Hände, die nur gelegentlich ein Wort unterstrichen, sie
formten die sensible Schrift, sie trugen aber auch auf den
Krücken der Stöcke seinen Körper, waren stark ausgebildet,
langgliedrig und in den letzten Lebensjahren wurzelhaft
geworden, ganz als gehörten sie einem alten Baum an, der aus
ihnen Kraft holt. Kassners Anziehungskraft auf schöne,

kluge Frauen war groß und nur zu begreiflich. Sie spürten, daß er alles von ihnen wußte, alles verstand. Er war immer tadellos korrekt, ohne Eitelkeit, aber mit Geschmack angezogen, ließ sich die Hemden bei Jaquet-Day in Zürich machen, von dem er auch die Krawatten bezog. Mit Vorliebe trug er einen sehr strapazierten Graf-Lamberg-Hut, schwarzer Filz, schilfgrün eingefaßt. In Sierre hatte er einen aus Spanien stammenden Schneider von winziger Statur, der einen alten Adelsnamen trug und auf einen Stuhl steigen mußte, wenn er an Kassners Rockkragen etwas zu ändern hatte. Es war reizend, wie liebevoll-ironisch Kassner dergleichen berichtete. Er saß immer ganz aufrecht, die drei Knöpfe der Jacke geschlossen, breite Schultern, schmal die Hüften. Die meist braunen hochgeschnürten Stiefel glänzten wie eben aus der Schale gesprungene Kastanien. Daß ich meine Jacke beim Hinsetzen aufknöpfte, belustigte ihn, das sähe aus, als wollte ich sagen: »So, jetzt wird deutlich zugelangt.« Meine Mutter hatte immer gefunden, der zugeknöpfte Rock zerknittere beim Sitzen. Ich habe diese gewiß schlechte Angewohnheit – trotz Kassners Ironie – nie völlig abgelegt. Kassners Umgangsformen verrieten die Courtoisie eines Mannes, der aus dem achtzehnten Jahrhundert kommt, der, obwohl die Familie aus Preußisch-Schlesien nach Mähren eingewandert war, als das edelste Beispiel sublimsten geistigen Österreichertums angesprochen werden darf. Ich erinnere mich, wie er ins Schwärmen geriet, als er mir von den Briefen des Kaisers Franz Joseph an Katharina Schratt erzählte, die gerade erschienen waren und die ein außerordentliches menschliches Dokument sind. Aber er hat mir auch einen Abend lang von dem wunderschönen Buch über Tigerjagden im indischen Dschungel des in Indien geborenen Engländers Jim Corbott erzählt, das ihn durch den Stoff und die Schlichtheit der Darstellung fesselte, oder er hat mich an seiner Lektüre von Voltaires 1734 erschienenen *Lettres philosophiques sur les Anglais* teilnehmen lassen, die Kassner – ein ausgezeichneter Kenner Englands, seiner Literatur und seiner

Geschichte – lebhaft beschäftigten. Bei den Mahlzeiten und danach war er ein sprühender, geistvoller Erzähler, hinreißend temperamentvoll, ohne den Kothurn des berühmten Mannes, witzig-ironisch, schonungslos im Urteil, messerscharf formulierend, gern heiter, gern lachend, aber auch wieder ernst und tiefsinnig, wenn er wußte, daß die Zuhörer die richtigen waren. Kassners Unterhaltung, die sehr häufig Selbstgespräch war, mischte eigenartig sprunghaft, dabei organisch, die Vergangenheit mit der Gegenwart und mit Gedanken über die Zukunft. Er war ein kritischer Kopf, so kritisch, so außerordentlich objektiv, bei einem Übermaß an Subjektivität, daß er selbst bei Rilke, den er liebevoll scherzend wegen seiner fragilen Gestalt mit »Rilke-Männlein« ansprach und den er ob seiner »Reinheit« als Dichter über alle Zeitgenossen geschätzt und verehrt hat, getrost geringe Abstriche machte. Es gab für ihn keine bedingungslos hinzunehmenden Idole. Er war der Freund des Fürsten Alexander Thurn und Taxis. Das bleibende Zeugnis dieser Beziehung sind die wundervoll reichen Texte über den Fürsten im *Buch der Erinnerungen* wie in der *Zweiten Fahrt*. Seine Freundschaft mit dem Dichter Eduard Graf Keyserling hatte ihm während des Ersten Weltkriegs seine Münchner Jahre bedeutungsvoll gemacht. Von Werner Reinhart, der im August 1951 an einem Schlaganfall starb, sprach er mit Liebe und Rührung, nicht anders von Hofmannsthal und Otto von Taube. Gottfried Benn hatte ihn wesentlich und positiv beschäftigt. Am Ende seines Lebens war ihm Mozart das Wunder aller Wunder, und die Pianistin Clara Haskil kam eigens dann und wann nach Sierre, um ihm Mozart vorzuspielen. In Kassner, so scheint es mir heute im Rückblick, lebte etwas ungeheuer Maßloses, doch war es in Zucht genommen, er hatte sich Schranken gesetzt, ohne sich damit einzuengen.

Rudolf Kassner war ein unbestechlicher Physiognomiker. Als wir einmal von Mündern sprachen, sagte er, daß Rilke, der so herrlich seine Gedichte vorgelesen, einen häßlichen, dicklippigen Mund gehabt habe, der wie ein »heilig-tönender Schlauch« gewesen sei. Auch Hofmannsthals Mund sei mit der dicken Unterlippe und der dicken Zunge häßlich gewesen, schön hingegen die Nase, jüdisch die Ohrenpartie. Von den Händen Hofmannsthals meinte Kassner, es seien verwöhnte, gepolsterte Hände gewesen, bemerkenswert seine stets eiligen Schritte, so als laufe er vor etwas davon. Stefan George, so habe ich es notiert, habe eine »eingelassene Eitelkeit« besessen. Rilke hingegen empfand Kassner als völlig uneitel. Georges Gesichtsfarbe nannte er die eines, der sich ständig sexuell »überzogen« habe, was man wohl mit einem Bankkonto machen könne, nicht aber mit seiner Physis. Wunderschön nannte Kassner den allerdings auch ein bißchen »überzogenen« Friedrich Gundolf, Georges Antinous. Wäre der nicht George begegnet, so wäre Gundolf Journalist geworden. So seien auch seine Bücher geschrieben, in denen aber doch, zumal in dem zweibändigen Shakespeare, sehr Kluges stehe. Kassner lobte das Gütige und Herzliche bei Gundolf und Wolfskehl und erwähnte das Verbrauchen der »jüdischen Garnitur Nummer eins« im »Kreis«, der dann die zweite »arische Garnitur« gefolgt sei, also Uxkull-Gyllenbrand, Stauffenberg und andere. Sehr komisch war Kassners Darstellung der Beziehung Georges zu Melchior Lechter. Ihm lasse George alles durchgehen, auch die Buchausstattung, die ich Laubsägegotik genannt hatte, was Kassner gefiel. Er liebte Nestroy, der allerdings nur zwei Dimensionen besessen habe, wo es bei Shakespeare deren drei gebe. Mit Rudolf Borchardt wollte Kassner sich nicht einlassen. Der erste Vers der Dante-Übertragung sei großartig, der zweite gut, der dritte mittelmäßig, der Rest dann »Schmonzes». Den frühen Schnitzler mochte Kassner: *Leutnant Gustl, Reigen, Anatol.* Schnitzler habe einmal gesagt, irgendeine seiner Novellen rieche nach menschlichem Samen. »So etwas ist ekelhaft.«

Rudolf Kassner lebte nicht in einem Wolkenkuckucksheim, nicht auf einer dem Leben abgewandten Insel. Er war stets ein

Mittelpunkt, und selten war er einmal ohne einen Gast bei Tisch. Damals bei unserem ersten Lunch – Werner Reinhart war nach Muzot zurückgekehrt – wurde ich ein bißchen examiniert, woher ich käme, Vaterhaus, Bildungsgang, Interessen. Meine Handschrift und was ich da über ihn geschrieben hatte, sagten ihm zu. Er war herzlich, gewinnend, natürlich, nicht der nachdenklich stimmende Magier, der »west- und östliches Gelände friedlich in seinen Händen« hielt. In manchen Augenblicken wirkte er in seiner außergewöhnlichen geistigen Behendigkeit wie einer jener brillanten Abbés aus einem Salon des Dixhuitième, die es so vorzüglich verstanden, im Gespräch Konvention und eigenwilligste Geistigkeit zu mischen. Die Beglückung, die von dieser ersten Begegnung mit Rudolf Kassner ausging, kann ich in ihrer für mich absoluten Richtigkeit nicht vollkommen beschreiben. So und nicht anders mußte der Verfasser der Bücher sein, deren anhebende Wirkung die eineinhalb Jahrzehnte deutschen Tiefstands und die Jahre nach dem Krieg gerade bei den Jüngeren fast ausgelöscht hatten.

Von Sierre aus war ich auch bei Werner Reinhart in Muzot zu Gast. Wir saßen unter den gelb werdenden Platanen in der Sonne. Wir haben Weißwein aus dem Wingert von Muzot getrunken, sind durch den Garten gegangen, wo der Gingkobiloba-Baum steht, waren bei dem alten Schützenhaus, das nun den Gästen von Muzot als Arbeitsraum diente, waren in Rilkes »wehrhaftem Turm«. In Rilkes Zimmer standen Rosen, sie füllten den Raum mit schwerem, süßem Duft. Bei hereinbrechender Nacht kehrte ich zurück nach Sierre durch eine Landschaft, die etwas Urtümliches und zugleich Humanes hat, bei aller Übergangslosigkeit von kultiviertem Boden – Wein, Akazien, Nuß- und Kastanienbäume – und abweisenden Felswänden, über denen ganz unvermittelt die Firne der Walliser Alpen stehen. Damals und später kam es mir so vor, als sei durch eine riesige Woge Mittelmeerisches hierher getragen worden und als erhielte dieses von Geheimnissen und Mythen durchwehte Rhônetal Luft, Licht und Farbe, aber auch mancherlei Formen auf verborgenen Wegen von dort. Nachts, im Hotel »Château Bellevue«, halb schlafend schon, nahm ich noch ein wenig teil an der Musik des nahen Bahnhofs. Wer, fragte ich mich, mag das unsäglich angenehme Geläut der Schweizer Bahnschranken einmal in Noten niedergeschrieben haben, das glockenklar die Pünktlichkeit der Schweizer Bundesbahn preist? Es ist fast so melodiös und heimweherzeugend wie das Kuhglockengeläut auf den Bergweiden. Zwei Tage später, beim Abschied, winkte Kassner mir nach: »Es war gut, Sie gesehen zu haben.« Im Rückblick wollte es mir scheinen, als seien es viele Tage des Zusammenseins gewesen, dabei waren es nur Stunden, auf ein paar Tage verteilt. Ich habe in den folgenden Jahren viele Stunden auf der Bahn zugebracht, um, vom Engadin kommend, einen Abend, oder von München anreisend, einen oder zwei Tage in Sierre sein zu können. Meist war ich dann zwischen den Hauptmahlzeiten unterwegs in den Seitentälern der Rhône, in Sion, in der Heilstättenlandschaft über Sierre, in Muzot oder in Raron über der Rhône, die hier, machtvoll brodelnd dahinziehend, von den herrlichen Pappeln Napoleons pathetisch begleitet wird. Hier ruht an der Südwand der auf einer Felsklippe vor Anker gegangenen Kirche der Dichter der *Duineser Elegien* unter einem Rosenbusch von einem unsteten, unzufriedenem Leben aus, das seine Verehrerinnen und Verehrer, dank eines riesigen, bewußt abgefaßten Briefwerks bis in die Einzelheiten zu kennen glauben. Ein alter Grabstein aus dem Ende des achtzehnten Jahrhunderts trägt unter dem Wappen des Dichters dessen Namen und die orphisch klingenden Zeilen: »Rose, oh reiner Widerspruch, Lust/niemandes Schlaf zu sein/unter soviel Lidern.« Der Sinn der Grabinschrift, wenn auch nicht ganz mühelos zu enträtseln, gibt sich dem preis, der einen Rilkeschen Vers zu lesen versteht.

Eines Nachmittags in Sierre habe ich Rudolf Kassner gebeten, mir seine spannungsgeladene Novelle *Die Nacht des ungeborgenen Lebens* vorzulesen, die sich in dem kleinen Sammelband der Insel findet, der auch die schöne Kindheitserinnerung *Der ewige Jude* enthält. Wir saßen in seinem Wohn-schlafzimmer, durch dessen offenes Fenster der herbstliche Geruch des Hotelgartens hereinwehte, hatten Tee getrunken, und Kassner nahm ohne Umschweife das Buch zur Hand. Er las die in der Form klassisch anmutende Geschichte des österreichischen Adligen, der, 1918 nach Kriegsende in sein Schloß zurückgekehrt, ins Leben, das veränderte, zurückzu-finden sucht. Kassner las mit fester, klarer und sonorer Stimme, sehr genau und völlig untheatralisch, aber trotzdem seiner Wirkung sicher. Ich weiß noch genau, wie mich das Auf und Ab dieser melodiösen Stimme gefangennahm und verzauberte. Es war dämmrig geworden, als Kassner das Buch zuschlug. Am Ende des gegenüberliegenden Tals sah man die schneebedeckten hohen Berge langsam im Dunkel der anbrechenden Nacht verschwinden. Wir saßen, merk-würdig angerührt, wortlos einander gegenüber. Ich sah, wie den alten, innerlich noch so jungen Mann Rührung über-mannte, wie es dem wohl geschehen mag, der sich einer lang zurückliegenden Arbeit wieder gegenübersieht, die Zeit überdenkt, die ihn von ihr trennt und der zugleich spürt, daß diese Zeit gar keine Trennung bedeutet, denn die Erzählung hat etwas Schwebendes, Fernes und Nahes in einem, sie ist zeitlos und immer wieder von heute, womit vielleicht etwas über ihre Klassizität ausgesagt ist. Ich verabschiedete mich im grellen Licht der nun entzündeten, rücksichtslos strahlenden Deckenbeleuchtung, tief ergriffen sowohl von dem Gehörten wie von dem Mann, der da vor mir gesessen hatte, die Decke über den Knien, auf denen das Buch lag. In der Erzählung, die gerade verklungen war, heißt es am Schluß, daß die Menschen der Vergangenheit durch die Gefühle und die Rührung miteinander verbunden waren oder sich damit vor dem Äußersten schützten. »Gegen dieses Äußerste und Tödliche oder davor nun ist der Mensch heute nicht mehr geschützt, darum ist er allein, und darum trifft ihn alles, was ihn trifft, dort, wo er ganz allein, ja verlassen ist.« Im Fortgehen mußte ich denken, daß ich nicht allein, nicht verlassen sei, solange dieser Mann, dieser Geist noch tätig war und aus der Ferne ein wenig Anteil an mir nahm. Ich kann ziemlich genau das Datum dieser Vorlesung feststellen; in meinem Buch steht: »Sierre, Oktober 1950, herzlichst Rudolf Kassner.« Tags darauf, Abschied nehmend, sagte er mir: »Kommen Sie wieder, das gehört jetzt zum Dasein, und Dasein ist Pflicht!« Vorwurfsvoll mahnte mich Kassner am 2. Oktober 1958 in einem Brief: »Bester, ich schweige, weil ich Sie täglich von den Murmeltieren aus dem Fextal kommend erwartet habe. Schade, daß Sie am 11. (September, Kassners 85. Geburtstag) nicht da waren, das wär der Weg gewesen: vom Fünfundachtzigjährigen zu den Murmeltieren und nicht umgekehrt...« Ich weiß heute nicht mehr, wie oft ich den Weg nach Sierre zu Rudolf Kassner zu jeder Jahreszeit gemacht habe. Rudolf Kassner ist am 1. April 1959 im sechsundachtzigsten Lebensjahr wie sein Vater an Herzwassersucht gestorben. Er hatte etwa drei Wochen im Hospital von Sierre gelegen, wohl wissend, wer dort auf ihn wartete. Er, der ein sehr eigenwilliges Christentum gelebt hatte, wie es die katholische Religion gelegentlich ihren bevorzugten Kindern erlaubt, wurde auf dem dörflichen Friedhof von Sierre nach katholischem Ritus beerdigt. Auf der Grabplatte liest man die geheimnisvollen Worte aus Kassners *Zauberer*: »Vielleicht war es früher so, daß ein Mensch einfach bis zur Grenze ging und dort starb er dann, und das Ewige Leben begann. Seit Jesu Christo geht aber die Grenze mit und so weiß niemand im Grunde, wann und wo das Ewige Leben beginnt.«

In dem letzten Brief, den ich von Rudolf Kassner Ende Februar erhalten habe, schrieb er: »Es geht mir nicht sehr gut, ich kann nicht sagen, daß ich krank, ein Kranker bin (oder bin ich es?), sondern, daß ich mich wie einer fühle, der in eine Grube gefallen ist und der nicht oder nicht so leicht heraus kann... Dabei findet der Arzt, daß ich sehr gesund bin, kerngesund, wie er sagt... Es ist mir so schwer beizukommen, wegen der Gesundheit.« Bis in die letzten Wochen hatte

Kassner gearbeitet, den Druck seines *Blinden Schützen* bei Eugen Rentsch vorbereitet und anspruchsvolle Dinge gelesen.

Kassners Bedeutung als Philosoph, Physiognomiker, religiöser Denker ist in dieser Betrachtung, die den Menschen, den Freund meint, zu umreißen nicht möglich. Er hatte eine eigene und eigentümliche philosophische Sprache, eigene Begriffe, Vorstellungen, Definitionen und Deutungen. Von den persönlich gefärbten Büchern der Erinnerung und sehr klugen, würdigen Gedenkaufsätzen über Grillparzer etwa oder über die Duse abgesehen, sind Kassners Bücher schwer ganz faßbar und trotzdem vermitteln sie ein merkwürdig gesteigertes Gefühl geistiger Beglückung, eine Ahnung von all den lichten Herrlichkeiten, die dieses Hirn und dieses Herz ständig bewegt haben. Um Kassner ist niemals Marktgeschrei und Marktgehabe gewesen. Wenn die Welt, was zu befürchten steht, eines Tages am Lärm zugrunde gehen wird, so werden die Gestalt und das Werk Kassners, deren Kraft im Stillen, ja Leisen liegt, diesem unaufhaltsamen Untergang ein Thermopylae zu bereiten suchen. Seine Werke, einige mit persönlicher Widmung, stehen in meiner Bibliothek, sein Bild – das Bild eines Vaters – auf meinem Schreibtisch. Ich habe diesen Mann so innig und dankbar geliebt und verehrt, als hätte ich in ihm die Fortsetzung und Vollendung meines zu früh gestorbenen Vaters gefunden. »Darüber braucht nicht gesprochen zu werden«, sagte er kategorisch. Voller Zurückhaltung, ohne viele Fragen, wußte er längst, worüber nicht gesprochen werden mußte. Man fühlte sich verstanden auf eine männlich-behutsame Weise. Die Briefe Kassners an mich sind in Marbach archiviert. Wie gern empfing ich sie, ich spürte etwas wie Neigung zu mir aus ihnen, ein Die-Hand-auf-die-Schulter-Legen, ein Gefühl, das mir nie mehr später mit solcher Unmittelbarkeit entgegengebracht worden ist. Ich war glücklich, Kassner mit der Herausgabe des Ullstein-Bändchens *Geistige Welten* zu seinem fünfundachtzigsten Geburtstag offenbar noch eine Freude gemacht zu haben, und ich war gerührt und auch ein bißchen stolz, als er mir schrieb: »...ich habe eine sehr große Menge des Ullstein-Büchleins verschenkt... Ich bin sehr zufrieden, daß Sie dort (im Nachwort) meinem Unwillen über den Diadochen Ausdruck gegeben haben.« Das Bändchen, dessen Titel ihm »ein wenig zu wölbig« schien, enthält neben einigen bedeutenden Essays auf Kassners ausdrücklichen Wunsch seine einzige Buchbesprechung (über Thomas Manns *Zauberberg*), die er je geschrieben hat. Im Mai 1958 heißt es in einem Brief an den Verlag: »...Hofmannsthal schrieb mir daraufhin, ob es denn gar nicht mehrere solcher aus meiner Feder geben soll. Von Thomas Mann hinterbrachte mir A. C. Kensik aus Zürich, daß Mann es für das beste hielt, das über eines seiner Bücher geschrieben wurde. Es ehrte ihn, daß er mir das ›mehr Gewissen als Persönlichkeit‹, was für den ganzen Mann stimmt, nicht übelgenommen hat...« Für das Vorwort dieses Bändchens konnte ich Carl J. Burckhardt gewinnen. Als Hommage an den Historiker Burckhardt hatte ihm Rudolf Kassner in der Festschrift zu Burckhardts sechzigstem Geburtstag den Essay *Einige Worte über das Phantastische* gewidmet. Treffenderes und zugleich Trefflicheres läßt sich über Burckhardts Geschichtsschreibung kaum sagen.

Carl J. Burckhardt, der große Mittler,
und
Walter von Cube, ein anderer »Türmer«

Ich bin Carl J. Burckhardt im Frühjahr 1954 zum erstenmal bei Rudolf Kassner begegnet. Wir sahen einander dann in unregelmäßigen Abständen wieder: vielfach in der Schweiz, einigemal in München, wo er 1960 in der Bayerischen Akademie der Schönen Künste, von Emil Preetorius eingeführt, über *Das Wort im politischen Geschehen* auch rhetorisch vollendet reflektierte, ein andermal waren es *Erinnerungen an die Ostsee*, die den Dichter in Carl J. Burckhardt verrieten. 1961 trafen wir uns in Salzburg, als Burckhardt Ehrengast der Festspiele war, Ehrengast zusammen mit Lady Cooper, der ehemaligen Lady Diana Manners, einst Max Reinhardts und Karl Vollmoellers schöne Madonna in der *Mirakel*-Aufführung. Besonders eingeprägt aber hat sich in meiner Erinnerung mein erster Besuch in Vinzel im Sommer 1954 zusammen mit Walter von Cube, Programmdirektor und politischer Kommentator des Bayerischen Rundfunks. Aus den verträumten Bergen des Juras kommend, fuhren wir in den von Lindenschatten und Brunnenlaut gekühlten Hof des alten Landhauses La Bâtie. Der hohe Mittag kochte ringsum den Wein in den Trauben, der silberne Spiegel des Genfer Sees warf südländisches Licht hart in den dem Rebland abgesparten Garten, es duftete nach allen Blumen des hohen Sommers. Rechts ab lag Genf, man sah die wehende Fahne seiner hohen Fontäne, und – unmittelbar dem Haus gegenüber –, von rasch sich wandelnden Wolkenschleiern halb verborgen, halb entblößt das himmelragende Massiv des Mont Blanc: Duft und Farbe und Ruhe eines waadtländischen Nachsommers. Der Hausherr von La Bâtie – hier ist seine Frau Elisabeth de Reynold geboren, sind die beiden Töchter aufgewachsen – kam groß und schlank aus dem Garten. Die Begrüßung war von distanzierter Herzlichkeit und von dem kühlen Gleichmut eines Mannes getragen, der sehr viele Menschen zu sehen, abzuschätzen und einzuordnen gezwungen war. Nach dem Essen saßen wir in der bis zur Decke mit Büchern austapezierten Bibliothek. Das war nun das ganz dem Haus und damit der Welt abgekehrte Lese- und Arbeitszimmer eines Schriftstellers, der als Historiker mit seinem *Richelieu* – dessen zweiten Band er gerade zu Ende brachte – die große Darstellung des siebzehnten Jahrhunderts gegeben hat. Wir sprachen vom Briefwechsel Hofmannsthals mit Rudolf Borchardt; das Bändchen lag drinnen auf dem Schreibtisch, genauso, wie ich es nicht lange zuvor bei Thomas Mann in Kilchberg liegen gesehen hatte. Burckhardt besaß selbst über hundert Briefe Hofmannsthals, die der österreichische Dichter in seinen zehn letzten Lebensjahren an ihn geschrieben hatte. In Burckhardt und Hofmannsthal waren sich zwei wesensverwandte Naturen begegnet. Hofmannsthal nahm den um viele Jahre Jüngeren gern und gleichberechtigt bei sich auf. Es entstand zwischen beiden zutiefst konzilianten Männern eine einzigartige Freundschaft. Beide wußten, wie sehr jedem von ihnen eine besondere Mittlerrolle auferlegt war, die in keinem Fall mit dem hybriden Anspruch Borchardts oder der Imperatorgebärde Georges etwas zu tun haben wollte. Gerade bei diesem Teil der Unterhaltung in Vinzel fiel mir auf, wie sehr Burckhardt ein Mann des Männergesprächs war. Aufmerksam, taktvoll, diskret – diese drei Eigenschaften bedingen die Fähigkeit zur Freundschaft. Carl J. Burckhardt war befreundet mit Rudolf Kassner, Annette Kolb und Rilke, er war der Freund Max Rychners, Max Picards, François Mauriacs und Ludwig Curtius', des großen Altertumswissenschaftlers deutsch-humanistischer Prägung, des letzten Nachfahren Winckelmanns. Die Begegnung mit Hofmannsthal, einem »kleinen dunklen Herrn«, bei der malenden, komponierenden, marionettenschnitzenden Gräfin Thun in Wien war für beide Männer eine Sternstunde geworden, so, als hätten »in der babylonischen Verwirrung endlich zwei sich gefunden, die dieselbe Sprache redeten«. Der junge Schweizer Attaché betrat aus der Sekurität seines Landes den »liquid« gewordenen Boden Europas in Wien, an einer Stelle, wo sich die Tragödie des Erdteils mit der der Donaumonarchie und ihres Erzhauses aufs grausamste mischte. Das, was noch kommen mußte, ahnte der Jüngling – wenigstens lassen dies die späteren Aufzeichnungen vermuten. Burckhardt war, wie kaum ein anderer Zeitgenosse, fähig, Einsichten zu gewinnen, die mehr waren als eben nur feuilletonistische Impressionen. Seine ganze Art der Geschichts- und Daseinsbetrachtung belegt es, gleichgültig, ob er über Maria Theresia schreibt – mit einem starken Gerechtigkeitsgefühl auch Friedrich dem Großen gegenüber – oder über den Publizisten

der Metternichschen Epoche Friedrich von Genz. Oder über
Grillparzer, dessen »stilles Licht des Maßes« Burckhardts
Leitbild geworden ist. Jeder große Schriftsteller, gleichgültig
welchen Themas er sich bemächtigt, ist ein Vermittler, ein
Mittler im Goetheschen Sinn. Burckhardt war ebenso groß
im Nehmen, Aufnehmen, wie im Geben in Gespräch und
Rede. In der Septembernummer 1957 der *Neuen Schweizer
Rundschau* liest man nicht ohne Rührung die Zeilen von
Ludwig Curtius, der ihm als Siebenundachtzigjähriger eine
Art Apotheose des Mannes von sechzig Jahren geschrieben
hat. Da heißt es über eine Autofahrt zu zweien aus Burgund
nach Genf zurück: »Die ganze Nachtfahrt hindurch unterhielten wir uns. Damals war ich nahe an den Sechzig. Aber
mir ist, als sei ich in jener Nacht ein Knabe gewesen, der das
Glück genießt, daß ein Gleichdenkender sich ihm ganz
erschließt. Den ganzen Reichtum ihres Goetheschen Mittler-
wesens ließen Sie auf mich niederströmen.« Dieses Mittler-
tum war es, das Burckhardt ganz wie von selbst in die Rolle
des aktiven Politikers und Diplomaten hineingelenkt hat.
Zweimal hatte er in seiner Eigenschaft als Hoher Kommissar
des Völkerbundes für Danzig Hitler gegenübergestanden. Es
wird glaubwürdig berichtet, daß dieser Adolf Hitler, von
Burckhardts Mannhaftigkeit und freimütiger Haltung stark
beeindruckt, später, wie von einer flüchtigen Furcht befallen,
geäußert habe, Burckhardt besitze die Kraft, Einfluß auf ihn
zu gewinnen. So kam es folgerichtig nicht zu einer dritten
Begegnung. Von der zweiten im Sommer 1939, die im
Teehaus auf dem Hohen Göll, dem sogenannten Adlerhorst
über Berchtesgaden stattfand, berichtete Burckhardt, der von
der unberührten Herrlichkeit der bayerisch-österreichischen
Bergwelt fasziniert war, Walter von Cube und mir damals in
Vinzel, daß Hitler nicht ohne falsche Wehmut von sich gesagt
habe: Eigentlich sei er ein Künstler und daß ihn Grauen
befalle, wenn er an die Dinge denke, die seinem Land, die
Europa und der Welt bevorstünden. Den Einwand Burckhardts, es sei in Hitlers Hand gegeben, das Unausdenkbare

abzuwenden, schob er wie ein lästiges Insekt rasch beiseite. Der vermeintliche Künstler hatte der Kugel längst jenen Stoß versetzt, die sie ins unaufhaltsame Rollen gebracht hat. Burckhardt, der Diplomat, war ein brillanter Erzähler, so dramatisch sich sein Bericht auf den letzten Seiten der *Danziger Mission* auch liest, erzählt wurde mit jener hohen Lebendigkeit, die das geschriebene Wort nicht erreicht. Rauchend, keinen Augenblick um ein Wort verlegen, saß Carl J. Burckhardt in einem Sessel: Der machtvolle, schon schwere Mann, der kaum gestikulierte, ließ die spukhafte Szene über dem Obersalzberg kühn und ohne Eitelkeit noch einmal Ereignis werden.

»Diplomatische Kunst ist nicht, wie der mißtrauische Laie meint, eine Kunst des Ränkeschmiedens« – manchem Staatsmann sei diese Burckhardtsche Äußerung ins Stammbuch geschrieben –, »sondern sie ist eher dem Instinkt vergleichbar, der es dem naturverbundenen Menschen erlaubt, in einem Urwald seinen Weg zu finden.« Nicht anders hat Carl J. Burckhardt als Schweizer Gesandter in Paris gewirkt und nur Freunde hinterlassen. Wie er 1954 Walter von Cube und mir in La Bâtie erzählend gegenüber saß, war er mit dem Begriff »Herr aus großem Haus« gut umschrieben, mag der Begriff heute auch »démodé« sein. Man hatte das Gefühl, er sei, obschon im besten Sinn Deutsch-Schweizer, überall in der Welt zu Hause, in Europa, China und Nordamerika ebenso wie in einer heimischen Berghütte an einem Tisch mit Holzfällern und Jägern, mit diesen besonders, denn er selbst war ein großer Jäger und liebte dieses Metier als urtümlich und der Natur nahe. Seine Allüre war bescheiden, war ohne Bombast. Er sprach mit einem Weinbauern ebenso selbstverständlich wie mit Handwerkern, Schriftstellern, Jesuiten, Staatsbeamten oder mit General de Lattre de Tassigny, der ihn eines stürmischen Apriltags 1946 in seinem Kampfflugzeug nach La Rochelle entführte und mit ihm – eine Überraschung für Carl J. Burckhardt – nach Luçon weiterfuhr, wo einst Kardinal Richelieu als Bischof geamtet hatte. Burckhardt zog im Gespräch nicht die Maske des Diplomaten in geheimer Mission über das Gesicht, noch gab er sich als Literat in Sammetjacke und langem Haar oder als der durch Spezialkenntnisse überlegene Universitätsprofessor – zu jeder dieser Attitüden fehlte ihm die Eitelkeit.

Dankbar ist seine Heimat dem Großen, langsam Vereinsamenden eigentlich nicht gewesen, weder dem Schweizer Gesandten in Paris, noch dem Präsidenten des Internationalen Roten Kreuzes in Genf. Manchmal glaubte ich eine gewisse Melancholie in einem gesprochenen oder geschriebenen Satz Burckhardts mitschwingen zu hören. Behutsam danach gefragt, schrieb er mir am 7. Mai 1958: »...Sie schreiben von ›Verdüsterungen‹. Ich überlege. Im Grunde bin ich ein heiterer Mensch, dem Heilen und Hellen zugewandt. Aber wenn ich mich kalt an Lageprüfung und Deduktion mache, so bin ich, so war ich seit Jahrhundertbeginn für die Entwicklung unserer Welt, unserer Generation und der nachfolgenden – wie soll ich's sagen – ja – doch hoffnungslos. Schrifttum, Kunst, Musik, alles kündet ein schlimmes Ende an. Ich habe die Nazis aus nächster Nähe gesehen, die französischen Résistance-Leute in ihrem grausamen Rachedurst und auch die romantisch geschraubte Eitelkeit der sich selbst zerfleischenden Generation, das unfruchtbare, unehrliche Transzendieren der Deutschen seit Krieg und Zusammenbruch, den Niedergang in Zorn und Neid bei so vielen Engländern, das amerikanische Versagen, die deutsche Kapitulationsmode, diese öde Umkehrung der faschistischen Position, nur manches noch sektiererischer, noch tyrannischer als diese. Ich habe, wie wir alle, eine große Zahl erbärmlicher Menschen getroffen, Kriminelle, hämische Triumphatoren, Intriganten; all das ganz objektiv, ohne die geringste Melancholie, geprüft, gewogen, festgestellt, manchmal verworfen, häufiger vergessen oder verziehen. Ja, und ich frage, ist es dann ein Wunder, daß man gerne Erinnerungen festhält an die paar männlichen, tapferen Gestalten, denen man ins Auge sah? Diesen Winter war ich zum erstenmal recht krank, verschleppte Grippe mit schlechten Rückfällen. Ich mußte alles absagen. Aber jetzt geht es wieder bergauf. Bitte fahren Sie das nächstemal nicht drunten auf der Straße vorbei!...«

Burckhardt war ein treuer, aufmerksamer Freund. Sein herzlicher Brief vom 16. März 1966, mit dem er mir für die Übersendung des Büchleins *Jahrgang 1901* dankte, an dem ich zusammen mit Paul Sethe und Erich Nossack mitgewirkt hatte, war für mich, in aller Bescheidenheit, bedeutungsvoll als Bestätigung meines schriftstellerischen Tuns: »Ihr jungen Leute aus dem Jahrgang 1901 habt ein recht vielseitiges Programm zusammengestellt. Von den lästigen zornigen jungen Mänern, mit ihrem gewissenhaften Drang zur Selbstanalyse, über die politischen Raumflieger, die uns ganze Zeitspannen aus großer Höhe fotografieren, gelangen wir zu der feinen Skepsis des wissenden und sich erinnernden Frankfurters, der Sie sind und bleiben. Da ist denn zum Schluß des Bandes ein feiner Duft vorhanden, selbst von der ›Bank der grandiosen Spötter‹ – Mann, Thöny etc. etc. – dringt durch Ihre Stimme ein ganz leicht hedonistisch-versöhnlicher Ton, kontrapunktiert kunstvoll der Komposition eingefügt...«

Burckhardts Mitteilung vom 4. Juni 1969 bewegte und beunruhigte mich zugleich: »Seit einer schweren doppelseitigen Lungenentzündung im Jahre 1968 erhole ich mich nicht; ich hatte während einer Woche vierzig Grad Fieber und wurde mit sehr starken Antibiotika behandelt. Jetzt will das Herz, dieser ruhelose Begleiter, nicht mehr recht... Großen Anteil nehme ich an den schweren Nachrichten, die Sie mir über das Ende Ihrer mir von dem Abend bei Cube unvergeßlichen Gattin (Lili) geben, eines der schönsten Geschöpfe, dem ich begegnet bin...«

Im Jahr zuvor hatte Walter von Cube in München Carl J. Burckhardt in einem kleinen Kreis von Gästen ein vorzügliches, zum Teil selbst zubereitetes Abendessen gegeben. Meine Frau Lili spielte die ihr übertragene Rolle der »Hausfrau« mit vollendeter Liebenswürdigkeit. Der zauberhaften

Mansarde in der Münchner Galeriestraße, in der der Junggeselle Walter von Cube damals lebte, muß hier gedacht werden! Nicht so sehr von ihrem Inneren will ich sprechen, das mit der enormen, wohlgeordneten Bibliothek, jedem Möbel, jedem Bild und den Teppichen, die eine Folie satrapischer Üppigkeit verbreiteten, den untrüglichen Sinn für Qualität ihres Bewohners verriet, sondern von der Aussicht, die man aus jedem Fenster des fünfzehn Meter langen Hauptraums genießen konnte. Eine Aussicht wie diese sucht in München ihresgleichen. Über das bunte, zart duftende Blumenparterre hinweg, erhob sich zum Greifen nahe das barocke Wunder der Theatinerkirche in den föhnig blauen Himmel. Wenn Kunst gegen Natur sich zu stellen wagt und dabei zu bestehen vermag, dann hier: Das Ausgewogene, die Harmonie des Baukörpers, die Farbe dann, die sich fast schmecken läßt, dieses Braungelb, das harte wenige Weiß der Zifferblätter, das Gold der mächtigen Zeiger, die wie langsame Windmühlenflügel durch die Tag- und Nachtzeiten gehen, das Grünspangrün der kupfernen Helme mit den chinoisen Windfahnen, den drachenhaft emporgerollten Voluten, auch sie grünlich schimmernd – das alles, auf den Namen St. Kajetan getauft, über einer herrscherlichen Gruft errichtet, ist wohl das Schönste, was man aus einem Münchener Fenster erblicken kann. Es ist schön, wenn der Regen rinnt und der Wind weht, wenn die Sonne im orangefarbenen Damast versinkt und durch grauen kalten Duft der Schnee wirbelt oder wenn zwei Gewitter aus gigantisch getürmten Wolkenbergen sich zu befehden anschicken. Noch sehe ich Walter von Cube in seinem Fenster breit hingelagert, die Pfeife zwischen den tabaksud-feuchten Lippen, gerührt und grimmig zugleich die vor ihm aufgebauten Herrlichkeiten dieser Münchner Stadt genießen. Damals dachte ich, es müßte ein Maler her, ein titanischer Spitzweg etwa, der dieses Fensteridyll breitpinselig zur Leinwand brächte.
Zurück aber zu unserer kleinen Abendgesellschaft, die Walter von Cube um Carl J. Burckhardt versammelt hatte. An

diesem Abend war die pessimistische Melancholie des vieler-
fahrenen, vielgereisten Mannes besonders spürbar, der über
das, was die Politiker der Alten und der Neuen Welt auf
Konferenzen und bei diplomatischen Geheimgesprächen
aushecken, nur mehr wortlos den Kopf zu schütteln vermochte. Etwas von einem sich vorbereitenden Untergang des
Abendlandes wurde im Zusammenhang mit Burckhardt
spürbar. Wie sehr Burckhardt durch die Gegensätze und
Widerstände einer Epoche, die viele von uns nur zögernd die
ihre nennen, seine Bedeutung als Mensch, sein geistiges Profil
als historischer und belletristischer Schriftsteller, als Diplomat und Hochschullehrer erhielt, sein geistiges Gewicht
entfaltete, auch dies wurde mir besonders an dem Abend in
der Münchner Galeriestraße bewußt. Am 3. März 1974 ist
Carl J. Burckhardt nach langer Krankheit gestorben.
Jemand hat die komplexe Gestalt Carl J. Burckhardts einmal
einen Türmer genannt, der, indem er Ausschau hält, prüft,
wortlos ordnet, wägt, die Welt – seine und die unsrige – in der
Waage zu halten sucht. Auch Walter von Cube, der große
Liberale und zugleich Konservative war ein »Türmer«, seine
geistige Potenz der Carl J. Burckhardts verwandt, nicht nur
in seiner das Visionäre streifenden, wohl instinktiven politischen Intelligenz. Individualist von hohen Graden, repräsentierte er ein Stück Nachkriegsgeschichte bayerischen, wenn
nicht deutschen Rundfunks. Goethe schrieb einmal an Rie-
mer: »Die ganze Geschichte mit dem Genie ist, daß die
Menschen einmal einem gestatten, was sie sich untereinander
selbst nicht gestatten, nämlich, daß einmal einer ganz sein
darf, was er will und Lust hat.« Walter von Cube war ein
Lebenskünstler, der all das getan hat, was er wollte und wozu
er Lust hatte. Wir sind einander früh begegnet, fast gleichalt-
rig und gleichgestimmt, zwei musisch angelegte Männer,
einander durch stillen Respekt verbunden, verbunden auch
durch ernste Heiterkeit im Gespräch und in schriftlichen
Äußerungen. Rudolf Kassner habe ich als eine Vaterfigur
empfunden, Walter von Cube war der Freund schlechthin.

Freunde, auch dies hat Goethe geschrieben, offenbaren das am deutlichsten, was sie einander verschweigen. Wir haben uns zeitlebens nie geduzt, es gab keine Geständnisse, aber es gab Ahnungen, und es gab Distanz bei aller offenkundigen Wärme. In sein Buch *Ich bitte um Widerspruch* hat Walter von Cube mir mit seiner klaren Handschrift geschrieben: »Dem Freunde Erich Pfeiffer-Belli, der eigentlich an allem schuld ist.« Nach der Kriegsgefangenschaft – als Arbeiter bei einem französischen Weinbauern – kam Walter von Cube zu mir auf die Redaktion der amerikanisch lizenzierten *Neuen Zeitung* in München. Cube hatte erste journalistische Erfahrungen als Nachtredakteur beim *Berliner Tageblatt* gemacht. Schmal, in abgerissener Uniform stand er in München vor mir. Ich brachte ihn zu dem mir wohlgesinnten Chefredakteur, Major Hans Wallenberg, und nach einer halben Stunde war Walter von Cube als innenpolitischer Redakteur der *Neuen Zeitung* engagiert. 1948 folgte der Ruf des Bayerischen Rundfunks. Später dann war es Cube, der seine Hand schützend über mich hielt, der mich mit viel Sinn für meine »Runzeln« als Feuilletonist und für meine Eigenwilligkeit als Kritiker gegen manchen bürokratischen und menschlichen Unverstand verteidigte. Dafür danke ich Walter von Cube nach fast dreißig Jahren Kultur-, vor allem Schauspielkritik am Bayerischen Rundfunk. Wenn »vC« einen meiner Zeitungsbeiträge mit dem ermunternden Zuruf »prächtig« oder »meisterlich« versah, freute mich solche Bestätigung des schreibenden Kollegen. Eine Art Schutzengel in der Kulturabteilung des Bayerischen Rundfunks war auch Ria Hans. Ihr untrüglicher Sachverstand und absolutes Qualitätsgefühl in allen Fragen des Theaters, ihre kämpferische Bereitschaft dann, sich für Menschen und für die Sache, von deren Richtigkeit sie einmal überzeugt war, rückhaltlos einzusetzen, hat mich immer wieder bewundernd staunen gemacht. Dank auch ihr.

Walter von Cube liebte das Leben, liebte Kunst und Literatur, und er liebte ein kultiviertes Essen, wie einfach oder

Walter von Cube in seinem Haus im Schweizer Quinten; das letzte Foto vor
seinem Tod, aufgenommen am 3. Juni 1984

raffiniert es immer sein mochte, und mäßiges Trinken. Beim
Ordnen seines Nachlasses fanden sich auf seinem Schreibtisch zwei Zettelchen, auf denen fein säuberlich die beiden
Viel-Gänge-Menüs notiert waren, die Inge zuletzt für ihn
»komponiert« hatte. Diese langen Abende der kulinarischen
Genüsse bei bunter Wechselrede sind unvergessen. Ich fühlte
mich erinnert an die späten Abende zu zweit in den fünfziger
Jahren im Restaurant Walterspiel, wo der meisterliche Koch-
künstler Alfred Walterspiel sich gelegentlich zu uns gesellte,
um dem verständigen Gast Walter von Cube das Geheimnis
mancher seiner Küchenzaubereien zu enthüllen. Solch sach-
kundigen Zwiegesprächen konnte ich zwar aufmerksam
zuhören, aber sie gaben mir ungelöste Rätsel auf. Walter von

Cube liebte Gärten und Blumen, liebte unseren bunten kleinen Garten in der Stadt, und der leidenschaftliche Gärtner empfand seine Quintener Gartenschöpfung als ein, als sein Paradies. Das Schicksal hat es gewollt, daß er in seinem Schweizer Refugium, eben diesen Quintener Garter pflegend, am Pfingstmontag des Jahres 1984 kurz vor seinem achtundsiebzigsten Geburtstag einen sanften Tod erlitt. Für die Freunde bleibt die große, unaussprechliche Leere. Mit dem Freund, der selbst ein feuilletonistisches Ingenium besaß, habe ich auch einen klugen Kenner meiner schriftstellerischen Talente auf den Gebieten »der kleinen Form« verloren. In seinem wohl letzten großen feuilletonistischen Lesestück aus der *Süddeutschen Zeitung* vom 15./16. Juni 1980 *Über den Tagesablauf eines alternden Junggesellen nebst dessen zeitwidrigen Gedanken* beklagt Walter von Cube den Hingang des Feuilletonisten, jenes »Emigranten aus der Diktatur des kulturpolitischen Ressorts« einer Zeitung, das »aus ungebildeter Arroganz und intellektualistischem Hochmut alles Traditionsverdächtige wegzensuriert«.

Über die dicken Männer

In unserer allzu rasch dahinlebenden Zeit löst die stille Betrachtung kaum noch ein Echo aus. Seit dem frühen Tod des erst achtundvierzigjährigen Feuilletonchefs der *Süddeutschen Zeitung*, Hans Joachim Sperr, im November 1963, der mir ein liebenswert kritischer Freund und Förderer war, gibt es für mich kaum noch Möglichkeiten, Feuilletons – die mir so liebe und gemäße Form – zu veröffentlichen. Die von Hans Joachim Sperr (anfangs mit Hans Pöschel) in den Jahren 1946 bis 1949 herausgebrachte Nachkriegswochenzeitschrift *Münchener Tagebuch* charakterisiert das musische, vielseitige Wesen dieses Mannes, der nur in den allerseltensten Fällen selbst einmal zur Feder griff. Aber er war ein ungewöhnlich begabter Anreger und ein ebenso talentierter Redakteur im

Sinne auch von Redigierer – mit dem Silberstift, wie er zu sagen pflegte. Meine Reflexionen *Über die dicken Männer* im September 1949 im *Münchener Tagebuch* waren auch ein Freundesgruß an die im doppelten Wortsinn gewichtige, barocke Gestalt Walter von Cubes, der mich noch kurz vor seinem Tod ermunterte, jenes Blättchen in meinen Erinnerungen nicht auszulassen, mit dem ich damals heiter und liebevoll ironisch unter dem Pseudonym Andreas Heldt für die Dicken mein Feuilleton in die Schanze schlug. Darin heißt es: »... Diese Dicken sind nämlich aller Wahrscheinlichkeit nach noch die umgänglicheren, zivileren unter den Menschen, wobei ich negative Ausnahmen durchaus zugebe, nämlich die Neroschen Wänste, die zuckrige Bäckereien schlecken, während sie feisthändig Todesurteile unterschreiben. Im allgemeinen aber sind die Dicken zur Güte neigend oder wenigstens zur Gutmütigkeit, manchmal zu rasch verrauchenden cholerischen Explosionen. Ihr Fettpanzer ist ihnen ein guter Schutz vor Angriffen von außen. Er bewahrt sie aber auch vor dem Bösen, das jeder Mensch als seine größte Gefahr in sich trägt. Das Wölfische kann sich in einem gutgepolsterten Innenleben nicht voll entfalten und geht allmählich zugrunde... Der Dicke ist Vollmond und strahlende, hochmittägliche Sonne in einem, begabt mit der Fähigkeit zur inneren Grazie, mit runden Bewegungen ausgestattet, ein guter Tänzer oft. Es gibt kaum zarter besaitete, empfindlichere Menschen... Der Abenteurer ist meist wie ein pfeffriger, aufpeitschender Trunk; der Mann jedoch, den ich meine, ist wärmend wohltätig und kräftigend wie alter Burgunder, in ihm ist eine süßherbe Weisheit, die Branntwein nie hat ... Darum preise ich die dicken Männer, jene mit der kräftigen Postur und der großen Seele – nicht indes die nur Feisten, die zu Talg gewordenen Athleten und schwerfälligen Wänste, die an sich herabblicken und achselzuckend feststellen, sie hätten, ohne es zu merken, von ihren Fußspitzen Abschied genommen. Die anderen meine ich, deren Wesen honigschwer und golden ist, überreich aus den tausend

Waben ihrer Seele rinnend. Nicht den Schmallippigen, nicht den ausgezehrten Dürren, sondern den Breitstirnigen, Starkleibigen, den Edel-Dicken gehört, hoffe ich, die Zukunft der Welt, weil letztlich nur auf sie Verlaß ist und man auf ihre leib-seelische Wesenheit Häuser bauen kann...«

Eine Mantelgeschichte

Meine feuilletonistischen Arbeiten haben mir manch freundlichen Zuruf eingetragen. Der buchenswerteste von allen, der nicht ganz unalltägliche Folgen hatte, erreichte mich während des Kriegs aus Zürich. Dank glücklicher Umstände hatte ich in den ersten Kriegsjahren öfter die Gelegenheit, in die Schweiz zu reisen und über diese Fahrten in der *Frankfurter Zeitung* in der Rubrik *Aus einem anderen Land* zu berichten – ganz unpolitisch versteht sich. Eines Tages also kam ein Brief aus Zürich. Er hatte – Farbstreifen bestätigten das – die deutsche Zensur passiert. Der Schreiber war Amerikaner, hieß Livingston Phelps und teilte mir mit, er habe eine Reihe meiner Feuilletons gelesen und lade mich nun ein, ihn in Zürich zu besuchen, Adresse Hôtel Baur en Ville. Ich nahm die nächste Gelegenheit wahr, vierzehn Tage Ferien in der Schweiz zu machen; ein einsichtiger Offizier der Abwehr kümmerte sich um die Ein- und Ausreiseerlaubnis. Wir mochten uns vom ersten Augenblick an. Linvingston Phelps' Mutter war Deutsche gewesen, er hatte seine Schulzeit in Feldkirch im Internat Stella Matutina absolviert, so sprach er fließend Deutsch, Französisch, das beste Oxford-Englisch und, wenn es nötig war, Lateinisch. Als junger Diplomat war Livingston vor der Russischen Revolution nach St. Petersburg gegangen und hier, an der Newa, beginnt der Mittelteil meiner Geschichte, die eine Mantelgeschichte ist. »Vom Mantel kommen wir alle her«, hat Dostojewskij geschrieben; er meinte Gogols Meistererzählung *Der Mantel*. Meine Mantelgeschichte hat nichts mit den beiden großen Russen zu tun, obwohl allerlei scheinbar Rätselhaftes en miniature in ihr eine Rolle spielt. Livingston Phelps und ich haben, soweit es möglich war, bis zum Kriegsende und später viel miteinander korrespondiert, sahen uns in Luzern und auf dem Rigi. Nach dem Zweiten Weltkrieg zog er mit seiner Bibliothek, die in Paris alle Zeitnöte überstanden hatte, nach Genf. Anfang der sechziger Jahre erreichte mich die Nachricht vom Tod des Freundes, zwei Jahre danach bekam ich von einer New Yorker Anwaltsfirma die Mitteilung, ich sei im Testament des Dahingegangenen mit einem Pelzmantel bedacht worden. Und dann vergingen Jahre, bis ich mich eines Tages in der riesigen, fast leeren Güterhalle des Flughafens München-Riem einer großen würfelförmigen Kiste, aus bestem Holz sauber gezimmert, gegenübersah. Sie sollte den fast schon in Märchenwelten entrückten Mantel umschließen. Ich dachte an die Büchse der Pandora. Würden mir Wolken von Motten, Fetzen des Mantels zwischen ihren Zähnen, entgegenfliegen? Nichts dergleichen. In Ölpapier verpackt, unsäglich nach Desinfektionsmitteln und Mottenkugeln riechend, präsentierte sich mir, nachdem ich den Pelz hervorgezerrt hatte, ein Ungetüm von Mantel: schwarzes Tuch, Seidenkordelverschnürung à la Honved, Pelzstulpen, die bis zum Ellenbogen reichen mochten, ein langer Pelzschalkragen, so breit, daß ein Zar im Schlitten oder sein Leibkutscher jedweder Kälte an Hals und Ohren hätten trotzen können. Ich schlüpfte in den taillierten Mantel, er reichte mir bis auf die Hacken meiner Schuhe, es war gar kein Mantel, es war ein pelzgefüttertes Schilderhaus, in das die voluminöse Gestalt Livingstons wohl gut gepaßt hat. Ein Mantelmirakel also und ein Pelzmirakel obendrein: das Innere glänzend tiefschwarzer Seal, seidig schmiegsam; Kragen und Manschetten aus bräunlichem Kamschatkaseal. Dergleichen sieht man auf Bildern Holbeins, auf Porträts venezianischer Granden. Ich habe den Mantel auseinandernehmen lassen. Die Rückseite eines jeden der Sealfellchen war mit einem Sowjetsternstempel verziert; die ganze Rarität muß also nach der Oktoberrevolution 1917

geschneidert worden sein und wurde nun, auf mich zurecht-
geschnitten, in schwarzblaues Tuch eingebaut.

In meiner Mantelgeschichte spielen für mich von fern die
Aura russischer Literatur, die Phantasmagorie St. Petersburg, seine weißen Nächte eine mystische Rolle, und jedesmal, wenn ich in diesen Pelzmantel schlüpfe, sind um mich
schattenhaft versammelt Gogol und Dostojewskij, der
Newskij-Prospekt, der Blick auf den Kirchturm der Peter-
Pauls-Festung und das Reiterdenkmal Peters des Großen; zu
fast greifbarer Gegenwart verdichtet sich die Gestalt des
amerikanischen Freundes, der wohl gewußt hat, was er mir
mit seinem Rauchwerkwunderwerk Freundliches antun
würde.

Ein Brief von Gottfried Benn

Nicht nur der Feuilletonist, auch der Kulturkritiker hat zeit
seines Lebens verschiedenartigste Resonanz seiner Leser und
der »Kritisierten« erfahren. Einhellige Zustimmung ebenso
wie wütende Ablehnung und beglückten Dank. Ein Dankes-
brief, der mich heute noch genauso wie vor fünfzig Jahren
anrührt, kam von Gottfried Benn aus Hannover, ausgelöst
durch meine knappe Würdigung des fünfzigjährigen Lyrikers
auf der ersten Seite des *Berliner Tageblatts* vom 30. April
1936: »Gottfried Benn wird am Sonnabend fünfzig Jahre alt.
Darum erscheint eine Auswahl seiner Gedichte (Deutsche
Verlagsanstalt, Stuttgart-Berlin). Es ist ein schmaler Band,
aber ein Buch, angefüllt mit der großen Problematik dieses
Mannes, die er selbst am besten und klarsten erkannte, als er
in seiner Essay-Sammlung *Kunst und Macht* 1934 den Aufsatz über Expressionismus erscheinen ließ. ›Lebt im Schatten,
macht Kunst‹, heißt es da. So mag es den Jungen des Jahres
1936 vorkommen, wenn sie Gedichte dieses Mannes lesen,
von denen als das wenigste gesagt werden muß: Er machte
sich sein Leben nicht leicht. Die Melodie seiner späten

Gedichte schwingt zwischen Swinburne und George, der innerste Rhythmus, die tiefste und dunkelste Melancholie klingt zu beiden hin. Er, Gottfried Benn, bleibt für die junge Generation ein Rätsel, um dessen Auflösung sich freilich niemand kümmert; der Bildungsunterschied ist zu groß und zu ausschlaggebend. Rilke läßt sich ohne humanistische Bildung begreifen, George ohne sie lesen; Benn, der keineswegs ganz zufällig in illustre Gesellschaft gekommen ist, bleibt ohne Bildung kaum zu erahnen, geschweige zu verstehen. Ob es nötig sei, so zu schreiben, zu dichten: ›Bild, Vers, Flötenlied‹, wird mancher fragen. Stellt man solche Frage dem Maler van Gogh, Cézanne? Oder will man so das Geheimnis Bruegels oder Rembrandts ergründen? Besessen von sich und der Welt ihrer Gedanken waren jene, wie ein Typus vom Range Benns es von sich, von seiner durch das Gehirn schmerzvoll filtrierten Welt ist. Schmerzvoll, weil er alles und jedes unendlich schwernimmt und wägt. Darüber darf nicht die Eleganz des Verses, die weltmännische Art, etwas durch Fremdworte äußerst präzis und preziös sagen zu können, hinwegtäuschen. Gottfried Benn hat ein schweres Schicksal auf seine Schultern genommen: Mit Worten und Klängen, mit Tönen und Begriffen, mit verschwebenden Zartheiten und dissonanter Überdeutlichkeit die Beziehung zu einer Umwelt herzustellen, die andere Worte kennt und braucht, um wirklich angegangen zu werden. Es gibt bildende Künstler in Deutschland, im Alter Benns etwa, die viele Bedingungen des deutschen Heute erfüllen, die eine Bedingung aber nicht: jünger und voraussetzungslos zu sein. Daraus ergibt sich jene Tragik, die auch die Dreißigjährigen zum Teil schlägt: zwischen den Zeiten zu stehen. Diese Tragik mindert nicht den Wert der Leistung, über die endgültig die Zukunft zu Gericht sitzen wird. Es gehören aber Mut und Reinheit dazu, diese Lage einzusehen, aus ihr nicht profitliche Folgerungen zu ziehen, was Benn, indem er seine Vergangenheit verleugnete und seine Gegenwart gegenwärtiger stimulierte, leichtfallen würde. Bleibt auch dem dringend

Bemühten mancher Vers, ja manches Gedicht dieser neuen Sammlung durchaus orphisch, so stehen auf den hundert Seiten des schwarzsilbernen Bandes genug Zeugnisse klarsten kristallinischen Empfindens und lyrischer Begnadung, die dem Ausgeschlossenen von der Mühsal und dem Ernst des Bennschen Lebens sprechen; den Januskopf dieses rück- und vorwärtsgewandten Daseins, die tiefe Tragik des Mannes von fünfzig Jahren heute steht bedeutend und ergreifend auch an jenen Wegen seiner Kunst und Kunstdeutung, die zu beschreiten uns aus diesen oder jenen Gründen unmöglich ist.«

Benn schrieb mir noch am gleichen Tag: »Seit über einem Jahr bin ich bei der Armee, von der ich ausging, Sanitätsoffizier bei der Wehrersatz-Inspektion Hannover, verließ Berlin, um aus allen politischen u. kulturellen Bindungen herauszukommen, in die ich geraten war. Trage Uniform, Rang eines Stabsoffiziers, seit einem Jahr habe ich kein Wort außerdienstlich gesprochen. Komplette Doppelexistenz. Ich sitze heute abend im Café Kröpcke, am Nebentisch liest ein Herr das *B. T.*, ich sehe: *Der Fünfzigjährige*, greife nach der Zeitung u. lese was Sie schreiben. Eine Erschütterung ohnegleichen. Das andere, das abgedeckte Leben bricht plötzlich wieder herein, alle seine Dämonen, Kämpfe, Qualen, Widernatürlichkeiten, seine Neurosen, Beengungen, sein tierisches Müssen in die einzigen Ausgänge: die Worte. Wenn es bei Flaubert vielleicht begann, es ist lange nicht zu Ende: der Geist oder das Leben, es ist unversöhnbar beides, was Nietzsche noch nicht sah. Es *verwirklicht* sich nicht eines im andern, das ist politisches Geschwätz; ›das Leben‹ ist überhaupt keine Wirklichkeit, es ist nur eine Wiederholung von Absurditäten, ein ewiges Rezidiv von Vorstufen, heute aufgezogen als ›Geschichte‹. A bas – die Geschichte! Jenseits der ›Geschichte‹ beginnt die Wirklichkeit, *die anthropologische Wirklichkeit der geistigen Formen*. Verraten wir die nie – wenigstens nie auf die Dauer u. in unsrem Herzen! Dies dachte ich bei Kröpcke. Dank Ihnen! Helligkeit über diesem

Abend. Glückes genug für viele Dunkelheiten!« Benn war wohl darum so sehr bewegt, weil er, der zeitweilig Umstrittene, inzwischen der herrschenden Klasse höchst verdächtig geworden, sich als Dichter öffentlich bestätigt fand.

Ein böser Brief aus Ach
und
Fritz Kortner, der große alte Mann
des deutschen Theaters

Aber es gab auch negative Kritik am Kritiker. Eine der erschreckendsten, weil die Schreiberin und ihre Unbelehrbarkeit enthüllenden Zuschriften (aus dem Jahre 1950) hat sich mir zufällig erhalten. Aus Ach über Freudenstadt schrieb mir im Dezember – wohlgemerkt in deutscher Schrift – eine Hörerin des Südwestfunks, für den ich kulturpolitische Kommentare und Theaterkritiken lieferte: »Nachdem ich Ihr weichliches Gesäusel letzten Sonntag wiederum am Radio (nur den Schluß) hörte, muß ich auf Ihren anmaßenden Vortrag vom letzten Oktober- oder 1.-November-Sonntag zurückkommen. Wer gibt Ihnen das Recht, eine öffentliche Einrichtung zu benutzen, um der Allgemeinheit Ihre unmaßgebliche Meinung über die Juden auf Kosten der Hörer kundzutun? Jedenfalls sprachen Sie in eigener Sache. Es ist aber eine Frechheit sondergleichen, einen hochanständigen Mann wie Veit Harlan zu verunglimpfen!! Wenn Sie Ihren Blödsinn dem Publikum gegenüber Auge in Auge behauptet hätten, wären Ihnen einige faule Eier sicher gewesen, auch von mir!! Herr Kortner, diese negroide Erscheinung, mag nach Israel gehen, wo er hingehört, wir wollen Herrn Harlan haben!«
Fünf Jahre nach Kriegsende hatte der in Filmen wie *Jud Süß* (1940) nationalsozialistisches »Gedankengut« verbreitende Regisseur und Schauspieler Veit Harlan also immer noch seine Anhänger, während man es dem aus der amerikanischen

Emigration nach Berlin zurückgekehrten einzigartigen Menschendarsteller und Regisseur Fritz Kortner schwermachte, an seine großen Erfolge vor 1933 am Berliner Staatstheater unter Leopold Jessner wieder anzuknüpfen. Noch im März 1955 – Kortner war nach Müchen übersiedelt – schrieb er mir: »Vor allem Dank dafür, daß Ihr Zuspruch mir geholfen hat, mich *etwas* heimischer hier zu fühlen!« Wie alle großen Männer war Fritz Kortner unbequem, besonders für jene, die seinem überlegenen scharfen Witz, seiner wachen kristallklaren Intelligenz nicht gewachsen waren. Er hatte die lästige Angewohnheit, bedingungslos konsequent und nie kompromißlerisch, schon gar nicht opportunistisch zu sein. Jede seiner Inszenierungen bewies dies. An einer ebenso einmaligen wie eigenwilligen Gestalt von der geistigen Potenz Fritz Kortners schieden sich die Geister. Ein Intendant wie der des Bayerischen Staatsschauspiels in München in den fünfziger Jahren, Helmut Henrichs, zum Beispiel, der geistigen Sprengstoff aus seinem Haus verwies, weil in seinem Reimlexikon Kunst und Kühnheit, Theaterleidenschaft, Größe des Herzens und Klarheit des Verstandes sich nicht und nimmer reimen wollten, ein solcher Intendant fürchtete sich davor, einen Fritz Kortner als Gastregisseur im Haus zu haben, weil da künstlerische Maßstäbe erarbeitet wurden, die dem Durchschnitt oft unerreichbar, ja unverständlich blieben. Kortner hatte längst vor der ersten Probe ein geistiges Konzept, er sah ein Stück und dessen Gestalten in einer eigentümlichen Perspektive. Indem er nachschuf, schuf er neu, neu auch im Sinn von heutig; er bewies die Aktualität der Klassiker, auch ohne Hamlet in einen Frack zu stecken. Er wollte erschüttern, bewegen, beunruhigen. Er nahm die Sprache Schillers, Shakespeares oder Büchners beim Wort. Wer seinen Dichtern so nachdenkt, von Wort und Fantasie besessen, wer das Äußerste zu realisieren sucht, der ist ebenso »gefährlich«, ebenso unbequem und unheimlich für die Mediokrität ringsum, wie es Cézanne in seiner Zeit war. Und er ist ebenso einsam wie dieser, eine tragische Gestalt mit

Johanna Hofer-Kortner und
Fritz Kortner, 1963; Wid-
mung für die Frau des Autors
(geb. Wild) vom Juni 1967:
»Wir zählen Sie, liebe Inge
Wild, zu dem winzigen
Häufchen der wirklich Wohlgesinnten. Vielen Dank und
die besten Wünsche für Ihr
Wohlergehen. Fritz Kortner
und Johanna Kortner.«

selbstzerstörerischen Aufwallungen und scheinbaren Rücksichtslosigkeiten. Auch wenn seine Prankenschläge danebentreffen, treffen sie noch besser als die »Treffer« der Banausen. Und der das Mittelmäßige zu Paaren treibt, ist gleich ein Sadist. Kortner bekam all dies überall tausendfach zu spüren. Ein schürfender Denkregisseur, ein so präzise und scharf formulierender Schriftsteller wie er, stand meist schon von vornherein auf verlorenem Posten. Zwischen ihm, dem großen alten Mann des deutschen Theaters, das immer wieder nicht erkennen wollte, welche geistige Potenz es in Kortner besaß, zwischen ihm und mir kam es dann und wann zu Gesprächen, wie ich sie auch mit meinem Vater geführt haben könnte, Gesprächen ohne Rückhalt. Dann war mein Herz erleichtert und zugleich schwer von Sympathie für den Mann, der sich das Leben so schwermachte, dem andere das Leben schwermachten und den ich, halb unbewußt, mit den verehrenden Gefühlen eines Sohnes »einsah« und den als immer mir freundschaftlich Gesonnenen ich in echter Dankbarkeit empfand.

Kurz vor seinem Tod im Juli 1970 haben Inge und ich Fritz Kortner im Schwabinger Krankenhaus noch einmal besucht. Als wir gingen, wußten wir, daß er unser Mitbringsel, eine Elefantenkrawatte (wie sie er einmal an mir bewundert hatte), nie mehr würde tragen können und daß wir uns wohl nie mehr wiedersehen würden. Nur von unserer begeisterten Zustimmung zu seiner Hamburger *Clavigo*-Inszenierung, die das Fernsehen am Abend vor Kortners Tod ausstrahlte, konnte ihm seine Frau, die Tag und Nacht im Krankenhaus um ihn war und die er einmal liebevoll seine »deutsche Gretel« genannt hat, noch erzählen. Ich vermisse ihn, diesen so scharfsinnigen alten Mann mit dem jungen Herzen, der voller Anekdoten steckte, vermisse unsere Gespräche in seiner raffiniert einfach eingerichteten Dachwohnung in der Münchener Wurzerstraße oder nach dem Besuch der Kammerspiele im Hotel Vier Jahreszeiten, wo der Eingeweihte Fritz Kortner allabendlich spät in »seinem Sessel« in einer stillen Ecke der Halle, versteckt hinter der Zeitung vom nächsten Tag, fand, Freunde zum Gespräch erwartend und bereit, über irgendwelche Ereignisse seinen an Karl Kraus geschulten ironisch-heiteren Witz auszuschütten. Ich vermisse seinen väterlichen Arm um meine Schulter, seine Karten aus den Ferien und seine bitteren Scherze: »Viel Wald gibt es hier«, schrieb er uns von der Bühler Höhe, »alles Holz für Särge.«

Gustaf Gründgens, Denkspieler und Komödiant

Gustaf Gründgens, wie Kortner ein Fanatiker des Theaters, als Regisseur ein verantwortungsvoller Denkspieler und ein großer Komödiant im ernstesten Sinn des Wortes, bin ich zum erstenmal persönlich begegnet, als er in Berlin stellvertretender Intendant des Staatlichen Schauspiels im Haus am Gendarmenmarkt war. Auf meine Bitte, die ich ihm als Feuilletonchef des *Berliner Tageblatts* vorgetragen habe, ist es ihm dank seiner persönlichen Beziehung zu Hermann Göring, mit dessen Frau Emmi Sonnemann er oft auf der Bühne gestanden hatte, gelungen, den heftig befehdeten Theaterkritiker Herbert Ihering dem Blatt noch einige Zeit zu erhalten. 1936 verhalf er dem Gefährdeten – auch Gründgens hatte schließlich nicht verhindern können, daß Herbert Ihering Schreibverbot erhielt – zu einer Stelle als Dramaturg am Wiener Burgtheater.

Der jähe Tod des erst vierundsechzig Jahre alten Gustaf Gründgens im Oktober 1963 in Manila fiel zusammen mit seinem Fortgang vom Deutschen Schauspielhaus in Hamburg, das er seit 1955 geleitet und zu einer bedeutenden deutschen Bühne gemacht hatte, was bemerkenswert ist, denn Hamburg war – trotz Lessing und Erich Ziegel – stets mehr der Musik zugetan als dem Sprechtheater. Die Welt horchte auf, als das Ensemble des Hamburger Schauspielhauses 1959 den *Faust* in Leningrad und Moskau aufführte und emphatisch gefeiert wurde, nicht anders, 1961, als Gründgens seine Truppe nach New York führte, hier wie dort ein Botschafter deutscher Theaterkultur. Düsseldorf ist Gründgens Heimat gewesen; dort hatte er erfolgreich gegen die Schwierigkeit angekämpft, Prophet im eigenen Land zu sein, aber auch hier obsiegte er, und seinem Nachfolger wurde es nicht leicht, die ererbte Position zu halten. Gründgens genoß, seit er 1934 stellvertretender Intendant, seit 1937 Generalintendant in Berlin war, ein ungewöhnliches Ansehen als aufrechte diplomatische Persönlichkeit und als Theaterfachmann. Als ich Gründgens in seiner schlichten Hamburger Zweizimmerwohnung das letztemal sprach, erzählte er begeistert von Manila, wo er sich nach seiner Pensionierung niederlassen wollte. Er meinte, dort sei er nicht bekannt, da fast nur Engländer die tropische Insel besuchten. Er war der schlagfertigste ironische Plauderer, der sich denken läßt, er war ein Schauspieler von Gnaden, und sein Mephisto von 1931 ist allen unvergeßlich, ebenso sein leicht manierierter Hamlet des Jahres 1936. Der Tod hat einen geistig jungen, äußerst vitalen Menschen davor bewahrt, die Sorgen und Kümmernisse des Alterns zu erleben, vielleicht gar zu erfahren, daß sein Altersstil, der sich erst ahnen ließ, sicher auf Kritik gestoßen wäre. Er hätte das Jahr der Muße nach seinem Ausscheiden aus Hamburg wohlverdient und gewiß zu genießen verstanden, denn er war kein Asket, sondern dem Leben zugetan, all seinen Erscheinungen geöffnet, interessiert, leidenschaftlich, teilnehmend, mit künstlerischem Geschmack begabt – eine starke, sensitive Persönlichkeit, die sich vom Leben, von der Kunst nahm, was ihr gehörte und der das Leben und die Kunst schenkten, was sie geben konnten. Auf einer Zwischenstation seiner Reise nach Manila hat Gustaf Gründgens in München noch einmal den Weg zu Fritz Kortner gesucht, beklommen ahnend, daß es eine Reise ohne Wiederkehr sein würde, wie mir Fritz Kortner erzählte. Fritz Kortner hatte seit seiner Emigration und auch nach seiner Rückkehr nicht mehr viel wissen wollen von Gustaf Gründgens, der in seinen Augen als Protegé Görings ein Profiteur des Dritten Reichs war. Daß Gründgens in vielen Fällen bedrohten Kollegen durch seine Fürsprache bei Hermann Göring hilfreich gewesen ist, hatte daran nichts geändert. In München kam es dann zur Versöhnung zwischen diesen beiden großen, einander wohl ebenbürtigen Theatermännern, wie der tiefbetroffene Fritz Kortner mir nach Gustaf Gündgens' rätselumwittertem Tod berichtete.

Hans Schweikart probt
in den Münchner Kammerspielen

Es gibt zwei Augenblicke im Theater, die seit eh und je ihre Faszination auf mich ausgeübt haben, das eine ist jener, der die Länge des Atemholens hat wenn die Lichter erlöschen und wir, im Dunkel sitzend, darauf warten, daß der Vorhang emporschwebe und eine andere Welt an die Stelle unserer Welt trete. Und dann jene Stunden, in denen probiert wird, in denen sich Regisseur und Schauspieler bemühen, gemeinsam dem Dichter werden zu lassen, was des Dichters ist. Dann brennt, wenn der Regisseur an seinem kleinen Pult im Parkett sitzt und die Souffleuse im Kasten ist, dann brennt das magische Licht im großen Dunkel des Zuschauerraums, und allmählich nimmt ein Stück Geist Gestalt an. Das ist ein zauberhafter Vorgang, gemischt aus alltäglich-technischer Banalität und sich verdichtender Spiritualität.
Festgehalten in der Erinnerung habe ich eine Probe Hans Schweikarts, Intendant der Münchner Kammerspiele von 1947 bis 1963, zu Christopher Frys Verskomödie *Die Dame ist nicht fürs Feuer*, ein melodiöses, aus Wort und Atmosphäre lebendes Stück. Schweikart war ein behutsamer, kluger und eindringlicher Regisseur, still und gefaßt und heiter bei aller peinigenden Nervosität ringsum. Hinter der kleinen Lampe war er ganz Auge, ganz Ohr, hielt er den Mikrokosmos des Spiels sicher in der Waage. Nichts, was ihm

entgangen wäre, nichts, was er als Halbheit hätte durchgehen lassen; aber wie liebenswürdig, streng und genau er dabei war! Und doch ließ er jedem Darsteller nach Möglichkeit das ihm gemäße, das eigene künstlerische Dasein und sah die Aufgabe des Regisseurs darin, diese vielen Leben in das eine Leben des Stücks einzuschmelzen. Dazu gehörte Geduld als Ausstrahlung künstlerischer Weisheit, gehörte Unerbittlichkeit, die nie brutal war, gehörte ein ganz sensibler, besessener Mensch, ein in sich gesicherter Künstler. Bei Grillparzer fand ich einmal den Satz: »Der Künstler, an dem man die Originalität als charakteristische Eigenschaft hervorhebt, gehört schon deshalb in den zweiten Rang; denn die Geister ersten Ranges charakterisiert der Sinn für das Natürliche. Sie machen es wie alle anderen, nur unendliche Male besser.« Ein solcher war Hans Schweikart.

Das alte Frankfurter Schauspielhaus und Max Picard und das »Eine«

Wollte ich hier von allen Regisseuren und Schauspielern, von allen Inszenierungen erzählen, die ich durch fast ein halbes Jahrhundert kritisch begleitet habe, würde dies den Umfang dieses Erinnerungsbuches sprengen. Aber ich möchte noch einmal zurückblicken und des alten, nur noch in der Erinnerung lebendigen Frankfurter Schauspielhauses gedenken, das mir doch das liebste Theater auf der Welt war, weil es mein »erstes Theater« gewesen ist. In ihm fand die erste Verzauberung des Knaben durch die Welt der Dichter und Kulissen statt, fast zu zeitig, da mein Vater nur die eine Leidenschaft kannte und weiterreichen wollte: das Theater.
Drei schwere Glastüren führten in die Kassenhalle, deren Boden weiß-schwarzen Marmorbelag hatte, gläserne Schwingtüren öffneten sich in den Parkettumgang; gleich rechts lag durch Jahrzehnte hin Großpapas Loge: Num-

mer 16, jeden Dienstag bereit. Das Foyer im ersten Stock war
sehr hoch, fast unter dem Plafond schwebten Emporen, auf
ihnen standen in den Pausen die Galeriebesucher und schauten zu jenen hinab, die auf rötlich spiegelndem Linoleumbo-
den jene merkwürdige Theaterpausen-Prozession vollzogen:
immer herum im weiten Kreis, dessen Mitte stets frei blieb.
Manchmal bogen ein paar Gäste ab und traten durch eine sehr
schmale Tür auf den geräumigen Altan über der Wagenvor-
fahrt; es standen Sterne am Frühlingshimmel, die Straßen
lagen schon still, und man glaubte das Blattgeflüster der
großen uralten Linde zu hören, bei der die Haltestelle der
Straßenbahn nach Offenbach lag. Die ganze fragwürdige
Schönheit des Zuschauerraumes erschloß sich nicht von der
Loge aus, man mußte im Parkett oder Parterre sitzen, unter
dem mit Glasperlschnüren behängten Kronleuchter und dem
Deckengemälde, das nicht mehr und nicht weniger vorzutäu-
schen suchte als ein Stück himmelblauen Maihimmels, mit
einigen Schäfchenwolken ausgestattet. Der Fond von Decke
und Wänden war eierschalenfarben und mit einem Gewirr
goldener Ranken netzartig überzogen, roter Plüsch deckte
die Sitzgelegenheiten. Die Proszeniumslogen im Rang wurden von je einem Paar sehr schlanker Gestalten, Faune und
Nymphen, getragen, und die entblößten Busen der dryadi-
schen Wesen, deren Gesichtszüge nicht klassisch, vielmehr
nach einem modernen Schönheitsideal gebildet waren, diese
Busen aus Gips beschäftigten unsere gymnasiale Phantasie
nicht unerheblich. Früh eintreffende Theaterbesucher hatten
obendrein das zweifelhafte Glück, den gemalten Vorhang
betrachten zu können, den der Künstler rechts unten in
Antiquabuchstaben signiert hatte: »Rothaug fecit«, stand
dort zu lesen, und kritisch Gestimmte meinten, so sei dieser
Vorhang denn auch. Er zeigte eine Waldwiese, auf der nicht
nur Blumen standen, schlanke Jugendstilblüten, es stand auf
ihr auch ein eigenartiges Paar, ein – wenn ich mich recht
entsinne – gescheckter Zentaur, der ein pudelnacktes Mädchen mit engerlingblassem Körper innig-minniglich halb von

432

hinten umfangen hielt. Das Gemälde war zweifelsohne ernst gemeint und sollte wohl mittelmeerisch-böcklinsche Atmosphäre an die Gestade des Mainflusses tragen, der stygisch dunkel und lautlos ein paar hundert Meter vom Theater entfernt seine Fluten dem Rhein zutrug.

Bemerkenswert war dann die Bühnenpforte an der westlichen Längsseite des Schauspielhauses, zur Anlage hinter dem Märchenbrunnen sich öffnend. Hier saßen und standen in den Probenpausen die Solisten und Statisten in der Sonne und rauchten ihre Zigaretten. Nach der Vorstellung standen wir dort und warteten auf die Salondamen: einmal war es Maria Karsten oder Fritta Brod und einmal Kitty Aschenbach; diese hatte zusammen mit Heinrich George in *Fräulein Julie* gespielt oder mit Carl Ebert in Strindbergs *Rausch*. Hier hielten die Coupés reicher Bankiers, die Georg Lengbach, vielgeliebter Bonvivant, oder den ausgezeichneten Hans Baur zu einem späten Souper in ihre Westendvillen abzuholen hatten. Durch diese Tür betraten der Intendant Claar, mit dem weißen Schnurrbart eines k.u.k. Gardekavalleristen, oder der blasse glattrasierte Carl Zeiss und der nervöse schlanke Richard Weichert ihr Theater. Von hier begann Gerda Müllers Aufstieg, der sie bis zu Leopold Jessners Staatstheater in Berlin führte. In Frankfurt habe ich Alexander Moissi als Hamlet und Fedja, Bassermann und die ganze Familie Thimig in Max Reinhardts Goldoni-Inszenierung *Diener zweier Herren* gesehen. Hier war der junge schlanke Heinrich George ein ausgezeichneter Marquis von Keith, Thessa Klinkhammer mit ständig wackelndem Kopf eine reizende komische Alte, sie, die als junge Schauspielerin durch ihren Charme die Generation unserer Eltern entzückt hatte. Und hier spielte man Fritz von Unruhs Dramen und die Expressionisten von Walter Hasenclever bis Paul Kornfeld; auch Schlemmers *Triadisches Ballett* gastierte hier. Eine italienische Truppe gab hinreißend Pirandellos *Sechs Personen* und als Hermann Scherchen Strawinskys Melodrama nach Ramuz' *Die Geschichte vom Soldaten* zur Erstaufführung brachte, las Carl Ebert, der unvergeßliche Egmont, der Kleistsche Achill (unter Zeiss), den erklärenden Text: »Zwischen Chur und Walenstadt...«

In der Erinnerung bleibt dieses alte Frankfurter Schauspielhaus – trotz Jugendstilromantik und trotz Rothaugs Vorhang – für mich das schönste und beste Theater der Welt, weil ich hier als kleiner Knabe der dramatischen Dichtung zum erstenmal begegnet bin, den Klassikern allen und den Modernen; ich war ein Zuschauer wie jeder andere, mal im Parkett, mal unter den Kindern des Olymps sitzend, und es geschah uns allen das, was der Komponist in Hofmannsthals *Ariadne* ausspricht: »Das Geheimnis des Lebens tritt an sie heran, nimmt sie bei der Hand...« Es war die Hand eines glücklichen Knaben, damals, die sich dem Geheimnis entgegenstreckte, eines Knaben, der nicht ahnen konnte, daß diese verzauberte und verzaubernde Welt ein wesentlicher Teil seines Lebens werden würde.

Denke ich heute über dieses Geheimnis des Lebens nach und darüber, was das Wesentliche in diesem Leben gewesen sei und ist, geht es mir wie dem liebenswerten Schweizer Philosophen und Physiognomiker Max Picard, der mir in seiner kleinen, zierlichen Schrift am 14. Oktober 1964 zu einem Feuilleton schrieb: »Ihre Notizbuchblätter ›Wenn ich heute morgen gestorben wäre‹ haben mir gut gefallen; sie werden viele Leser dazu gebracht haben, sich den letzten Morgen zu überlegen. Ich wäre glücklich, das ›Eine‹ gefunden zu haben und wärs traurig, es wieder verloren zu haben, – ohne daß ich sagen könnte, was dieses ›Eine‹ sei, und doch ist es da, und jedes Menschenleben geht um nichts anderes als um dieses ›Eine‹.«

Anhang

Personenregister

(Kursive Seitenzahlen verweisen auf Abbildungen)

436

438

441

445

Abbildungsverzeichnis mit Fotonachweis

(in der Reihenfolge der Wiedergabe)

446

447